중국 대학교육의 형성 · 변화 · 개혁

중국 대학교육의 형성·변화·개혁

리이리쉬 著

KISI 한국학술정보(주)

책 머리에

본 연구는 19세기 말에서 2005년 6월까지 근·현대 중국 대학 교육의 등장과 전개과정을 사적으로 고찰하고 현재 중국 고등교 육계가 직면한 개혁과제를 논의하였다. 중국 고등교육 개혁의 가 장 핵심적인 사안과 관련하여, 본 연구는 중국의 정규 대학교, 특히 각 주요 명문대를 중심으로 하여 대학이념·학사제도·인 사제도의 변천과정에서 나타난 특징과 모순을 분석하였다.

연구자는 백년을 넘는 중국 대학교육의 전개과정을 수립(1949 년까지)→붕괴(1949년−1976년)→회복(1977년−1989년)→정돈· 개편(1989년−세기교체)→심층적 개혁(세기교체부터) 모두 다섯 시기로 구분하였다. 이를 통해 각각 대학이념의 변천·학사제도 의 변천·인사제도의 변천 과정을 고찰하였다.

근대 중국의 대학교육은 19세기 말에 등장하였으나, 1919년 "5·4운동"을 거치면서 교수·학문·연구의 중심 기관으로서 위 상을 정비하였다. 1927년 남경 국민정부의 수립과 더불어 중국의 대학교육은 1920말기부터 1930년대 말기까지 또 한번의 황금기 를 맞아 대학 본래의 기능을 보다 활발하게 수행하였다. 1937년 부터의 항일전쟁이라는 악조건 속에서도 서남연합대와 절강대를 비롯한 중국 명문대들의 활동은 여전히 활발하였으며, 세계 일류 대학의 대열에 속해도 손색없는 학문·교육 수준을 유지하였다. 요컨대, 19세기 말에 등장하여 1949년까지 전개된 중국 대학교육 은 그 위상·특질·기능 수행의 측면에서 비교적 안정적인 체제 를 유지하였다.

1949년 신중국 수립 이후부터 중국 대학교육은 "反우파운동"·

"문화대혁명" 등으로 상징되는 정치적·사회적·문화적 요인에 의해 붕괴되거나 그의 수단으로 전락하였다. 1978년부터 개혁개방과 더불어 중국의 대학교육은 등소평 등 지도자들에 의해 회복기를 맞이하여, 파멸되었던 대학의 기능을 복원하기 위한 노력을 전개하였다. 그러나 이후 "천안문사태"를 계기로 나타난 1980년대 이후 정치적 변동과 1992년 이후 소위 "사회주의적 시장경제체제"의 도입과 더불어 중국의 대학교육은 다시 변동을 맞게 되어 정돈기와 개편기를 거쳤다.

북경대·청화대를 비롯한 주요 명문대들을 신속히 "세계 일류대학"의 대열로 진입하기 위한 목적에서 1999년부터 "98-5공정"을 통해 심층적 개혁을 시도해오고 있다. 추후 북경대 개혁의 주된 초점은 미국식 모델을 참고하여 교원인사제도를 "대수술"하는 것이었다. 본 연구는 2003년 5월부터 시도된 북경대 교원인사개혁의 배경·시원·전개과정·내용·논리·쟁점 등을 고찰·분석하였다.

중국 대학교육 변천사에서 나타난 특징은 다음과 같다. 중국 대학교육은 정치적·경제적·사회적·문화적 변동과 당·국가 지도자들의 개인차원의 영향력들이 공동작용하는 가운데 형성·변화돼왔다. 이들 외적 요인들이 대학교육의 내재적인 위상과 기능을 압도하여, 중국 대학교육은 이념과 제도의 면에서 일관된 위상·정체성을 유지하지 못하고 늘 가변적이고 유동적인("좌우동요") 상태를 유지해 왔다. 이로 인해 중국 고등교육계는 자신의 독자적인 모델과 전통을 창출시키지 못하고 있다. 또 한편, 1949년 이래 사립 대학교육의 절대적 부족현상 역시 대학교육의 정치적·경제적·사회적·문화적·개인적 외부동인들과 함께 중국 대학교육의 발전을 제약해온 요인에 속한다. 현 중국 고등교육계는 대학교육의 교수·학문·연구의 내재적 논리에 입각하여 그의 상대적 자율성을 확보하는 가운데 대학의 본래적 기능을 복원해야 하는 개혁 과제에 직면하고 있다.

목 차

표 목 차

그림 목차

Ⅰ. 서 론

1. 연구의 목적

1) 문제제기

본 연구는 근·현대시기 중국 대학교육의 형성과 변화를 사적으로 고찰하며, 현재 중국 고등교육 개혁과정에서 대두된 쟁점들을 탐색하고자 한다. 이 쟁점들과 관련하여 현대 중국 대학교육이 특수하게 지닌 다음의 역사적·문화적·사회적 현상은 교육학 연구뿐만 아니라 인류 문화·문명 전체에 대한 연구에도 의미 있는 것인 것 같다.

첫째, 중국 근대 시기 이후 교육제도 내부에는 동서양의 교육문화가 함께 공존해왔다. 서양 문명과의 교섭과정 혹은 근대 교육제도가 형성되는 과정에서 중국은 유교문명권의 정신사적 뿌리를 단절시키지 않고 전승시켰다. 한편 중국은 19세기 말기부터 현재에 이르기까지 유럽·미국·일본·전 소련의 대학교육 이념과 제도를 모델로 수용하여 교육 개혁을 시도하였다. 그렇다면 상이한 문화적 원천을 갖고 있는 각 문명권의 교육모델들은 어떤 형태로 공존하게 되었는가? 그 공존의 형태는 제3의 교육제도와 이념을 지닌, 중국식 나름대로의 독자적인 형태의 교육제도로 구현되었는가? 아니면 현 교육제도는 내부에 끊임없는 "문명 간의 충돌"이 존재하는 모순의 지속을 내포하고 있는가?

둘째, 현재 중국 대학교육의 특질을 파악하기 위해서는 1949년 이후, 특히 "문화대혁명" 기간에 중국에서 이루어진 초유의 문명사적인 사건과정과 그 여파에도 주목할 필요가 있다. 문화대혁명이라는 사건이 대학교의 위상·학문적 풍토·교직원 관리제도·지성인들의 개인적 운명에 초래한 결과는 무엇인가?

셋째, 중국은 사회주의적 정치제도와 자본주의적 경제제도가 결합된 독특한 사회구성체를 유지해오고 있다. 1990년대 이후 대부분의 사회주의권은 두 가지 형태의 변화를 겪었다. 하나는 기존의 사회주의적 정치·경제·사회·교육체제가 붕괴되어 자본주의적인 것으로 대체하는 방식이며, 소수이지만 다른 경우는 내부의 개혁을 단행하지 않고 기존의 체제를 고수하는 방식이다. 중국의 경우는 이와는 다른 형태의 독자적인 노선을 택했다. 경제와 사회조직 수준에서는 시장경제체제를 도입했지만, 정치적인 수준에서는 여전히 사회주의적인 통치원칙을 고수하고 있다. 사회주의적 정치제도(상부구조)와 자본주의적 시장경제제도(토대)가 함께 존재하는 이 야누스적인 "사회주의적 시장경제" 체제가 유지될 수 있는 기제는 무엇인가? 이 독특한 "사회주의적 시장경제" 체제하에서 대학교육의 특질은 무엇인가? 이 점은 현재 중국 대학교육이 안고 있는 모순과 어떤 연관을 갖고 있는가?

넷째, 중국에서 최근에 일어난 대학교육의 개혁은 新중국 50여 년의 고등교육 역사를 염두할 때 하나의 "혁명"이었으며, 세계 교육학계의 눈길을 끌고 있는 화제로 떠올랐다. 그러나 이 "혁명"에 관한 연구는 아직 매우 부족하다. 앞의 세 측면을 통해 볼 때 현재 중국 대학교육에서 일어나고 있는 개혁과정에서 나타난 과제와 쟁점은 무엇인가?

마지막으로, 북한과 중국은 사회주의를 통치이념으로 삼고 있

지만 "혁명"의 방식은 여러 측면에서 차이점을 갖고 있다. 그러
나 근·현대 역사 시기 속에서 두 사회가 맺어온 국제적 관계의
경험과 특징을 고려할 때, 교육 개혁의 쟁점과 관련하여 상호 중
첩되는 점들이 많을 것이다. 중국 대학교육의 형성과 변화 그리
고 개혁에 대한 연구는 앞으로 남북한 통합교육 구축과정에서
대두될 고등교육 개혁의 방향성을 탐색하는 데 의미 있는 시사
를 줄 것이다.

2) 연구과제

전술하였듯이 중국은 세계 주요 교육모델들을 모두 실험해본
역사적 경험이 있다. 본론에서 논의되겠지만, 유럽·미국·일
본·구소련 등 주요 대학교육 모델들의 원천들은 모종의 독특한
방식으로 결합되어 현재 중국 대학교육의 특질을 규정하게 되었
다. 그러나 그것들의 공존방식이 하나의 온전하고 안정하고 독자
적인 형태의 교육모델로 완성되지는 않았다.

이와 관련하여 본 연구는 다음과 같은 질문을 제기하고자 한
다. 첫째, 중국 대학교육이 근·현대를 거치면서 온전하고 안정
하고 독자적인 교육모델을 성공적으로 창출하지 못한 이유는 무
엇인가? 전통을 유지한 채 외부의 교육모델을 통합적으로 수용
하고자 한 애초의 의도는 왜 관철되지 못했는가? 둘째, 중국 대
학교육의 발전과정에서 어떤 획기적 사건 또는 요인들이 작용하
여 중국 대학교육의 모델 또는 새로운 전통의 창출에 영향을 미
쳤는가? 셋째, 이와 관련된 구체적인 사건들과 이 이면의 動因들
은 무엇인가? 넷째, 이 사건과 요인들은 중국 대학교육의 형성과
변화 과정에 어떻게 영향을 미쳤는가? 다섯째, 근·현대 중국 대

학교육의 변천사를 통해 중국 대학교육 개혁에 필요한 문제의식을 어떻게 도출할 수 있는가?

따라서 본 연구는 위와 같은 일련의 질문들에 답하면서 근대 중국 대학교육의 탄생과정부터 현재의 대학개혁 조치까지의 긴 과정을 밝히고자 한다. "형성을 탐구한다는 것은 언제, 왜, 어떻게 그런 과정이 나타나는지를 밝힌다는 것을 뜻한다."[1] 따라서 본 연구의 궁극적 목적은 백년을 넘는 중국 대학교육이 언제, 왜, 어떻게, 어떤 과정을 통해 등장하였으며, 이후의 전개과정은 왜 어떻게 그러했는지를 설명하는 가운데, 현재 중국 대학교육이 갖고 있는 특질을 규명하고자 한다.

이상과 같은 문제의식과 연구목적에 기초하여 본 연구에서 답하고자 하는 연구 과제를 정리하면 다음과 같다. 첫째, 중국 근대 대학교육은 어떻게 형성·변화하였는가? 둘째, 중국 대학교육의 형성·변화 과정에서 어떤 사회적 동인들이 작용했는가? 이들 동인들이 중국 대학교육의 형성·변화에 어떻게 어떤 영향을 미쳤는가? 셋째, 그 형성과 변화의 결과로서 중국 대학교육의 특질은 무엇인가? 넷째, 오늘날 중국 대학교육 개혁의 과제와 쟁점들은 무엇인가? 이를 어떻게 봐야 되는가? 향후 중국 대학교육의 개혁은 어떻게 해야 되는가?

---

1) 김기석(1999), <교육역사사회학>, 교육과학사, 41쪽.

2. 연구의 방법

1) 연구의 방법론 및 이론적 배경

(1) 교육역사사회학

본 연구에서 중국 대학교육의 형성과 변화를 탐구하기 위해 연구의 방법으로 교육역사사회학적 방법론을 활용하는 것을 시도했다. 교육역사사회학은 당대의 여러 사회 事象(정치적·경제적·사회적·문화적 사실)과 교육사상과의 "상호 力動관계"를 과학적으로 설명하는 시도이다.[2] 바꾸어 말해, 교육역사사회학은 교육존재(교육의 구조·제도·관행·狀態 등)와 교육의식(교육의 이념·철학·법령 등) 이 둘 중에서 어느 한 쪽에 중심을 두기보다 양자의 상호 작용에 관심을 더 둔다고 할 수 있겠다. 중국 대학교육의 형성·변화 과정에 대한 본 연구에서 보여주었듯이 중국의 대학교육은 탄생된 그날부터 곧바로 교육존재와 교육의식의 상호 力動 또는 상호 작용을 그대로 반영하기 시작했다. 예컨대, 중국 최초의 몇 개의 대학들 중의 하나인 京師大學堂은 중국 봉건사회의 마지막 왕조인 청나라에 의해 세워진 현대학당 또는 현대대학인데 이 대학의 교과과정에서 봉건왕조의 교육의식이 그대로 반영되었고, 다른 한편으로 경사대학당도 봉건왕조에 막 필요했던 인재들을 키움으로써 청나라에 기여하여 반작용했다. 따라서 중국 대학교육의 형성·변화 과정은 교육역사사회학적 연구방략으로 설명될 수 있다.

요컨대, 본 연구는 근·현대 중국 대학교육의 등장과 전개과정

---

2) 김기석(1999), 위의 책, 20쪽.

에서 나타난 교육의식과 교육존재 간, 혹은 행위와 구조 간의 상호 작용 방식을 분석하고자 한다. 본 연구에서 주목할 분석대상은 대학이념의 변천·학사제도의 변천·인사제도의 변천으로 구별될 수 있으나, 크게는 교육 이념(행위)과 제도(구조) 두 가지 범주로 대별될 수 있다. 다만, 교원제도를 포함한 인사제도는 오늘날 중국 대학교육 개혁의 가장 핵심적인 쟁론지대이기 때문에 본 연구는 인사제도의 변천을 집중적으로 다루기 위해 이를 "제도"의 총체적 범주에서 분리시켜 따로 탐구하게 되었다. 또한, 교육의식(교육이념)과 교육존재(교육제도) 간의 상호 작용의 특징을 분석하기 위해, 중국 대학교육의 이념 및 교육제도의 변천사의 통사적인 방식의 시기구분을 지양하고, 특정 논의 주제에 따라 각 시기의 사건들과 현상들을 교차하여 분석할 것이다.

(2) 계급투쟁 이론

본 연구는 교육역사사회학의 두 개의 학파−즉 起源학파와 登場학파−들 중에서 인과적 설명을 사용하였고 사회변동이 교육에 미친 영향에 착목한 기원학파의 이론적 배경−즉, 뒤르껭의 기능주의 이론·마르크스의 역사 이론과 국가론·베버의 지위경쟁 이론[3]−을 참고하여 근대 중국 대학교육의 형성·변화 과정을 조명하고자 한다. 특히, 마르크스의 역사 이론과 국가론은 신중국이 1949년에 수립된 이래의 중국 대학교육의 변천을 설명하는데 유의미한 분석틀을 제공해 준다.

마르크스의 역사 이론과 국가론은 내용이 매우 풍부하지만, 인간 역사를 설명하는 데 있어서 가장 핵심적인 개념 틀은 계급투쟁론이다. 모택동을 매개로 중국사회에서 해석·수용된 마르크스

---

3) 김기석(1999), 위의 책, 41-42쪽.

주의 계급투쟁론은 크게 세 측면에서 정리된다. 모택동에 따르면 첫째, "사람들이 모이는 곳이라면 꼭 좌·중·우가 있다"고 한 것이다. 즉, 계급과 계급투쟁은 없는 데가 있다. 둘째, "계급투쟁은 綱(그물의 벼리)이고 나머지 모든 것은 다 目(그물눈)인 만큼 綱을 잡으면 目은 자동적으로 펼쳐진다"고 한 것이다. 즉, 계급투쟁은 가장 중요하다. 셋째, "계급투쟁에 힘이 쏟아지면 꼭 영험하다"고 한 것이다. 즉, 계급투쟁은 만능하다. 따라서 모택동은 "계급투쟁을 하루라도 경시해서는 절대 안 된다"고 했다.

오늘날에 이르러서 중국에서 계급투쟁론은 "反우파운동"·"문화대혁명" 등 일련의 정치적 "운동"의 대명사로 전락하여 역사적·사회학적 설명력을 잃은 것처럼 평가되기도 한다. 그러나 이러한 흥망성쇠와 무관하게, 본 연구는 중국 대학교육의 형성과 변화라는 주제를 탐색하는 데 있어서 계급분석의 방법이 여전히 유의한 연구방략으로 활용될 수 있다고 본다. 그 이유는 다음과 같다. 첫째, 계급투쟁 이론은 중국 1949년 이후의 민족적 비극과 관련이 있으나 이것은 꼭 이 이론 자체의 잘못으로 인한 것이 아니라 이 이론을 잘못 이용한 것으로 인한 것일 수도 있다. 바꾸어 말해, 중국에서 이용된 계급투쟁 이론은 마르크스의 계급투쟁 이론의 본의와 도대체 얼마의 일치성이 있는지는 사실상 아직 자세히 탐구해야 할 과제로 남아 있다. 둘째, 보다 더 중요한 것은 신중국 대학교육의 변천을 역사적 進程의 그대로 환원시켜 탐구하려면 계급투쟁의 이론과 실천을 무시할 수 없는 것이다. 이 논문의 본론의 첫 부분에서처럼 신중국 수립 이후부터의 30여 년간의 중국 대학교육의 변천사는 곧 계급투쟁의 역사이다. 심지어 오늘날까지 해도 계급투쟁의 그림자는 중국사회에서 완전히 사라지지는 않는다. 따라서 이 논문은 계급투쟁 이론을 사고와 서술의 한 이론적 배경으로 삼아 1949년 이후부터 중국 대학교에서 일어난 일련의 정치적 "운동"에서의 계급투쟁의 실태에 착목하였다. 이렇게 해야만 역사적 進程을 제대로 포착할 수 있고 문제의 본질을 잘 파악할 수 있기 때문이다.

(3) 대학교육에 대한 평가의 준거

이 책은 중국 대학교육의 형성·변화에 관한 것인 만큼 중국 대학교육 형성·변화 과정에서의 사건·조치·현상·행위자 등에 대해 "좋다"·"나쁘다"·"우수하다"·"열등하다" 등의 표현으로 평가할 수밖에 없다. 지나치게 주관적인 평가를 피하기 위해 평가의 객관적인 준거를 마련해야 된다.

본 연구자는 다음과 같은 두 가지의 평가 준거를 제시하고자 한다.

첫째, "대학의 이념"에 관한 인류가 오늘날까지 획득한 일반적 인식이다. 즉, 대학 또는 대학교육은 무엇을 위해서 존재하게 된 것인가? 대학은 다른 사회적 조직과 어떤 점들에서 다른가? 이상적인 대학 또는 대학교육은 무엇인가? 이에 대한 인류의 기존의 일반적 인식과 비교적으로 일치하면 좋다거나 우수하다고 할 수 있다. 반면에 이와 매우 다르면 나쁘다거나 열등하다고 할 수 있다.

둘째, 세계 주요국들의 대학교에서의 일반적 관행이다. 세계 주요국들의 대학교육의 이념·제도·목표·관행 등은 다를 수 있으나 기본적이고 일반적 관행은 비슷하다고 할 수 있다. 세계 주요국들의 대학교육의 관행은 다들 인류가 오늘날까지 획득한 "대학의 이념"에 관한 기본적 인석에 따른 것이기 때문이다. 즉, 세계 주요국들의 대학교육의 관행은 구체적 형식이 다를 수 있으나 다들 "대학의 이념"에 관한 인류의 기본적 인식에 일치한다. "대학의 이념"에 관한 인류의 기본적 인식에 따른 이러한 일반적 관행들―예를 들면, 대학교에서의 교수중심 원칙―은 오랫동안에 실시됐더라도 전혀 변하지 않을 도리가 있다. 따라서 세계 주요국들의 대학교육의 일반적 관행에 비교적으로 일치하면 좋다거나 우수하다고 할 수 있는 반면에 이에 매우 다르면 나쁘다거나 열등하다고 할 수 있다.

위의 두 가지의 근거에 의하여 본 연구는 중국의 대학교육, 특히 인사제도에 대한 다음과 같은 구체적 평가 준거를 내놓았다.

첫째, "대학의 이념"에 관한 인류의 일반적 인식에 따르면, 대학은 인류의 보편적 지식을 傳授하고 진리를 탐구함으로써 인류문명을 傳承시키고 발전시키는 전문적 기관이다. 이에 따르면, 지식을 잘 傳授하지 않고 진리를 잘 탐구하지 않고 인류문명을 잘 傳承·발전시키지 않고 심지어 인류문명을 유린한 대학 또는 대학교육―예를 들면, "문화대혁경" 기간 중국의 대학교육―은 본래의 순기능을 수행하지 못해서 매우 나쁘다고 할 수 있다. 또한, 이에 따르면, 정치투쟁의 한 도구로 변질된 대학 또는 대학교육―예를 들면, "문화대혁명" 기간 중국의 대학 또는 대학교육―은 역시 매우 나쁘다고 할 수 있다.

둘째, 주지한 대로, W. V. Humboldt(1767-1835)가 강조한 "교수·학술의 자유"든지 "대학"에 대한 John Henry Newman(1801-1890)의 "School of Universal Learning"라고 한 定義(*The Idea of A University*에서, 1854)든지 오늘날 미국 대학교에서의 소위 "3A"(academic freedom·academic autonomy·academic neutrality)란 원칙이든지 대학이 모 특정 조직·사상·학설에 속박되지 않고 인류의 진보를 위해 자유로이 진리를 탐구해야 된다는 점에서 똑같

다고 할 수 있겠다. 이들 인식은 세계 각 주요국들의 대학교육의 기본적 조직원칙으로 여겨지고 있다. 설사 모 나라의 대학은 모 특정 조직·사상·학설을 위한 기관으로 변질된다면 그것은 "모모 조직·사상·학설의 학교"라고 해야 되고 "대학"이라고 할 수 없겠다. 이러한 대학 또는 대학교육은 역시 대학의 순기능을 발휘하지 못해 나쁘다고 할 수 있다.

셋째, 위의 "대학이념"과 "조직원칙"을 대학교에서 구현시키기 위해 세계 주요국들은 다들 대학교육에서 교수주도·교수중심—중국에서는 "교수治校"라고 불림—의 원칙을 확립시켰다. 교수들이 대학교육을 이끌어가기 때문이다. 설사 교수가 아닌 직원 또는 중국의 당·정 간부, 심지어 대학교 밖에서의 문맹·半문맹이 대학교육을 이끌어가게 된다면—"문화대혁명" 기간에 노동자·농민·군인이 중국의 대학교에 들어가서 교수들을 지도하여 대학교육을 이끌어간 것처럼—그것이 매우 열등하다고 할 수 있다. 또한, 설사 대학교에서 교수의 정치적·경제적·사회적 지위는 직원보다도 못한다면 그것이 당연히 합당하지 않다고 할 수 있다.

넷째, 대학교는 당·정 기관이 아니라 전문적 교육과 학술기관인 것이 인류의 기본적 인식이다. 따라서 세계 주요국들의 대학교에서 총장·부총장은 많아도 한 5명밖에 없겠고, 당·정 기구 특히 처장급 기구는 많아도 한 10개밖에 없겠고, 학장·학과장 물론 총장·부총장·처장·부처장은 비교적으로 많이 있더라도 일반적 당·정 관료와는 여러 면에서 달라야 되겠고, 교수·연구에 종사하지 않는 사람들은 교수·연구에 종사하는 사람들보다 적어야 되겠다. 그렇지 않으면—오늘날의 중국의 대학교에서처럼 "당서기·총장은 한 복도만큼 많고 처장·학장은 한 강당만큼 많고 과장·학과장은 한 운동장만큼 많다"—이것은 대학교가 아니라 당·정 기관과 거의 똑같다. 이는 역시 순기능이 마비된 대학교육 제도이다.

다섯째, "교수"는 대학교에서 교수·연구에 종사하는 사람들 중에서의 일부 우수한 사람들에게 수여하는 신성한 학문적 직함이다. 설사 오늘날의 중국의 대학교에서처럼 교수·연구에 종사하지만 업적이 우수하지 않은 사람들, 심지어 교수·연구에 아예 종사하지 않는 사람들에게도 교수 심지어 박사 대학원생 지도교수란 직명을 수여한다면—오늘날 중국의 대학교에서 쉽게 보일 수 있는 관행처럼—이것은 역시 대학의 기능수행이 마비된 대학교육의 인사제도이다.

요컨대, "대학의 이념"과 세계 주요국들의 대학교육의 일반적 관행에 따른 인사제도를 포함한 대학교육에 대한 평가의 준거는 사실상 더 많이 찾을 수도 있다. 위에서 열거된 것은 본 연구자에 의해 비교적으로 중요시된 몇 가지뿐이다.

(4) 시기 구분

본 연구는 역사사회학적인 안목에 근거하여 중국의 정치적·경제적·문화적·사회적 대규모 변동과 이에 따른 중국 대학교육 각 시기의 실지 모습·特性에 의해 백년을 넘는 중국 대학교육의 進程에 대해 다음과 같이 시기 구분을 한다.

본론 부분에서 논의된 듯이 중국의 대학교육은 19세기 말기에 발족했으나 蔡元培가 1917년 초부터 실시한 북경대에 대한 개혁이 이루어지기 전까지는 현대 대학교육의 특징이 있기는 있었는데 매우 취약한 형태였다. 체원배가 북경대에서 실시한 개혁이 이루어지기 이후부터 중국의 대학교육은 현대 대학교육의 위상과 특질을 갖출 수 있었다. 이때부터 중국의 대학교육은 남경정

부 초기와 항일전쟁 시기를 거쳐 현대 대학교육의 이념과 제도
를 전면적으로 수립했다. 이는 본론에서 논의된 듯이 1920년대
말기부터 1930년대 중반까지 남경고등사범학교(→동남대→중앙
대)와 청화대를 비롯한 一群의 대학교들의 신속한 궐기와 항일
전쟁 시기 서남연합대와 浙江대의 세계 학술계를 놀라게 한 학
술적 진흥에서 잘 구현됐다. 따라서 본 연구는 1949년까지의 이
시기를 중국 대학교육의 "수립기"로 보게 됐다.

  둘째 시기는 1949년부터 모택동의 사망과 "문화대혁명"의 종
료 때인 1976년까지인데 모택동의 "不破不立"·"大破大立"4)이란
철학에 따른 대학교육의 이념과 제도의 일련의 붕괴과정이 있었
던 시기이다. 1949년까지 나름대로 교육내용과 형식상의 특질을
갖춘 중국의 대학교육의 이념과 제도는 이 시기에 급격히 붕괴
되었다. 따라서 본 연구는 1949년부터 1976년의 중국 대학교육
進程을 "붕괴기"로 규정하였다.

  모택동 사망 이후 화국봉 시기 이른바 과도기를 거친 후 중국
은 1978년부터 본격적으로 개혁개방의 시기에 접어들었다. 이때
부터 1989년의 "천안문사태" 때까지 중국의 대학교육은 등소평
을 비롯한 지도자들의 노력의 덕분에 전면적으로 재활하게 됐다.
이 시기는 신중국 수립 이래 오늘날까지 중국 대학교육의 거의
유일한 황금기였다. 국내외 학계에서도 이 시기에 대한 높은 평
가를 공유하고 있다. 따라서 본 연구는 이 시기를 중국 대학교육
의 "회복기"로 보게 됐다.

  셋째, 1989년 "천안문사태" 이후 중국의 대학교육은 약 4년의

---

4) 낡은 것을 붕괴하지 않고서는 새로운 것을 건설할 수 없고 낡은 것을 더 크게
  분쇄할수록 새로운 것을 더 크고 좋게 건설할 수 있다는 것을 뜻하는 중국어
  표현이다. 이에 관해서, 모택동은 다른 구체적 해설도 있다. 즉, "아무 내용도
  없는 한 백지에서만 가장 좋고 가장 아름다운 그림을 그릴 수 있다"는 것이다.

정돈기 또는 정체기를 거쳤다. 이 시기 중국 사회의 주요 임무는 정치적·사상적·조직적으로 서양식·미국식 민주화·자유화를 숙청하고 사회주의적 지도체져를 재확립하는 것이었다. 정돈기· 정체기를 거친 후 중국 교육당국은 1993년부터 정체된 교육 개 혁을 재개했다. 20세기 말까지 이루어진 이번 개혁의 주요 내용 으로는 대학교육 관리체제·구조의 大개편과 대학교 신입생 모 집규모의 대폭적 증가 그리고 무상교육에서 유료제로의 변화 등 은 꼽힐 수 있다. 이번 개혁이 이루어진 이후부터 전 소련의 고 등교육 모델에 대한 기계적 모방으로 형성된 1950년대−1980년 대의 중국의 대학교육 이른바 신중국의 대학교육 모델은 이미 체제·구조·성질 등 여러 면에서 많이 달라졌다. 때문에 본 연 구는 1993년부터 20세기 말까지의 이 시기를 "大개편"의 시기 또는 "개편기"로 규정하고자 한다.

넷째, 대학교육의 체제·구즈·성질에 대한 大개편이 이루어진 이후 중국의 대학교육은 세기교체의 시점에서 심층적 "개혁기" 에 접어들었다. 그 계기는 국력의 강해짐과 더불어 1998년부터 거론되었고 1999년부터 시동된 "세계 일류대학" 건설의 계획 이 른바 "98-5工程"이다. 사회주의적 정치노선을 고수하는 중국이 "세계 일류대학" 건설을 추진한 등기는 중국의 명문대들로 하여 금 서양·미국의 명문대들의 모든 관행을 다 따라 배우도록 하 는 것이 물론 아니지만, 그 부산물로서 "세계 일류대학"을 지향 하고자 하는 중국의 명문대들도 진정한 세계 일류대학들의 상당 수의 관행들을 따라 배워 사회주의적 계획경제 조건하에서 형성 된 중국 대학교육의 상당수의 전통적 관행들을−예를 들면, 업적 이 있든 없든 별로 상관없이 그 대학교의 교수로 채용하게 되기 만 하면 그 대학교에서 해고를 영원히 당할 수 없는 무조건적

종신제, 또한, 업적이 적든 많든 동급의 교수이면 똑같은 보수를 받아야 되는 지나친 평균주의의 보수 배분제도 등 — 당연히 고쳐야 된다. 여기서 유의해야 되는 것은 인사제도 등 심층적 개혁은 1990년대의 대학교육 大개편 등 "98-5공정" 이전의 개혁과정에서도 많이 거론되었으나 수많은 교직원과 당·정 간부들의 개인적 운명·생계와 관련되는 민감한 부분인 만큼 별 진전을 이루지 못한 것이다. 그러나 "98-5공정"이 시동된 이래 상황은 달라졌다. 이 책의 핵심적 부분인 북경대 최근의 교원인사개혁에서 나타난 변화들은 이를 잘 증명할 수 있다. 따라서 본 연구는 "세계 일류대학" 건설의 계획 또는 "98-5공정"의 계기로 세기교체부터 시작된 중국 대학교육의 새로운 개혁을 "심층적 개혁"으로, 세기교체부터 오늘날까지의 이 시기를 "심층적 개혁의 시기"로 규정하고자 한다.

요컨대, 본 연구는 백년을 넘는 중국 대학교육의 형성·변화·개혁 과정을 수립→붕괴→회복→정돈·개편→심층적 개혁으로 시기를 구분하고자 한다.

2) 수집·분석된 1차 사료

본 연구는 중국 대학교육의 변천사와 관련된 1차 사료로서 중국 대륙에서 생산·소장되어 있는 자료들을 주로 분석하였으며, 중국 대륙 이외의 기타 소장 자료도 참고하였다. 특히, 1949년 이전의 교회대학교를 포함한 사립 대학교들에 관한 중국대륙의 자료는 부족하기 때문에, 이를 보완하기 위해서 본 연구는 대만 학자인 張其昀 等의 <중화민국大學誌>와 郭爲藩의 <중화민국개국칠십년之교육>(<중화민국 개국 70년 이래의 교육>) 등을 많이 참고했다. 또한, "목욕운동"·"반우파운동"·"문화대혁명" 등 민감한 사건들에 관한 중국대륙의 자료들의 부족한 점들을 극복하기 위해 본 연구는 해외 중국인 사회에서 밝혀진 일부의 자료들도 참조했다.

본 연구가 참고한 중국대륙의 자료는 다음과 같이 분류할 수 있다.

첫째, 중국 대학교육 역사에 관한 자료이다. 이 중에서 가장 중요한 자료는 중국교육부 장관(1982-1985) 또는 국가교육위원회 당서기 겸 부주임(1985-1992, 장관급, 실제적 1인자)으로서 1982년-1992년 사이에 중국 교육을 이끌어간 何東昌이 主編(editor-in- chief, 편집장)한 <중화인민공화국의 중요한 교육문헌(1949- 1997)>이다. 이 책은 학자가 주가 되어 편집한 것이 아니지만 편집장의 특별한 신분의 덕분에 이전에 공개되지 않았던 수많은 내부적 문서를 수록했으므로 신중국의 교육사를 연구하는데 가장 중요한 1차 자료이다. 그 이외에는 楊東平이 구중국 시기의 유명한 대학총장·교육전문가들의 대학교육에 관한 논술·연설·발언을 바탕으로 하여 편집한 <대학의 정신> 등도 중요한 참고자료이다.

둘째, 중국 대학교육 현실에 관한 자료이다. 이 중에서 중국교육부가 해마다 한번씩 발표한 "전국 교육사업 발전 통계 공보"와 중국교육부·국가통계국·재정부가 해마다 한번씩 발표한 "전국 교육경비 집행情況 통계 공고"는 가장 중요한 일차자료로 볼 수 있다. 그 밖에 수많은 일차와 이차자료도 있다.

셋째, 중국 대학교육의 개혁에 관한 자료이다. 북경대 인사개혁에 관한 두 권의 전문적인 책, 즉 楊東平이 主編한 <大學之道(대학의 도리)>와 博雅가 主編한 <北大激進變革(북경대의 급진주의적 개혁)>을 제외하면, 다른 연구들과 달리 본 연구는 중국 최근에 출판된 신문에서 실린 수많은 보도들을 많이 참고하여 인용했다. 중국 최근의 대학교육 개혁에 관한 전문적 학술연구는 다소 부족한 상황이어서, 이를 보완하기 위해 신문보도들도 분석·참고할 수밖에 없기 때문이다.

3) 분석틀

위에서 밝혀진 듯이 본 연구의 내용은 주제별로는 대학교육의 이념의 변천·학사제도의 변천·인사제도의 변천으로 나누어졌고 시기별로는 수립(1949년까지)→붕괴(1949년－1976년)→회복(1977년－1989년)→정돈·개편(1989년－세기교체)→심층적 개혁(세기교체부터)으로 나누어졌다. 또한, 본 연구는 교육역사사회학이 착목하는 교육의식과 교육존재의 "상호 작용"이란 원리와 마르크스주의의 계급투쟁 이론을 연구의 방법론과 이론적 배경으로 삼았다.

이에 따라 본 연구의 분석틀을 제시하면 <그림 Ⅰ-1>과 같다. 분석틀은 크게 연구의 목적(중국 대학교육의 형성·변화·개혁)→수단(연구의 주제 및 방법)→결과(중국 대학교육의 특징 포착)로 구성되어 있다. 연구의 주제는 대학이념의 변천·학사제도의 변천·인사제도의 변천으로 구성되어 있다. 이들 주제들은 수립→붕괴→회복→정돈·개편→심층적 개혁 각 시기별에 일일이 관통되었다. 연구의 방법은 교육역사사회학에서의 교육의식과 교육존재의 상호 작용에 관한 이론과 마르크스주의의 계급투쟁 이론으로 구성되어 있다. 이 중에서 전자는 다섯 가지 시기별의 대학이념의 변천·학사제도의 변천·인사제도의 변천에 다 관통되었으나 신중국 이래 정치 지도자들과 대학교육 지도자들 개인의 생각·의지·판단·선호·지시·명령 그리고 중국공산당(이하부터 "당"으로 약칭함)과 정부의 결정·규정·법령 등의 형식으로 존재하는 "교육의식"은 대학교육 현장에서의 제도·현황·구조·분포·문제·반영 등으로 존재하는 "교육존재"를 절대적으로 결정해왔기 때문에 "교육의식"에 대한 "교육존재"의 반작용은 매우 약했다. 즉, 이 이론은 중국 대학교육 형성·변화·개혁의 온 과정에 다 적용되지만 신중국의 대학교육보다 구중국의 대학교육에 더 잘 적용된다. 후자는 주로 신중국 이래의 대학교육에 잘 적용된다.

<그림 Ⅰ-1> 연구의 분석틀

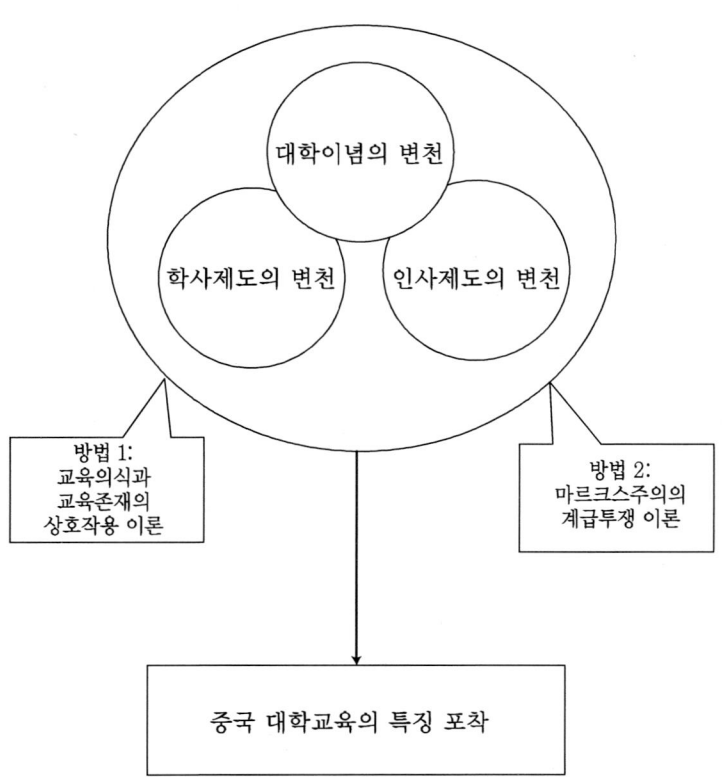

3. 선행연구 검토

중국 교육에 관한 연구는 물론 중국대륙에서 가장 많다. 중국 대륙에서의 중국 교육에 관한 연구는 본토의 현지연구로서 물론 중국 교육의 역사·현황·개혁 등에 대해 정확하게 파악하는데 어느 나라 또는 지역의 연구보다도 유리하여 장점이 있다. 다만 천편일률적인 스타일·국제적 시야의 부족·중국어로 작성된 연구물의 국제적 인지도의 부족·학술적 규범의 부재5) 등으로 인하여 중국대륙에서의 중국 교육에 관한 연구는 국제적으로 크게 인정을 받지 못하고 있다. 중국대륙 이외에서 이루어진 중국에 관한 연구 이른바 중국학 연구는 해외 동아연구의 중요한 과제 가 되고 있으나 주로 중국의 역사·문화·정치·경제·사회에

5) 중국의 유명한 학자이자 上海대학교 文學院(인문대) 교수인 朱學勤은 중국 학 술계를 위해 다섯 가지의 학술적 규범을 제시했다. 즉, 첫째, 연구주제를 선택 하여 정하기 전에 될 수 있는 대로 전면적으로 국내외 문헌을 검색해야 된다. 둘째, 관점을 논술할 때 형식 논리에 유의하여 前後모순을 하지 말아야 된다. 셋째, 입론할 때 근거가 있어야 되고 무단히 억측하지 말아야 되고 사용할 개 념들에 대해 필히 정의하거나 한정해야 된다. 넷째, 인용할 때 출처를 명백히 밝혀야 된다. 다섯째, 연구결과를 논저로 출판하면 참고문헌과 색인을 첨부해 야 되고 서양 학자들도 언급될 경우 중문과 西文으로 된 색인들은 다 완비하 도록 해야 된다. 이에 대해 주학근은 "나는 이 다섯 가지를 '학술규범'의 틀로 선정해 열거했을 때 마음속에서 세 가지의 비애를 느꼈다. 왜냐하면, 첫째, 이 다섯 가지는 학문에 입문 시에 알아야 되는 기본적 기율인 만큼 '학술규범의 틀'이라고 하는 것보다 '학술기율의 언더라인'이라고 하는 것이 차라리 더 적당 하기 때문이다. 다시 말해, 이것들은 학문을 하는 사람들에 대한 더 낮을 수 없는 가장 기본적 요구이기 때문이다. 둘째, 이들 요구들은 그렇게 낮음에도 불구하고 1980년대와 1990년대를 거쳐도(중국에서) 완전하게 회복되어 달성 되지 않았으니 오늘날까지 부득이 이를 위해 큰 소리로 호소할 수밖에 없기 때문이다. 셋째, 학술계의 수많은 사람들은 이러한 최저의 기준들을 최고의 기 준 또는 비교적 높은 기준으로 삼아서 애를 써서 호소하고 있기 때문이다"고 풍자했다. [참조: 朱學勤(1995), "被遺忘與被批評的—答楊念群先生", 중국 <現 代與傳統>, 1995년 제4집, 31-32쪽].

집중되어 있는 반면에 중국 교육에 관한 연구는 비교적으로 적은 편이다.

다만, 중국 교육 특히 중국 고등교육에 관한 연구는 비록 적지만 의미 있는 연구도 존재한다.

중국 고등교육에 관한 서양에서의 연구자로는 Ruth Hayhoe · Suzanne Pepper · R. F. Price 등 서양학자와 영어교수 또는 번역자 출신의 중국계 학자인 Ruiqing Du · Xiuwu R. Liu 등의 연구가 유명하다. 이 중에서 중국 교육의 일반상황 또는 대학교육의 변천역사를 다룬 Suzanne Pepper · R. F. Price · Ruiqing Du · Xiuwu R. Liu 등의 연구와 달리 19세기 말부터 20세기 말까지의 중국 대학교육 변천역사를 다룬 Ruth Hayhoe의 <중국의 대학교: 1895-1995>는 본 연구주제와 가장 근접하다.

캐나다 사람인 Ruth Hayhoe는 1984년에 런던대학교에서 박사학위(비교교육)를 받기 전에 이미 홍콩의 한 중학교에서 교사로서 11년 동안에 일해 왔고 복단대에서 외국어교사로서 2년 동안에 일한 적도 있었다. 그녀는 1985년-1993년 사이에 캐나다 · 중국 · 세계은행 등의 협조를 받아 모두 다섯 차례로 중국의 백 개 이상의 대학교를 방문했다.6) 중국 고등교육의 역사 그리고 1990년대 중반까지의 현실에 대한 Ruth Hayhoe의 이해 · 파악 · 서술은 비교적으로 정확하고 진실하다.

Ruth Hayhoe의 <중국의 대학교: 1895-1995>(1996)는 중국 고등교육의 형성 · 변화 과정을 중국 근 백년의 역사변천에 관한 일반적 分期대로 남경정부 시기 · 사회주의 시기 · 개혁개방 초기로 나누어 "story"를 서술하는 방식으로 각 시기별의 중국 대학교육의 일반적 상황과 변화를 자세히 기술했다. 이 연구는 중국 대학

---

6) Ruth Hayhoe(1996), China's Universities 1895-1995, 서론 부분의 ⅩⅤ쪽.

교육 통사에 관한 한 좋은 책으로 볼 수 있으나 중국 대학교육 형성·변화·개혁 과정에서 나타난 자체의 특징이 아닌 일반적 역사학 개념에 의해 중국 대학교육에 대해 分期했기 때문에 중국 대학교육 형성·변화·개혁 과정의 기본적 윤곽·특징·본질을 잘 파악하지 못했다. 본 연구와 거의 똑같이 백년을 넘는 중국 대학교육의 형성·변화·개혁을 탐구하는 Ruth Hayhoe의 이 연구는 이 점에서 일반적 역사학 개념이 아닌 중국 대학교육 형성·변화·개혁 과정에서 나타난 자체의 특징에 의해 중국 대학교육의 형성·변화·개혁 과정을 "수립→붕괴→회복→정돈·개편→심층적 개혁"으로 나누어 다룬 본 연구와는 매우 다르다.

또한, Ruth Hayhoe는 중국 교육에 관한 기존 서양권의 연구는 지나치게 정치·경제·사회 등 분야에서의 투쟁과 연결시켜 설명해온 편향이 있다고 지적하였다.[7] 그러나, 그의 설명방식은 그가 비판했던 경향들의 반대 반향에서 또 다른 편향을 지녔다. 그의 연구는 중국 대학교육 형성·변화·개혁 과정의 정치적·경제적·사회적 동인분석에 소홀하였기 때문에서 중국 대학교육의 변천사를 평면적인 사실 기술의 차원을 넘지 못했다. 본 연구는 중국 대학교육이 자체로 갖고 있는 특성을 외적인 요인으로 환원시켜 설명하는 것을 지양하지만, 교육장면에서 발생하는 사건과 현상들을 정치적·경제적·사회적 수준의 동인과 밀접히 관련되어 있다는 교육역사사회학적인 관점을 견지하고자 한다.

중국 교육에 관한 한국의 연구 성과로서는 구자억의 것이 압도적이다. 그는 <중국의 교육>(1997)·<현대 중국 교육의 심층적 이해>(1998)·<중국교육사>(1999)·"중국의 대학 입시제도" 등 연구물이 있다. 이 중에서 <현대 중국 교육의 심층적 이해>

---

7) Ruth Hayhoe(1996), 위의 책, 서론 부분의 xiii-xiv쪽.

는 본 연구와의 관련성이 가장 크다. 그는 이 책에서 중국의 국가 교육관부터 대학입시제도·교육현장의 새로운 현상·성인고등교육제도·초중학교 교육과정·학교 과외활동·시장경제하에서의 문제점들까지 다루었을 뿐만 아니라 본 연구의 핵심적 내용인 교원인사제도도 다루었다. 구자억은 여기서 중국 교원인사제도의 배경·교원양성제도·자격제도·교원임용제도·근무평정제도·교원현직교육제도 등을 일일이 소개했다. 다만, 본 연구와 달리 구자억은 여기서 첫째, 대학교육이 아닌 주로 초중고 학교의 교원인사제도를 다루었다. 둘째, 초중고 학교의 교원인사제도에 대한 소개라도 동태적이 아닌 靜態의 방법으로 이루어졌다. 즉, 1990년대 중반 전후의 평면적 차원에서 이루어진 것이다.

20세기 말부터 한국에서 중국 교육에 관한 연구에 새로운 시도가 나타나고 있다. 윤정일·박부권·진동섭·조용환 등의 <한·중·일 교육의식 구조 비교연구>(1999)는 삼국에서 수많은 연구원들을 동원해 대규모적인 설문조사를 통해 교육목적·교육내용·교육방법·교육행정·교직에 대한 의식 그리고 학생 행동에 대한 의식 등을 둘러싼 40여 개의 주제들에 대한 학부모·교사·학생들의 의식을 조사·분석했다. 이 연구는 삼국 교육의식의 평면적 현황에 관한 권위적인 연구물로 꼽힐 수 있으며 이들 세 나라 간 교육의식의 공통점과 차이점들을 비교·분석하여 파악하는데 있어 좋은 자료로 활용될 수 있다. 문화전통 등 여러 면에서 유사성이 많이 있는 삼국에 대한 국제비교의 시야와 방법은 국제비교가 부족한 본 연구의 결함을 피해냈다. 다만, 중국의 경우, 교육존재를 결정하는 교육의식 또는 교육이념은 학부모·교사·학생들의 의식이 아니라 주로 당·정부의 결정·명령·지시·조치이다. 이 점에서 당·정부의 결정·명령·지시·조치에 기울이는 본 연구는 위 연구를 보충하는 역할을 담당했다. 뿐만 아니라 본 연구는 교육의식·교육이념에 착안하기보다는 교육의식과 교육존재의 상호 작용에 더 기울이었다.

이종재·김용·유경희·정제영의 <중국의 교육제도와 교육 개혁에 관한 연구>(2001)는 근대 중국 교육제도의 역사적 변천과 현대 중국 교육의 사상적 배경으로 바탕으로 하여 현대 중국 교육정책의 중요한 변화들을 다루었으며, 특히 중국 대학교육 개혁 과정에서 도입된 시장경제 원리의 도입과 여파를 주목했다. 다만, 중국 대학교육 大개편 또는 새로운 "혁명"의 본격적인 시작은 1998년 이후부터 이루어진 일이고 중국 대학교육 새로운 "혁명"의 핵심적인 내용인 교원인사제도의 개혁은 2003년부터 시작된 것이다. 위 연구와 유경희의 <중국의 고등교육 개혁정책에 관한 연구>(2001)는 1998년부터 이루어진 중국 대학교육 大개편을 부분적으로 접근했고 후자는 심지어 북경대가 1999년에 실시한 당·정 기구 및 임원의 감축과 교수聘任(초빙·임용)제 그리고 업적 중심의 보수제도의 개혁 등의 내용까지도 접근했다. 그러나 북경대 1999년의 개혁은 큰 實效를 거두지 못한 한 가지의 "소수술"에 지나지 않으며 북경대가 2003년 5월부터 시작한 "대수술"의 한 가지의 試演에 지나지 않는다. 따라서 1998년 이후, 특히 2003년 이후 중국 대학교육의 최신의 변화를 다룬 본 연구는 위 두 연구의 내용과 범위에 대한 한 가지의 필요한 보충이나 후속연구나 자매편으로 볼 수 있다.

신보충의 <중국 사립대학 체제 발전방안 연구>(1999)를 바탕으로 하여 한국에서 출판된 <한국과 중국 고등교육제도 연구>(2000)는 주로 한국과 중국의 사립 대학교육에 대한 비교와 중국 사립 대학교육 체제의 발전방안을 탐구하는데 연구의 범위를

한정한 만큼 주로 중국 대학교육의 절대적인 주체인 국립 대학
교육, 특히 국립 명문대의 대학교육을 탐구한 본 연구의 연구내
용과 범위와는 큰 관련이 없다.

4. 용어의 정의

1) 중 국

본 연구에서 중국은 중화인민공화국을 의미한다. 홍콩과 마카
오는 이미 중국에 반환되었으나 특별행정구로서 중국대륙과 다
른 사회제도를 실시하고 있으며 통계자료도 중국대륙의 통계범
위에 들어서 있지 않고 있기 때문에 본 연구에서 제외된다. 또
한, 대만도 중국의 한 省이지만 여러 가지의 이유로 본 연구에서
제외된다. 그래서 본 연구에서 지리학적 의미에서의 중국은 중국
대륙만을 뜻하며 행정학적 의미에서의 중국은 4개의 직할시·22
개의 省·5개의 소수민족자치구 모두 31개의 省級 지방 행정구
를 뜻한다. 다만, "중국"이란 용어에 대한 별 다른 限定이 없어
도 중국대륙을 뜻하지만 본 연구에서 홍콩·마카오·대만·해외
중국인 사회, 특히 대만에 비하여 중국대륙을 말할 때 혼란을 피
하기 위해 모호한 "중국"이란 용어를 대신해 "중국대륙"·"본토"
등 용어를 쓰기도 한다.

또한, 중국에서 1949년 10월 1일에 성립된 중화인민공화국과
이전의 중화민국을 구별하기 위해 중화인민공화국 시대를 "新중
국"이라고, 중화민국 시대를 "舊중국"이라고 부르기도 하고 있기

때문에 본 연구에서도 위와 같은 의미에서 "신중국"과 "구중국"
이란 용어를 쓰기로 한다.

2) 중국의 대학교육

중국의 고등교육은 종류별로는 보통고등교육(일반 전일제 정
규 대학교육)·성인고등교육(독립적이고 전문적 성인대학교·보
통대학교의 야간학교·방송통신대학·독학 검정고시 등)·특별
고등교육(군사·당교 등 특별 계통의 고등교육)으로, 교육 단계
와 연한으로는 專科(학부, 2년제)·本科(학부, 4년제)·硏究生院
(대학원, 석·박사 각각 3년제)으로 나누어져 있으나 본 연구는
주로 학부 4년제 이상의 전일제 정규 대학교육 이른바 보통고등
교육을 연구의 대상으로 삼기로 한다. 따라서 본 연구에서 꼭
"고등교육"이란 용어를 쓸 수밖에 없는 경우를 제외하면 기본적
으로 고등교육이란 용어를 대신해 대학교육이란 용어를 쓰기로
한다.

또한, 고등교육 또는 대학교육 기구의 소유관계에 따라 중국의
대학교는 국립 대학교와 사립 대학교로 나누어질 수 있으나 사립
대학교는 규모가 작은데다가8) 주로 국립 대학교에 진학하지 못
한 학생들을 대상으로 하여 돈을 버는 목적으로 설립된 수준이
낮은 대학교인 만큼 본 연구에서 제외된다.

---

8) 2003년에 중국의 보통 民辦(사립) 대학교는 모두 173개교에 불과했고 재학생수
는 81만 명에 불과했다. 또한, 2003년에 중국 고등교육 총규모(총 재학생수)는
1,900만이었다. 그래서 중국의 사립 고등교육은 고등교육 전체에서 차지하는 비
중은 약 4.3%에 불과하다고 할 수 있다[참조: 중국교육부(2004), "2003년 전국
교육사업발전 통계공보", 중국 <중국교육보>, 2004년 5월 27일].

Ⅱ. 중국 대학교육의 수립과 붕괴

1. 구중국 시대 중국 대학교육의 수립(1949년까지)

1) 중국 최초의 대학

중국에서 자신의 역사가 가장 길다고 하고 있는 대학교는 湖南대학교이다. 이 대학교는 자신의 역사를 976년에 설립된 岳麓서원까지 거슬러 올라가면서 자신을 "천년學府(천년 역사를 지닌 학술적 전당)"9)라고 부르고 있으나 北宋시대의 서원은 현대 의미의 대학의 주요 특징을 거의 지니지 않았기 때문에 이 대학교의 주장은 보편적으로 수용되고 있지는 않다.

(1) 중국 정부 측이 인정하는 중국 최초의 4개 대학

지금 중국 정부 측과 정부가 주도하는 학계에서 보편적으로 인정하고 있는 중국 최초의 대학들을 설립 순으로 보면 自强학당(1893)·北洋西學학당(1895)·南洋公學(1896)·京師大學堂(1898)이다. 이들은 다들 청나라 洋務派가 西學을 배워 공업의 진흥으로 나라를 구하려는 목적으로 세운 현대학교이다. 중국 정부 측과 정부가 주도하는 학계의 관점으로는 바로 이들 新式 학교들이 중국 초기 고등교육, 특히 고등 공과교육의 기초를 정했다. 다만, 중국

---

9) 중국 호남대학교 홈페이지 http://www.hunu.edu.cn/xxgk/qnxf.htm

최초의 대학은 도대체 어느 대학인지에 관해서는 의견이 일치하지 않다.

경사대학당은 1912년에 북경대학교로 개명했다. 북경대는 1919년 "5·4운동" 전후에 중국 최고의 학술적 전당이 되었으며, 이후 신속히 궐기된 다른 대학교들에 최고 학술적 전당의 지위를 이양하게 되었다가 1949년 이후 복잡한 원인으로 다시 최고의 대학의 지위를 가지게 되었다. 신중국의 최고의 대학으로 된 북경대는 지위변화에 따라 자신이 중국 최고의 대학일 뿐만 아니라 중국 최초의 대학이라고 계속 주장해왔다. 특히, 1998년 5월 4일에 열린 북경대 개교 백 주년 기념행사에서 국가주석이었던 강택민이 "100년 전에 북경대와 기타 여러 대학교들이 잇따라 창립된 것은 중국 현대교육의 발단을 상징한다"[10]는 발언을 한 이후 북경대는 더욱더 그랬다. 그러나 양무파가 세운 다른 세 현대학당들의 개교시간보다 늦은데다가 늦게 설립되어서 光緖황제로부터 설립허가를 받았으나 朱批[11]를 받지 못했기 때문에 북경대의 주장은 보편적으로 수용되지 못하고 있을 뿐만 아니라, 현재 학계와 다른 대학교들로부터 많은 비난을 당하고 있다. 이런 분위기 속에서 북경대는 2003년 4월에 열린 신입생 모집을 위한 "개방일"이란 행사에서 중국 최고의 대학인 것만을 강조했으며 중국 최초의 대학이라는 주장을 직접적으로 명시하지 않았다. 다만, "북경대는 중국의 최고學府(대학)"란 문장 뒤에 괄호로 "북경대는 우리나라 중앙정부가 세운 첫 대학이다. 북경대의 성립은

---

10) 江澤民(1998), "在慶祝北京大學建校一百週年大會上的講話", 중국 <인민일보>, 1998년 5월 5일

11) 옛날에 황제는 밑 사람이 보내온 상주문에다 자신의 지시나 평어나 생각이나 이른바 "批語"를 "朱筆"로 썼기 때문에 중국어에서 황제의 "비어"는 "朱批"라고 한다.

중국 근대 고등교육의 발족을 상징한다. 북경대는 성립된 그날부터 곧 중국의 최고學府가 되었을 뿐만 아니라 중국 최고의 교육행정기관, 즉 국가 교육부의 역할로 전국교육을 총괄적으로 관리하기도 했다"고[12] 우회적인 어법으로서 중국 최초의 대학임을 강조하고 있다.

북양서학학당은 양무파의 대표 인물이자 중국 근대공업의 아버지라고 불려온 盛宣懷가 광서황제로부터 주비를 받아 天津에서 설립한 현대학당이다. 북양서학학당은 설립된 이듬해인 1896년에 북양대학당으로 개명했다. 북양대학당은 1900년의 義和團운동[13]과 이로 인한 8개국 연합군의 침입, 이른바 "庚子사변"으로 인하여 1900년에 폐교하게 되었다가 1903년에 복교되었고 1912년에 북양대학교로, 1913년에는 국립 북양대학으로 개명했다. 북양대는 그 이후 여러 차례의 변경을 거친 후 1951년에 천진대학교로 됐다. 나라 내외적 사변의 영향으로 인하여 북양대의 발전과정은 곡절이 많았으나 중국의 첫 공과대학인 만큼 20세기 초기에 유명했다. 천진대는 자신의 개교시간을 북양서학학당의 개교시간인 1895년으로 정하여 강택민의 위 발언에도 불구하고 중국 근대의 첫 대학이라고 주장하고 있다.[14]

남양공학은 북양서학학당이 설립된 이듬해인 1896년에 성선회가 또다시 광서황제로부터 주비를 받아 上海에서 설립한 현대학

---

12) 北京大學新聞網(2003), "開放日專題: 北京大學的中國大學之最", 참조: http://pkunews.pku.edu.cn/newsshow.php?id=13467

13) 1900년 봄부터 山東省에서 우선적으로 일어나 신속히 直隷(현 河北省)·북경·천진 등 지방에 확산되어 외국 선교사·교회당을 대상으로 하여 제국주의를 반대했던 운동이다. 이로 인하여 8개국의 연합군을 초래했다. 의화단운동은 나중에 청나라와 외국 연합군에 의해서 진압되었다. 중국대륙에서 의화단운동을 민족의 멸망을 구하려던 애국운동이라고 높이 평가하고 있다.

14) 중국 천진대 홈페이지 http://www.tju.edu.cn/default.jsp

당이다. 남양공학은 1911년에 남양대학으로, 1912년에 교통부 상해공업전문학교로 개명했고 1921년에 唐山공업전문학교·북경鐵路관리학교·북경郵電학교와 통합하여 교통대학으로 변했다. 그 이후 교통대학은 상해·북경·당산 세 군데에서 분교를 두고 있어서 전국에 큰 영향을 발휘하고 있었다.[15) 1930년대 중반까지 교통대학은 "東方의 MIT"란 미명을 얻기도 했다.[16) 북양대학과 같이 교통대학은 종합대학이 아니었으나 1910년대 후기까지 해도 이공과 분야에서는 중국의 가장 유명했던 대학이었다. 1940년대 말에 국(민당)·공(산당)내전 때 교통대학의 일부는 대만에 이전하여 1959년에 대만 新竹에서 국립 교통대학교[17)로 복교되었고 일부는 중국대륙에 남아 계속 교통대학(Jiaotong University)으로 불렸다가 1957년 이후 상해교통대·서안교통대·북방교통대(현 북경교통대)·서남교통대(四川省 成都) 모두 4개의 독립된 대학으로 분립되었다. 강택민은 상해교통대의 졸업생이라서 상해교통대를 비롯한 중국대륙의 4개의 교통대학, 특히 상해교통대와 서안교통대는 최근 10여 년 동안에 크게 발전을 이루었다.

이 4개의 현대학당 중에서 가장 먼저 설립된 자강학당은 양무파의 또 하나의 대표인물인 張之洞이 주도하여 광서황제로부터 주비를 받아 武昌에서 세운 현대학교이다. 자강학당은 1902년에 方言학당으로, 1913년에 국립 무창고등사범학교로, 1923년에 국립 무창사범대로, 1925년에 국립 무창대로, 1926년에 국립 제2中山대로, 1928년 7월에 국립 武漢대로 됐다. 오늘날의 무한대는 자신의

---

15) 서안교통대 홈페이지 "交大概況"의 "校史沿革" 부분: http://www.xjtu.edu.cn /jdgk/xsyg.htm

16) 상해교통대 홈페이지 "校史檔案"의 "학교간사" 부분: http://www.sjtu.edu.cn/ chinese/Web2/ index.html

17) National Chiao Tung University, 중국대륙에서 "국립"이 아닌 "신죽" 교통대학 이라고 부르고 있다.

개교시간을 자강학당의 개교시간인 1893년으로 정했으나 중국 최초의 대학이라고 명시적으로 주장하지는 않았다.18) 단, 무한대는 2003년 11월 29일에 110주년 개교기념식을 개최하여 북경대와 천진대를 겨냥하여 자신이 중국 최초의 대학임을 강조한 바 있다. 호남대를 제외한 중국 최초의 (국립)대학들의 개교 시점만을 따져볼 때 무한대는 역사가 가장 긴 중국의 (국립)대학임에는 틀림없다.

(2) 중국 최초의 교회대학

이상에서 언급된 4개의 학교들을 중국 최초의 대학으로 파악하는 것은 중국 내부 학계에서 비교적 공유된 견해이지만, 이는 청나라 또는 중국인 자신이 처음으로 세운 대학이라는 제한된 의미에서 해석되어야 한다. 객관적으로 말해서, 이들 4개의 현대학당 또는 현대대학은 중국 최초의 국립대학 일 뿐이다. 왜냐하면, 이들 소위 중국 최초의 대학들보다 더 일찍 설립된 대학들이 또 따로 있기 때문이다. 교회대학인 之江대학교·聖約瀚대학교·金陵대학교·嶺南대학교 등이 그 예이다.

지강대의 전신은 중화기독교회가 1845년에 절강성 寧波에서 세운 중국 최초의 교회대학인 崇信학교이다. 숭신학교는 1867년에 절강성 省都인 杭州에 이전하여 育英서원으로 바뀌었다. 육영서원은 1911년에 항주 시내에서 시외 錢塘江 강변에 있는 秦望山 남쪽 기슭에 이전하여 지강학교로 바뀌었다. 지강학교는 1920년에 미국에서 등록하여 미국과 본격적으로 협력하기 시작했다. 1929년에 남경정부가 교육주권을 회수했음에 따라 지강학교는 다시 중국인들에 의해 운영되었다. 이에 따라 지강학교는 1931년에 남경정부 교육부에 등록하여 지강文理대학으로 바뀌었다. 지

---

18) 무한대 홈페이지 "학교개황" 부분: http://www.whu.edu.cn/cn/xxjj/xxjj.htm

강문이대학은 1948년에 지강대학교로 개명됐다. 이때 지강대학교는 文理대·공대·상대 모두 3개의 대학이 있었다.19) 지강대는 1952년 "院係調整"20)을 거쳐 절강대·신설 절강사범대21) 등에 합병되어 더 이상 없어졌다.

성약한대의 전신은 미국 성공회 상해 주교인 J. Schereschewsky가 1879년에 세운 성약한서원(St. John's College)이다. 성약한서원은 1902년에 성약한대(St. John's University)로 승격됐다. 이 대학은 비록 지강대보다 늦게 설립됐으나 초기에도 서학·국학·신학을 개설했고 1881년에 중국에서 처음으로 전체 과목 다 영어로 강의를 시작했고 1896년까지 문과·이과·의과·신학·예과 등의 학과 시스템을 형성하여 상해의 유일한 대학으로서 중국 동남 지역에서 커다란 영향력을 발휘하고 있었다. 성약한대는 1906년에 미국에서 공식적으로 등록했고 1913년에 석사과정을 신설하여 중국에서 처음으로 대학원 과정을 개설했다. 1949년까지 이 대학교는 문·이·공·농·의 5개의 대학, 모두 16개의 학과가 있었다. 성약한대의 모든 과정은 미국의 같은 전공들과 똑같은데다가 이 대학교를 세운 미국 교회단체가 미국 주요 명문대들과 긴밀한 관계를 갖고 있어 성약한대의 졸업생은 모두 Yale·Harvard·Columbia 대학에 지원하여 석·박사 과정에 입학할 수 있었고 이들의 일부는 미국 대학교의 졸업증서를 수여받을 수 있었다. 그 결과 성약한대는 신중국이 수립되기 전에는 중국에서 매우 인기

---

19) 林衡之(1955), "私立之江大學", 張其昀(1955), <중화민국大學誌>, 410쪽.

20) "院"은 "學院"의 약칭이며 독립적 전문대학·단과대학 또는 종합대 안에 있는 대학을 의미한다. "係"는 학부 또는 학과를 뜻한다. "원계조정"은 신중국이 1952년 전후에 한 첫 차례 전국적 대학 개편이다. 이에 대해 아래에서 더 자세히 논의하겠다.

21) 절강사범대는 1958년에 신설 杭州대에 합병되었다. 항주대는 1998년 9월에 새 절강대에 합병되었다.

가 있었고 중국에 수많은 인자들을 배출했다.22) 그러나 성약한대
는 1949년에 신중국에 접수된 다음에 1950년부터 미국 성공회와
의 연계는 일체 중단되었고 1952년에 "원계조정"을 거쳐 복단대·
신설 華東사범대·신설 화동政法대·신설 상해재정경제대23)·상
해제1醫學院24)·신설 상해제2醫學院 등 상해의 여러 대학교에 옮
기게 되어 중국대륙에서 없어졌다. 성약한대의 캠퍼스는 화동정법
대의 캠퍼스로 됐다.

　금릉대의 전신은 미국기독교회가 1888년에 남경에서 세운 匯
文서원이다. 회문서원은 1910년에 미국기독교회가 세운 또 하나
의 현대학당인 宏育서원을 합병하여 사립 금릉대학교로 바뀌었
다. 금릉대는 초기에 문과·사범만이 있었으며 1914년에 중국에
서 처음으로 4년제 농학과를 신설했고 1915년에 임학과를 신설
했고 1916년에 농학과·임학과를 통합하여 농림학과를 설립했음
으로써 중국의 첫 농림학과를 설립했다. 금릉대는 1928년에 남경
정부 교육부에 등록되어 중국정부에 등록된 첫 사립대로 됐다.
1930년에 문이과·농림과가 분리·승격되어 문과·이과·농학 3
개의 대학으로 됐다. 1932년에 미국 뉴욕 주립대학교는 금릉대에
서 수여한 학위를 승인했음으로써 금릉대의 국제적 학술지위는
신속히 상승됐다.25) 금릉대는 1951년에 신중국에 접수되어 사립
금릉여자文理대학26)과 같이 공립 금릉대학교로 바뀌어 미국 교

---

22) 曾虛白(1955), "私立聖約翰大學", 張其昀(1955), 앞의 책, 396-403쪽.

23) 1985년에 상해재경대학교로 개명했다.

24) 1985년부터 상해의과대로 개명했고 2000년 4월 27일에 새 복단대에 합병되
　　었다.

25) 趙經義(1955), "私立金陵大學", 張其昀(1955), 앞의 책, 347쪽.

26) 前身은 미국 5개의 교회단체가 1913년에 남경에서 세운 사립 금릉여자대학교
　　이다.

회단체와의 연계도 일체 끊어졌다. 결국 1952년 "원계조정" 때 공립 금릉대의 문과대학과 이과대학은 신설 남경대학교에, 농학대학의 일부는 신설 남경농업대학교에, 농학대학의 다른 일부는 신설 남경임업대학교에, 교육학과과 아동복지학과는 신설 남경사범대에 옮기게 됐다. 그 이후 금릉대와 금릉여자문이대학은 사라지게 되었다.

영남대는 미국 교회단체가 1888년에 廣州에서 세운 사립 대학교이다. 영남대는 1930년대 말까지 문·이·공·의·상 등 대학을 갖추고 있었고 세계 여러 대학에서 학력인정을 받은 유명한 종합대가 되었다. 영남대는 1952년 "원계조정"을 계기로 中山대 등 여러 대학교에 분산되었다. 영남대 백 주년 기념을 맞은 1988년에 중산대 안에서 영남대학이 설립됐다. 그 이외에 홍콩에도 영남대(Lingnan University)가 있다. 홍콩의 영남대는 비록 홍콩대·홍콩중문대·홍콩과기대만큼 유명하지 않지만 홍콩에서 고품질의 Liberal arts 교육을 제공하는 유일한 대학교로 인기도가 높다.[27]

이상의 4개의 교회대학교들 중에서 성약한대와 금릉대는 지강대와 영남대보다 더 유명했다. 그러나 성약한대든 금릉대든 지강대든 영남대든 교회가 세운 사립대학이라서 오늘날까지 중국 최초의 대학으로 인정조차 받지 못하고 있다.

2) 중국 대학교육의 수립 및 북경대의 발달

이상에서 언급된 중국 최초의 8개의 대학들 중에서 4개의 교회대학을 제외한 나머지 4개의 국립대는 "辛亥혁명"이 승리한

---

27) 홍콩 영남대 홈페이지 http://www.ln.edu.hk

1911년의 전후인 1911-1913년 사이에 잇따라 "대학"이라고 부르기 시작했으나 사실상 1910년대 후반까지 해도 완전한 현대의 미의 대학이 되지 않았다. 그때까지 현대 대학교육의 이념과 제도는 아직 중국 국립대에서 잘 수립되지 않았기 때문이다. 중국 국립대에서 현대 대학교육의 이념과 제도의 수립은 채원배가 1910년대 후반부터 1920년대 중반까지 북경대에서 주도하여 실현시킨 것이다.

(1) 초기의 경사대학당

경사대학당의 설립배경과 초기상황을 간단히 살펴보겠다. 경사대학당은 1898년에 일어난 "戊戌변법"의 산물이다. 변법의 대표인물인 康有爲・梁啓超가 광서황제께의 개량변법에서 京師(수도)에서 대학당을 설립하자고 제기했고 광서황제가 이를 받아들이었기 때문에 경사대학당은 수도에서의 최초의 현대학교로 탄생하였다. 그러나 서태후가 쿠데타를 일으켜 광서황제를 연금함으로써 "무술변법"은 실패하게 됐다. "무술변법"은 103일 동안만 존재했기 때문에 "백일유신"라고 불리기도 한다. 경사대학당은 "백일유신"의 유일한 성과로 남게 되었으나 1900년의 "경자사변" 때 괴멸되어 폐교됐다. 다행히 1902년에 다시 복교됐다.28)

초기의 경사대학당은 사실상 중국 전통적인 이념인 "仕而優則學・學而優則仕"29)를 실천하는 곳으로 간주되었다. 학생들이 경사대학당에 다니게 된 이유는 지식 학습을 위한 것이 아니라 졸업과 승진 그리고 인맥관계를 위한 것이다. 이에 대해 채원배는 "학생들의 벼슬로 되려는 마음이 너무 더워서 교수들의 학문의

---

28) 陳平原(2003), "我看北大百年改革", 博雅(2003), <百大激進改革>, 118쪽.

29) 관리로서 우수한 관리가 잘 될수록 더 공부하고 학문을 하는 사람으로서 학문이 우수할수록 더 큰 관리가 된다는 중국어 표현이다.

고저에 대한 관심이 없는 반면에 교수들의 관함의 고저에만 관심이 있다. 교수는 관함이 높을수록 더 환영을 받는다고"[30] 지적했다. 또한, 개설 학과들을 보면, 과학·공업 등 실용과목을 가르쳤던 북양서학학당이나 남양공학 등과 달리 북경대학당은 주로 仕學館·譯學館·사범관 등으로 구성되어 있었다. 재학생의 구성을 보면, 경사대학당의 재학생은 다들 京官이었다.[31] 수업의 분위기를 보면, 재학생들은 "老爺"[32]라고 불렸고 감독과 교수는 "中堂"[33] 또는 "大人"[34]이라고 불렸다.[35] 수업했을 때 당번 학생은 무릎을 꿇으면서 강사에게 "대인님, 강의를 해 주십시오"라고 하기도 했다.[36] 그래서 초기의 경사대학당은 탄생된 그날부터 곧 官學의 특질을 많이 지녔다고 할 수 있다. 경사대학당의 교과과정에서 봉건왕조의 교육의식이 그대로 반영되었고, 다른 한편으로는 경사대학당도 봉건왕조에 막 필요했던 인재들을 키움으로써 청나라에 기여하여 반작용했다. 경사대학당에서 교육의식과 교육존재의 상화작용은 뚜렷했다.

1911년 "신해혁명" 때까지 경사대학당은 청나라의 제일 "관학"의 지위를 유지했으나 학술적으로 크게 발전을 이루지 못했다. 더구나 "신해혁명"이 성공했고 청나라가 멸망된 다음에는 경

---

30) 蔡元培(1917), "就任北京大學校長之演說", 楊東平(2003a), <大學精神>, 221쪽.

31) 蔡元培(1934), "我在北京大學的經歷", 楊東平(2003a), 위의 책, 223-224쪽.

32) 관리에 대한 경칭이다. 한국어의 "나리"의 뜻과 비슷하다.

33) 당나라 이후 宰相의 별칭이고 명나라·청나라 때의 "內閣大學士"이 별칭이다. 경사대학당의 감독과 교수는 꼭 "中堂"이 아니었으나 재학생들은 이들을 경칭하기 위해 "中堂"이란 칭호를 쓰기도 한 것 같다.

34) 연장자·부모에 대한 존칭이다.

35) 蔡元培(1934), "我在北京大學的經歷", 楊東平(2003a), 앞의 책, 224쪽.

36) 羅家倫(1955), "國立北京大學", 張其昀(1955), 앞의 책, 511쪽.

사대학당은 중앙정부의 "관학"의 지위까지도 일단 잃었다. 더 중요한 것은 1910년대 후반까지 해도 이 "대학"에서 현대 대학교육의 이념과 제도가 잘 보이지 않았던 것이다.

(2) 경사대학당의 운명을 바꾸게 한 채원배

채원배(1868-1940)는 청나라의 擧人(1889)·進士(1892)·翰林院編修(1894)를 역임하였다. "무술변법"이 실패한 이후 채원배는 "교육救國"의 사상을 인식하게 되어 1898년부터 관직을 그만두고 교육에 종사하였다. 그는 1905년에 孫中山(孫逸仙·孫文)이 일본 동경에서 소집한 同盟會에 가입하여 상해 지역의 회장으로서 혁명 활동을 다채롭게 전개했다. 1907년에 독일 Leipzig University (현 Karl Marx University)에 가서 철학·심리학·미학 등의 연구를 시작했다.[37]

1911년 10월 10일에 청나라 통치를 반대한 혁명당은 "무창起義"를 일으켰고 다음 날에 무창을 점령하여 중화민국 군정부를 수립했음으로써 "신해혁명"은 승리를 얻었다. "신해혁명"이 승리한 후 손중산은 중화민국 임시 대통령이 되어 1912년 1월 1일에 남경에서 취임됐다. "무창기의" 후에 귀국한 채원배는 1912년 3월에 중화민국의 첫 교육총장(장관)으로 임명됐다.

그러나 청나라 溥儀황제가 퇴위하고 "북양군벌"인 袁世凱가 공화제를 지지하기로 한 조건하 손중산은 부의 황제가 퇴위된 다음 날인 1912년 2월 13일에 사직했다. 같은 해 3월 10일에 원세개가 임시 대통령 직에 취임하게 됐음에 따라 남경 임시정부가 요절하게 되었고 중화민국의 통치권은 청나라 말기의 "北洋派" 세력의 후계자인 "북양군벌"이 주도했던 북양정부(1912-1927)에 이양하

---

37) 馬征(1995), 〈敎育之夢－蔡元培傳〉, 5-101쪽.

게 됐다.

1912년 5월에 임시정부가 북경으로 이전한 이후에도 채원배는 계속 교육총장에 재직했으나 원세개의 독재에 대한 불만으로 1912년 7월 14일에 사직하여 9월에 다시 유럽 유학에 가게 됐다. 채원배는 교육총장으로서의 짧은 임기 동안에 했던 일들 중의 하나는 1912년 5월에 경사대학당을 국립 북경대학교로 개명시킨 것이다.

1916년 겨울에 북양정부 교육부가 유럽에서 유학하고 있었던 채원배에게 귀국해서 북경대 총장직을 맡아달라고 했다. 이에 따라 채원배는 1916년 10월에 귀국하여 같은 해 12월 26일에 북경대학교 총장으로 임명되어 1927년 7월까지 재직했다.[38]

(3) 채원배가 북경대에서 실시한 개혁의 주요 내용

채원배는 1917년 1월 4일부터 북경대 총장으로서 일을 보기 시작했다. 북경대의 사상 첫 개편도 시작됐다. 채원배가 주도했던 개혁내용은 다음과 같다.

A. 북경대를 관리 양성학교에서 학문을 연구하는 현대대학으로 변화시켰다.

채원배 1917년 1월 9일에 열린 취임연설에서 당시 북경대의 "재학생들은 거의 다 벼슬길에 오르거나 돈을 벌어 부자가 되는 꿈을 갖고 있다. 그래서 문과와 이과, 특히 이과를 기피하는 반면 법과를 선호한다. 법과는 관리로 되는 지름길이기 때문이다.

---

38) 다만, 이 기간에 채원배는 외국 출장 등 사유로 자주 북경대에 나오지 않았다. 그는 "我在北京大學的經歷"(나의 북경대에서의 경력)에서 "나는 북경대 총장의 명의로 10년 반 정도 일했으나 사실상 북경대에서 일을 본 시간은 5년 반에 불과했다"고 회고했다[楊東平(2003a), 〈大學精神〉, 229쪽].

벼슬길에 대한 열심이 너무 많아서 교수의 학문 수준에 대한 관심이 없는 반면 교수의 관직 등급에 오히려 관심이 더 많다"고 지적하면서 "대학이란 수준이 높고 깊은 학문을 연구하는 곳"이라고 연구기관으로서 대학의 의상을 강조했다.39) 그는 "대학생은 학술연구를 자신의 天職으로 여겨야 되며 대학을 관리나 부자가 되는 '사다리'로 간주하면 안 된다"40)고 경고했다.

　B. 채원배는 독일에서 배운 W. V. Humboldt의 연구의 이념을 중국 대학에 처음으로 도입하기도 했다.

　그는 "교수와 강사들이 수업을 잘 해야 될 뿐만 아니라 자신의 지식갱신과 지속적 활력유지를 위해 모든 기회를 잡아 연구활동에 탁월해야 한다"41)고 강조했으며 "특히 문과와 이과는 꼭 각종의 연구소를 설치하여 일부 교수와 졸업생들로 하여금 겸임교직밖에 다른 기관에 가지 않고 일생을 연구소에서 연구 활동을 할 수 있도록 해야 된다"42)고 주장했다.

　C. 북경대의 "사상자유·兼容幷包43)"란 전통의 뿌리를 박았다.
　위 연설에서 채원배는 "각종의 학설에 대해서 각국 대학의 일반적 관례에 따라 사상자유와 겸용병포의 원칙을 실시해야 된다고"44) 했다. 1918년 11월 10일에 그는 "대학이란 囊括大典45)·網

---

39) 蔡元培(1917), "就任北京大學校長之演說", 楊東平(2003a), 앞의 책, 221쪽.

40) 蔡元培(1934), "我在北京大學的經歷", 楊東平(2003a), 위의 책, 224쪽.

41) 蔡元培(1925), "中國現代大學觀念及教育趨向", 楊東平(2003a), 위의 책, 8쪽.

42) 蔡元培(1934), "我在北京大學的經歷", 楊東平(2003a), 위의 책, 225쪽.

43) 많은 것을 겸하여 포용한다는 중국어 표현이다.

44) 馬征(1995), 앞의 책, 184쪽에서 재인용.

45) 動詞인 "囊括"이란 중국어 표현은 모든 것을 안에 쌓아 넣는 뜻이다. "大典"이

54

羅衆家46)의 學府(학술적 전당)"라고 했다.47) 구체적으로 말하자
면, "각 학과 교수들의 주장은 서로 틀려도 '言之成理'48)·'持之
有故'49) 하기만 하면 병존할 수 있게 해야 된다. 이래서야만 학
생들은 자유로이 선택할 수 있는 여지가 있다. 전형적인 예를 들
자면 胡適之50)과 錢玄同 교수는 白話문학을 절대적으로 지지하
는 편이고 劉申叔(劉師培)과 黃季剛 교수는 文言문학을 절대적
으로 유지하는 편인데 그래도 나는 그때 이들 교수들로 하여금
병존할 수 있게 했다"51)고 채원배는 1934년에 회고했다.

　　　란 중국어 표현은 큰 式典 또는 盛典을 뜻하기도 하고 大著作 또는 大制作을
　　　뜻하기도 하는데 여기서 후자를 뜻한다.

46) 衆家 또는 百家를 총망라한다는 중국어 표현이다.

47) 蔡元培(1918), "<北京大學月刊發刊詞>", 楊東平(2003a), 앞의 책, 4쪽.

48) 이야기에 일리가 있다는 중국어 성어이다.

49) 의견·주장에 근거가 있다는 중국어 성어이다.

50) 1891-1962, 딴 이름은 胡適이다. 지금 중국에서 그의 "胡適之"란 이름보다
　　"胡適"이란 이름을 더 많이 쓰고 있다. 호적은 중국 현대 자유주의의 대표인물
　　이고 채원배·魯迅 등과 같이 중국 현대문화 발전에 가장 많이 기여한 사람으
　　로 평가를 받고 있다. 그는 1910년에 미국 Cornell University(Ithaca) 농학과
　　에 입학했다가 1912년 초에 동 대학교 철학과에 전학하여 1914년에 문학학사
　　학위를 받았다. 그는 이어서 1915년에 뉴욕 Columbia University 대학원에
　　입학하여 John Dewey의 제자가 됐다. 호적은 1917년에 귀국하여 북경대 교
　　수가 된 다음인 1919년 전후에 "5·4운동"의 주장으로 되기도 했다. 호적은
　　1922년에 북경대 교무장, 1928년에 중국公學 교장, 1931년에 북경대 文學院
　　(인문대) 학장, 1938-1942년에 미국 주재 남경정부의 대사, 1945년에 UN 주
　　재 남경정부의 대표, 1946년-1948년에 북경대 총장 등 직을 역임했다. 호적
　　은 "5·4운동" 시절에 모택동에 대해 호평을 해주었으나 1940년대 후기 국민
　　당·공산당 내전 때 공개적으로 국민당을 지지했고 공산당을 비판했다. 호적은
　　1949년에 중국대륙을 떠나 1958년까지 미국에서 학술연구를 했다. 그는
　　1958년부터 1962년 2월에 심장병으로 별세했을 때까지 대만 중앙연구원 원
　　장을 역임했다. 호적은 미국·대만에서 존경도 많이 받고 영향력도 매우 크지
　　만 중국대륙에서는 1950년대 초부터 몇 사례의 "비판운동"을 당했다. 요새 중
　　국대륙에서 호적의 일부의 책도 출판되고 호적에 대한 연구도 갈수록 늘어나
　　고 있다.

51) 蔡元培(1934), "我在北京大學的經歷", 楊東平(2003a), 앞의 책, 225쪽.

"망라중가"의 원칙에 따라 채원배 자신은 마르크스주의자가 아니[52]면서도 북경대 총장직에 취임된 후 일주일 안에 당시 중국에서 마르크스주의를 宣傳한데 가장 유명했던 陳獨秀[53]가 머물었던 여관까지 찾아가 후자에게 북경대 문과 학장을 맡겼다.[54] 또한, 채원배는 중국 최초의 마르크스주의자이자 공산주의자인 李大釗[55]를 북경대 도서관 주임(관장)으로, 미국 실용주의 철학과 자유주의 사상을 전파하는 호적지를 북경대 문과대 교수 겸 문과연구소 철학門(分科) 주임(학과장)으로, "한 손만으로 공자의 유가사상을

52) 뿐만 아니라 채원배는 1927년 4월 이후 공산당을 비판하기도 했다[참조: 馬征 (1995), <敎育之夢－蔡元培傳>, 342-343쪽].

53) 1879-1942, 일본 유학출신, "5·4운동의 總司令"(모택동의 평가)이자 중국공산당의 창립자이자 초기의 주요 지도자이다. 진독수는 1920년 5월에 상해에서 처음으로 마르크스주의 연구회를 수집했다. 진독수 등은 1920년 8월에 상해에서 중국의 첫 공산주의 조직인 "공산당" 또는 "공산당 임시중앙"을 소집했다. 진독수는 1921년 7월에 상해에서 비밀로 열린 중국공산당 제1차 대표대회(창립대회)에서 중앙국 서기(오늘날의 당 총서기)로 당선되어 당 제5차 대표대회 (무한, 1927년 4월 27일－5월 9일)까지 당의 1인자로서 당을 이끌었다가 "右傾투항주의"란 잘못으로 인하여 1927년 8월 7일에 열린 "8·7회의"에서 당 중앙국 서기의 직무를 박탈됐다. 진독수는 1929년 11월에 당에서 제명됐고 1932년에 "항일해야 하되 우선적으로 공산당을 섬멸해야 된다"고 주장했던 남경정부를 반대하여 항일투쟁을 호소하다 남경정부에 체포되었다. 또한, 그는 1938년에 공산당에 의해서 일본 간첩으로 판정되기도 했다. 그 이후 그는 공산당과도 철저히 결렬했다. 진독수는 감옥에 있었을 때도 국민당에 굴복하지 않았다. 그는 1937년에 석방된 다음에 계속 항일투쟁을 호소했다. 만년의 진독수는 살 길이 없었으나 장개석의 개인적 경제적 구제를 포함한 남경정부의 모든 원조를 거절하여 <초등학교 識字교과서>를 내놓고 1942년 5월에 빈곤과 질병으로 사천성에서 별세했다.

54) 蔡元培(1934), "我在北京大學的經歷", 楊東平(2003a), 앞의 책, 224쪽; 陳平原 (2003), "我看北大百年改革", 博雅(2003), 앞의 책, 119쪽.

55) 1889-1927, 일본 早稻田대 유학출신, 중국공산당의 또 하나의 창립자이다. 이대쇠는 1917년－1919년 사이에 중국에서 전 소련 "10월 혁명"과 마르크스주의를 宣傳하는 글을 많이 발표했다. 이대쇠는 1920년 1월에 진독수와 같이 중국에서 처음으로 공산당을 창립하자고 논의했다. 그는 1920년 3월에 북경대에서 마르크스 학설 연구회를 소집했다. 공산당이 중국에서 창립된 이후 이대쇠는 당 제2-4차 대표대회에서 진독수를 이어 2인자로서의 중앙 집행위원을 역임했다가 1927년 4월에 군벌인 張作霖에 체포되어 사형을 당했다.

타도한" 吳虞, 공식적 학력이 없었던 劉半農, 유명한 작가형제인
魯迅56)과 周作人57) 등을 문과 교수로 초빙했다. 채원배는 이들 진
보교수들을 영입한 동시에 보수파 교수인 辜鴻銘·劉師培·黃
侃·崔適 등도 영입했다. 이리하여 채원배는 대립적인 兩大의 진
영인 진보파와 보수파의 주요 대표 인물들을 다 북경대에서 모이
게 했다.58) 이 밖에도, 1918년 8월에 처음으로 북경에 온 농민의
아들인 모택동은 호남성 출신의 북경대 교수이자 나중에 모택동
의 장인이 된 楊昌濟59)과 채원배의 소개를 통해 이대쇠로부터 도
움을 받고 1918년 10월부터 1919년 3월까지 북경대 도서관 助理員

---

56) 1881-1936. 로신은 펜네임(pen name)이고 로신의 원명(본명)은 周樹人이다.
로신은 1920년 가을부터 1926년 상반기까지 북경대·북경고등사범학교(북경사
범대)·중국대·북경여자고등사범학교 등 대학에서 강사로 재직한 적이 있다.

57) 1885-1967, 작가 겸 시인, 유명한 작가인 로신의 남동생, 일본유학 출신, 1917
년에 채원배의 요청으로 북경대 문과대 교수가 되면서 "신문화운동"의 선구자
가 됐다. 주작인은 여러 원인으로 1923년부터 로신과 결렬하게 됐다. 북경이
1937년에 일본침략군에 함락된 후에 북경의 애국지식인들은 대량으로 북경을
떠나 남방으로 이전한 반면에 주작인은 북경에 남은 친일 "국립 북경대"의 도
서관 관장 그리고 일본 괴뢰정권인 華北정무위원회의 상임위원 겸 교육總署 督
辦 등을 역임했기 때문에 1945년에 남경정부에 의해 반역죄로 수감됐다가
1949년에 석방되어 대륙에 남아 인민문학출판사에서 문학작품 번역과 로신에
대한 회고록을 많이 했다.

58) 馬征(1995), 앞의 책, 169-183쪽.

59) 1971-1920, 일본·영국·독일 유학 출신(교육학·철학·윤리학·심리학), 호
남제1사범학교 교사시절에 모택동의 스승이 되기도 했다. 1918년 6월에 채원
배의 요청으로 북경대 윤리학 교수가 됐다. 1920년 초에 질병으로 별세했다.
모택동은 처음으로 북경에 도착했을 때 바로 양창제의 북경 豆腐池胡同 9호(현
15호)에 위치하고 있었던 집에서 머물었다(참조: 중국 <中華讀書報>, 2003
년 12월 24일). 모택동은 바로 이때 양창제의 딸인 楊開慧(1901-1930)와 연애
하게 되었다. 양개혜는 나중에 모택동의 부인이 됐다. 양개혜는 당이 인정한 모
택동의 첫 부인이다. 양개혜와 모택동 부부는 한국전쟁 때 북한에서 희생된 毛
岸英과 지금도 살아있으나 오래 전부터 이미 정신장애가 생긴 毛岸靑, 그리고
오래 전부터 이미 실종된 毛岸龍 모두 셋 아들을 낳았다. 양개혜는 1930년에
모택동으로 인하여 국민당 군대에 붙잡혀 살해를 당했다. 그 이후 모택동은 賀
子珍과 결혼했는데 이혼하지 않은 채 延安에 온 여배우인 江靑과 결혼했다.

(보조 관리원) 생활을 하였다. 그때 매우 겸손했던 모택동은 바로 북경대에서 처음으로 진독수·이대쇠 등 중국 초기의 마르크스주의자들과 알게 되어 러시아 "10월 혁명"의 사상을 알게 되었고 호적지·傅斯年[60] 등 석학들과도 알게 되어 이들 석하들로부터 지식도 받고 호평을 받기도 했다.[61]

    D. 채원배는 학술자유과 대학자치의 사상을 북경대에 도입했고 자유토론과 자유結社의 분위기를 북경대에서 조성했다.

채원배는 "대학은 '大'라고 한 이유는 사상자유 때문"[62]이라고 주장했다. 그는 "연구자는 학술토론을 할 때 정치·종교·역사적 분쟁·전통관념 등의 방해 없이 절대적 자유가 있어야 한다"[63]고 강조했다. 채원배는 정당과 교회가 교육의 독립성과 학술의 자유에 대한 영향을 특별히 경계했다. 그는 "교육은 자신의 독립성을 확보하기 위해 각 정당 또는 교파의 영향을 벗어나 교육자들에 의해 발전해야 한다"[64]고 역설했다. 그는 학생의 정치활동에 대해 "20살 이상의 학생들은 정치에 대한 특별한 관심이 있다면 개인의 명의로 정치단체에 참여해도 대학과는 관계가 없다"[65]고 했

---

60) 1896-1950, "5·4운동" 때 북경대의 유명한 학생 영수, 그 이후 유럽 유학을 마친 후 중산대·북경대 교수를 역임했다. 호적지가 1945년 10월에 북경대 총장에 임명되었으나 UN 주재 남경정부의 대표로서 미국·유럽에 머물러있어서 취임을 못했기 때문에 이때 부사년은 북경대 총장 대행(1945년 10월-1946년 7월)을 하기도 했다. 부사년은 1949년 1월부터 대만대 총장에 재직했다가 1950년 12월 20일에 뇌일혈로 별세했다. 부사년은 "疾惡如仇(악을 미워하기를 원수 미워하듯 한다는 뜻)"의 성격으로 유명했다.

61) 歐陽哲生(2002), "胡適在現代中國", <大學學術講演錄>叢書編委會(2003), <中國大學學術講演錄2003卷>, 159-172쪽.

62) 蔡元培(1918), "<北京大學月刊>發刊祠", 楊東平(2003a), 앞의 책, 4쪽.

63) 蔡元培(1925), "中國現代大學觀念及敎育趨向", 楊東平(2003a), 위의 책, 9쪽.

64) 蔡元培(1922), "敎育獨立議", 楊東平(2003a), 위의 책, 90쪽.

다. 1919년 "5·4운동" 때 북경 각 대학의 재학생들은 수십 명이 경찰에 체포되었다. 이들 중에서 북경대의 학생은 가장 많았다. 채원배는 "각 전문대학의 학장들과 같이 경찰청에 교섭하여 강력히 담보하고 이들 체포된 학생들을 석방시켰다"[66].

E. 북경대에 민주적 관리체제와 "교수治校"란 제도를 도입했다.
채원배가 북경대 총장에 취임했을 때 북경대에는 문과·이과·공과·법과·상과 모두 5개의 대학이 있었다. 각 대학은 각자가 멋대로 행하고 있었으며 서로 연계되지 않고 있었다. 각 대학 내에서 독재정부의 통치방식과 똑같이 학장의 독재통치를 실시하고 있었다. 채원배는 대학교육 조직에 관한 중화민국의 정신과 유럽 대학의 일반적 관례에 따라 북경대의 행정조직에 대해 대수술을 실시했다.

첫째, 각 대학·학장을 폐지하고 대신에 교수회·학과장·교무장의 분권형 교수·연구 관리체제를 새로 도입했다. 교수회는 교수·강사들로 구성되어있으며 각 학과 교수·강사들 중에서 뽑힌 각 학과장 그리고 각 학과장들 중에서 뽑힌 교무장을 지도하여 각 학과에 대해 관리권을 행사했다.

둘째, 행정회·총무장의 분권형 총무·서무 관리체제를 도입하여 대학교의 구체적 행정사무를 효율적으로 처리할 수 있도록 한 것이다. 행정회는 총장이 지정한 교수·강사들로 구성된 도서위원회·설비위원회·재정위원회·총무위원회 등 각 행정위원회에서 뽑힌 각 행정위원회의 주석으로 구성된다. 총무장은 총장과 행정회의 지시에 따라 모든 행정사무에 대해 책임지고 직원들을

---

65) 蔡元培(1934), "我在北京大學的經歷", 楊東平(2003a), 위의 책, 226쪽.
66) 蔡元培(1934), "我在北京大學的經歷", 楊東平(2003a), 위의 책, 226쪽.

지휘하여 처리한다.

셋째, 평의회를 설립하여 평의회로 하여금 대학의 "입법적 기구"로서 대학의 정책 제정기구인 교수회와 행정회 그리고 대학의 행정기구인 교무처와 총무처에 대해 평가·감독 등 역할을 행사할 수 있도록 한 것이다. 평의회는 모든 교수·강사들이 참여하여 뽑은 대표들로 구성된다.[67]

물론 시대적 원인으로 인하여 채원배의 민주적 관리체제는 아직 여러 부족이 있었다. 예를 들면, 채원배는 "대학 총장은 독일의 체제를 도입해서 공개적으로 교수들의 직선에 의해 선출되어야 된다"[68]고 했으나 그는 ス·신도 이러한 선거에 의해 북경대 총장이 된 것이 아닌데다가 임기조차도 사실상 없었다. 그렇지만 분명한 것은 교수회·행정회·평의회에 의한 "채원배식 관리체제"에는 교수들이 대학관리의 중심에 있었다. "교수치교"는 채원배의 발명이 아니지만 중국의 대학에 현실적으로 관철시킨 첫 사람은 채원배이다. "교수치교"란 대학 관리체제는 채원배 시대에 이미 많은 사람들로부터 칭찬을 받았다[69].

F. 북경대에 자유교육 사상과 문과·이과 중심주의를 도입했다.

유럽에서 자유교육(liberal education)의 사상을 많이 받은 채원배는 교육부 장관 시절부터 이미 문과와 이과의 중요성을 각 대학에 널리 알려주었다. 그는 "법과·상과 등 대학이 있는 대학교는 꼭 문과를 설치해야 되고 의과·농과·공과 등 대학이 있는 대학교는 꼭 이과를 설치해야 된다"고 강조했다.[70] 북경대 총

---

67) 蔡元培(1925), "中國現代大學觀念及教育趨向", 楊東平(2003a), 위의 책, 8쪽; 蔡元培(1934), "我在北京大學的經歷", 楊東平(2003a), 위의 책, 227쪽.

68) 蔡元培(1922), "教育獨立議", 楊東平(2003a), 위의 책, 91쪽.

69) 蔡元培(1925), "中國現代大學觀念及教育趨向", 楊東平(2003a), 위의 책, 8쪽.

장으로 된 다음에 그는 "북경대를 단지 학생들에게 효과적 훈련을 제공하여 그들로 하여금 미래의 직장에 적합할 수 있도록 하는 장소로 간주해서는 절대 안 된다"고 주장했다.71)

이러한 이념에서 채원배는 북경대의 학과구성에 대해 개편을 실시했다.

첫째, 우선적으로 공과와 상과를 다른 대학에 이양하거나 본교의 다른 대학에 통합했다. 이에 대해 채원배는 "나는 문과와 이과는 농·공·의·약·법·상 등 응용과학의 기초이고 이들 응용과학의 연구는 결국 문과와 이과에 의존해야 된다"72)고 봐서 "북양대 총장과 교육부의 동의를 얻어 우리는 북경대의 토목·礦冶 등 공과를 북양대에 합병시켰다. 이렇게 해서 우리는 줄어들은 경비를 이과에 썼다. 그 밖에 원래 나는 북경대의 법과를 북경법률전문학교에 합병시키려고 했는데 결국 실패했다. 또한, 그때 북경대의 상과는 보통상업학 과목 밖에 다른 필요한 조건이 거의 없어서 북경대 법과에 합병시켰다"73)고 1934년에 회고했다.

둘째, 남아있었던 문과·이과·법과 모두 3개의 대학 간의 장벽을 철거하기 위해 채원배는 대학·학장을 폐지하고 하나의 대학으로 통합시켰다. 이는 물론 민주적 관리체제를 구축하는 것과도 관련이 있으나, 그 이면에는 보다 중요한 이유도 있었다. 이에 대해서 채원배는 "첫째, 일부 학과는 굳이 문과나 이과에 가르기가 사실상 어렵다. …… 둘째, 학생들에게 있어서는 본 학과

---

70) 蔡元培(1934), "我在北京大學的經歷", 楊東平(2003a), 위의 책, 223쪽.

71) 蔡元培(1925), "中國現代大學觀念及教育趨向", 楊東平(2003a), 위의 책, 8쪽.

72) 蔡元培(1934), "我在北京大學的經歷", 楊東平(2003a), 위의 책, 225쪽.

73) 蔡元培(1934), "我在北京大學的經歷", 楊東平(2003a), 위의 책, 225쪽.

의 과정만을 개설하며 다른 각 학과와 전혀 연계가 없는 대학교
에 입학하여 공부하게 되면 그의 교육에 매우 불리하다"고 설명
했다.74)

셋째, 한 대학으로 통합된 학생들은 아무래도 자신의 전공이
있어야 되었기 때문에 채원배는 14개의 학과 · 학과장을 신설했
다.75) 1920년까지 북경대의 개설 학과는 모두 17개에 달했다. 이
들 학과들은 서로의 관련성에 따라 5개의 部에 속하지만 부와
부 사이에서의 새로운 장벽의 형성을 방지하기 위해 부의 앞에
문 · 이 · 법과 같은 글자를 붙이지 않고 그냥 "부"라고 했다. 이
들 17개의 학과는 다음과 같다. 제1부: 수학, 물리, 천문; 제2부:
화학, 지질, 생물; 제3부: 심리, 철학, 교육; 제4부: 중국어문, 영
국어문, 프랑스어문, 독일어문; 제5부: 경제, 정치, 법률, 사지(역
사와 지리).76) 이들 중에서 중국어문 · 역사 · 철학 · 경제 · 수학 ·
물리 · 화학 · 지질 등 학과는 중국에서 처음으로 개설된 학과들
이었다.

  G. 채원배는 대학이 자신의 상황에 따라 "重點突破" · "有爲有不
     爲"77)를 해야 되고 대학들 간에서 "상호 보충" · "상호 협력"
     을 해야 된다는 이념을 중국의 대학교육계에 도입했다.

채원배는 "완벽한 대학교는 물론 각종의 학과를 다 완벽히 설
치해야 되지만 이런 조건이 부족하면 한 대학교에서 문과와 이
과만 두고 기타 응용학과는 독일과 프랑스처럼 전문적 대학을

---

74) 蔡元培(1925), "中國現代大學觀念及敎育趨向", 楊東平(2003a), 위의 책, 6-7쪽.

75) 蔡元培(1934), "我在北京大學的經歷", 楊東平(2003a), 위의 책, 226쪽.

76) 蔡元培(1925), "中國現代大學觀念及敎育趨向", 楊東平(2003a), 위의 책, 7쪽.

77) 하는 것도 있고 하지 않는 것도 있다는 중국어 표현이다. 다른 표현으로는 四
   面出擊을 하지 말아야 된다는 뜻이다.

설립하여 개설하는 것도 좋다. 이렇게 해야만 '學'과 '術'은 구별
될 수 있다. (그때) 북경대의 校舍와 경비에 의해서는 각종의 응
용학과를 다 설립하는 가능성은 전혀 없다"고 했다.[78] 이런 이념
에 따라 각 대학교가 자체의 중점학과를 잘 설정하여 집중적으
로 발전시켜야 될 뿐만 아니라 정부 교육당국도 거시적 조율을
잘 해야 되고 대학들 간에서 서로 긴밀히 협력해야 된다.

    H. 중학·서학 양쪽에 다 통해 있는 채원배는 민족주의와 세
        계화의 조화를 매우 중요시했으며 中西문화의 대학에의 병
        존과 조화로운 발전을 특별히 중요시했다.

  이외에도 채원배는 인격교육·미육·체육·남녀평등을 매우
중요시하여 이러한 이념을 북경대에 도입했다.

(4) 채원배 개혁의 의미 및 영향

  분명한 것은 채원배의 개혁은 유럽 대학교육의 이념과 제도를
북경대에 그대로 이식했을 뿐이라는 것이다. 그러나 현대대학의
이념과 제도가 아직 성숙되지 않았던 중국에 선진국의 이미 성
숙된 이념과 제도를 이식하여 중국에서 현대대학의 이념과 제도
를 확립한 것 자체는 큰 의미가 있는 일이다. 이곳은 바로 채원
배가 중국 대학교육에 기여한 가장 큰 공헌이다. 그래서 채원배
가 중국 현대 대학교육의 아버지라고 해도 과언이 아니다.

  채원배가 북경대에서 현대대학의 이념과 제도를 확립했을 때
는 마침 중국 근·현대사의 중대한 사건인 "신문화운동"이 일어
났을 때이었다. "신문화운동"은 봉건문화를 반대하는 중국 사상
첫 사상 계몽운동이며 중국의 "문예부흥"(Renaissance)라고 불리

---

78) 蔡元培(1934), "我在北京大學的經歷", 楊東平(2003a), 앞의 책, 226쪽.

기도 한다.79) "신문화운동"의 목적은 文言文과 공맹사상이 대표하는 봉건주의의 속박을 벗어나 "德先生"80)과 "塞先生"81)에 의해 명실상부한 자본주의적 민주공화국을 세우는 것이었다. 진독수가 1915년 9월에 상해에서 <청년>이란 잡지를 창간한 것은 "신문화운동"의 발족을 상징한다. 진독수는 1916년 9월에 <청년>을 <신청년>으로 개명했고 자신이 북경대 문과 학장으로 되었음에 따라 <신청년>잡지도 1917년 초에 북경에 이전하여 "신문화운동"의 주요 언론 陣地로 되었다. "신문화운동"의 주역은 진독수·이대쇠·로신·호적지·오우·전현동 등이었다. "신문화운동"은 결국 자본주의적 민주공화국을 세우지 않았으나 마르크스주의를 중국에서 傳播하는 길을 열었음으로써 직접적으로 공산당의 중국에서의 탄생을 초래했다.

1919년 1월 18일에 파리(Paris)에서 열린 "세계평화회의"에서의 중국 외교실패의 계기로 1919년 5월 4일에 중국현대사에서 유명한 사건인 "5·4운동"은 일어났다.82) 북경대는 "5·4운동"의

---

79) Theodore Hsi-en Chen(1981), *Chinese Education Since 1949*, p.45.

80) "민주·민주주의"의 형상적 중국어 표현이다. "德先生"은 "Mr. Democracy"의 뜻이고 "德"은 여기서 "道德"의 "德"이 아니라 단순히 "democracy"의 첫 자모인 "d"의 중국어 音譯이다.

81) "과학"의 형상적 중국어 표현이다. "塞先生"은 "Mr. Science"의 뜻이고 "塞"는 "science"의 첫 자모인 "s"의 중국어 音譯이다.

82) 1919년 파리에서 열린 "세계평화회의"에서 미국·영국·프랑스·이탈리아 모두 네 나라의 수반들이 주도하여 주로 1차세계대전의 전패국인 독일의 전쟁배상과 분배에 대해 논의를 했는데 중국과 관련되어 1차세계대전 전에 독일이 약탈한 중국 산동성 膠州灣의 영토와 재산의 소유권을 모두 다 일본에 옮기로 결정했고 같은 해 6월 28일에 열릴 조인식만을 기다리고 있었다. 독일이 약탈한 자신의 영토의 주권을 회수하는 것은 원래 1차 대전의 전승국으로 판정된 중국의 당연한 권리인데 서양 열강들을 무서워했던 북양정부는 오히려 중국대표단에 서양 열강의 결정을 받아들여 그냥 조인하라고 지시했다. 북양정부의 결정이 전해지자마자 북경대에서 우선적으로 항의집회를 열었다. 1919년 5월 4일에 북경대 학생들을 비롯한 3,000여 명의 북경학생들이 천안문에서 항의집

발상지이자 운동의 주역을 많이 배출했기 때문에 이 대학교의 명성은 신속히 전국으로 알려졌다. 북경대는 "5·4운동"의 대명사가 됐다. 이제부터 북경대는 중국정치의 최전방의 초소로 떠올랐다.

여기서 세 가지를 강조해야 된다.

첫째, "5·4운동"의 발생은 하루아침에 된 것이 아니라 1915년부터의 "신문화운동"이 이미 계몽의 뿌리를 박았기 때문이다.

둘째, "신문화운동"의 언론 陣地는 <신청년> 잡지이었으나 이론과 인재의 양성소는 북경대이었다. "신문화운동"의 주역들만 보면 이들 중에서 북경대의 사람이 아닌 분은 거의 없다.

셋째, 채원배 자신은 급진적 좌파도 아니고 마르크스주의자도 아니지만 그에 의하여 실시된 북경대의 개혁에 따른 자유롭고 포용적인 사상환경이야말로 "신문화운동"과 "5·4운동", 그리고 심지어 마르크스주의의 傳播가 가능하게 된 가장 주요한 원인이었다.

(5) "5·4운동" 전후 북경대의 학술적 활발

이상에서 "5·4운동"까지 북경대의 정치적 발달과 사회적 영향력의 형성에 대해 이야기했을 뿐이다. 채원배가 조성한 "사상자유·겸용병포"의 분위기 속에서 "5·4운동" 전후에 북경대의 학술활동도 매우 활발하여 한때 세계적 석사들까지도 북경대에 와서 강의했다.

예를 들면, 제자인 호적지와 蔣夢麟[83]의 초청으로 John

회를 열었음으로써 "5·4운동"을 일으켰다. 5월 4일 이후 이 애국운동은 전국에 확산되었다.

83) 1886-1964, 1908년부터 미국 유학의 길을 걷기 시작했는데 University of California에서 농학·교육학을 전공하여 1912년에 졸업하고 나서 뉴욕 Colu-

Dewey (1859-1952)는 "5·4운동" 사흘 전에 중국에 와서 학술
강연을 한 적이 있는데 그는 중국에서 머물었던 26개월 동안에
11개의 省을 방문했으나 북경대에서만 1년 이상 강연했다.[84] John
Dewey는 1920년에 북경대에서 명예 박사학위를 받기도 했다.

또한, 영국 철학자이자 1950년 노벨상 문학상 수상자인 Ber-
trand Russell(1872-1970)도 북경대 등의 초청으로 1920년에 10
월 12일에 상해에 도착해 중국 상해·남경·항주·북경 등 도시
에서 10개월 정도의 학술강연을 한 적도 있는데, 그 역시 주로
북경대에 있었다. 당시 Russell는 주마다 한번씩 북경대의 교
수·학생들이 소집한 "Russell철학연구회"의 영어 세미나를 참석
했고 2주마다 한번씩 이 연구회의 중국어 세미나에도 참석했다.

그 밖에 인도의 시인이자 1913년 노벨상 문학상 수상자인 R.
Tagore 그리고 독일의 철학교수이자 실험 생물학의 선구자인
Hans Driesch(1867-1941) 등도 그때 북경대에 와서 학술활동을
펼쳤다. 미국 지질학자인 Amadeus William Grabau는 심지어
뉴욕 Columbia University의 교수직을 그만두고 1920년에 중국
에 와서 農商部 지질조사연구소 주임과 북경대의 교수(1934년부
터 지질학과 학과장으로 되었음)로서 1946년에 별세했을 때까지
중국에서 일했다. 그는 중국 지질학의 창립과 초기 발전에 많이

---

mbia University 대학원에 입학하여 John Dewey의 제자 및 호적지의 선배가
됐다. 장몽린은 1917년에 박사학위를 타고 귀국하여 1919년부터 북경대 교육
학과 교수를 역임하면서 채원배 밑에서 오래 동안에 총무장을 했을 뿐만 아니라
채원배가 외국 방문하거나 일시 북경대에 부재했을 때 세 차례 총장대행을 했다.
장몽린은 1927년 7월부터 절강대 총장·교육부 장관을 역임했다가 1930년 12
월부터 1945년 10월에 호적지가 북경대 새 총장으로 임명되었을 때까지 북경대
총장에 재직했다. 총장대행 기간을 포함하면 장몽린은 모두 17년 동안에 북경대
를 주재했음으로써 북경대 사상 임기가 가장 긴 총장이다. 장몽린은 1945년 이
후 남경정부 행정원(국무총리실) 비서장을 하기도 했다. 장몽린은 1964년에 대
만에서 별세했다.

84) 羅家倫(1955), "國立北京大學", 張其昀(1955), 앞의 책, 59쪽.

기여했다.[85]

　그래서 북경대는 "5·4운동" 이후 한때 학술적으로도 진짜 중국 최고의 학술적 전당이 됐다. 특히, 북경대의 인문·사회 계열의 학과들은 그때 다른 중국 대학들이 누구도 비할 수 없었던 정도로 유명했다.

3) 중화민국 시기 명문대들의 성쇠변화 및 북경대의 쇠락

　1926년부터의 "北伐전쟁"[86]의 승리에 따라 중화민국은 1927년 4월 18일에 남경에서 장개석 국민정부(남경정부)가 수립됐다. 채원배는 남경정부의 상임위원 겸 大學院長[87] 등 중요한 직책에

---

85) 羅家倫(1955), "國立北京大學", 張其昀(1955), 위의 책, 59쪽.

86) 장개석이 이끌어간 국민 혁명군이 吳佩孚·孫傳芳·張作霖 등 북양군벌 그리고 북양정부를 타도하여 나라를 통일시키는 전쟁이다. 장개석은 이를 통해서 국민당에서 자신의 독재 통치지위를 확립했다.

87) 교육부 장관에 해당된 직책이다. 남경정부가 막 수립되었을 때 채원배의 강력한 추천에 의해 1920년까지 프랑스에서 실행돼온 "大學區制度"와 "大學院長制度"는 채택됐다. 프랑스의 "대학구제도"와 "대학원장제도"란 전국을 17개의 "대학구"로 나누어 각 "대학구"에마다 한 국립 대학교를 두고 이 국립 대학교 및 이 대학교의 총장으로 하여금 교육행정기관 및 관리들을 대신해 그 "대학구"의 교육행정을 전면적으로 책임을 지고 관리하도록 하고 중앙정부의 한 구성원으로서의 대학원장으로 하여금 전국의 교육행정을 총괄적으로 관리하도록 한 교육행정관리제도이다. 이에 따라 중국은 1927년 10월부터 우선적으로 江蘇省과 절강성에서 "대학구제도"를 실험하기 시작했다. 아울러 중앙정부에는 교육부·교육부 장관을 대신해 대학원·대학원장이란 기구와 직책이 두어졌다. 채원배는 1927년 6월 17일에 남경정부의 첫 대학원장에 임명됐다. 이에 따라 그는 1927년 7월에 북경대 총장직을 그만두었다. 결국 주로 대학총장·학자·교육전문가들의 역할에 의존한 이 "대학구제도"와 "대학원장제도"는 막 시작부터 봉건사상과 습관이 심한 중국사회에서 관료들뿐만 아니라 심지어 대학교 교수와 학생들로부터도 강력한 저항과 반대를 당했다. 또한 대학교 자체의 행정적 사무와 그 대학교가 있는 省의 교육행정 사무를 동시에 겸하는 대학교 총장은 시간적·정력적 부족으로 인하여 양쪽에서 각각의 실수도 많았다. 때문에 남경정부는 1928년 8월에 관료체제 성질의 교육부를 다시 두기로 했다. 채원배도 이때부터 대학원장을 사직했다. 신설된 교육부는 "대학구제도"를 기타

임명됐다. 이때부터 북경대가 단독적으로 앞서간 국면은 깨졌다.

(1) 중앙연구원의 설립 및 채원배의 북경대 총장에서의 이임

남경정부는 전국의 통일적 최고 학술기관을 만들기 위해 남경에 중앙연구원을 설립했다. 전국의 통일적 최고 학술기관을 만드는 것은 월래 손중산을 비롯한 국민당 지도자들이 1924년부터 이미 계획했는데 그때 계획된 이 기구의 명칭은 중앙학술원이었다. 손중산이 1925년 3월 12일에 별세한 바람에 이 계획은 유산됐다. 그 이후 채원배 등의 건의에 의해 1927년 5월 9일에 열린 국민당 중앙정치회의는 大學院(교육부) 산하에 중앙연구원을 설립하기로 했다.

채원배는 1927년 7월부터 북경대 총장을 사임했고[88] 1927년 11월부터 大學院長(교육부 장관)으로서 중앙연구원의 초대 원장을 겸하게 됐다. 남경정부는 1928년 4월에 大學院(교육부) 산하의 중앙연구원을 독립시켜 국립 중앙연구원으로 개명시켰다. 채원배는 독립적 중앙연구원의 원장에 계속 맡게 됐다. 그는 1928년 8월에 大學院長(교육부 장관)을 사직한 이후부터 1940년에 홍콩 피난 중에서 별세했을 때까지 중앙연구원 원장 직에 전념

지역으로 확대시키려고 해서 1928년 가을부터 이 제도를 북평(북경)에 도입하려고 했으나 대학 교수와 학생 등의 강력한 반대로 인하여 실패했다. 결국 남경정부는 1929년 6월부터 이 제도의 실험과 보급을 취소하게 되었음에 따라 프랑스에서 성공이 잘 이루어진 이 제도는 중국에서 실패하게 됐다[참조: 馬征(1995), 〈敎育之夢－蔡元培傳〉, 344-350쪽].

88) 다만, 채원배는 남경정부의 임명에 의해 1929년 9월에 북경대 총장에 다시 임명됐다. 중앙연구원 원장에 재직하고 있었던 그는 북경대에 취임할 수 없으니 남경정부는 북경대 전 총장이었던 陳人齊(임기: 1929년 1월-1929년 8월)를 총장 대행으로 임명했다. 陳人齊는 1930년 겨울에 사직했음에 따라 중앙연구원을 떠날 수 없었던 채원배도 1930년 12월에 북경대 총장직을 또다시 사임했다. 남경정부는 장몽린을 북경대 새 총장에 임명했다[참조: 張其昀(1955), 〈중화민국人學誌〉, 70쪽].

했다.[89)]

중앙연구원의 설립은 어느 정도 중국의 학술 중심지를 북경에서 남경으로 이전시키는 역할을 담당하기도 했다. 중앙연구원은 나중에 1949년 전의 중국대륙, 그리고 오늘날의 대만의 최고의 학술연구기구로서 중국의 학술적 진흥에 많이 기여했다.

(2) 청화대의 등장

미국이 반환한 "경자賠款"의 일부로 1911년에 청나라에 의해 세워진 "淸華유(학)미(국)예비학교"에서 출범한 청화대[90)]는 넉넉

---

89) 馬征(1995), 앞의 책, 353-356쪽.

90) 1900년(庚子年)에 일어난 의화단운동이 청나라와 8개국 연합군에 의해서 진압된 다음에 청나라는 1901년 9월 7일에 외국 열강들에 굴복하여 북경까지 출병한 8개국 그리고 기타 6개의 피해국들의 군비와 손해를 배상하는 내용이 담아있는 "辛丑條約"에 조인했다. "신축조약" 제6조에 따라 청나라는 1902년부터 1940년까지 16개국에 모두 982,238,150량(兩)의 白銀을 지불해야 된다. 이는 바로 "경자배관"이다. 근대 중국은 제국주의 나라에 지불하게 된 배상은 모두 약 16억 兩의 백은인데 "경자배관"은 절반을 넘는다. 이때 중국의 재정 경제는 전면적 파산에 직면되었다. "경자배관" 중에서 미국이 받았던 액수는 3,200만 兩인데 약 2,400만 불에 환산된다. 미국 전 대통령인 Theodore Roosevelt는 미국 한 선교사의 건의를 받아들여 이 2,400만 불을 중국에 반환하여 중국에서의 학교설립 그리고 중국학생들의 미국유학 비용으로 쓰기로 결정했다. 미국 국회는 1908년 5월 25일에 이를 통과했고 미국 정부는 1908년에 1,160만 불을 청나라에 반환하여 중국학생들의 미국유학 비용으로 쓰자고 했다. 이에 따라 청나라는 1909년과 1910년에 두 차례의 미국유학 선발시험을 시행하기도 했다. 나중에 청나라는 이 방법보다 아예 미국유학의 사전준비를 위한 미국유학 예비학교를 세우는 것이 더 낫다고 봐서 1911년에 북경 郊外에 있었던 "淸華園"란 한 유명한 정원에서 "청화유(학)미(국)예비학교"를 세웠다. 이 학교는 1911년 4월부터 "청화학당"으로, 1912년 10월부터 "청화학교"로, 1928년 8월부터 공식적으로 국립 청화대학교로 개명했다. 이것은 바로 오늘날의 중국의 명문대인 청화대의 유래이다.
미국은 1924년에 나머지 1,254.5만 불로 "중국 문(화)교(육)촉진 기금회"(즉 "중국기금회")를 만들어 5명의 미국인과 북양정부가 임명한 10명의 중국인으로 구성된 신탁 이사회에 의해 중국의 미국유학 사업으로 쓰도록 했다. 이 중에서의 상당부분은 미국유학 장학금의 형식으로 사실상 청화학교(청화대)에 쓰이었다. 이 기금은 청화대의 초기 발전에도 중국 1949년 전의 엘리트 양성에도 많이 도움이 되었다. 심지어 중국대륙을 떠나기 전에 "청화기금"을 주관했

한 경비와 초대 총장인 羅加倫(임기: 1928. 9-1930. 5)[91]과 3·
4·5·6대 총장인 梅貽琦(임기: 1931-1948)[92]의 탁월한 지도력의
덕분에 로켓과 같은 상승을 이루었으며 1930년 전후에 전국에서
수준이 가장 높은 대학으로 부상하였다. 나가윤 총장은 취임연설
에서 "대학총장의 제일 중요한 책임은 좋은 교수들을 망라하는
것이다"[93]고 선언했다. 매이기 총장은 "대학이란 大樓[94]를 뜻하

___

던 매이기 청화대 전 총장은 이 돈으로 대만 新竹에서 "청화 원자과학연구소",
즉 오늘날의 "국립 청화대(National Tsing Hua University, 중국대륙에서는
"신죽 청화대"를 부르고 있음)"를 다시 만들어냈다.
　덧붙여 설명해야 되는 것은 첫째, 미국에 따라 배워 다른 열강들도 "경자배
관"을 중국에 반환하여 문화교육 사업으로 쓰도록 했으나 중국에서 재산을 가
장 많이 약탈한 일본만이 한 푼이라도 반환해주지 않은 것이다. 둘째, 미국이
"경자배관"을 중국에 반환한 동기에 대해서는 중국대륙과 달리 대만은 비교적
으로 긍정적 평가를 보여주고 있는 것이다[참조: 劉崇鋐, "國立淸華大學", 張其
昀(1955), <중화민국大學誌>, 75-76쪽].

91) 1897-1969, 1917년에 북경대 문과에 입학하여 외국문학을 정공했다. 1920년
에 북경대 문과를 졸업한 다음에 미국·영국·독일·프랑스에서 유학했다. 남경
정부는 1928년 8월에 북양정부 외교부에서 청화학교를 인수한 다음에 교육부
직속 국립 청화대로 개명했고 같은 해 9월에 장개석의 건의로 나가윤을 국립 청
화대의 초대 총장으로 임명했다. 나가윤은 "학술독립과 新청화"란 취임연설에서
"학술독립"·"연구중심"·"망라名師" 등 이념을 강조했다[참조: 羅家倫: "學術
獨立與新淸華", 楊東平(2003a), <大學精神>, 230-234쪽]. 나가윤은 1932년부
터 1941년까지 중앙대 총장이 되기도 했다. 중국대륙을 떠난 다음에 나가윤은
인도 주재 대만대사·국민당 黨史 편집위원장·考試院 부원장·국사관 관장 등
직을 역임했다. 그는 1969년 성탄절에 질병으로 별세했다.

92) 1889-1962, 미국유학 출신(電機學), 1931년 10월에서 1948년 12월까지 청
화대 총장을 역임했다. 서남연합대학교 시절에 "校務 상임위원" 겸 주석의 신
분으로서 서남연합대의 발전에 많이 기여했다. 1948년 12월에 중국대륙을 떠
난 매이기는 미국을 거쳐 1955년에 대만에 도착해 주로 미국이 반환한 "경자
배관"의 일부로 만들어진 "청화기금"으로 또 하나의 "청화대"를 세웠으나 "하
나의 청화만이 있을 수 있다"는 소신에 따라 이 대학을 "청화대"가 아닌 "청
화원자과학연구소"로 명명했다. 매이기는 1958년에서 1961년까지 대만 교육
부 장관을 역임했으나 "청화"에 대한 감정이 너무 깊어서 1962년에 질병으로
별세했을 때까지 대만 "청화원자과학연구소"의 "총장"을 겸임했다. 매이기가
별세한 이후 대만 "청화원자과학연구소"는 "국립 청화대학교"로 바뀌었다.

93) 羅家倫(1928), "學術獨立與新淸華", 楊東平(2003a), 앞의 책, 231쪽.

는 것이 아니라 大師95)를 뜻하는 것이라"96)고 한 명언도 있다.
이러한 생각에 따라 두 총장은 수많은 석사들을 청화대에 영입
했다. 그때 중국 국학의 4大의 석학인 양계초・陳寅恪・王國維・
趙元任은 다 청화대 국학연구원의 교수이었다. 또한, 그때 청화
대의 수학학과와 물리학과는 10여 명의 석학들을 보유했음으로
써 한때 세계 일류수준에 접근했다.97)

(3) 중앙대의 떠오름

남경정부는 1928년 5월에 국립 중앙대학교(National Central
University)를 설립했다. 국립 중앙대는 나중에 북경대・청화대
를 대신해 중국 최고의 대학으로 떠올랐다.

중앙대의 전신은 1914년에 설립된 남경고등사범학교이다. 남경
고사는 북양정부가 1912년 수립된 이후 전국에서 지정한 6大 학
구인 북경・남경・廣東성・무창・成都・瀋陽에서 세워진 6大 국
립 고등사범학교 중의 하나이었다.98)

---

94) 빌딩 또는 고층 건물의 뜻이다.

95) 석학 또는 巨匠의 뜻이다.

96) 梅貽琦(1931), "就職演說", 楊東平(2003a), 앞의 책, 236쪽.

97) 劉崇鋐, "國立清華大學", 張其昀(1955), 앞의 책, 78-81쪽.

98) 다른 5개의 고등사범학교 그리고 그들 이후의 변화는 다음과 같다: 1902년에 세
   워진 경사대학당의 사범관에서 발족한 북경고사는 유일하게 사범의 특질을 고수
   하여 1923년에 북경사범대로 승격했다. 무창고사는 국립 무창사범대(1923)・국
   립 무창대(1925)・국립 제2중산대(1926)・국립 무한대(1928)로 바뀌었다. 성도
   고사는 국립 성도대(1926)・국립 성도사범대(1927)・국립 四川대(1931)로 바뀌
   었다. 심양고사는 동북대(1923)로 바뀌었다. 광동고사는 국립 광동대(1923)・국
   립 제1중산대(1926)로 바뀌었다. 1928년에 제2・3・4중산대는 각각 국립 무한
   대・절강대(→국립 절강대)・강소대(→국립 중앙대)로 바뀌었음에 따라 국립 제1
   중산대는 유일한 중산대가 남게 됐다. 또한, 광동고등사범학교를 바탕으로 하여
   광동대로 바꾼 것은 孫中山(孫文・孫逸仙)이 1923년에 친히 한 것이기 때문에
   중산대는 孫逸仙의 영어 이름인 Sun Yat-sen으로 자신의 영어 이름을 지었다.
   오늘날 중국 광주에 있는 중산대는 자신의 영어 이름을 Sun Yat-sen Uni-

John Dewey의 제자인 郭秉文[99])이 1919년에 남경고사의 총장으로 임명됐다. 곽병문은 1920년 4월에 북양정부에 남경에서 국립 종합대를 설립하자고 제기했음에 따라 같은 해 12월에 북양정부는 남경고사 캠퍼스 안에서 국립 동남대를 설립하기로 결정했다. 동남대는 1921년 6월에 중국 공립대의 첫 이사회를 성립하여 같은 해 10월에 수업을 시작했음으로써 공식적으로 출범했고 곽병문은 동남대 초대 총장을 겸하게 됐다. 이에 따라 남경고사는 1921년부터 신입생 모집을 중단했고 1923년 6월에 전면적으로 동남대에 합병됐다.

신설 동남대는 남경 본부에서 남경고사의 일부 학과들을 바탕으로 하여 공과・교육・농과 모두 3개의 대학, 상해에서 暨南대와 공동으로 중국의 첫 商科대학을 설립했다. 남경고사를 전면적으로 합병한 동남대는 비교적 완벽한 학과 시스템이 구축됐다. 특히, 이 대학은 중국에서 처음으로 생물・기상・항공・체육・예술・工商관리・회계・금융・국제무역 등 학과를 개설했고 학점제도・과목선택제도 등을 처음으로 도입했음으로써 진정한 현대

versity로 사용하고 있다(참조: http://www.zsu.edu.cn/). 대만 高雄에 있는 국립 중산대학교는 자신의 영어 이름을 National Sun Yat-sen University로 사용하고 있다(참조: http://www.ora.nsysu.edu.tw/ensysu/).

99) 1878-1969, 1908년부터 미국유학을 시작하여 먼저 이학학사 학위를 받았고 뉴욕 Columbia University 대학원에 입하하여 교육학 석사・박사 학위를 받았다. 1918년부터 남경고사 총장대행, 1919-1925년에 남경고사・동남대 총장을 역임했다. 1949년 전에 연속적으로 세 차례 세계교육회 부회장 겸 亞洲지역 회장을 역임한 적도 있다. 곽병문은 일부 학과를 중국에서 처음으로 설립했고 중국에서 처음으로 학점제 등 제도를 도입한 이외에도 중국에서 처음으로 훈육・지육・체육의 교육이념을 도입했고 John Dewey의 또 하나의 제자이자 남경고사 교무주임이었던 陶行知 등의 지지를 얻어 8명의 여자학생을 남경고사에 입학시켰음으로써 남경고사로 하여금 북경대와 같이 "女禁(여자 입학금지의 뜻임)"을 처음으로 해제한 공립대로 되게 했다. 곽병문의 저술은 <중국 교육 연혁사>・<학교관리법> 등이 있다. 곽병문은 1949년에 대만에 가서 "在美敎育文化事業顧問委員會"의 위원・주임위원(위원장)을 역임했다.

의미의 대학과 중국 현대 자연과학의 발상지로 됐다. John
Leighton Stuart는 <중국에서의 50년>이란 회고록에서 "동남대
는 중국의 첫 현대 국립 고등대학이자 자연히 그때 당시 가장
좋은 대학이기도 했다"고 했다. 그때 중국에서 "북방에서는 북경
대는 가장 유명하고 남방에서는 남경고사(동남대)는 가장 유명
하다"는 이야기가 유행되고 있었다. 북경대 역사학과 교수이었던
梁和鈞은 "북경대는 문·사·철로, 동남대는 과학으로 유명했으
나 사실상 동남대의 문·사·철 교수들은 북경대의 문·사·철
교수들에게 전혀 뒤지지 않았다"고 주장했다. 이때 동남대는 심
지어 MIT·Harvard 등 세계 명문대와 공동으로 동남대 공대를
설립하려는 계획까지도 세웠다. 이는 중국의 대학교육은 세계 일
류수준을 추구했던 처음의 가장 대담한 노력이었다.[100] 또한,
John Dewey·Bertrand Russell·R. Tagore·Hans Driesch 등
석학도 잇따라 남경고사·동남대를 찾아왔다.

　1927년 "북벌전쟁"이 전면적으로 승리한 이후 남경정부는 사
망한 손중산을 기념하기 위해 "북벌군"이 차례로 점령한 광주·
무한(무창)·항주·남경에서 사전에 이미 있었던 몇 개의 대학
들을 바탕으로 하여 4개의 국립 중산대를 만들어냈다. 남경정부
가 곧 이어 추진한 "대학구제도"에 따라 각 주요 대학의 이름은
각 省의 이름으로 개명하게 됐다. 앞에서 이미 이야기했듯이 강
소성과 절강성은 "대학구제도"를 우선적으로 실험을 하게 된 지
방이다. 이에 따라 강소성에 위치한 동남대는 1927년에 강소성의
몇 개의 다른 대학들과 통합되어 제4중산대로 구성하게 되었다
가 1928년 2월에 강소대로 바뀌었다. 같은 배경에서 1927년에 절
강성에서 제3중산대도 설립되었다. 제3중산대는 1928년 4월부터

---

100) 黃一琨(2003), "南京大學: 沉默中突圍?", 중국 <經濟觀察報>, 제115호(2003
　　년 6월 30일).

절강대로, 같은 해 7월부터 국립 절강대로 바뀌었다. 남경정부는 "대학구제도"를 전국적으로 확대시키려고 했는데 강소성에서 강력한 반대를 당해서 1929년부터 이 시도를 포기했다. 그러므로 강소대는 그 이름을 사용한지 3개월만인 1928년 5월부터 국립 중앙대로 바뀌었다.

남경정부로부터 지지를 많이 받은 국립 중앙대는 1928년 8월에 이루어진 조정을 통해 신속히 전국에서 대학·학과가 가장 많고 규모가 가장 큰 대학교로 됐다. 이때 중앙대는 문·이·법·교(육)·농·공·상·의 8개의 대학, 모두 40여 개의 학과로 중국에서 학과 시스템이 가장 완벽한 대학교로 됐다.101) 그러나, 아무래도 "북벌전쟁"으로 인한 전란, 북양정부와의 정치적 갈등으로 인한 곽병문 총장의 해임 및 이로 인한 총장의 끊임없는 교체와 부재102), 그리고 남경정부 초기의 대학제도에 대한 무모한 개편 이 세 가지의 타격은 너무 심했으니 동남대·중앙대는 1920년대 후반부터 한때 쇠락되어 유명한 교수들이 많이 청화대에 유입됐다. 그 이후 나가윤(임기: 1932-1941)이 중앙대 총장으로 된 다음에 국립 중앙대는 점차 회복되어 1930년대 중반부터 중앙대는 명실상부한 중국 최고의 대학으로 됐다.

(4) 군소 대학교들의 집단적 궐기

"북벌전쟁"의 전란 등으로 인하여 중국의 대학교육은 1920년대 후반 한때 좌절을 당했으나 1920년대 말기부터 전통적 명문

---

101) 南京大學(2002), "南京大學校史紀要(1902-1952)", 중국 〈南京大學報〉, 第802號(總)(2002年 5月 20日).

102) 곽병문이 1925년 1월에 북경정부에 의해 해임된 다음에 북양정부는 잇따라 胡敦復·陳逸凡·蔣維喬·秦汾을 동남대 총장에 임명했으나 여러 원인으로 인하여 이들은 다 부임하지 못했다. 때문에 동남대는 1927년에 제4중산대로 되어 江乃燕이 제4중산대 총장으로 취임되었을 때까지 총장이 없었다.

대인 북양대·교통대·성약한대·금릉대·지강대·영남대 그리
고 위에서 이야기한 신흥의 명문대인 중앙대·청화대·중산대·
무한대·사천대·동북대를 제외하여 절강대(1897)·山東대(190
1)·山西대(1902)·서북대(西安, 1902)·同濟대(상해, 1907)·河南
대(1912)·雲南대(1923)·重慶대(1929) 등 국립 대학교, 東吳대
(蘇州 및 상해, 1900)·震旦대(상해, 1902)·滬江대(상해, 1905)·
북경協和의과대(1906)·호남湘雅의과대(1914)·齊魯대(산동성,
1917)·燕京대(북경, 1919)·輔仁대(북경, 1925) 등 서양교회가 세
운 교회대학교 그리고 교회대학교가 아닌 사립 대학교(본토 사립
대학교)인 復旦대(상해, 1905)·중국대(북경, 1912)·南開대(天津,
1919)·廈門대(福建省, 1921)·光華대(상해, 1925) 등도 신속히 궐
기되었다.

(5) 북경대의 쇠락과 1937년 항일전쟁 이전의 중국 명문대

그러나 반면에 채원배를 잃은 북경대는 전국 학술 중심의 남
쪽으로의 이전 그리고 똑같이 북경에 있는 청화대의 신속한 궐
기 등, 이른바 "사면 협공"의 극면을 직면하게 됐다. 격렬한 경
쟁에 잘 응대하지 못한 북경대는 중국 최고의 대학의 지위를 부
득이 잇따라 남경고사·동남대·청화대·중앙대에 이양하게 됐
다. 심지어, 북경은 더 이상 "京(수도)"이 아니게 되어 이름은
"北平"으로 바뀌었음에 따라 북경대의 이름도 "북평대학교"로
바뀌었다.103). 다만, 이때 북경대의 지위는 "5·4운동" 전후보다
못했으나 아직 중국의 일류대학교에서 탈락되지 않았다.

요컨대 복잡한 변동 끝에 중국의 주요 대학교들은 1920년대

---

103) 북경대는 남경정부가 수립된 이후 한때 "국립 中華대학교"로 校名이 바뀌게 됐
　　다가 이윽고 곧 "북평대학교"로 바뀌었다. 다만, 장개석의 뜻에 따라 "National
　　University of Peking"란 영문명은 그대로 유지되어 쓰이었다[참조: 張其昀
　　(1955), <중화민국大學誌>, 69-70쪽].

말기부터 점차 안정됐다. 이에 따라 1920년대 말기부터 1937년 항일전쟁이 전면적으로 시작됐을 때까지 중국의 대학교육은 1919년 "5·4운동" 전후의 첫 황금기를 이어 "四面開花"의 둘째 황금기를 맞았다. 이와 더불어 현대의미의 대학교육 이념과 제도도 중국에서 완전히 확립됐다. 이 시기 중국의 가장 유명한 대학교는 연구기관인 중앙연구원을 제외하면 청화대·중앙대·무한대·절강대·중산대·북평대·교통대 등이었다.

(6) 항일전쟁 기간 서남연합대와 절강대의 학술적 진흥

1937년 이후 중국의 각 대학교들이 일본 침략군을 피하기 위해 잇따라 남방·서남·서북쪽으로 이전하게 되었다. 이 중에서 가장 유명한 사건은 청화대·북평대·남개대가 국립 서남연합대학교(The National Southwest Associated University)를 새로 구성한 것이었다. 이들 세 개의 대학들은 먼저 호남성 長沙에 이전해 공동으로 장사임시대학교로 결성했다가 1938년 초에 雲南省 昆明에 이전해 국립 서남연합대로 통합되었다.

유명한 3개의 대학교로 결성된 서남연합대는 결국 당시 중국의 가장 유명한 대학교로 됐다. 심지어 이 대학교는 당시 세계의 명문대이기도 했다는 주장도 있다. 왜냐하면, 楊振寧(Chen Ning Yang, 1922-)과 李政道(Tsung-Dao Lee, 1926-)는 1957년 노벨상 물리학 공동 수상자가 된 것은 물론 이들은 항일전쟁이 승리한 이후에 미국에 가서 박사과정을 밟기도 했고 미국의 유명한 연구기관이나 대학에서 연구 활동을 펼치기도 한 것과는 큰 관련이 있으나 이들의 기본적 대학교육은 다 주로 이때의 서남연합대에서 받았기 때문이다. 양진녕은 1938년-1944년 사이에 서남연합대에서 공부하여 학사(1942)와 석사학위(1944)를 받았고

1945년에 미국 Chicago 대학교(The University of Chicago)에 유학가기 전에 서남연합대 부속 고등학교의 교원으로서 재직한 적도 있다. 이정도는 1946년에 미국 Chicago 대학교 유학가기 전인 1943년에 절강대에 입학하여 공부했다가 일본 침략군이 절강에 접근했음에 따라 1944년에 서남연합대에 전학하여 여기서 약 2년 동안에 공부한 적도 있다. 미국에 간지 약 10년만이 되었을 때 노벨상을 받게 된 것은 어느 면에서 서남연합대, 심지어 1930년대 후기에서 1940년대 중반까지 중국 대학교육의 전체 수준을 말해주고 있다. 양진녕은 "나는 중국에서 가장 좋은 학부교육(undergraduate education)을 받았고 Chicago대에서는 가장 좋은 대학원교육(graduate education)을 받았다"[104]고 회고했다. 이정도는 "내가 미국에 왔을 때 매우 현대적인 물리학을 제외하면 나는 사실상 물리학의 모든 지식을 다 알게 되어 더 이상 보완할 필요도 없었다"[105]는 표현으로 서남연합대의 학술수준을 높이 평가했다.

두 명의 노벨상 수상자 배출에 많이 기여한 서남연합대가 매우 어려웠던 환경에도 불구하고 항일전쟁 8년 동안에 키운 인재들과 한 연구 성과는 다른 시기 청화대·북평대·남개대의 합보다도 더 수월한 것이었다고 오늘날까지 평가되고 있다. 서남연합대가 이런 성과를 거두게 된 것은 당시 이 대학의 자유롭고 민주적인 분위기와 관련이 있었다고 본다. 서남연합대의 또 하나의 자랑스러운 것은 장개석의 독재통치에도 불구하고 장개석과 음양으로 각축했던 운남성 정부 주석이자 유명한 군벌인 龍雲의 보호하에서 서남연합대가 상대적으로 자유롭게 학술연구를 수행

---

104) John Israel(1998), *Lianda*, p.210.
105) John Israel(1998), 위의 책, p.210.

할 수 있었던 점이다. 심지어, 서남연합대는 당시 비합법 정당이었던 공산당의 민주화 항쟁의 교두보 역할도 수행하였다.

이 시기에 절강도 신속히 궐기되어 주목됐다. 절강대는 장개석고향의 국립 대학교인데다가 장개석의 초청에 따라 쓰可槇이 1936년 4월에 총장에 취임된 다음에 크게 달라졌다.

축가정은 1918년에 Harvard대에서 박사학위를 받은 유명한 기상학·지리학자이다. 1935년 후반기에 당시의 절강대 총장이었던 郭任遠은 절강대에서 국민당에 대한 충성심 교육을 실시했고 민주운동을 진압했기 때문에 교수·학생들의 수업거부 등 강력한 항의로 퇴진하게 됐다. 장개석은 그때 중앙연구원 기상학연구소 소장을 맡고 있던 축가정에게 절강대 총장직을 맡아달라고 했다. 축가정은 기상학 연구에 전념하려고 해서 원래 장개석의 요청을 거절하려고 했다. 결국 축가정은 장개석의 깊은 성의와 여러 인사들의 설득을 거절하지 못해 일시 출마하겠다고 일단 장개석의 요청을 받았다. 그런데 축가정은 세 가지의 출마조건을 제시했다. 첫째, 중앙정부에서 넉넉한 재정적 지원을 지속적으로 받을 수 있어야 한다. 둘째, 政黨의 방해 없이 전면적 인사권을 수여받아야 한다. 셋째, 6개월까지 임기를 수행할 것이다. 결국 장개석은 세 번째 조건을 제외한 다른 조건을 다 수용하겠다고 약속했다.106)

그리하여 축가정은 1936년 4월에 취임했다. 그러나 1937년 이후 일본군의 침입으로 인하여 절강대는 貴州省에 이전하게 되었으니 축가정은 절강대를 떠날 수 없게 됐다. 그 후 축가정의 탁월한 지도력에 의해 절강대는 戰火에도 불구하고 크게 궐기하게

---

106) 辰義(2002), "滄桑如斯", 절강대 홈페이지의 "文化素質網", 참조:
     http://www.culture.zju.edu.cn/new/html/7/128/181/20030418/21-1458.html

78

된 바람에 축가장은 교수·학생·사회로부터 대폭적인 지지를
받아서 1949년 5월 중국인민해방군 군사대표가 절강대를 접수했
을 때까지 총장직을 수행하였다.

축가정이 절강대를 管掌했을 때 민주화운동에 참여하다 국민
당 경찰에 붙잡힌 교수·학생들을 구제하는 데 가장 적극적인
대학총장으로서 유명했다. 물론 무엇보다 더 중요한 것은 축가장
이 자유롭고 민주적 분위기를 조성하고 자신의 미국유학 시절
(1910- 1918)·남경고사 지리학과 학과장 시절(1920-1925)·중앙
연구원 기상학연구소 소장 시절(1927-1936)에 알았던 수많은 학
자들을 절강대에 영입하여 학문에 전념하도록 배려한 것이었다.

그때 절강대의 학술수준과 분위기 등에 대해 1944년 10월 22일
에 귀주성에 있었던 절강대를 찾아 방문한 영국 유명한 생물학자
이자 영국 왕실 아카데미 회원이자 <중국 과학기술사>의 저자인
Joseph Needham(1900-1995)는 1945년 10월 27일에 발행된
<Nature>(주간)에서 "중경과(귀주성의 성도인) 貴陽 사이에 遵義
란 작은 도시에서 절강대를 찾을 수 있다. 절강대는 중국의 가장
좋은 4개의 대학교들 중의 하나이다. …… 절강대의 과학연구 활
동은 주로 준의 동쪽으로 75km 떨어져 있는 湄潭이란 곳에서
펼쳐져 있다. 미담에서 과학연구 활동이 바쁘게 펼쳐진 모습을
잘 볼 수 있다. 여기서 세계일류의 기상학자이자 지리학자인 축
가정 교수뿐만 아니라 세계일류의 數學학자인 陳建功 교수·蘇
步靑 교수, 세계일류의 원자물리학 학자인 盧鶴紱 교수·王淦昌
교수 등도 있다. 그들은 중국의 과학발전의 희망이다. …… 여기
는 동방의 Cambridge이다"고 했다.[107] 외국인으로부터의 이런
호평은 지나칠 가능성도 높지만 이것도 절강대 그때의 호황을

---

107) 辰義(2002), "滄桑如斯", 절강대 홈페이지의 "文化素質網"에서 재인용, 참조:
ttp://www. culture.zju.edu.cn/new/html/7/128/181/20030418/21-1458_3.html

다소 말해줄 수 있다. 절강대는 오늘날까지도 자신이 한때 "동방의 Cambridge"인 것에 대해 매우 자랑하고 있다.108)

(7) 1937년 - 1949년 중국의 명문대들의 성쇠변화

이 시기 중앙정부의 보호하에 중앙대의 대부분은 중앙정부를 따라 남경정부의 임시수도인 중경으로 이전하였다. 그러나 중앙대의 일부는 남경에 잔류하여 수업을 정상적으로 진행했기 때문에 "매국노 대학교" 또는 "國賊 대학교"로서 악명을 아직까지 받고 있다. 북평대도 위와 같은 악명을 받고 있다. 왜냐하면, 북평대의 대부분은 운남성 곤명에 이전하여 서남연합대의 한 부분으로 됐으나 일부는 북평에 남아있어 일본 침략군과 협력하여 "국립 북경대"라는 명칭하에 정규수업과정을 계속 운영했기 때문이다.109) 교통대의 상해부분은 중경에 이전했고 당산 부분과 북평 부분은 귀주성에 이전했다. 북양대는 서안에 이전하여 다른 대학들과 서북연합대로 합병되어 쇠락의 길을 가게 됐다. 서북연합대도 연합대라고 했으나 오늘날의 보통 중국인들이 거의 모르는 정도로 서남연합대와 비할 수 없었다.

요컨대 1937년 - 1945년 사이에 중국에서 가장 유명했던 국립대학교는 서남연합대·중앙대·절강대이었다. 이들 중에서 중앙대는 학술적으로 서남연합대·절강대에 비해 상대적으로 뒤처졌으나 중앙정부의 최고대학인데다가 전쟁 와중에도 서남연합대·절강대보다 훨씬 좋은 조건을 갖춘 장소에 학교 부지를 갖고 있었기 때문에 일반인들에게 인기가 훨씬 높았다. 특히, 1943년 3월부터 1944년 7월까지 장개석이 중앙대 총장직을 겸한 것은 중

---

108) 절강대 홈페이지의 "歷史沿革" 부분: http://www.zju.edu.cn/xqzl/lsyg.htm

109) 毛子水(1955), "國立北京大學", 張其昀(1955), 앞의 책, 71쪽.

앙대로 하여금 더 유명하게 했다. 그래서 이때 신입생을 모집했을 때마다 수만 명의 대입 수험생(전국 전체 대입의망자의 약 2/3)들의 제1지망 대학은 중앙대였으며, 중앙대의 재학생 수는 1937년 전의 약 1천 명에서 약 4천 명으로 늘어났다.110)

1945년 항일전쟁이 승리한 후인 1946년 5월 4일에 마지막 졸업식이 열린 다음에 서남연합대는 공식적으로 해산되었고 청화대·북평대·남개대는 각각 복교되었다. 복교된 청화대는 서남연합대에서 유명한 교수들을 많이 영입했음으로써 실력이 많이 늘어났고 중앙대·절강대는 계속 앞서가고 있었고 원래 사립대인 남개대는 복교된 이후 국립대로 됐음에 따라 실력도 늘어났다. 북평대는 학술수준을 높인데 중앙대·청화대·절강대보다 못했으나 채원배의 후임자인 장몽린과 호적지의 노력으로 문·이·법·공·농·의 6개의 대학, 모두 32개의 학과로 확충되어 그때 북방 최대 규모의 대학으로 되었다.111)

그래서 1945-1949년 사이에 가장 유명했던 국립대는 청화대·중앙대·절강대이었고 그 다음으로는 교통대·무한대·북평대·남개대·중산대·북양대·동제대·사천대·산서대·산동대·동북대·서북대·하남대·운남대·중경대·호남대 등이었다.

사립대의 경우, 1949년 전에 중국의 사립대도 잘 발전되었으나 전체로 봤을 때 국립대보다 못했다. 특히, 교회대학이 아닌 사립대는 중국정부로부터도 서양교회로부터도 재정적 지원을 잘 받지 못한데다가 전란으로 인하여 여러 가지의 어려움에 시달리고 있었다. 예로 들면, 하문대는 동남아 유명한 화교인 陳嘉庚이

---

110) 黃正銘(1955), "國立中央大學", 張其昀(1955), 위의 책, 11쪽.

111) 羅家倫(1955), "國立北京大學", 張其昀(1955), 위의 책, 61쪽.

1921년에 세운 중국의 첫 화교대학인데 1937년 일본군의 침입으로 인하여 경비부족 등 어려움에 빠져 쇠락하게 되었다. 다행히 남경정부는 하문대의 쇠락을 막기 위해 진가경의 동의를 얻어 이 대학교를 국립대로 변경시켰다.112)

복단대도 재정적 위기에 빠졌다. 이 대학교의 기초를 만든 사람이자 전 총장이었던 李登輝113)는 국립대로 변경된다면 사립 복단대의 모든 재산을 남경정부에 옮길 수밖에 없을 뿐만 아니라 정부의 정치적 영향 등이 대학의 발전에 유리하지 않다는 이유로 국립대로의 변경을 강력히 반대했다. 그러나 복단대는 끝내 견디지 못하고 1941년 11월 25일 국립대로 바뀌었다.114)

남개대는 張伯苓115) 총장과 장개석 사이의 친밀한 개인적 관계116)로 북방에서 가장 유명했던 국립대인 청화대·북평대와 연합하여 서남연합대로 합류했지만 사실상 서남연합대 안에서는 가장 인기가 없었다. 결국 장백령의 노력과 남개대가 서남연합대 기간에 보여준 "교육救國"의 정신의 덕분에 남개대는 서남연합대가 해산되기 전인 1946년 4월 9일에 국립대로 됐다. 이리하여 교회대학이 아닌 사립대들 중에서 가장 유명했던 이상의 세 개의 사립대는 1946년까지 다 국립대로 바뀌었다.

---

112) 黃天爵, 彭傳珍(1955), "國立厦門大學", 張其昀(1955), 위의 책, 265쪽.

113) 1873-1947, 인도네시아 화교 출신, 미국 예일대 졸업(문학학사, 1899). 1905년에 상해에 도착하여 복단公學總敎習·교무장을 했다가 1913년부터 1936년까지 복단대 총장을 역임했다. 복단대의 창립자인 馬相伯과 같이 복단대 역사상 가장 유공한 두 사람으로 꼽히고 있다.

114) 復旦大學校史編寫組(1985), <復旦大學誌>, 第一卷, 156-157쪽.

115) 1876-1951, 天津 北洋水師학당 출신, 남개대의 창립자. 1919년-1948년에 남개대 총장을 역임했다. 대만에 가지 않고 1951년에 천진에서 질병으로 별세했다.

116) 唐際淸(1955), "國立南開大學", 張其昀(1955), 앞의 책, 87쪽.

　다만, 교회가 세운 사립대는 경비가 비교적으로 넉넉한데다가 서양배경이 있어서 전란의 영향을 상대적으로 쉽게 피하게 되었기 때문에 다른 사립대들보다 크게 발전을 이루었다. 특히, 가장 유명했던 교회대학인 성약한대·금릉대·연경대·동오대 등은 사실상 국립 명문대에도 전혀 뒤지지 않았다고 할 수 있다. 예를 들면, 성약한대는 똑같이 상해에 있는 교통대와는 사실상 피차 우열이 없고 금릉대는 똑같이 남경에 있는 중앙대와는 막상막하의 수준이었고 연경대는 똑같이 북경에 있는 청화대·북경대와도 비금비금한 수준에 달했다.

　그때의 명문 사립대와 명문 공립대 간의 차이가 있다고 한다면 그것은 크게 세 가지가 있다. 하나는 교육대상의 차이이다. 공립대는 보통 백성들이 거의 누구도 다닐 수 있었고 반면에 명문교회대에 다녔던 학생들은 주로 부자와 권력층의 자제들이었다. 그래서 그때 중국에서의 명문교회대는 "귀족대학"이라고 불리기도 했다. 하나는 受교육자들의 西洋化 수준의 차이이다. 교회대의 수업은 거의 다 영어로 강의한 바람에 일반적으로 명문교회대의 학생들의 영어수준이나 西洋化는 보통 사립대나 국립대의 학생들보다 훨씬 높았다. 또 하나는 학과 시스템의 차이이다. 문·이·공·상·법·의·예·체·사범 등 학과 시스템을 비교적으로 완벽히 갖추고 있었고 이들 학과에 균형적으로 힘을 낸 국립대들과 달리 명문교회대는 이들 학과들을 다 갖추고 있었더라도, 통상 몇 개의 주요 학과에만 집중하여 특성화된 대학으로서 돌파구를 찾고자 했다. 때문에 금릉대의 농림학, 성약한대·북경협화의과대·호남상아의과대의 의학, 연경대의 국학·언론학, 동오대의 법학은 오히려 명문 국립대들의 같은 학과들보다 더 유명했다.

(8) 1949년 국·공 양당의 엘리트 쟁탈전 및 중국 대학 교육의 분열

1948년 12월에 중국인민해방군이 북평 밑까지 쳐들어왔다. 이 때부터 공산당과 국민당은 중국의 엘리트들을 쟁탈하는 또 하나의 전쟁을 벌이게 됐다. 중국의 지식인도 자신의 운명을 스스로 선택했다.

공산당 측은 상당부분의 지식인들의 국민당 독재통치에 대한 실망감과 대륙, 특히 고향을 떠나고 싶지 않은 심리 등을 활용해서 여러 가지의 지하 활동으로 대부분의 대학교들을 대륙에 남게 했다. 심지어 일부 대학교는 거의 전체로 대륙에 남았다. 예를 들면, 장객석은 국립 복단대를 대만에 옮기게 하려고 해서 복단대에 철수하라는 명령까지도 내렸으나 지하 공산당이 좌익 교수인 張志讓 등을 통해 거듭 설득한 바람에 당시 복단대 총장이었던 章益은 주저한 끝에 철수하지 않고 복단대 전체를 대륙에 남기도록 결정했다. 그리하여 복단대는 1949년 6월 20일에 중국인민해방군 군사관제위원회에 접수하여 권리하게 되었음으로써 거의 유일하게 전체로 대륙에 남은 대학교로 됐다.117)

패자로서의 국민당이 대륙의 지식인들을 작은 섬인 대만으로 이전하게 한 것은 그리 쉬운 것이 아니겠다. 그러나 국민당도 혼신의 힘을 다 썼다. 국민정부 시기 북평대의 마지막 총장이었던 호적지와 청화대 교수이자 국학 거장인 진인각을 대만으로 이전하게 하기 위해 장개석은 심지어 중국인민해방군이 북평에 진입하기 전인 1948년 12월 15일에 남경에서 특별기를 북평에 보내기도 했다. 이틀 후에 개최될 북경대 개교 50주년 기념행사의 준비에 바쁘고 있었던 호적지는 원래 북평대를 두고 있는 채 남경

---

117) 復旦大學校史編寫組(1985), 앞의 책, 191-192쪽.

에 가고 싶지 않았는데 장개석의 독촉을 거절하다 못해 자신의
책과 막내를 북평에 남은 채 진인각 교수 일가와 같이 특별기를
타고 남경에 도착했다. 남경에 도착한 호적지는 남경정부 당국들
과 접촉하여 남경에서 북경으로 특별기를 보내 북경대의 교수들,
특히 반공하는데 유명했던 교수들로 하여금 남경으로 올 수 있
도록 노력했는데 이들 교수들의 가족들의 반대 등으로 인하여
크게 성공하지 못했다.118)

그러나 정권교체에 대해 요행을 바랐던 학자들도 많았다. 예를
들면, 진인각 교수는 나중에 장개석의 성의를 끝내 거절하여 대
륙에 남았다. 그는 1949년 이후 중산대학교 교수를 역임했다가
문화대혁명 당시 홍위병의 잔혹한 테러로 1969년 10월 한을 품
고 별세했다.

대체로 공산당은 여러 유리한 점을 이용해 구중국 대학교육의
대부분의 자원을 대륙에 남게 했다. 국민당은 상대적으로 불리한
조건하에서 절반 정도의 엘리트를 대만으로 이동시켰다. 국민당
이 대만으로 이전하게 한 엘리트는 주로 청화대·교통대·중앙
대·북평대 등 대학교들의 교수들이었다. 국민당은 나중에 바로
이들 교수들을 위주로 하여 대만 청화대·교통대·대만대·중앙
대 등을 복교했거나 신설했다.

4) 구중국 시대 중국 대학교의 조직과 인사제도의 특징

(1) 구중국 시대 중국 대학교의 조직 및 특징

구중국 시대 중국 대학의 조직체계 혹은 인사관리제도의 특징

---

118) 毛子水(1955), "國立北京大學", 張其昀(1955), 앞의 책, 72쪽.

을 정리하면 다음과 같다.

첫째, 총장·부총장 등 행정임원은 한두 명 밖에 없었다. 채원배 시대의 북경대는 총장만이 있었고 부총장조차도 없었다. 채원배가 북경대에 부재했을 때 총무장인 장몽린은 모두 총장직을 대행했다.119) 북경대는 "대학구제도"가 실시되었을 때인 1928년에 文理 분교·사회대학(분교)·국학연구소(분교) 무두 셋 부분으로 분산 되었기 때문에 총장인 李煜瀛(임기: 1928년 6월－1929년 1월) 이 외에도 李書華란 한 명의 부총장이 있은 적을 제외하면 한 명의 총장급 지도자(총장 또는 총장대행)만이 있는 전통을 1949년까지 지켜왔다.120) 청화대·북평대·남개대가 구성되었던 서남연합대 의 경우, 총장이 없었던 이 대학교의 운영은 이들 셋 대학교의 총 장이었던 매이기·장몽린·장백령이 구성된 "상임위원회"란 비교 적으로 민주적 지도체제에 의하여 진행됐다. 매이기는 다른 두 상 임위원보다 서남연합대에 자주 있어서 일상 사무를 더 많이 처리 했기 때문에 "상임위원회"의 주석을 맡았으나 여기서 주석이란 회 의 소집자의 뜻뿐이고 독재자가 아니었다. 이분들은 바로 이러한 민주적 체제하에서 서로 포용하고 긴밀히 협력하여 서남연합대를 세계의 명문대로 만들어냈다.121)

이상은 국립 대학교의 상황이었다. 사립 대학교도 마찬가지이었 다. 교회가 세운 대학교는 거의 완전히 서양 대학교들과 똑같은 조 직을 갖고 있었으니 이야기하지 않아도 된다. 중국인이 세운 사립 대학교, 예를 들면 북단대의 경우, 1905년에 세워진 복단公學에서 출범하여 1917년에 사립 복단대로 승격된 복단대는 창립자이자 초

---

119) 蔡元培(1934), "我在北京大學的經歷", 楊東平(2003a), 앞의 책, 228쪽.

120) 毛子水(1955), "國立北京大學", 張其昀(1955), 앞의 책, 69-71쪽.

121) 陳雪屛(1955), "國立西南聯合大學", 張其昀(1955), 위의 책, 94쪽.

대 교장인 馬相伯(임기: 1905-1906)부터 2대 교장인 嚴複(임기: 1906-1907)·3대 교장(감독)인 夏慶觀(임기: 1907-1909)·4대 교장(감독)인 高鳳謙(임기: 1909-1910)·5대 교장인 馬相伯(임기: 1910-1912)을 거쳐 6대 교장(총장)인 李登輝(임기: 1913-1936)까지는 부총장이 한 명도 없었다. 복단대 역사상 공로가 가장 많았던 이등휘 총장 시절에 총장이 부재했을 때는 복단대 이사회는 부득이 총장대행을 두 번 임명[122]했으나 부총장은 하나도 임명하지 않았다. 또한, 이등휘 총장이 1936년 7월에 사임한 이후 북단대 이사회는 1936년 8월에 錢新之를 총장대행(임기: 1936년 8월-1940년 5월)에 임명한 이외에도 吳南軒을 부총장(임기: 1936년 8월-1940년 5월)에 임명한 적이 있었고 1940년 5월에 오남헌 부총장을 총장대행(임기: 1940년 5월-1941년 11월)에 임명한 이외에도 1941년 1월에 江一平을 부총장(임기: 1941년 11월)에 임명한 적이 있었으나 남경정부 교육부가 1941년 11월에 복단대를 국립 대학교로 바꾼 이후부터 1949년까지 오남헌(임기: 1941년 11월-1943년 2월)과 장익(임기: 1943년 3월-1949년 7월) 모두 두 명의 총장만을 임명했다.[123] 요컨대, 1949년까지 중국의 대학교는 한 명의 부총장이 있은 극히 특이한 사례를 제외하면 한 명의 총장 또는 총장대행만이 있었다.

둘째, 대학교의 처장급 행정기구는 2-3개밖에 없었다. 남경정부 수립 이전의 중국 대학교에서는 일반적으로 교무장과 총무장만이 있었다. 심지어, 이때 副교무장과 副총무장 물론, 교무처와 총무처란 개념과 조직조차도 없었다. 예를 들면, 채원배가 북경대에서 개혁을 실시한 다음에 북경대는 총장 밑에 교무장과 총

---

122) 복단대는 1918년에 唐路園을, 1924년 7월-1925년 3월 사이에 郭任遠을 총장대행에 임명한 적이 있다.

123) 復旦大學校史編寫組(1985), 앞의 책, 27-192쪽.

무장 모두 두 명의 주요 행정 간부만이 있었다. 더구나 교무장과 총무장이라도 오늘날 중국 대학교의 교무처와 총무처처럼 수십 명의 간부들을 지도하여 일을 보는 것이 아니라 총장과 각종 위원회의 뜻에 따라 각 학과장들과 같이 몇 명의 직원 또는 비서들을 지도하여 대학교의 모든 일을 처리했다.[124] 절강대의 경우 북경대보다 더 간편했다. 절강대는 1930년대 초까지 해도 온 대학교의 행정조직은 한 비서처밖에 없었다.[125] 남경정부가 수립된 이후에도 1929년에 입법된 고등교육법과 남경정부 교육부가 1939년에 내놓은 대학교 행정조직에 관한 보충규정에 따라 중국의 대학교는 교무・訓導・총무 모두 3개 처만 둘 수 있었고 각 처에 長 하나(교무장・訓導장・총무장)를 둘 수 있었고 부처장은 아예 없었다.[126] 또한, 행정조직은 3개의 처로 늘어났으나 각 처 안의 조직은 매우 적고 간단했다. 예를 들면, 절강대는 1949년 초기, 즉 신중국에 접수되기 전의 행정조직은 교무처・訓導처・총무처 모두 3개의 처와 총장 판공실・인사組・회계실이 있었으나 각처에는 과가 없었으며 2-4개의 組만이 있었다.[127] 組란 임원이 몇몇 명밖에 없었던 개념이며 과보다 임원이 훨씬 적었다.

셋째, 대학교의 운영은 민주적 체제에 의해 진행됐다. 총장 등 행정임원이 매우 적었던 구중국 시대 중국의 대학교들은 오히려 효율적으로 운영할 수 있었다. 그 비법은 무엇인가? 이것은 바로 의사결정에서의 민주적 체제의 공로라고 할 수 있다. 중화민

---

124) 蔡元培(1925), "中國現代大學觀念及敎育趨向", 楊東平(2003a), 앞의 책, 8쪽; 蔡元培(1934), "我在北京大學的經歷", 楊東平(2003a), 위의 책, 227쪽.

125) 國立浙江大學校友會(1985), 〈國立浙江大學〉, 103쪽.

126) 郭爲藩(1981), 〈중화민국개국칠십년之교육〉, 236쪽.

127) 國立浙江大學校友會(1985), 앞의 책, 105쪽.

국은 元年(1912년)에 교육총장(장관)인 채원배가 주도하여 각 대학 안에 학장·(정)교수·조교수·강사를 두고 이들로 하여금 평의회를 구성하도록 하여 대학교·대학의 중대한 사항을 결정할 수 있도록 했다. 때문에 중화민국은 수립되자마자 대학교의 주요 임원 및 조직에 대해 기본적 틀, 즉 "교수治校"의 이념과 제도를 이미 확립시켰다.128)

　중화민국의 대학교육에 관한 이러한 이념과 제도는 앞에서 이미 이야기 했듯이 채원배가 북경대에서 실시한 개혁에서 잘 구현되었다. 중화민국은 1922년에 각 대학교에 행정적 사항을 결정하는 기구인 이사회와 학술적 평가를 주관하는 평의회를 병렬하게 두기로 결정했음으로써 대학교 행정적 결정의 민주성과 대학교 평의회의 학술적 전문성을 강화했다.129) 남경정부 교육부가 1939년에 내놓은 대학교 행정조직에 관한 보충규정에 따라 각 대학교는 교무처·訓導처·총무처를 두는 동시에 교무회의·訓導회의·총무회의를 두어 각 대학교의 일상적 사항을 처리하는 역할을 담당하도록 하기로 했다. 남경정부 입법원에 의해 1948년에 개정된 고등교육법은 이들 회의의 역할과 조직방법, 특히 각 대학·학과·연구소·처와의 관계에 대해 명확하고 자세하게 규정했다. 말하자면, 이들 회의는 주로 총장과 행정 3개의 처의 처장의 권력을 제한하고 각 대학·학과·연구소의 교수들의 역할을 강화시키는 조직이었다. 바꾸어 말해, 대학교의 일상적 업무의 처리는 오늘날 중국의 대학교들처럼 주로 당서기·총장·처장들에 의해서 결정되어 처리되는 것이 아니라 교수들의 의견에도 의해야 된다. 각 행정 처장은 주로 총장을 보좌하고 하급 직원을 지도하여 교수들

---

128) 郭爲藩(1981), 앞의 책, 236쪽.
129) 郭爲藩(1981), 위의 책, 236쪽.

이 참여하는 위 세 가지의 회의의 결정을 관철시키는 역할을 담당하는 것이다.130) 더 중요한 것은 일상적 사항이 아닌 대학교 발전의 중대하거나 장기적인 사항에 대해도 교수들의 역할이 가장 중요했던 점이었다. 예를 들면, 북경대는 1949년까지 모든 중대한 사항은 다들 교수회에 의해서 결정됐다.131) 절강대는 신중국에 접수되기 전까지 대학교 발전의 중대하거나 장기적인 사항을 결정하는 대학교 차원의 위원회는 모두 11개가 있었다. 이들은 각각은 예산위원회・경비稽核(검사)위원회・章則(규장, 규칙)위원회・聘任(초빙, 임명) 및 승진 등 심사위원회・招生(신입생 모집)위원회・과정위원회・訓育위원회・도서설비위원회・문화합작 및 출판위원회・체육위원회・福利(복지)위원회이다. 물론, 이들 위원회들의 주역은 교수들이었다. 게다가 각 대학은 다들 교수들이 주도했던 院務회의가 있었다.132)

　넷째, 교수・연구 조직은 비교적으로 완벽했다. 행정조직의 精銳化와 달리 구중국 시대 중국 대학교의 교수・연구 조직은 많이 있었다. 특히, 각 명문대의 교수・연구 시스템은 1949년까지 거의 세계 주요 명문대들과 똑같이 완벽했다.

　위에서 이야기했듯이 채원배가 개혁을 실시한 후인 1920년까지 북경대는 이미 5개의 部, 모두 17개의 학과가 있었다. 북경대는 채원배가 이임한 이후 장몽린・호적지 등의 노력으로 1948년, 즉 신중국에 접수되기 전까지 문・이・법・농・공・의 모두 6개의 대학, 모두 33개의 학과가 있었으며 학생수는 3,000명을 넘었다. 또한, 각 대학마다 다들 여러 가지의 부설 연구소가 있었다.133)

---

130) 郭爲藩(1981), 위의 책, 236-237쪽.

131) 毛子水(1955), "國立北京大學", 張其昀(1955), 앞의 책, 71쪽.

132) 國立浙江大學校友會(1985), 앞의 책, 105쪽.

중앙대 등 명문대 1949년까지의 상황은 북경대의 상황과 거의
비슷했다. 중앙대의 상황은 <표 Ⅱ-2>를 참조하면 알 수 있다.

다섯째, 교직원 1인당 학생 인원수는 상당히 많았다. 예를 들
면, 복단대는 1921년에 모두 432명의 재학생(부설 中學部 포함)
이 있었으며 교직원은 34명밖에 없었다. 1924년에 일러서 복단대
의 재학생수는 841명에 달했는데 교직원 총수는 58명밖에 없었
다. 그래서 복단대 1924년의 교직원 1인당 학생 인원수는 14.5명
에 달했다.[134]

(2) 구중국 시대 중국 대학교의 인사제도 및 특징

A. 구중국 시대 대학교원 인사제도의 변화와 일반적 상황

앞에서 이야기 했듯이 중화민국은 수립되자마자 교수·조교
수·강사 모두 3급으로 나누어진 교원직명을 두기로 했다. 중화
민국은 1917년에 대학교원의 직명을 정교수·교수·조교수로 바
꾸기로 했고 1922년에 이를 정교수·교수·강사로 다시 개정했
고 1924년에 정교수·교수로 또다시 개정했다. 한 마디로, 남경
정부 이전의 중화민국 시기에는 중국 대학교의 교원채용은 별
엄격한 기존도 없었고 직명도 매우 혼란했다.[135]

남경정부가 수립된 그 해(1927년)에 남경정부는 "대학교원 자
격조례"를 반포했다. 이 "조례"는 다음과 같은 특징이 있었다. 첫
째, 대학교원의 직명은 (정)교수·부교수·강사·조교 모두 네 급
으로 나누어지게 규정됐다. 이러한 직명체제는 오늘날까지 중국
대륙에서도 대만에서도 그대로 이어진다. 둘째, 이 "조례"는 대학

---

133) 毛子水(1955), "國立北京大學", 張其昀(1955), 앞의 책, 71-72쪽.

134) 復旦大學校史編寫組(1985), 앞의 책, 108쪽.

135) 郭爲藩(1981), 앞의 책, 236-238쪽.

교원의 임직자격을 처음으로 구체적으로 다음과 같이 규정했다. 즉, 조교는 대졸이 이어야 되고 성적이 우량해야 된다. 강사는 석사학위가 있어야 되고 성적이 우량해야 된다. 부교수는 박사학위가 있어야 되고 성적이 우량해야 된다. 셋째, 이 "조례"는 상당한 융통성이 있었다. 예를 들면, 이 "조례"에 따라 국학, 즉 중국 전통학문 분야에서 특별한 업적이 있을 경우면 위와 같은 학력이 완비하지 않아도 강사·부교스로 채용될 수 있다. 또한, 업적이 특별히 좋은 강사이면 강사의 경력이 1년만이 있어도 부교수로 승진될 수 있고 업적이 특별히 좋은 부교수이면 부교수의 경력이 2년만이 있어도 정교수로 승진될 수 있다. 넷째, 교원의 체용·승진을 결정하는 기구는 다른 것이 아니라 대학교원들로 구성된 대학교 평의회이었다.136)

남경정부 "대학교원 자격조례"가 1927년에 반포된 이후 대학교원 인사제도의 변화는 다음과 같다. 첫째, 전국 대학교원의 임직자격과 승진기준을 통일적으로 통제하기 위해 남경정부 교육부는 1940년에 전국 차원의 학술심의위원회를 두기로 했다. 이 위원회의 한 가지의 기능은 바로 각 대학교 교원들의 임직자격과 승진자격을 심사하는 것이었다. 둘째, 이전에는 대학교원의 승진시간에 대한 규정은 별 엄격하지 않았는데 남경정부 교육부는 1940년에 엄격한 규정을 나렸다. 이에 따라 조교가 강사로 승진되려면 조교로서의 경력은 적어도 4년이 있어야 된다. 강사가 부교수로, 부교수가 정교수로 승진되려면 각자 원래의 직위에서의 경력은 적어도 3년이 있어야 된다. 셋째, 남경정부 교육부가 1940년에 내린 위 규정에 따라 석·박사 학위 소지자로서 대학교원이 아닌 전문성이 높은 다른 직종에 종사했더라도 경력이 4

---

136) 郭爲藩(1981), 위의 책, 238쪽.

년을 넘을 경우면 논문심사에서 통과되기만 하면 부교수 심지어 정교수까지도 될 수 있다. 넷째, 중화민국은 위와 같은 조례와 규정들을 내놓은 이후, 즉 대학교원 인사제도의 기본적 틀이 만들어진 이후부터 심지어 1980년대까지(대만에서) 자주 "수술"을 안 했기 때문에 대만의 대학교원 인사제도는 비교적으로 일관성과 안정성을 보여주었다.137)

B. 구중국 시대 대학교 인사제도의 주요 특징

구중국 시대 중국 대학교의 인사제도는 다음과 같은 특징을 보여주었다.

첫째, 모든 대학교원은 공히 공개적 초빙에 의해 채용되었고, 각 대학교 간에서 유동하는 경우가 많았다. 공개적 초빙에 통해 대학교원, 심지어 총장을 뽑는 것은 중국 대학교가 탄생된 그날부터 실시돼 온 제도이다. 이러한 제도를 더욱더 확립시키기 위해 중화민국은 1922년에 규정을 내놓아 대학교원 전원을 대상으로 초빙제를 실시하기로 했을 뿐만 아니라 대학교 총장도 초빙제를 거쳐 교육총장(장관)에 의해 임명되도록 규정했다.138)

구중국 시대에는 인재 자유경쟁의 시장과 자유유동의 체제가 있었다. 이는 당시 정치적 환경과도 관련이 있으며, 남경정부 수립 이후부터 해외에서 귀국한 유학생이 급증함에 따라 자유적 인재시장의 형성과도 관련이 있다. 또한 당시 서양에서 유입된 자유유동의 이념과도 관련이 있다. 따라서 이 시기, 특히 남경정부 수립 이후부터 중국 대학교의 교원은 자주 여러 대학교에서 유동했다. 오늘날 중국대륙의 대학교원들처럼 졸업 때부터 정년퇴직 때까지 한 대학교에서 일할 수밖에 없는 상황은 그때에 전

---

137) 郭爲藩(1981), 위의 책, 238쪽.
138) 郭爲藩(1981), 위의 책, 236쪽.

혀 없었다. 그때 각 대학교는 공히 공개적 초빙을 통해 신규교원을 선발했으나, 임기에 대한 엄격한 규정조차 없었다. 왜냐하면, 임기에 대해 엄격히 규정할 필요조차도 없었기 때문이었다. 각 대학교와 초빙된 교원 간 충돌이 발생할 경우 해고 내지 사직도 가능했다. 교수·연구의 실력이 있거나 고학력이 있는 엘리트들에게는 취직 혹은 사직을 자의적으로 선택할 수 있었다.

이와 관련하여 한 일화를 소개하면 다음과 같다. 일본 유학 출신의 중국 대표적인 작가인 로신은 채원배의 초청에 따라 1912년 초부터 중화민국 교육부 사회교육司(국) 제1과 과장을 역임하기도 했고 1920년 가을부터 1926년 전반까지 북경대·북경고등사범학교(북경사범대)·중국대·북경여자고등사범학교 등 여러 대학교에서 강사로서 활동하기도 했다. 그는 하문대에서 정교수로 되는 초빙을 받고 1926년 8월부터 하문대 문과교수로 됐는데 이 대학교에 대한 불만이 있어 같은 해 12월에 사직했으며, 익년 1월부터 중산대(廣州) 문학학과 주임(학과장) 겸 교무주임으로 역임하다가 같은 해 4월 정부에 체포된 학생들을 구제하다가 좌절당하자 곧바로 사직했다. 그 이후 로신은 아예 고정적 교직을 구하기도 안 한 채 강사로서 여러 대학을 오고갔다.

종신교직에 관한 구중국 시대의 규정을 찾지는 못했는데, 구중국 시대에 종신교직의 개념이 대두되지 못한 것으로 보인다. 종신교직에 관한 보장이 별로 없고 지나친 자유경쟁을 권장한 이러한 체제는 물론 대학교원들의 안정적 연구 활동에 유리한 조건은 아니었다. 그러나 중요한 것은 당시 일정수준의 교수·연구 능력이 있다면, 원래 대학교를 떠나도 다른 대학교에서 취직될 수 있었던 체제가 있는 점이다. 또한, 더 중요한 것은 어느 대학교에서 취직했든 간에 처우가 매우 좋았던 점이다.

둘째, 대학교 총장의 임기가 없었으나 지도력과 위신이 강해야만 재임할 수 있었고 권력도 엄격히 제한되어 있었다. 구중국 시대 중국 각 대학교의 총장·학장·학과장·교무처장·訓導처장·총무처장 등의 보직 임기는 특별히 규정되지 않았다. 심지어, 채원배처럼 영원한 학술적 관료(교육부 장관·북경대 총장·중앙연구원 원장)도 있었고 대학교의 창립자 또는 주요 건설자로서 몇 십 년 동안에 한 대학교의 총장으로서 재직한 사람도 있었다. 예를 들면, 청화대의 주요 건설자인 매이기는 1931년－1948년 사이에 청화대 총장에 재직했다. 절강대의 주요 건설자인 축가정은 1936년－1949년 사이에 절강대 총장에 재직했다. 복단대의 주요 건설자인 이등휘는 1913년－1936년 사이에 북단대 총장에 재직했다. 남개대의 창립자인 장백령은 1919년－1948년 사이에 남개대 총장에 재직했다. 장몽린은 1930년－1945년에 북경대 총장에 재직했다. 나가윤은 1928년 8월－1930년 5월 사이에 청화대 총장에, 1932년－1941년에 중앙대 총장에 재직했다.

그러나 구중국 시대에는 대학총장은 보임하기도 어려웠지만, 재직기간 중 안정되게 집무를 보기도 어려웠다. 왜냐하면, 정부 또는 이사회(사립대의 경우)가 임명한 총장은 학술적 자격이 부족하거나 재임 중에 잘못이 있어서 교원·학생들로부터 대대적인 저항이나 반발을 사게 되어 사직하는 경우가 많았기 때문이다.

이 점에서 청화대는 매우 전형적이었다. 청화대는 1912년부터 1931년까지 모두 16명의 총장 또는 총장대행이 있었다. 이 중에서 총장이 된 지 약 1개월 만에 퇴진하는 총장도 있었고 임명을 받다 교원·학생들로부터 저항을 당해 취임조차 못한 사람도 있었다. 청화대 교원·학생들이 재임 또는 새 총장을 추방하거나 반대한 이유는 다양했다. 예컨대, 장개석은 1931년 4월에 자신의 측근이자 국민당 중앙정치학고 副교무주임인 吳南軒을 청화대 총장으로 임명했다. 오남헌은 미국 California대에서 교육학 석사학위(1923)와 박사학위(1929)를 받은 사람으로서 학문적 능력이 높았다. 그러나 그는 정치적 성향이 편향되고 취임한 해 4월 20일에 자신의 측근을 교무장·비서실장으로 임용했고, 교수회의 학장 선발 규정(국립 청화대 章程) 폐지시켰으며 "평의회"에 참석을 거절했다. 그는 "교수治校"의 원칙을 대신하여 청화대에 총장직권으로 교수를 채용하는 독단적인 인사제도를 도입하려고 했다. 이에 대한 반발로 "驅吳운동"[139]이 일어났다. 청화대 교수회는 이 해 5월 28일에 결의문을 달성해 교육부 장관을 겸임했던 장개석에게 오남헌의 총장직을 면직하라고 통첩했다. 청화대 학생들은 익일에 전체대회를 열러 교수회의 결의를 지지하기로 했다. 오남헌은 결국 이 해 5월 29일에 청화대의 公印과 일부 문서를 가지고 한 호텔에 가서 '청화대 임시 辦事處(사무소)"를 두기도 했으나 부득이 이 해 6월 5일에 사직하게 됐다.[140] 오남헌은 청화대에서 재임한 시간은 1개월을 좀 넘은 셈이다.

청화대는 취임조차 못하다 부득이 사직하게 된 총장도 있었다. 중화민국 외교부[141]는 1920년 초에 관료출신의 羅忠詒를 청화대 총장으로 임명했다. 그러나 학생들은 새 총장의 자격과 품행을 의심하는 한편 총장이 폐병이 앓고 있다는 이유를 들어 새 총장의 취임을 반발했다. 학생들은 나중이 총장 취임 반대 내용을 적은 편지보내기 운동까지 전개하였으며, 결국 학생들의 집단적 행

---

139) "吳南軒을 쫓아버리는 운동"을 뜻하는 중국어 표현이다.

140) 참조 청화대 홈페이지의 "歷任校長" 부분:
http://www.tsinghua.edu.cn/chn/xxjs/wunx.htm

141) 다른 국공립 대학교들과 달리 유(학)미(국)예비학교에서 출범한 청화대는 1929년 5월까지 교육부가 아닌 외교부에 속했다. 청화대는 남경정부 국무회의의 결정에 따라 1929년 5월부터 교육부에 속하게 됐다.

동은 승리했다.

때문에 청화대의 총장 인선문제는 오랫동안 중화민국 정부의 난제가 되었다. 청화대는 1930년 5월부터 1931월 4월까지 무려 약 11개월 동안 총장이 공석인 상태에서 운영되기도 하였다.[142] 이 문제는 매이기가 청화대 총장으로 임명되어서야 해소되었다.

따라서 채원배·매이기·축가정·이등휘·장백령·장몽린·나가윤은 그만큼 대학교 총장에 재직할 수 있었던 것 자체는 이들의 수준과 품격을 어느 정도 말해주고 있다. 이들은 구중국 시대 중국 대학교육의 대표인물로 된 것은 그리 쉬운 것이 아니었고 도리가 있었다. 이들은 다들 자신의 모든 것을 다 대학교의 발전에 바친 사람들이었다. 다른 한편으로, 못한 사람들에게는 하루의 임기도 주지 않았던 반면에 채원배·매이기·축가정·이등휘·장백령·장몽린·나가윤과 같이 실력을 갖춘 인사들에게 거의 제한 없는 총장 임기를 제공한 것은 나름대로 대학교육이 발전하는 데 긍정적인 효과가 있었다.

채원배·매이기·축가정·이등휘·장백령·장몽린·나가윤 등에게 거의 무제한적 임기를 허용해준 것은 제도상의 뒷받침이 있었기 때문이다. 예를 들면, 복단대는 사립대학 시절에 총장의 권한을 엄격히 제한했다. 총장은 300銀圓[143] 이하의 자금만을 자율적으로 집행할 수 있었고 300은원을 넘을 경우면 대학교 행정회의 동의를 얻어야 되었다. 300은원은 이때 한 국립 대학교 전임교원 한달의 월급에도 안 되는 금액이었다. 뿐만 아니라 총장

---

142) 참조: 청화대 홈페이지의 "歷任校長" 부분:
　　　http://www.tsinghua.edu.cn/chn/xxjs/gdxz.htm

143) 銀圓은 중화민국 1935년 3월까지의 화폐이다. 1930년대의 1은원은 약 30圓의 중국 인민폐가 1997년에 가지고 있었던 구매력에 해당된다. 중화민국은 1935년 3월부터 은원을 法幣로 바꾸었다.

의 보수는 전임교원과는 똑 같았다. 복단대의 경우, 이등휘 총장
의 월급은 전임교원의 평균월급과 똑같이 200은원이었다. 그 이
외에는 이등휘 총장은 아무 다른 수당 또는 특권이 없었다.144)
이러한 상황은 오늘날 중국의 대학교에서는 절대 있을 수 없는
일이고 상상하기도 어려운 일이다.

셋째, 대부분의 대학교 총장과 전원의 행정임원은 자주 교체하
거나 유동할 수 있었다. 위에서 이야기한 채원배·매이기·축가
정·이등휘·장백령·장몽린·나가윤 등 극소수 실력 있는 대학
교 총장들을 제외하면 다른 대학의 총장들은 임기가 짧았으며 총
장직을 사퇴한 이후 그냥 일반 교수로 활동하였다. 이의 가장 전형
적인 사례는 오남헌이다. 청화대에서 교수·학생들의 저항을 받아
총장직을 사직한 오남헌은 복단대의 교수로 되어 1936년 8월부터
1943년 2월까지 부총장·총장대행·총장을 역임했다. 남경정부 교
육부는 1943년 2월에 오남헌을 국립 복단대 총장에서 해임했고 장
익을 새 총장으로 임명했을 때 원래 오남헌을 중앙대 총장으로 임
명하려고 했는데 위신이 높지 않다고 본 중앙대의 교수·학생들로
부터 반대를 당해 이윽고 곧 오남헌을 국립 英士대 총장으로 임명
했다. 그러나 오남헌은 절강성의 시골에 위치한 국립 英士대에 가
기를 희망하지 많아 복단대 교육학과 교수로 재직하였다.145)

요컨대, 오남헌을 둘러싼 인사임명과 변동의 과정에서 남경정
부의 인사임용체제의 문제점들도 드러났으나 오늘날 중국 대학
교의 인사체제에 비하면 구중국 시대의 인사체제는 극소수의 예
외를 제외하면 대부분의 대학교 총장들이 임기가 안정되지는 못

---

144) 復旦大學校史編寫組(1985), 앞의 책, 108쪽.

145) 復旦大學校史編寫組(1985), 위의 책, 158쪽. 吳南軒은 나중에 1949년에 대만
에 갔다. 그는 1950년부터 미국에서 대학교수를 했다가 1966년부터 대만대
학교 文學院(인문대) 학장을 역임했다.

했지만, 보직이 끝난 후 일반 교수로 복귀할 수 있었다는 장점을 갖고 있었다.

아울러서, 총장 외에도 학장·학과장·교무처장·訓導처장·총무처장 등의 행정임원 역시 모두 임기가 짧았다. 여기서 중요한 것은 교수출신의 학장·학과장·교무처장·訓導처장·총무처장 등은 특별히 보직이 없어도 평교수로도 충분히 대우를 받고 있었다는 점이다. 그러나 이러한 체제와 환경은 신중국이 수립된 이후부터 점차 사라진다.

넷째, 대학교육의 지도자들은 주로 인문사회계 출신이고 특히 교육학·심리학 전공자가 압도적으로 많았다. 구중국 시대 교육부 장관과 각 명문대의 총장들을 비롯한 대학교육의 지도자들은 매이기와 축가정 등을 제외하면 거의 다들 인문사회계의 출신들이었다. 이 중에서 채원배·장몽린·호적지·곽병문·오남헌·장익 등은 주로 교육학과 심리학을 전공해왔다. 또한, 장백령을 제외하면 이들은 다들 서양유학 경력이 있다. 이 중에서 장몽린·호적지·곽병문은 모두 John Dewey의 제자이다. 교육학·심리학 학자들을 많이 기용해 대학교육을 이끌도록 한 것은 남경정부가 전문성을 중요시한 전통과 관련도 있고 그때 유행되었던 "교육구국론"과도 관련이 있다고 본다.

이 점에서 장익은 전형적인 사례로 뽑힐 수 있다. 장익은 1922년에 복단대 문과를 졸업한 이후 복단대 부속중학에서 2년 동안 강의를 하다가 1924년에 자비로 미국 Washington State University에서 유학하였다. 그가 미국에 가기 전 이등휘 총장은 그에게 교육학을 제1전공으로, 심리학을 제2전공으로 공부하라고 권했다. 장익은 1927년에 귀국한 후 이등휘 총장의 초빙으로 복단대 예과주임·교육학과장·교무장 등을 역임했고 교육부 총무司長(국장)을 역임했다가 복단대 총장에 임명됐다.146) 장익은 "교육구국론"에서 키워진 교육학자들의 전형적 대표이다.

다섯째, 대학교 교수 물론, 총장 등 행정임원들이라도 행정상의 급이 없었다. 즉, 대학교 총장과 학장은 직함을 갖고 있었을 뿐, 오늘날과 같이 차관·국장·부국장·처장·부처장 등의 행정상 직급을 갖지 않았다. 때문에 오늘날 중국 대학교와 달리 구중국 시대의 대학교 총장·부총장·학장·학과장은 다들 행정 관료가 아니었다. 교수들 중에서 임시로 뽑혀 학교의 업무를 일시적으로 맡게 된 이들은 나중에 다시 교수 신분으로 복귀했는데, 이 점은 현재 중국 대학교의 인사관리제도와 매우 다르다.

여섯째, 무엇보다 대학교수의 봉급이 높았던 점은 구중국 시대 중국 대학교수들에게 중요한 인센티브로 작용했으며, 또한 질 높은 대학교육을 보장할 수 있었던 조건이었다. 앞에서 이야기했듯이 1920년대에서 1930년대까지 사립 복단대 전임교원의 평균월급은 200은원이었다. 이는 1930년대 초 중국 대학교원의 가장 높은 급여액인 500-600은원보다 훨씬 적은 액수였으며, 당시 평균 급여액인 350은원보다도 훨씬 낮았다.147) 200 또는 350, 심지어 600은원은 어떻게 책정된 것일까? 1920년대 약 4-5명의 식구가 있는 북경의 한 표준적 가정의 빈곤線은 월당 수입이 10은원이었다. 이 액수는 최저생계비 수준에 해당된다. 또한, 한 4명의 식구가 있는 북경의 한 가정은 한달 12은원의 식비로 먹고 살을 만한 중류의 생활수준을 유지할 수 있었다. 지식인 가정의 경우, 80은원이면 온 가정의 집세·식비·교통비·도서비 등을 넉넉히 지불할 수 있어 매우 좋게 살 수 있었다. 따라서 학자·교수들은

---

146) 章益(1985), "章益自傳", 復旦大學校史編寫組(1985), 위의 책, 278-280쪽.
147) 復旦大學校史編寫組(1985), 위의 책, 108쪽.

특권 지배층처럼 사치하게 살 수 없으나 로신이 이야기한 것처럼 "중산 지식계층"으로서 넉넉한 생활형편을 유지했다. 뿐만 아니라 달마다 최고 600은원, 즉 오늘날의 약 2,175불 이상에 환산되는 수입을 받을 수 있었던 유명한 정교수의 경우면 매우 호화로운 생활을 영위할 수 있었다. 부언컨대, 2,175불 이상의 월급이면 오늘날 중국 대학교수들의 월급을 포함한 합법적 평균 총수입보다도 약 5배나 많다.

일곱째, 교수는 대학교에서 절대적 지배적 지위가 있었을 뿐만 아니라 경제적 수입도 행정직원들보다 훨씬 많았다. 예를 들면, 사립 복단대의 경우, 최고급의 직원인 각 처와 각 과의 주임의 월급은 100은원에 불과해 전임교원의 절반 수준이었다. 일반직원의 월급은 40-60은원, 즉 전임교원 월급의 약 1/4 수준에 불과했다.[148]

2. 모택동 시대 중국 대학교육의 붕괴(1949-1976)

1) 중국 대학교육의 수난(1951-1953): "목욕운동"과 "원계조정"

(1) 북경대 再逢春의 이유: "목욕운동"

중국인민해방군이 1949년 1월 31일에 북평에 진입하여 군사관제를 실시하기 시작했다. 북평의 이름은 북경으로 회복되었음에 따라 북평대의 이름도 원래대로 북경대로 복원되었다. 특히 1952-1953년 사이에 이루어진 "원계조정" 이후, 북경대는 다시 중국 제

---

148) 復旦大學校史編寫組(1985), 위의 책, 109쪽.

일의 관학과 최고대학의 지위를 되찾게 되었다.

이 과정에서 모택동의 역할이 가장 컸다. 모댁동이 북경대를 다시 중국의 제일 과학과 최고대학으로 만든 이유는 자신이 북경대 도서관에서 일한 적이 있어서 북경대에 대한 사적 감정 때문은 아닌 것 같다.149) 모택동의 대학교, 특히 북경대의 정치적 역할에 대한 깊은 인식, 그리고 1950년대 초기 대학교에 대한 당의 절대적인 통치에 대한 북경대의 적극적인 호응과 큰 관련이 있다고 본다. 이 과정에서 북경대가 적극적으로 추진한 "목욕운동"은 역할이 가장 컸다.

1949년에서 1976년까지 중국은 잇달아 진행된 크고 작은 정치적 "운동"에서 30년의 역사를 보냈다. 이들 정치운동 중에서 1957년에 일어난 "반우파운동"과 1966년에 일어난 "문화대혁명"은 중국 지식계에 해준 타격은 가장 치명적이었다. 그래서 중국 지식인들이 당한 박해를 이해할 때 일반인들은 주로 "문화대혁명"과 "반우파운동"을 거론한다. 물론 "반우파운동"이나 "문화대

---

149) 사실상 최고 학력이 호남 省立 제일사범학교 졸업생인 모택동은 그 이후 지식인들을 잔혹하게 박해시킨 대량의 사실이 보여준 듯이 북경대 자체에 대한 모종의 감정이 있지 않았을 뿐만 아니라 오히려 북경대에서의 경력에서 고급 지식인들에 대한 적어도 질투심, 심지어 원한까지도 많이 생긴 것 같다. 모택동이 북경대 도서관 보조 관리원으로서 일했을 때 했던 일은 주로 제2열람실에서 청소하거나 새로 도착한 신문잡지를 등기하거나 열람자 이름 등기하는 것이었다. 1910년대 말에 북경대 교수의 평균 월급은 200-300은원이었는데 모택동의 월급은 약 8은원에 불과했다. 모택동은 1936년에 延安을 방문한 미국 기자인 Edgar Snow(1905-1972)와의 담화에서 "나의 지위가 낮았기 때문에 사람들이 나와 사귀고 싶지 않았다. 그때 나의 직책 중의 하나는 신문을 읽으러 도서관에 찾아온 사람들의 이름을 등기하는 것이었는데 그들의 대부분은 나를 사람답게 보지 않았다. 나는 신문을 읽으러 도서관에 찾아온 사람들 중에서 부사년·나가윤 등 산문화운동의 일부의 유명한 지도자들의 이름을 식별하게 되어 그들에 대한 흥미가 매우 강했으니 그들과 정치·문화에 대해서 논의하는 것을 시도해봤으나 이들은 매우 바빠서 한 도서관 보조 관리원의 남방 사투리를 듣는 시간이 없었다"고 회고했다[毛澤東(1996), <毛澤東自述>, 39-40쪽].

혁명"이나 다 지식인들을 집중적으로 잔혹하게 박해한 "운동"이
지만 문제는 문명을 절멸시킨 이러한 정치적 "운동"은 하루아침
에 이루어질 수 있는 것이 아닌 점이다. 실제 이는 당이 1951년
에 일으킨 "사상개조운동"의 연장의 결과에 다름 아니다. 다시
말해서, "문화대혁명"의 서막은 "반우파운동"이고 "반우파운동"
의 전주곡은 "사상개조운동"이다.

A. "목욕운동"의 일반적 상황 및 특징
"사상개조운동"의 공식적 명칭은 "지식분자에 대한 사상개조
운동"이다. 이 정치적 "운동"은 이름 그대로 지식인들이 그때 갖
고 있었던 "나쁜 사상"을 개조하여 지식인들로 하여금 당의 이
념과 제도에 수용하게 하는 의도를 가진 것이었다. 모택동의 비
속어식 표현에 따르면 "脫袴子·割尾巴"이었다.150) "脫袴子·割
尾巴"는 지식인들로 하여금 공중들(심지어 자신의 제자들) 앞에
서 "袴子(바지)"를 벗어("脫") 개인의 비밀스런 것이나 마음속에
서 숨어있는 생각이나 구사상이나 구시대와의 연계 등 이른바
구시대와 연결된 "尾巴(꼬리)" 또는 "뿌리"를 보여주게 하며 지
식인들의 "꼬리" 또는 "뿌리"를 다 자른다는("割") 것이다. 당시
지식인들, 특히 외국 유학파 출신의 상층 엘리트 지식인들은 이
런 비속어식 표현에 수치심을 느낄 수밖에 없어서 "목욕" 또는
"세뇌" 등의 표현으로 "사상개조운동"을 지칭했다.
"목욕운동"에 대해서 여기서 다음과 같이 네 가지를 강조해야
한다.
첫째, "목욕운동"은 "사상개조운동"라고 했지만 단순히 지식인
들의 사상에 대한 "대청소"가 아니라 "나쁜" 지식인으로 판정된

---

150) 王友琴(2002a), "中國知識分子的四個S", New York: Huang Hua Gang Maga-
　　zine, Vol.3, October 2002.

지식인에 대한 숙청 또는 제거이기도 했다. 왜냐하면, "목욕운동"에서 쉽게 통과될 수 없거나 "처리"를 당해야 될 지식인들의 비율은 사전에 당에 의해서 내정되었기 때문이다. 예를 들면, 중공 중앙이 1952년 5월 2일에 내린 비율에 따르면, "이번 운동에서 60%-70%의 교수들로 하여금 필요한 자아반성에 거친 후 조기에 통과할 수 있게 하고 15%-25%의 교수들로 하여금 적절한 타인 비판에 거친 후 통과할 수 있게 한다. 다만, 다른 약 13%의 교수들에 대해서는 꼭 거듭 반성과 비판을 거쳐야만 이들로 하여금 통과될 수 있게 해야 된다. 또한, 나머지 약 2%에 대해서는 이들로 하여금 통과될 수 없기 하고 이들을 적절한 처리를 해야 된다".151) 교수들 중의 약 13%는 가볍게 통과될 수 없고 2%는 아무리 반성·비판하더라도 반드시 통과될 수 없어서 "처리"를 받았던 것이다. 일반적으로 이 2%는 주로 학술수준이 높고 인품도 좋은 교수들로 구성되어 있었으니 애초 내정된 표적 집단은 분명한 것이었다. 이 점은 분명 계급투쟁론이 적용될 수 있는 대목이다. "처리"란 말은 이들 고수들을 교수직에서 추방시키는 뜻이고 구체적 방식은 해고·노동개조·구금 등이다.

둘째, 비율을 정하여 각 지방·기관·대학·학과·연구소에 지표를 내리는 방법은 당이 정치운동을 일으켰을 때 항상 썼던 수법이며 계급투쟁 이론을 구현시키는 중요한 수단이다. 예를 들면, 1957년 "반우파운동" 때 모택동은 자신의 "가장 무식하고 나쁜 사람은 바로 지식분자들이다"152)는 논리와 "지식을 많이 가

---

151) 中共中央(1952), "關于在高等學校中批判資産階級思想和淸理'中層'的指示", 何東昌(1998), <中華人民共和國重要敎育文獻>, 148쪽.

152) 모택동의 본래 이야기는 다음과 같다: 1, 모택동은 1942년 2월 1일에 열린 중공중앙 당교의 개학식에서 한 "整頓黨的作風(당의 태도·기풍을 정돈하자)"고 한 강연에서 "수많은 지식분자들은 자신이 지식을 많이 가지고 있다고 여겨 허세를 크게 부리지만 이것이 나쁘고 해롭고 그들의 진보의 지장인

지고 있을수록 더 반동하다(나쁘다)"153)는 논리에 의하여 대학생들의 "우파" 비율을 1%－3%로 정했고 정교수・부교수들의 "우파" 비율을 약 10%로 정했다.154)

비율을 정하여 지표를 내리는 수법의 한 기묘한 효과는 한 전체로서의 지식인들을 분열시켜 이들로 하여금 서로 싸울 수밖에 없게 할 수 있는 것이다. 자신으로 하여금 내려진 지표에 들어가지 않게 하기 위해 누구도 남의 문제를 적발할 수밖에 없게 됐기 때문이다. 그래서 스승・친구・가족을 비판・적발하는 이상한 일도 발생하게 되었다. 예를 들면, 호적지는 모택동이 1949년에 신화통신사를 위해 쓴 사설에서 부사년 등과 같이 "반동한(나쁜) 文人・학자"로 이미 판정된 사람인만큼 1949년 이후 대륙에서 몇 차례의 비판을 당했다. 놀라운 사실은 공개적 글로 호적지를 비판한 사람 중 하나는 호적지의 오랜 친구이자 輔仁대학교 총장인 陳垣이고, 또 한 명은 호적지의 중국대륙에 남아있던 차남(막내)인 胡思杜이었다는 것이다.155) 호사두는 1949년에 공식적

것을 잘 모른다. 그들은 다음과 같은 진리를 알아야 된다. 즉, 수많은 소위의 지식분자들은 사실상 비교적으로 지식이 가장 없는 사람이고 노동자와 농민들은 때로는 오히려 소위 지식분자들보다 지식이 더 많다"고 했다[毛澤東(1991), <毛澤東選集>第三卷, 815쪽]. 2, 모택동은 1942년 5월 2일에 "在延安文藝座談會上的講話(연안 문예좌담회에서의 강화)"에서 "잘 개조되지 않은 지식분자는 노동자와 농민에 비하면 불결한 편이다. 노동자와 농민은 가장 깨끗하다. 그들은 손이 검고 발에는 소의 분변도 있으나 자산계급 또는 小자산계급에 속한 지식분자들보다 훨씬 깨끗하다"고 했다[毛澤東(1991), <毛澤東選集>第三卷, 851쪽].

153) "지식을 많이 가지고 있을수록 더 반동하다(나쁘다)"("知識越多越反動")는 표현은 모택동의 원문이 아니지만 모택동의 부인인 강청을 비롯한 당 지도자들은 지식인을 비하하는 모택동의 여러 발언을 바탕으로 하여 요약한 것이다. 이 표현은 "문화대혁명" 시기에 이르기까지 중국에서 누구도 아는 유행어가 되어 지식인을 부정적으로 이야기할 때 항상 쓰이는 숙어로 됐다. 지금까지도 상당부분의 중국인은 지식인을 비하할 때 이런 표현을 자주 쓰고 있다.

154) 毛澤東(1957), "打退資産階級右派的進攻", 毛澤東著作編委會(1977), 毛澤東選集, 第五卷, 441쪽.

으로 성명을 내서 호적지와 父子관계를 단절했고 1950년 9월 22
일에 홍콩 좌파 신문인 <大公報>에서 "내 아버지인 호적지에
대한 비판"을 발표하여 아버지와 결렬함으로써 다행히 "목욕운
동"의 관문을 통과되었다.156) 물론 人性을 버려 자신의 스승·친
구·가족을 적발하고 싶지 않은 분도 많이 있었으나 결국 그 대
가로 지표에 들어가거나 아니면 자살할 수밖에 없었다. 때문에
1952년 3월에서 5월까지 해도 북경대에서만 자살한 학자는 7명
에 달했다.157)

셋째, "목욕운동"의 효과를 보면 당이 지식인들과의 첫 교전에
서 압도적 승리를 거두었다. "목욕운동"은 1951년 9월부터 공식
적으로 시작됐고 1952년 5월까지 끝났다. 그러나 9개월에 불과한
이 정치운동이 끝난 후에는 중국 지식인들은 이전의 정신귀족에
서 죄업이 깊고 무거운 정신적 賤民으로 돼버렸다. 이와 더불어
중국 지식인들은 더 이상 자신의 독립적 사상과 인격을 보장받
기 어렵게 되었으며, 당의 종속물로 전락되어 버렸다.

넷째, 중국 정부 측의 기록에 의하면 "목욕운동"은 다른데도 아
니고 다른 사람도 아니라 바로 그때의 북경대 총장이었던 馬寅初
(1882-1982)가 북경대 교수들 중에서 일으킨 것이었다.158) "목욕
운동"의 발기자는 사실상 모택동과 주은래 등이었는데 1978년 이
후 나쁜 것으로 판정된 이 정치운동의 발기자를 마인초라고 말한

---

155) 歐陽哲生(2002), "胡適在現代中國", <大學學術講演錄>叢書編委會(2003), 앞의
　　책, 159-172쪽.

156) 그러나 호사두는 1957년에 다시 "우파"로 판정되어 이 해 11월에 자살하게
　　되었다. 그는 세상을 떠나게 되었을 때 36살에 불과했고 결혼도 않았다[참
　　조: 歐陽哲生, "胡適在現代中國", <大學學術講演錄>叢書編委會(2003), <中國
　　大學學術講演錄2003卷>, 159-172쪽].

157) 王友琴(2002a), 앞의 글.

158) 中央教育科學研究所(1983),<中華人民共和國教育大事記 1949-1982>, 48쪽.

것은 견강부회를 피할 수 없으나 "목욕운동"에서 마인초와 북경대의 역할을 다소 말해주고 있다. 자료에 따르면, 적어도 마인초는 "목욕운동"을 적극적으로 추진한 첫 대학총장이었고 북경대는 "목욕운동"을 실시한 최초의 대학교라고 할 수 있다.

B. 북경대에서의 "목욕운동" 진행상황

마인초는 1951년 6월 1일에 북경대 총장에 임명됐다. 이때 모택동과 주은래 등 지도자들은 여러 장소에서 지식인들을 개조시켜 다시 태어나게 해야 된다는 발언을 이미 했으나 돌파구를 찾기만 기다리고 있었다. 1949년 전부터 이미 주은래와 매우 좋은 개인관계를 맞은 마인초는 취임되자마자 당의 뜻을 신속히 통찰했다. 그는 1951년 여름 방학에 북경대 일부 교수·직원들을 모이게 하여 당의 뜻을 따라가는 정치학습회를 40여 일간에 소집했다. 나중에 그는 <인민일보>(1951년 10월 23일)에 글을 써서 이 학습회에서 거둔 "효과가 매우 좋았다"고 자랑했다. 그는 이 글에서 "북경대는 부족한 점이 없는 게 아니라 자유와 산만은 바로 우리의 부족한 점이다. 이는 우리 교직원들이 서로 분산으로 살고 있는 것과는 관계가 있으나 더 중요한 것은 더 깊은 사상적 근원과도 관련이 있다. 이런 것들을 다 극복해야 한다"고 하기도 했다. 이 정치학습회가 끝난 다음에 마인초는 주은래에게 편지를 써서 모택동·류소기·주은래 등 10명의 지도자들을 북경대 교수들의 정치학습운동의 지도교수로 초청한다고 전해달라고 했다. 1951년 9월 9일에 이 편지를 받은 모택동은 "이러한 학습은 너무나 좋다. 너희들 몇 동지들 가서 강연을 하라. 나는 안가겠다"고 지시했다. 이에 따라 1951년 9월 29일에 주은래는 북경대에서 북경·천진 지역의 1,700여 명의 대학 책임자·교수들

을 대상으로 하여 "지식분자의 개조문제에 관하여"란 강연을 했
다. 이리하여 "사상개조운동"은 본격적으로 시작됐다.159)

　그러나 전향하기 완만하거나 전향을 거절하려는 교수들도 있
었다. 이들 대부분은 석학들이다. 이들에 대해서 어떻게 할까?
중점적으로 돌파하여 "殺鷄儆猴"160)란 전략은 당이 항상 쓰는
수법이다. 마인초를 비롯한 북경대 지도자들은 미학 석학인 朱光
潛과 법학 석학인 周炳琳을 이런 대상자로 선정했다.

　주광잠 교수는 1922년에 홍콩대를 졸업하고 1930년에 영국에
서 석사학위, 1933년에 프랑스에서 박사학위를 받았다. 그는 귀
국한 다음에 북경대 교수, 사천대 문과대 교수·학장, 무한대 교
수·교무장을 역임했고 1946년부터 북경대 문과대 교수·학장
대행을 역임했다. 또한, 주광잠은 중국 미학학회 초대 회장이었
다. 그의 <비극심리학>·<문예심리학>·<서방미학사>는 중국
미학과 심리학계에서 지금까지도 매우 높은 평가를 받고 있는
저술들이다. 그러나 "목욕운동"은 주광잠의 운명을 완전히 바꾸
었다. 그는 몇 달 동안에 굴복을 거절한 끝에 부득이 1952년 3월
7일에 소속 西語학과 사제대회에서 반성하게 됐다. 그러나 회의
참가자들은 그의 반성문에 대해 한결같이 불만을 토로했다. 이
회의에서 5명의 동 학과 교수와 학생은 즉석에서 주광잠의 자산
계급 사상에 대해 적발하기도 했고 비판하기도 했다. 이번에 통
과되지 못한 주광잠 교수는 부득이 같은 해 3월 29일에 소속 문
과대학에서 열렸던 "주광잠 교수의 반성문에 대한 분석과 비판
대회"에서 비판을 받아 다시 자기반성을 해야 했다. 그러나 이것
으로 끝나지 않고 열흘 후(4월 9일)에 열렸던 북경대 전체 사제

---

159) 王友琴(2002a), 앞의 글.

160) 닭을 죽여 원숭이에게 보여주어 원숭이를 두렵게 만드는 뜻이다.

대회에서 주광잠은 또다시 비판을 받고 반성을 해야 했다. 이번 대회 이후 마인초는 "주선생의 이번 반성에서 진보가 보여주었으나 계속 반성하여 반동적 입장을 철저히 바꿔 인민의 측으로 서도록 계속 개조해야 된다"는 결론을 내려 주광잠 교수의 앞으로 더 힘든 반성의 길을 명백히 밝혔다.161)162)

주병림 교수는 채원배의 추천에 의하여 1920년에 미국 등 서양 나라에 가서 유학한 5명의 공비유학 학생들 중의 하나이다. 그는 1931년부터 북경대 법대 교수 겸 학장을 역임했다. 주병림은 주광잠처럼 여러 번이나 반성문을 발표했으나 계속 통과될 수 없어서 그는 마인초에게 더 이상 방성을 하지 않겠다고 했고 모든 후과를 다 甘受하겠다고 했다. 그래도 이는 아무 소용이 없었다. 마인초는 주병림의 집까지 찾아 담화하여 설득하기도 했고 다른 20여 명의 교수·간부·직원들을 동원해 주병림을 "돕고 구하는" 회의를 소집하기도 했고 북경대 고위 책임자들을 소집해 주병림의 문제를 해결하는 방법을 논의하기도 했다. 마인초는 분명히 주병림이 철저히 투항하여 굴복하지 않기만 하면 전혀 양보하지 않는 모양을 보여주었다.

모택동은 사실상 배후에서 "목욕운동"의 구체적 진행상황을 계속 지켜보고 있었다. 계속 배후에서 숨어있었던 모택동은 1952

---

161) 王學珍(1998), <北京大學紀事 1898-1997>, 447-448쪽.

162) 주광잠(1897-1986) 교수는 다행히 1986년까지 살아왔으나 "문화대혁명"이 1976년에 끝나기 전에는 수많은 고난을 지긋지긋하게 겪었다. 1966년 여름에 그는 홍위병에 의해 강제로 머리를 박박 깎게 되고 북경대 기숙사 매점 앞에서 청소를 하다 모택동의 뜻을 따라 북경대 홍위병의 혁명경험을 배우러 북경대에 찾아온 외지 홍위병들의 지독한 때림을 당해 죽을 뻔했다. 주광잠 교수는 1968년부터 "監管마당(반동분자로 판정된 지식인들을 감독하여 집중적으로 관리하는 마당이다. 노동개조대와 비슷함)"에 감금되어 또다시 때림을 많이 당했다[참조: 王友琴(2002a), "中國知識分子的四個S", New York: Huang Hua Gang Magazine, Vol.3, October 2002].

년 4월 21일에 나서서 "張東蓀163)과 같은 개별적 사람 그리고 엄중한 敵對분자들을 제외하고 주병림과 같은 사람들을 도움을 주고 통과시키는 것이 적절하다. 그들에게 (반성할)시간을 더 주더라도 괜찮다. 주병림에 대한 북경대의 처리방법은 매우 좋다. 이러한 방법을 다른 대학교들에도 확대하라. 이것은 수많은 반동적 또는 중간파 교수들을 구하는데 필요한 방법이다"고 지시를 내렸다.164) 모택동의 이 지시는 사실상 주병림에게 사전 경고로서 마지막 기회를 준 것이었다. 결국 도피할 수 있는 길이 전혀 없었던 주병림은 굴복할 수밖에 없었다. 모택동의 지시가 내려진 다음날인 4월 22일에 주병림은 북경대 사제 전체대회에서 더욱더 강도 높은 반성을 하게 됐다. 이 대회에서 14명의 교수·조교·학생들이 주병림을 "돕는" 비판 발언을 했다.165) 주병림은 그 이후 철저히 굴복한 모양을 보여준 다음에 1952년 여름에 드디어 "목욕운동"에 통과됐다. <인민일보>는 주병림의 "나의 반성문"을 "(공산당이 수립한)인민민주 정권은 중국인민에게 위대한 창조력을 잘 발휘할 수 있는 기회를 주었다"는 제목으로 수정하고 공개적으로 발표하도록 했다. 주병림은 이 글에서 "신중국이 정치·경제·문화·국방 분야에서 거둔 성과는 모두 다 모(택동)주석과 중국공산당의 현명한 지도의 공로이다"166)고 인정

---

163) 서양 정치학·철학 학자, 실용주의(Pragmatism) 등 서양철학을 연구하여 중국에 소개한 최초의 학자들 중의 하나이다. 1949년 전에 연경대 교수를 역임했다. 1948년 전후에 북경의 평화적 해결을 위해 당시 북평(북경)주재 국민당 군대 사령관인 傅作義 장군을 대표하여 공산당과 비밀로 교섭하여 합의시킨 유공자들 중의 한 사람으로서 신중국 초기에 중앙인민정부의 60명의 위원 중의 하나로 임명됐다. 한국전쟁 때 중국의 중요한 정보를 미국 스파이에 준 사람으로 판정됐다. "문화대혁명" 때 체포되어 감옥에서 별세했다.

164) 王學珍(1998), 앞의 책, 449쪽.

165) 王學珍(1998), 위의 책, 449쪽.

166) 周炳琳(1952), "人民民主政權給了中國人民偉人的創造力以發揮的機會", 중국

했다.

혹시 주병림이 국민당과 장개석을 지지했고 공산당과 모택동을 반대한 사람으로 여길지도 모른다. 그러나 사실상 주병림은 1930년대 중반부터 남경정부 교육부 상임차관을 역임한 적이 있었으나 항일전쟁이 일어난 다음에 공개적으로 장개석의 대일정책을 강력히 비난하기도 했고 항일전쟁이 승리한 후에도 남경정부 국민대표대회에 참석을 거절하기도 한 사람이다. 뿐만 아니라 주병림은 사실상 오히려 모택동을 더 지지했다. 주병림이 1936년에 모택동을 민족의 희망으로 여겼던 다른 인사들과 같이 막 延安에 도착한 모택동에게 햄과 신발 그리고 회중시계 등 필요한 물건을 보낸 것은 바로 그것을 증명할 수 있는 유력한 증거이다. 모택동도 1936년 11월 2일에 이들에게 감사문을 보내온 적도 있다. 모택동은 이 감사문에서 "우리는 당신들과 만날 수 있는 시기가 멀지 않다"고 하기도 했다.167)

그 과정에서 주목할 만한 사실이 있었다. 이것은 마인초와 주병림의 개인관계는 사전에 몰랐던 사이가 아니라 매우 가까웠던 사제관계인 점이다. 마인초는 1906-1914년 사이에 미국 Yale University의 경제학 석사, 뉴욕 Columbia University의 경제학 박사학위를 받고 1916년부터 북경대 문과대학의 교수가 됐다. 주병림는 1920년에 서양유학을 가기 전에 바로 북경대 문과대학에서 공부하고 있었다. 게다가 주병림은 1938년에 남경정부 교육부 상임차관을 사직하여 중경 국민당 중앙정치학교 교무주임으로 된 다음에 마인초를 이 학교에 초청해 국민당의 통치를 비난한 강연을 하게 한 바람에 이 학교의 교장을 겸했던 장개석과 결렬

<인민일보>, 1952년 10월 9일.

167) 毛澤東(1983), <毛澤東書信選集>, 84쪽.

하게 되기도 했다. 더구나 마인초는 1949년 초에 배를 타고 상해
에서 홍콩·천진을 거쳐 북경에 도착하자마자 북경대에 가서 찾
았던 두 명의 제자 중의 하나가 바로 그때 북경대 법대학장이었
던 주병림이었다.[168] 이 점을 염두할 때 북경대에서 벌어진 "목
욕운동"은 결국 마인초와 주병림 사제사이에서의 사상적 투쟁이
었다.

C. 마인초는 어떤 사람인가?

마인초는 장개석 정권을 자주 비판하여 장개석 독재통치에 절
대 굴복하지 않았던 "反蔣영웅"으로 중국에서 널리 알려져 있다.
장개석은 마인초의 입을 막기 위해 먼저 마인초에게 재정부 장
관에 맡아달라고 했는데 마인초는 이를 거절하여 계속 장개석을
비난했다. 결국 장개석은 1940년 12월에 마인초를 체포했다. 마
인초의 미국유학 시절의 동창이자 미국 대통령이었던 Theodore
Roosevelt의 압력과 주은래 등 공산당 측의 여러 구조 활동을
견디지 못해 장개석은 1942년 8월에 마인초를 석방했다. 석방된
마인초는 계속하여 장개석의 독재통치를 공개적으로 비난했다.
장개석은 마인초의 정치적 비판을 제지하지는 못했다.[169] 장개석
에 비판세력이었다는 점을 평가받아 그는 1949년에 당에 의해서
절강대 총장으로 임명되었고 1951년에 북경대 총장이 되었다. 그
외에도 마인초는 1950년대 초반에 중앙인민정부 상임위원 겸 재
경위원회 부주임(부위원장) 그리고 화동군정위원회 부주석 등

---

168) 張友仁(2003), "馬寅初先生在北京大學", 참조: 북경대 인구연구소 홈페이지의
"역사" 부분:
http://www.pku.edu.cn/academic/population/history/myc_comment.htm

169) 張友仁(2003), "馬寅初先生在北京大學", 참조: 북경대 인구연구소 홈페이지의
"역사" 부분:
http://www.pku.edu.cn/academic/population/history/myc_comment.htm

중요한 직책을 맡게 됐다.

1949년 이후에도 마인초는 불굴의 성격이 보여주었다. 그는 1957년 중국의 형식적 최고 권력기구인 "전국인민대표대회"에서 "新인구론"을 제출하여 인구의 질을 높이고 인구의 양을 규제해야 한다고 주장했다. 그러나 모택동은 1958년 1월에 최고국무회의에서 "인구가 많은 게 좋을까? 적은 게 좋을까? 내가 볼 때 지금 상황에서는 인구가 많은 게 좋다"170)고 했다. 이를 계기로 마인초는 격렬한 비판을 받게 되었다. 장개석의 감옥을 무서워하지 않았던 마인초는 애당초 장개석과 싸웠을 때처럼 공산당과도 다시 한번 설전을 벌이려고 했다. 그는 "나는 이미 80살이 되었으니 중과부적인 것을 알고 있으면서도 혼자의 힘으로 戰死 때까지 응전하겠다. 나는 결코 투항하지 않겠다"171)고 선언했다. 그러나 마인초가 상상하지 못한 것은 1960년 3월에 북경대 총장직에서 실각된 것과 더불어 그는 더 이상 자신의 관점을 변명하여 비판자들과 교전할 수 있는 기회조차 잃었다. 마인초는 1960년부터 공중의 시야에서 사라졌다. 마인초는 "문화대혁명" 때 홍위병으로부터 지독한 공격을 받았으나, 주은래와의 사적인 관계 그리고 氣功연습으로 각종의 수모를 극복해내면서 개혁개방 조치가 단행될 때까지 생존했다. 개혁개방 후 중국은 인구 규제의 필요성을 깨달아 "計劃生育(산아 제한)"이란 정책을 세우게 되어 마인초도 명예가 회복되었다. 오늘날 중국에서 "한 사람을 잘못 비판해서 몇억의 사람172)을 부당하게 낳게 했다"는 이야기가 유

---

170) 湯兆雲(2003), "新中國人口政策的演進過程"(중국 <世紀> 잡지, 2003년 제9호)에서 재인용.

171) 湯兆雲(2003), 위의 글에서 재인용.

172) 모택동이 1957년 7월 9일에 상해에서 한 "打退資産階級右派的進攻"(자산계급 우파의 進攻을 격퇴하자)이란 講話에 의하면, 1957년까지 중국대륙의 인구는 약 6억에 불과했다[毛澤東著作編委會(1977), 毛澤東選集, 第五卷, 440

행하고 있다. 여기서 "한 사람"이란 바로 마인초이다.

(2) 북경대 不義之財의 획득: "忠誠老實運動"과 "원계조정"

마인초는 1952년 5월 6일에 북경대에서 회의를 소집해 "목욕운동"이 기본적으로 끝났다고 선포했다. 이 회의는 "5월 14일부터 북경대 전체 범위에서 수업을 재개하고 앞으로 '운동'과 수업이 두 가지의 과업에 다 지장을 가져오지 않도록 하기로 결정했다."[173] 중국의 대학교들은 "문화대혁명" 때 5-6년 정도 수업을 중단했는데 정치적 "운동"으로 인한 수업중단은 사실상 "목욕운동" 때부터 이미 시작됐다.

A. "충성노실운동"

누구도 예측치 못한 것은 "목욕운동"이 끝난 지 두 주밖에도 지나지 않았을 때 또 다른 지식인들을 정치적 표적으로 삼은 "충성노실운동"이 전개되었다. 이 "운동"의 임무는 지식인들을 과거에 했던 일들을 충실히 당에게 자백하게 한 것이었다. 이에 따라 북경대는 1952년 5월 31일부터 또다시 수업을 중단하고 "충성노실운동"에 참여하게 됐다. 이번에 북경대의 지도자가 아닌 청화대의 당서기인 袁永熙가 工作組[174]의 조장으로서 북경대의 "충성노실

　　쪽]. 그러나 2000년에 이루어진 최신의 인구조사 결과에 의하면 중국대륙의 인구는 12.7억으로 늘어났다.

173) 王學珍(1998), 앞의 책, 450쪽.

174) 공작조는 문제 또는 곤란한 일이 있는 지방·기관·학교·기업·군대 등에 파견되어 단기간에 집중적으로 정돈·감독·지도 등의 역할을 담당하는 작은 그룹이다. 공작조를 통해 일을 추진하는 방식은 1950년대 초부터 이미 발명됐으나 "문화대혁명" 때 가장 많이 쓰였고 지금 중국에서도 자주 쓰이고 있다. 공작조는 일반적으로 위에서 신임을 받고 있는 몇 명밖에 안되는 사람으로 구성된다. 또한, 한국어에서의 "공작"과 약간 달리 중국어에서의 "工作"은 한국어에서의 "업무"란 표현에 해당된다.

114

운동"을 지도하게 됐다. 두 주 전에 "목욕운동"이 있었기 때문에 이번의 "충성노실운동"은 많이 쉬워졌다. 원영희가 이 해 6월 2일에 한 보고에 다르면 6월 1일까지 해도 2,865명의 교직원과 학생은 각종의 개인적 "역사문제"를 당에게 자백했다.[175] 분명한 것은이미 "각오"하게 됐거나 간담이 서늘해진 북경대 사람들은 거의다들 뒤질세라 앞을 다툴 정도로 서둘러 자백한 것이었다. 이는 8개월을 넘는 "목욕운동"의 효과를 잘 증명할 수 있는 가장 좋은증거이라고 할 수 있겠다.

"충성노실운동"은 같은 해 6월 8일에 종료되었다. 이 날에 원영희의 총괄보고에 의하면, 이 정치운동에 참여한 3,387명의 북경대 사람들 가운데 89.4%, 즉 3,028명의 사람들은 각종의 문제를 자백했다. 이 중에서 일반적 문제를 자백한 사람은 758명에 달했고 반동적 사회관계[176]를 자백한 사람은 1,239명에 달했고 일반적인 수준에서의 정치적·역사적 문제와 관련하여 자백한 사람은 940명에 달했고, 보다 첨예한 문제들을 자백한 사람은 91명에 달했다.[177]

"충성노실운동"은 시작부터 종료까지 일주일밖에 걸리지 않았으나 나중에 지식인들의 삶에 미친 영향은 그리 짧지 않다. 왜냐하면, 지식인들이 "충성노실운동"에서 자백한 문제들은 다 "영원한 죄"의 사안으로 취급받아 "개인檔案", 즉 개인 인사카드에 영구적으로 기록되어 개인 경력을 낙인처럼 명시했기 때문이다. 따라서 "충성노실운동"에서 자백한 사람들의 개인적 비운은 사실상 필연적인 것이다. 왜냐하면, 이 사람들이 1949년 전에 했던

---

175) 王學珍(1998), 앞의 책, 450쪽.

176) 반동적 사회관계란 주로 외국·대만에 가족이나 친척이나 기타 친한 사람들이 있는 것을 뜻한다.

177) 王學珍(1998), 앞의 책, 451-452쪽.

모든 "나쁜 짓"은 다 똑똑히 "개인당안"에 기록되어있으니 당이 사람들을 처벌하고자 할 때 명백한 증거로 활용될 수 있었기 때문이다.

B. "원계조정"의 원칙과 내용

"충성노실운동"이 끝나자마자 "원계조정"은 시작됐다.

신중국은 막 수립되었을 때인 1949년 하반기부터 중국 대학교의 建制에 대해 소규모 수준에서 이미 조정하였다. 예를 들면, 북경대·남경대의 교육학과는 다들 이때에 북경사범대에 옮기게 됐다. 청화대·북경대·華北大의 농과대학은 이때에 북경농업대로 합병되었다.178)

대규모적 "원계조정"은 1951년 11월 3일에 열린 전국 공과학장회의에서 처음으로 거론되었고 중국교육부 초대 부장(장관)인 馬叙倫이 제출한 첫 "원계조정방안", 즉 "전국 공과대 조정방안"은 같은 해 11월 30일에 열린 政務院179)제 113차 회의에서 일찍 통과되었다. 그러나 "목욕운동" 때문에 교육부는 1952년 5월이 되어서야 전면적인 조정방안인 "전국 대학교 1952년 조정안"을 발표했다. 각 대학교는 사실상 1952년 여름방학이 되어서야 조정을 실시하기 시작했다. 또한, 1953년에 보완조정도 있었다.

"원계조정"은 문자 그대로 "院(독립적 단과대학과 종합대 안의 대학)"과 "係(학부 또는 학과)"에 대한 조정으로 해석될 수 있지

---

178) 李剛(2003), "大學的終結－1950年代初期的'院係調整'", 중국 <중국개혁>, 2003 년 제8호.

179) 신중국의 중앙정부의 명칭이다. 1954년 9월에 열린 "전국인민대표대회" 제1 차 회의에서 "國務院"으로 개명됐다. 국무원의 최고 지도자는 "국무원 총리" 라고 불린다. 주은래는 1949년 10월 1일에 신중국이 수립되었을 때부터 1976년 1월 8일에 별세했을 때까지 "정무원 총리" 또는 "국무원 총리"를 역임했다.

만, 실제 중국대륙에서의 모든 대학교·대학·학과들의 모든 교수·도서자료·설비 등에 대한 재배치뿐만 아니라 중국 대학제도에 대한 대대적인 개편이었다. 따라서 신중국이 수립된 이후 중국 대학교육의 구조와 제도에 대한 최초의 대대적인 개편이라고 볼 수 있다. 다시 말해, "원계조정"은 곧 모택동의 "不破不立"·"大破大立"이란 철학으로 기존 대학교육의 구조와 체제를 전면 해체하고 대학교육의 새로운 틀을 새로 창립한 것이다.

"원계조정"의 철학과 원칙은 크게 다섯 가지로 요약될 수 있다.

첫째, "학문을 위한 학문" 또는 "학술을 위한 학술"의 이념을 타파하고 신중국의 정치·경제·국방·문화·건설, 특히 경제적 건설의 소요에 따라 한다. 중국의 학문·학술은 바로 이때부터 純학문·純학술의 이념에서 벗어나 당·국가·인민 등 정치적 속성과 연결하게 됐다.

둘째, 구소련의 교육 체제와 모델대로 조정한다. 신중국 교육 개혁의 한 목적 또는 방향은 바로 일본·유럽·미국의 교육모델이 바탕으로 된 구중국의 교육체제와 구조를 전면적으로 전 소련의 교육모델대로 바꾸는 것이었다. 간단하게 말하자면, 전 소련이 이미 한 것을 중국에서도 해야 되고 전 소련에 있는 것은 중국에도 있어야 되고 전 소련에 없는 것은 중국에도 없어야 되는 논리이다.

셋째, 신중국의 중앙집권적 정치체제와 계획경제체제에 따라 교육의 소유권은 전부 다 중앙정부에 회수됐고 교육의 관리모델도 모든 것이 다 중앙계획에 의해서 운영되는 체제로 바뀌었다. 이에 따라 중국대륙에 있었던 대학교의 조직·編制·校名·교직원·도서·설비·캠퍼스 등 모든 자원 또는 요건은 다 중앙정부의 계획에 따라 새로 배치된다.

넷째, 사립대를 폐지하고 모두 다 국유로 바꿔 노동자·농민·군인들에게 문을 열도록 한다. 사립대가 모두 다 폐지된 바람에 국·공립대와 사립대의 구분은 더 이상 필요가 없게 됐으니 각 校名 앞의 "국립" 또는 "공립"란 글자도 일체 폐지됐다.

다섯째, 균형적 지역분포를 이루도록 한다.

위 철학과 원칙에 따라 신중국은 다음과 같은 내용으로 구성된 대학교육의 大개편을 실시했다.

첫째, "쓸데없는 학문" 심지어 당의 통치에 방해될 수 있는 학문으로 여겨진 인문사회계 일부 학문을 중점적으로 연구하는 종합대는 현격히 감소했고 전문적 실용기술을 가르치는 단과대 또는 多科대가 많이 신설되어 늘어났다. 아래에서 더 자세히 이야기하겠지만 중국의 종합대 수량은 이번의 "원계조정" 이후 1/5만이 남았다. 반면에 전문대는 1950년의 70개교에서 1953년의 167개교로 늘어났다.

둘째, 위와 더불어 사회학과·정치학과·인류학과·심리학과 등 불필요한 것으로 취급된 학과들은 잇따라 폐지되었고 반면에 공과 등 이공계 계통의 학과를 확충됐다. "원계조정" 전에 중국에 모두 20여 개의 사회학과가 있었으나 1952년의 "원계조정"을 거쳐 중산대와 운남대의 사회학과만이 남았다. 또한, 1953년의 "원계조정" 이후 이들 2개의 사회학과까지도 폐지됐다.[180] 이 과정에서 중국의 사회학 교수·연구를 자손이 끊어지지 않게 하기 위해 중국 유명한 사회학 학자인 費孝通은 중국의 8개의 "민주당파" 중의 하나인 중국민주동맹의 부주석으로서 中南海에 열린 한 회의의 기회를 이용해 모택동에게 사회학과의 한두 개의 "종

---

180) 李剛(2003), 앞의 글.

자" 또는 "모종"(새싹)을 남겨달라고 간절히 애원했으나 모택동
은 "절대 안 된다. (사회학과 등들의)자손을 철저히 끊게 해야
된다"181)고 했다. 반면에 공과대의 재학생수가 전체 재학생수에
서 차지한 비율은 1946년에 18.9%에 불과했으나 1952년에
35.4%로 각 학과들 중에서 1위로 늘어났다.182)

셋째, 각 학문의 전문성을 높이기 위하고 학과설치의 세부화를
위해 대학교 안의 각 대학은 이때부터 일체 폐지됐고 각 학과도
다시 나누어져 많이 좁혀졌다.

넷째, 전 소련의 모델을 따라 중국은 1952년 11월부터 고등교
육부를 신설하여 교육부와는 별도로 전국의 대학교육을 관리·
통제했다. 고등교육부는 1958년 2월부터 교육부에 합병되었다가
1964년 3월부터 다시 교육부에서 분리됐는데 1966년 7월부터 또
다시 교육부에 합병되어 최종적으로 없어졌다.

다섯째, 모든 대학교들의 소유권과 관리권은 다 중앙정부에 회
수됐으나 대학교육에 대한 지도의 전문성을 높이기 위하고 각
전문대들로 하여금 실지 사회현실과 실천에 긴밀하게 결합하도
록 하기 위해 대학교육의 거시적 관리체제는 교육부(또는 고등
교육부)의 단일 채널에서 교육부(또는 고등교육부)와 다른 중앙
부처의 공동 채널로 넘어가게 되었다. 공동 채널이라고 하지만
이들 전문대들은 주로 후자에 의해서 관리되어 운영된다. 이번
개편 이전에는 모든 대학교는 거의 다 교육부에 속하여 관리됐
는데 개편 후에는 종합대와 사범대를 제외한 다른 대학들의 소
속관계는 중앙 각 관련 부처에 속하게 됐다. 예를 들면 신설된
수많은 공업전문대는 각자의 성질과 상황에 따라 각각 輕공업

---

181) 張冠生(2000), <費孝通傳>, 313쪽.

182) 李剛(2003), 앞의 글.

부・重공업부・방직공업부・석유공업부・제1-8 기계 공업부 등 중앙정부 공업부처에 속하게 됐다. 그래서 1953년부터 각 중앙부처는 거의 다들 자신의 대학이 있게 됐다. 각 중앙부처가 자신의 대학들을 관리한 내용과 방석은 서로 틀렸기 때문에 바로 이때부터 중국 대학교육의 거시적 관리체제는 "춘추전국"식의 혼란에 빠지게 됐다.

여섯째, 노동자・농민・군인들을 대학교육을 받을 수 있게 하기 위해 신중국은 중국인민대학교 등과 같은 전문적으로 "인민"을 대상으로 하는 대학교를 신설183)했을 뿐만 아니라 각 대학교에 工農속성중학184)을 전문적으로 부설하도록 했다.

일곱째, 소수민족 지역에서 당의 간부를 키우기 위해 신중국은 중앙민족대(1951)・연변대(1949) 등 몇 개의 "(소수)민족대학"을 설립하여 이들 대학들을 하여금 국가 (소수)민족사무위원회(장관급)에 속하게 했다.

---

183) 중국인민대는 자신의 개교시간을 당이 연안 시기에 세운 陝北公學의 개교시간인 1937까지 거슬러 올라가고 섬북공학 그리고 섬북공학에서 출범한 華北연합대・화북대가 자신의 전신이라고 주장하고 있다. 그러나 중국인민대는 사실상 중국 정무원이 1949년 12월 16일에 내린 "중국인민대학교의 설립을 관한 결정"[참조: "政務院關于成立中國人民大學的決定", 何東昌(1998), <中華人民共和國重要教育文獻>, 3쪽]에 의해서 1950년 10월 3일에 개교하게 됐다. 중국인민대는 당이 친히 세운 첫 인문・사회・정치・재경 계열의 대학교이기도 하고 노동자・농민・근인 그리고 그들의 자식들을 당 자신의 정치・이론・재경 간부로 집중적으로 키우는 대학교이기도 하고 전 소련의 교수・연구 모델을 중국에서 실험하는 첫 "實驗田"이기도 하고 신중국 수립 이후 최초의 마르크스주의 연구의 중심지이기도 한다. 그래서 "문화대혁명" 전에, 특히 1950년대에 중국인민대는 "인민의 대학교"・"간부 대학교"・"붉은 대학교" 등의 별명도 얻었다. 중국인민대와 비슷한 역할을 담당한 대학교는 전 소련에서 인수받은 哈爾濱공업대(since 1920)와 신설 중국인민해방군 군사공정대(합이빈, since 1953)도 있다. 이들 셋 대학교는 각각 당에 간부・이론 인재, 첨단 과학기술 인재, 군사・국방 인재를 키웠다.

184) 노동자・농민 그리고 그들의 자녀들의 문화수준을 신속히 높이기 위한 문화보습의 성질의 중등학교이며 1950년대 후반부터 없어졌다.

여덟째, 교회대학을 포함한 모든 사립대를 폐지시키고 국립대학으로 포섭시켰다. 마서윤 장관이 1950년 6월 1일에 열린 신중국 제1차 전국고등교육대회에서 한 개막연설에 의하면, 각 지방의 임시로 신설된 인민혁명대학(지식인들의 "세뇌"를 위한 대학)과 각 지방의 군정대학을 제외하면, 이때까지 중국대륙에 모두 227개의 대학교가 있었는데 이 중에서 공립대학은 138개교가 있었고 교회 사립대학은 24개교가 있었고 일반 사립대는 65개교가 있었다.[185] 그러나 "원계조정"이 실시된 이후에 이들 사립대는 모두 국유재산으로 되었다. 특히, 24개의 교회대학의 기존 교명은 폐지되었으며, 다른 대학으로 분산되어 운영되었다. "성약한"·"금릉"·"연경" 등 유명했던 사립대학은 이때부터 폐교되어 없어졌다.

아홉째, 신중국은 "원계조정"을 통해 같은 도시에 있는 대학교들 간의 벽을 깨어 각 대학교가 소유한 학과들을 나라의 소요에 따라 새로 배치를 했을 뿐만 아니라 대학교의 지역분포를 균형적으로 만들기 위해 다른 도시들, 심지어 서로 많이 떨어져있는 도시들에 있는 대학교들끼리도 서로 교환하도록 했다.

C. "원계조정"의 결과 및 영향

마서윤 장관의 위 연설에 의하면, 1950년 6월 1일까지 중국대륙의 227개의 대학교 가운데 종합대는 65개교가 있었고 4년제 독립 단과대학이 92개교가 있었고 2년제 전문대가 70개교가 있었다. 또한, 지역적 분포상황을 보면, 화동구[186]에 85개교가 있었

---

185) 馬敍倫(1950), "在第一次全國高等敎育會議上的開幕詞", 何東昌(1998), 앞의 책, 25쪽.

186) 신중국은 1949년에 수립된 이후 전국을 화북·동북·화동·中南·서남·서북 모두 6개의 大行정구 그리고 아무 대행정구에도 속하지 않은 內蒙古 소수

고 화동구의 행정기관 소재지인 상해에만 43개교가 있었다.[187] 이들 통계자료를 1952년과 1953년 두 차례의 조정·개편을 거친 후 중국대학의 새로운 구조와 분포 상황과 비교하면 "원계조정" 이전과 이후의 변화를 알 수 있다.

<표 Ⅱ-1> 1953년 "원계조정" 이후 중국 대학교육의
구조와 분포 상황 (단위: 학교수)

학교 유형 \ 지역	총계	화북구	동북구	화동구	중남구	서남구	서북구	내몽고
총 계	182	38	26	50	33	19	14	2
종합대학교	13	2	1	4	2	2	2	－
多科고등공업학교	15	3	3	5	2	1	1	－
單科고등공업학교	24	8	3	8	3	2	－	－
고등사범학교	31	6	4	8	6	4	2	1
고등농림학교	29	5	4	8	6	2	3	1
고등의약학교	29	4	4	9	9	2	1	－
고등政法학교	4	1	－	1	1	1	－	－
고등재경학교	7	2	2	1	1	1	－	－
고등예술학교	15	4	2	4	2	2	1	－
고등어문학교	8	2	2	1	－	1	2	－
고등체육학교	5	1	－	1	1	1	1	－
소수민족대학교	2	－	1	－	－	1	－	－

출처: 何東昌 主編 <中華人民共和國重要教育文獻>, 215쪽.

민족자치구로, 즉 "big 6＋1"로 나눈 적이 있었으나 몇 개의 성·직할시·소수민족자치구를 主宰한 각 대행정구의 당과 행정 책임자가 힘이 너무 강해서 중앙집권의 통치와 모택동 등 최고 지도자들의 위신을 위협했기 때문에 1954년에 "대행정구"란 행정제도를 폐지했다.

187) 馬敍倫(1950), "在第一次全國高等教育會議上的開幕詞", 何東昌(1998), 앞의 책, 25쪽.

전 소련의 교육모델이 바탕으로 된 "원계조정"은 오늘날 중국 대학교의 구조와 분포에 미친 영향은 긍정적인 것도 많고 부정적인 것도 많다.188) 그러나 "원계조정"에 관한 앞의 내용은 대학교육의 구조·분포에 대한 개편에만 한정된 것이다. 사실상 "원계조정"은 대학교육의 구조·분포뿐만 아니라, 대학교육의 이념·제도에도 지대한 여파를 남겼다. 이와 관련하여 다음과 같은 두 측면을 살펴보겠다.

첫째, 종합대의 수량을 감소시켰고 모든 종합대를 다 文理대로 개편시켰고 대학교 안의 대학을 폐지하여 대신에 연구 분야가 매우 좁은 수많은 학과들을 확충시켰음으로써 종합대의 일반적 개념과 조직을 깨었고 대학교의 엘리트들의 학술적 영역을 제한했을 뿐만 아니라, 기존의 인문교양을 중시하는 대학교육의 목표를 대체하고 정치적·경제적 목적 즉 외재적인 목적을 위해 교육의 내재성이 수단화되었다.

둘째, 중국의 대학교는 이때부터 더 이상 자신의 희망대로 학과·전공·과목을 개설하거나 교수를 초빙하거나 신입생을 모집할 수 없게 됐다. 모든 것은 다 국가의 계획대로 해야 되게 됐기 때문이다.

D. 북경대가 "원계조정"에서 얻은 것

다음으로 1950년대 초기에 가장 먼저 당과 친하게 된 북경대는 이번 "원계조정"에서 얻은 성과가 무엇인지를 고찰하겠다.

1951년 11월에 교육부에 의해서 만들어진 "전국 공과대 조정 방안"은 "북경대의 공대 그리고 연경대의 공과계열의 각 학과들

---

188) Li Li-xu(2001), "The Influences of the Soviet Educational Model on the Education of P. R. China", *Asia Pacific Education Review*, Vol.2, no.2, pp.106-113.

을 청화대에 합병시키고 청화대의 문·이·법 모두 3개의 대학 그리고 연경대의 문·이·법 계열의 각 학과들을 북경대에 합병 시킴으로써 청화대를 多科의 고등 공업대학으로, 북경대를 종합 대로 만들고 연경대를 취소한다"[189]고 결정했다.

1952년 5월에 교육부에 의해서 만들어진 "전국 대학교 1952년 조정안"은 "원래 북경대·청화대·연경대의 문과대·이과대를, 남경 대(중앙대)·무한대·중산대의 철학학과를, 북경사범대·보인대의 외국어학과의 일부를, 북경대·청화대·연경대·보인대의 경제학 과의 理論부분을 통합시켜 새로운 북경대를 구성시킨다"[190]고 결 정했다.

위 두 개의 방안을 분석해보면 다음과 같은 결론을 내릴 수 있다. 첫째, 북경대는 공대를 청화대에 옮기게 됐으나[191] 다른 여러 명문대들의 인적·물적 자원을 집중시켰다. 이익손해를 따 져보았을 때 북경대는 얻은 것이 훨씬 많았으며, "원계조정"의 가장 수혜 대상 대학이었다. 둘째, 연경대를 비롯한 사립대, 특히 교회대학은 분할의 대상으로 됐다. 연경대의 경우, 이 대학교의 공과계열은 청화대에, 문·이·법·상 계열은 북경대에, 농생대 는 북경농업대(오늘날의 중국농업대)에, 교육학과는 북경사범대

---

189) 馬敍倫(1951), "關于全國工學院調整方案的報告", 何東昌(1998), 앞의 책, 131쪽.

190) 中國敎育部(1952), "關于全國高等學校1952年的調整設置方案", 何東昌(1998), 위의 책, 150쪽.

191) 그 이외에 북경대의 의과대도 이번의 "원계조정"에서 북경醫學院으로 독립되 었다. 이는 1951년의 "전국 공과대 조정방안"과 "전국 대학교 1952년 조정 안"에서 반영되지 않았다. 북경의학원의 전신은 1912년에 중국정부 교육부 자신의 역량에 의해 세워진 서양의학을 교수하는 첫 국립 의학학교인 국립 북경의학전문학교이다. 국립 북경의학전문학교는 1930-1940년대 한때 북평 대 의학원이라고 불렸다가 1946년 7월에 공식적으로 북경대에 합병되어 북 경대 의학원이 됐다. 북경의학원은 1985년에 북경의과대로 개명했고 2000년 4월 3일에 북경대에 합병되었다.

에 옮기게 됐으니 연경대는 다른 대학교의 "먹이"가 돼버렸다.

연경대는 어떤 대학교인가? 연경대는 미국 교회단체인 公理교
회에 의해서 세워진 북경匯文대(1888)·通州協和대(1889)·화북협
화여자대(1904, 중국의 첫 여자대학) 모두 3개의 대학들이 1919년
에 통합되어 구성한 교회대학교이다. 북경은 옛날의 燕國의 수도
이어서 "연경"이라고 불리기도 해왔기 때문에 이 3개의 교회대학
들이 통합된 이 새로운 대학교는 "연경대학"이란 중국어 이름을
지었다. 또한, 북경회문대는 1890년부터 이미 "Peking University"
란 영어이름으로 미국에서 공식적으로 등록했기 때문에 연경대는
1919년에 설립된 때부터 "Peking University"란 영어이름을 계승
하여 써왔다. 그 이후 연경대는 북경대의 영어이름과 충돌하지 않
게 하기 위해 1928년부터[192] "Yenching University"로 영어이름
을 바꾸었다.[193] 북경대는 1970년대 한때 "북경"의 서양식 발음인
"Peking"을 포기하고 "북경"의 중국어 발음대로 "Beijing Univer-
sity"란 영어이름을 기용했으나 "Peking University"란 영어이름
의 역사적 가치를 고려해 얼마 안 돼 "Peking University"란 영어
이름을 오늘날까지 다시 쓰게 됐다. 연경대의 옛 영어이름을 차용
한 것은 북경대가 연경대의 재산을 빼앗은 첫 걸음뿐이다.

연경대가 설립된 초기에 전 북경회문대 총장인 劉海瀾이 임시
로 총장을 대행했으나 뉴욕에 있는 이 대학교의 이사회가 이윽고
곧 미국인 John Leighton Stuart를 공식적으로 초대 총장으로 임
명했다. John Leighton Stuart는 1919년 봄에 취임한 이후 했던 중

---

192) 梅貽寶는 "1925년부터"를 주장했다[참조: 王百强(1989), "燕京大學校名與校
址若干史料辨析", 燕大文史資料編委會 <燕大文史資料>, 第四輯, 2쪽].

193) 王百强(1989), "燕京大學校名與校址若干史料辨析", 燕大文史資料編委會 <燕
大文史資料>, 第四輯, 3-4쪽.

요한 일들 중의 하나는 연경대의 발전을 위해 모금운동을 성공적으로 펼친 것이었다. 교회대학으로서의 연경대는 정부 측의 경제적 원조를 일체 받지 않았다. 그래도 John Leighton Stuart의 여러 노력의 덕분에 연경대는 1937년까지 해도 교회 신자들과 교회단체로부터 250만 불의 기부금을 받았다. John Leighton Stuart는 이 기부금을 써서 중국 내외에서 수많은 일류 학자들을 연경대에 초빙했다. 또한, 그는 1920년에 이 거부금의 일부인 6만 은원을 써서 陝西성 督軍인 陳樹藩장군으로부터 북경 서교의 풍경이 매우 좋은 한 원림을 사서 연경대의 캠퍼스를 시내에서 교외에 이전시켰다.[194] John Leighton Stuart는 미국에서 건축사를 초청해 청화학교(청화대) 맞은편에 있는 이 땅과 주변의 산야를 확보하면서 중국 고전건축과 원림조경예술 양식을 배합하여 "燕園"이란 캠퍼스를 만들어냈다. 또한, 그는 서양에서 건축 재료를 수입해 서양건축양식을 지닌 "燕南園"이란 교수용 별장 단지를 만들어내 서양에서 방문해 온 교수들이 기거할 수 있게 했다. 때문에 연경대는 학술뿐만 아니라 캠퍼스도 북경에서 가장 아름다운 캠퍼스로 유명해졌다.

약 10년의 노력을 거쳐 연경대는 1930년대에 매우 유명한 대학교가 됐다. 특히, 연경대를 세운 미국 공리교회는 Harvard 대학교를 세운 단체와 모종의 관계가 있었기 때문에 연경대는 Harvard 대학교와 친하게 됐다. 1949년 전에 두 대학교 간의 교류가 많이 있었다.

그렇다면 철폐된 연경대의 아름다운 캠퍼스는 누구에게 주어졌는가? 이것은 바로 북경대가 교수·도서·설비 등을 포함한 대부분의 학과들을 이어서 연경대에서 빼앗은 또 한 가지의 중

---

194) 王百强(1989), "燕京大學校名與校址若干史料辨析", 위의 책, 11-12쪽.

요한 재산이다. 북경대는 1952년 전에 원래 북경 시내 "沙灘"이란 곳에 있었는데 1952년부터 연경대의 아름다운 "연원"과 "연남원"으로 이전하게 됐다. "연원"은 바로 오늘날의 북경대 캠퍼스의 주체가 됐고 "연남원"은 북경대 당서기·총장·당 부서기·부총장 그리고 일부의 원로교수들의 집이 됐다.

E. 남경대(중앙대)가 "원계조정"에서 잃은 것

"원계조정"에서 북경대는 여택을 가장 많이 받은 대학교로 된 반면에 남경대는 "원계조정"에서 손해를 가장 많이 본 국립 대학교로 됐다. 남경대에서 분리된 학과들이 바탕으로 되어 남경공과대(현 동남대)·남경사범대·남경농업대·남경임업대·화동水利대(현 河海대)·화동항공대(현 서북공업대)·남경화공대·江蘇농업기계대(현 강소이공대)·吳錫경공업대(현 강남대)·제4군의대(서안) 등의 대학들을 구성했다.195) 오늘날 강소성의 대학교들은 거의 다들 남경대의 혈맥이 흐르고 있다. 남경대는 "종합대"로 남게 됐으나 사실상 단순한 文理대로 됐다.

남경대의 전신은 다른 대학교가 아니라 바로 중앙대이다. 중앙대는 신중국에 인수된 이후인 1949년 8월에 국립 남경대로, 1950년 10월에 남경대로 개명됐다. 중앙대는 교명을 잃어버리게 됐을 뿐만 아니라 "원계조정"을 거쳐 일부의 문과와 이과를 제외한 다른 학과들이 다 분할됐다.

"원계조정" 이전과 이후 남경대 구조상의 변화를 자세히 살펴봅시다.

---

195) 黃一琨(2003), 앞의 글.

<표 Ⅱ-2> "원계조정" 이전 남경대학교의 건제·구조 (1949년－1952년 7월)

南京大學校 校務委員會 196				南京大學校 校務委員會		
文學院 (인문대학)	중국어문학과			法學院 (법과대학)	정치학과197)	
	외국어문학과	영어組			경제학과	
		러시아어組			법률학과	
		독일어組		理學院 (이과대학)	수학학과	
	역사학과				물리학과	
	철학하과				화학학과	
師範學院 (사범대학)	교육학과				생물학과	
	예술학과	그림組			심리학과	
		음악組			지질학과	
	체육학과				지리학과	
	부속中學				기상학과	
	부속丁家橋초등학교			工學院 (공과대학)	토목工程학과	
	부속四牌樓초등학교				電機工程학과	
醫學院 (의과대학)	기초의학부	解剖과			항공工程학과	
		생화과			水利工程학과	
		생리과			화학工程학과	
		약리과			건축工程학과	
		병리과			기계공장	
		세균과		農學院 (농과대학)	농예학과	
		기생충과			원예학과	
	치료의학부	내과			삼림학과	
		외과			수의학과	
		안과			농업화학과	
		이비후과			농업경제학과	
		정신, 신경병과			농업工程학과	
		피부, 성병과			생산장소관리부	
		산부인과				
		소아과				
		방사, 물리치료과				
		치과				
	사회의학부	공공위생과				

출처: 李剛, "大學的終結－1950年代初期的'院係調整'", 중국 <중국개혁>, 2003년 제8호

<표 Ⅱ-3> "원계조정" 이후 남경대학교의 건제·구조 (1952년 7월－1954년)

남경대학교 총장	중국어문학과
	서방어문학과
	러시아어문학과
	역사학과
	수학학과
	물리학과
	화학학과
	생물학과
	심리학과
	지질학과
	지리학과
	기상학과
	천문학과

출처: 李剛, "大學的終結－1950年代初期的'院係調整'", 중국 <중국개혁>, 2003년 제8호

여기서 설명해야 되는 것은 다른 종합대학교들의 建制와 구조는 "원계조정" 이전에도 거의 다들 남경대와 비슷했고 "원계조정" 이후에도 거의 다들 남경대와 비슷하게 된 것이다. 한 마디로, "원계조정" 이후부터 중국의 종합대는 사실상 다들 단순한 文理대로 돼버렸다.

---

196) 1951년 9월부터 총장책임제가 실시되었음에 따라 총장이 생겼다.

197) 중앙대학교(남경대학교)에 원래 사회학과가 있었는데 1949년 하반기에 이루어진 소규모적 조정에서 정치학과에 합병됐다.

　F. "원계조정" 이후 중국 명문대들의 성쇠변화

　중앙대는 그렇고 청화대·절강대·교통대 등도 거의 다들 이공과 대학으로 감축되었음에 따라 북경대는 1949년 전에 가장 유명했던 명문대들 중에서 거의 유일한 종합대로 남게 됐다. 북경대는 중화민국 시기를 거친 다음에 다시 중국 최고의 대학으로 복귀됐다.

　"원계조정"에서 북경대를 이어 여택을 많이 받은 대학교는 복단대가 꼽힐 수 있다. 복단대는 상해에 있어서 지리적으로 유리한데다가 陳望道[198] 총장과 周谷城[199] 교수가 모택동과 양호한 개인관계를 유지했다. 때문에 북경대를 이어 복단대는 1951년에 모택동으로부터 친필 휘호를 받은 대학교가 됐기 때문에 이번 "원계조정"에서　화동지역의　절강대·교통대·남경대·安徽대·성약한대·금릉대·滬江대·震旦대·大同대·光華대·大夏대·상해學院·중화工商專科학교·중화新聞專科학교　등　대학교·전문대들로부터 수많은 교수·연구 자원을 인수받았다. 복단대는 거의 상해 주변의 사립 대학교들을 포함한 모든 대학들의 인문사회계열과 이공계열의 기능을 총 집중시켰다고 해도 과언이 아니다.

　반면에 중앙대(남경대)를 이어 손해를 많이 본 대학교는 절강

───────────────

198) 1890-1977, 일본유학 출신, 당의 발기자들 중의 하나이다. <新靑年> 잡지의 편집에 참여한 적이 있었다. 1921년에 당의 창립대회인 제1차 전국 대표대회에 참석했고 당 상해 지방위원회의 첫 서기이었다. Karl Marx와 Frederick Engels의 <공산당 선언>을 처음으로 중국어로 번역한 사람이다. 1920대부터 복단대 中文학과 교수 겸 학과장·新聞(언론)학과 학과장·文學院(인문대) 학장 대행 등 직을 역임했다. 1952년 10월부터 1966년 12월까지 복단대 신중국 시기의 첫 공식적인 총장을 역임했다.

199) 1898-1996, 湖南출신, 북경고등사범학교 졸업(1921), 1930년대부터 중산대·豎南대·복단대 교수를 역임했다. 1949년 이후 복단대 역사학과 교수 겸 학과장·중국史學會 집행주석·農工민주당 주석 등을 역임했다. 湖南省立제1사범학교 교사 시절에 모택동과 친한 친구로 되었다. 신중국 수립 이후 모택동과 자주 만났다. 때문에 매우 특수한 학자로서 "전국인민대표대회" 상임위원회의 부위원장까지도 됐다.

대가 꼽힐 수 있다. Joseph Needham이 <Nature>에서 발표한 글에서 언급한 축가정·왕감창 등 석학은 중국과학원으로, 진건공·소보청·노학발 등 석학은 복단대로 배치를 받아 잇따라 절강대를 떠나게 됐다.

그래서 "원계조정" 이후 북경대·청화대·복단대·합이빈공업대·중국인민대·중국인민해방군 군사공정대·교통대는 중국의 가장 유명한 대학교가 됐다.

2) 중국 대학교육의 종결(1953-1976): "반우파운동" 과 "문화대혁명"

(1) "반우파운동"과 "대약진"

당은 1955년에 "肅反운동"[200]을 일으켰는데 대학교는 이번에도 "운동"의 중심지가 됐다. 이 해 여름방학에 각 대학교의 교수들은 모두 한 곳에 집단적으로 숙박하여 한 달 동안 자신을 자백하고 남을 고발하게 됐다. 한 교수의 회고에 의하면, 그는 잠꼬대를 하는 버릇이 남에게 발견되어 "운동"의 지도자들에게 알려졌는데 후자는 그가 자백하지 않은 것이 또 있다고 봐서 그의 소위의 죄증을 수집하러 사람을 보내 조용히 그의 침대 옆에서 지키면서 그의 잠꼬대 말의 내용을 기록하도록 하기도 했다.[201]

역시 1955년에 중국의 각 대학교에서 제한적 식량 공급제도를 실시하기 시작했다. 이때부터 중국의 교수들은 더 단단히 당국의 통치에 의존하게 됐다. 이러한 속박을 떠나려고 한다면 누구나 굶어죽을 수밖에 없다.

---

200) "肅淸反革命運動(반혁명분자를 숙청하는 운동)"의 약칭이다.

201) 王友琴(2002a), 앞의 글.

1956년은 중국 지식인에게 있어서 가장 좋았던 해로 평가를 받고 있다. 1949년 이래 과학의 부진과 문화예술의 쇠락에 대해서 당 자신도 명분이 없었던 이유로 수세적인 입지를 전도시키기 위해 1956년 5월에 "百花齊放·百家爭鳴"이란 방침을 제시하였다. 이를 통해 당의 문화·과학에 대한 지도에 대해 의견을 공개적으로 제기해달라고 지식인들에게 호소했다.[202] 물론 지식인들은 정치적 불이익을 예상하여 공개적으로 의견을 개진하는 경우는 많지 않았지만, 당은 지식인들을 지속적으로 설득하여 애초 주춤했었던 공개 의견 개진운동이 점차 활성화되기 시작했다. 章伯鈞·羅隆基·章乃器를 비롯한 일부의 지식인들이 선도적으로 의견을 개진하여 자본주의적 "삼권분립"을 도입하거나 공산당과 다른 당파들이 차례로 돌아가며 집권하거나 공산당이 대학교에서 철수하자는 각종의 의견을 토로했다.

심지어 북경대는 오래간 만에 이 해 5월에 "'5·4' 과학세미나"를 개최하기도 했다. 이 세미나에서 모두 2편의 논문이 발표됐다. 하나는 북경대 철학교수인 馮友蘭의 "과거 철학사 연구에 대한 자아비판"이고 또 다른 것은 "풍우란 선생의 과거의 철학사상에 대한 비판"이다.[203] "과학"의 명의로 이루어진 이 세미나는 결국 "자아비판"과 "비판"에 지나지 않았다. 가장 평화로웠던 1956년에 최고 대학에서 개최된 이 "과학세미나"라도 정치적 투쟁의 또 하나의 전쟁터에 불과하다고 볼 수 있다.

모택동은 1957년 봄까지 여러 장소에서 지식인들에게 "당에 의견을 털어놓고 제기하라"고 호소했다. 그는 이 해 3월 18일에 산동성 濟南에서 "계급투쟁은 이미 끝났다. 우리는 계급투쟁을

---

202) 陸定一(1956), "百花齊放, 百家爭鳴", 何東昌(1998), 앞의 책, 620-625쪽.

203) 王友琴(2002b), "中國知識分子的四個S", New York: Huang Hua Gang Magazine, Vol.4, October 2002.

그만하겠다. 지금은 주로 (적대적 모순이 아닌)인민내부의 모순을 해결하려고 하는 것이다"204)고 했다. 그는 심지어 이 해 4월 11일에 십여 명의 유명한 교수들을 그의 中南海에 있는 관저에 초청해 이들 교수들에게 "교수님 여러분들이 고생을 많이 하게 된 것을 알고 있다. …… 우리가 지금 하고 있는 것은 당의 사상·기풍을 정돈하는 것뿐이다. …… 우리 당에 대한 의견이 있다면 마음을 놓고 토로하십시오. (제기할 의견이 틀려도)우리는 교수님들에게 아무도 안 하겠다"205)고 약속했다.

A. "반우파운동"

그러나 당은 배면으로는 1957년 6월 8일에 "우파분자들의 공격을 반격하는 것을 조직하라"는 비밀지시를 내렸다. 당은 이 지시에서 반격작전을 벌이기 전에 우선적으로 "…… 각 대학은 교수 좌담회를 소집하여 이들 교수들로 하여금 당에 의견을 제기하도록 하고 우파들로 하여금 그들의 '毒素'를 모두 다 토할 수 있도록 해야 된다"고 이번 "大戰"의 전략까지 각 지구당에 명시했다.206) 이것은 바로 당이 1957년의 "반우파운동"에서 발명하여 쓴 유명한 "引蛇出洞"207)이란 전술이다. 즉, 지식인들로 하여금 우선적으로 당에 대한 모든 의견과 불만을 다 공개적으로 토로하도록 하고 그 다음에 불만을 많이 토로한 지식인들을 우파로 판정하여 철저히 타도하는 전술이다.

모택동은 이 해 7월 9일에 얼굴을 바꿔 "자산계급 우파의 進

---

204) 中國<中共黨史硏究>雜誌, 1991년 제2호, 제62쪽에서 재인용.

205) 中國<人物>雜誌, 1987년 제5호, 제91쪽에서 재인용.

206) 中共中央(1957), "關于組織力量準備反擊右派分子進攻的指示", 何東昌(1998), 앞의 책, 763쪽.

207) 뱀을 동혈(洞穴) 안에서 밖으로 나오도록 유도하여 이끌어낸다는 뜻이다.

攻을 격퇴하자"는 명령을 내려 "인사출동"이란 전술에 대해 자세히 해석하기도 했고 장백균·라륭기·장내기를 "우파의 원조"로 판정해주기도 했다.208) 이때부터 "반우파운동"은 본격적으로 시작됐다.

 "반우파운동"은 1957년 연말에 끝내 끝났다. 결국 "우파분자"로 판정된 사람은 사실상 모택동이 애당초 정한 비율, 즉 대학생들 중에서는 1-3%이고 교원들 중에서는 10%인 비율보다 사실상 더 많았다. 당이 밝힌 통계에 의해도 모두 55만 명의 지식인이 "우파분자"로 판정됐다. 丁抒에 의하면 사실상 이 숫자는 55만이 아니라 100만이다.209) 55만이든지 100만이든지 중요한 것은 애초 지식인이 부족하여 학문 및 학자 재생산에 문제점이 많았던 대학교육계에서 "우파분자"로 판정된 이들 지식인들의 사회기능이 정지되었다는 점에 있다.210) 특히 "우파분자"로 판정된 지식인은 대부분 사회적 영향이 큰 고급지식인이기 때문에 "반우파운동"이 중국사회 혹은 지식인 사회에 미친 악영향은 매우 컸다.

 여기서 유의해야 되는 한 가지는 중국의 정치적 "운동"에서 처벌을 받는 의미에서의 용어로서의 "우파분자"는 우리가 사람들의 사상적 경향을 분류할 때 항상 가벼운 의미에서 쓰는 "좌파" 또는 "우파"와는 의미가 매우 틀린 점이다. 이들 55만 또는 100만 명의 "우파분자" 중에서 약 절반 정도는 직장을 잃어버려 "노동개조", 즉 사실상의 감옥생활을 하게 됐다.211)

---

208) 毛澤東(1957), "打退資産階級右派的進攻", 毛澤東著作編委會(1977), 앞의 책, 440-455쪽.

209) 王友琴(2002b), 앞의 글.

210) 노동자·농민 등 다른 사회계층 중에서 당에 대한 불만적 언론이 있는 사람이 있더라도 "우파"가 아닌 "反사회주의 분자"로 판정된다. 그래서 "반우파운동"은 사실상 지식인만을 대상으로 한 정치적 "운동"이다.

B. "대약진"운동

1958년부터 중국은 "대약진"의 시대에 들어가게 됐다. "대약진"은 다른 표현으로는 "뛰어서 공산주의 사회에 들어가다"는 뜻이다. 구체적으로 말하자면 약 15년을 거쳐 영국을 전면적으로 초월하고 미국을 전면적으로 따라잡고 50년을 거쳐 공산주의를 전면적으로 실현하려던 꿈이다. 또한, 이때 철강 생산량은 중국에서 가장 중요한 경제적 지표로 여겨졌는데 중국은 2년을 거쳐 영국을 초월하고 10년을 거쳐 미국을 따라잡는 계획까지도 세워졌다. 이에 따라 전국 모든 사람들은 거의 다들 자신이 원래 했던 일들을 그만두었고 "제강 운동"에 참여하게 됐다. 이로 인하여 농민들이 농작물 수확까지 포기했을 뿐만 아니라 자신의 철강생산 지표를 완성하기 위해 심지어 철강으로 만든 농기구를 연강로에 투입하기도 했다. 결국은 질이 좋은 철강을 만들어낼 수 없었을 뿐만 아니라 농업까지도 크게 붕괴됐다. 마찬가지로 대학교의 교수·학생들도 모두 직접 "제강 운동"에 참여하게 됐다. 그때 교수·학생들은 다들 휴강·폐강하고 학교 캠퍼스에서 연강로를 만들어 철강제조에 돌입했다. 이때 대학교는 사실상 철강공장으로 돼버렸다.

모택동은 1958년에 교육에 대한 흥미가 특별히 많아보였다. 이 해 그는 두 차례 정도 교육방침에 대한 명령을 내렸다. "대학교는 주로 세 가지를 단단히 붙잡아야 된다. 첫째, 당 위원회의 지도적 지위의 확립이다. 둘째, 群衆노선의 堅持이다. 셋째, 교육과 생산노동의 결합이다"212)고 한 것이다. 그리고 "교육은 무산계급의 정치를 위해 봉사해야 되고 생산노동과 결합해야 된다. 노동

---

211) 王友琴(2002b), 앞의 글.

212) 毛澤東(1958), "高等學校應抓住三個東西", 何東昌(1998), 앞의 책, 857쪽.

인민은 知識化를 이루어야 되고 지식분자는 勞動化를 이루어야 된다”213)고 한 것이다.

이에 따라 공장·광산·농어촌에서 대학을 많이 설립해야 되었을 뿐만 아니라 대학교수들은 연구실·실험실·도서관을 벗어서 공업·농업 등 생산현장에 직접 참여하여 생산계층에게 배워야 했으며 각 대학교는 실천적 경험이 있는 노동자·농민들을 초빙해 이들로 하여금 대학운영의 지도력을 행사할 수 있도록 해야 했다.

“대약진”의 정신과 모택동의 위 명령에 따라 중국의 보통 대학교 수량은 1957년의 229개교에서 1958년의 791개교, 1959년의 841개교, 1960년의 1,289개교로 신속히 늘어났다.214) 이들 신설 대학교는 주로 공장·광산·농어촌에서 만들어졌는데 “대학”이라고 했지만 수준은 정규적 고등학교의 수준에 미친 것이었다. 결국 무리하게 확충된 대학교의 총수는 부득이 1961년에 845개교로, 1962년에 610개교로, 1963년에 407개교로 조정됐다.215)

C. “反右傾기회주의분자 운동”과 “사회주의 교육운동”

농작물 수확을 포기한 중국에서 1958년 한 해만 수많은 사람들이 굶어죽었다. 그러나 더 강도 높은 계급투쟁을 통해야만 계급투쟁으로 인한 곤경에서 벗어나 자신의 통치지위를 유지할 수 있다고 믿은 모택동은 그를 반대한 당내 지도자들을 숙청하기 위해 1959년에 “반우경기회주의분자 운동”을 또다시 일으켰다. 이로 인하여 약 수 백만 명이 또 연루됐다.

1958년의 “대약진”이란 인재와 1960-1962년 사이에 발생된 자

---

213) 毛澤東(1958), “1958年的一次談話”, 何東昌(1998), 위의 책, 869쪽.

214) 何東昌(主編, 1998), 위의 책, 附錄 제292쪽.

215) 何東昌(主編, 1998), 위의 책, 附錄 제292쪽.

연재해로 인하여 1959년부터 1962년 사이에 중국은 식량난에 빠져들었다. 인재와 천재의 시련을 받은 중국인은 1963년부터 겨우 생사의 고비바위에서 빠져나가게 됐다. 그러나 당은 1963년 2월에 "자본주의 제도로의 평화적 이행"을 막기 위해 "사회주의 교육운동"(1963-1966)을 또다시 일으켰다.

대학교의 경우, 당은 이공계의 교수·학생들보다 인문사회계의 교수·학생들이 "자본주의 제도로의 평화적 이행"될 가능성과 위험성이 더 높다고 봤기 때문에 인문사화계의 교수·학생들을 이번 "운동"의 주요 대상자로 지정했다. 중공중앙과 국무원이 1964년 9월에 내린 명령에 따라 각 대학교 인문사회계의 모든 교수·학생은 다들 수업을 중단하고 농촌지역에 가서 "운동"에 참가해야 된다. 시간의 길이는 상황에 따라 다른데 4-5년제의 경우 1년 내지 1년 반이고 2-3년제의 경우 1년 이내이고 졸업생의 경우 적어도 반년이다.[216]

여기서 특기할 것은 "사회주의 교육운동"이 아직 끝나지 않았을 때 "문화대혁명"이 이미 일어난 점이다. 때문에 농촌현장에서 "사회주의 교육운동"에 참가하고 있었던 일부 교수·학생들은 부득이 급히 각자의 대학교에 돌아가 모택동의 새로운 명령에 따라 더 강도 높은 "혁명"인 "문화대혁명"에 착수하게 됐다.

D. 1950년대 후반에서 1966년 "문화대혁명"까지 중국 명문대들의 성쇠변화

1950년대 후반부터 중국과 전 소련의 관계는 이미 점차 긴장해졌다. 이로 인하여 중국의 몇 개의 명문대의 지위도 달라졌다. "원계조정" 이후부터 유명해왔던 합이빈공업대는 초빙한 전 소

---

216) 中共中央, 國務院(1964), "關于組織高等學校文科師生參加社會主義敎育運動的通知", 何東昌(1998), 위의 책, 1312-1313쪽.

련의 교수들이 전부다 철수한 바람에 실력이 1950년대 말부터 많이 떨어졌다. 일단 쇠락된 합이빈공업대를 대신하여 핵 기술·인조위성 등 첨단과학기술의 개발 및 인재양성을 할 수 있는 전문적 대학교를 만들기 위해 중국은 중국과학원 계통의 엘리트들을 총동원해서 1958년 9월에 북경에서 중국과학기술대를 세웠다. 중국과기대는 비록 늦게 새워진 대학교이지만 설립된 이듬해부터 전국 16개의 중점대학교로 지정된 바람에 성립된 그날부터 중국의 일류대학 계열에 들어가게 됐다. 1970년부터 전 소련과의 전쟁 가능성을 대비하기 위해 이 대학교는 안휘성 合肥에 이전하게 되어 실력이 약간 떨어졌으나 1978년 개혁개방 이후 중국에서 유일하게 천재소년을 모집해 키울 수 있는 대학교로 지정된 바람에 더욱 유명해졌다. 또한, 중국은 서북 낙후지역의 발전을 지원하기 위해 교통대의 대부분을 서안에 이전시켜 서안교통대와 상해교통대를 각각 독립시켰다. 독립된 두 교통대는 실력이 일단 많이 떨어졌다. 중국인민해방군 군사공정대는 1966년 전에 당 지도자들, 특히 군대 지도자들의 자녀들이 집중적으로 모인 곳과 "장군의 요람"으로 되기도 했으나 역시 전 소련과의 전쟁 가능성을 대비한 바람에 1966년부터 해체되어 주체는 호남성에 이전하게 됐다.217) 그래서, "문혁대혁명" 시작까지 중국에서 가장 유명한 대학교는 북경대·청화대·복단대·중국과학기술대·중국인민대로 변했다.

(2) "문화대혁명"

"문화대혁명"에 대한 연구가 나름대로 진행되었던 만큼, 여기서는 "문화대혁명"이 대학 이념과 제도에 미친 영향력과 그 결

---

217) 군사공정대는 1966년 이후 여러 변천을 거쳐 오늘날의 국방과학기술대(호남성 長沙)·합이빈工程대·남경이공대 등 대학교로 나누어져 더 이상 없어졌다.

과가 무엇인지를 중점적으로 논의하겠다.

A. "문화대혁명"은 곧 대학교육 이념의 "흑백顚倒"이고 곧 대학
　　교육의 종결이고 곧 "교육부정론" 또는 "교육폐지론"이다.

"문화대혁명"이 일어나자마자 전국 각 중·고·대 학교는 모두
다 수업을 중단하게 됐다. 대학교의 경우, 학부 신입생 모집은 4
년 동안 중단되었고, 대학원 신입생 모집은 12년 동안 중단되었
고, 유학생의 파견은 6년 동안 중단됐다.218) 이때 전국 모든 대학
교에 남아있던 학생은 4만 명에 불과했고 상당수의 대학교에 학
생은 없었다. 또한, 대부분의 교직원들은 시골에 있는 노동개조
장소에 가게 되었거나 학교 내외에서 "투쟁" 또는 "被투쟁"에 시
달리고 있었기 때문에 대학교의 수업은 전면적으로 중단되었다.
그래서 중국의 대학교육은 이때 사실상 폐지되었다.219)

1970년부터 북경대와 청화대는 당의 명령에 따라 학부 신입생
모집을 재개해 각각 약 4,000명의 "공(노동자)·농(농민)·병(군
인) 학생"을 입학시켰다. "공·농·병 학생"을 입학시키는 제도
는 1972년부터 모든 대학교에서 실시됐다.

중국은 "문화대혁명" 전인 1965년에 모두 164,212명의 4년제와
2년제 학부 신입생을 모집했다. 또한, 1962-1965년 사이에 대학
신입생모집 증가율은 11%-24%이었다. 설사 "문화대혁명"이 없
었으면 1965년 이후 해마다의 신입생모집 평균 증가율은 적어도
10%에 달할 수 있었다고 볼 수 있다. 그렇다면 중국의 대학교는
1966-1976년 사이에 적어도 334.7만 명의 신입생을 모집해야 되
었다. 그러나 1970년부터 1976년까지 중국의 대학교는 65,233명
의 1년제 연수생을 포함해 모두 940,714명의 "공·농·병 학생"

---

218) 郝維謙·龍正中(2000), <高等敎育史>, 267쪽.

219) 郝維謙·龍正中(2000), 위의 책, 281쪽.

만을 모집했다. 그래서 이들 65,233명의 1년제 연수생을 공제하면, 중국은 "문화대혁명"의 10년 동안에 적어도 247.2만 명의 인재를 육성하지 못했다. 또한, 중국은 같은 기간에 적어도 응당히 배양해야 되었던 3만 명의 대학원생을 육성하지 못 했다.[220]

이것은 양적인 수치로만 추정되어 밝혀진 일부의 사실일 뿐이다. 대학생들의 학업성취능력과 같은 질적 측면을 고려할 때는 그 손실은 더 클 수밖에 없다. 북경의 11개교가 1972년에 뽑은 신입생들의 학력 기초를 살펴보면, 이들 중에서 중졸 이상의 학력소지자는 전체의 20%만에 달했고 중졸은 전체의 60%에, 초졸 및 이에 상응하는 자는 전체의 20%에 달했다.[221] 이들 중에서 모 대학교 수학학과에 입학된 어느 신입생은 "$\frac{1}{2}+\frac{1}{2}=2/4$"와 같은 우스운 일까지 하기도 했다.[222] 이와 같은 것은 대학수업의 질에 큰 영향을 끼칠 수밖에 없었다. 사실상 이 시기 중국 대학교의 수준은 고등학교 또는 중학교의 것과 비슷하였다.

여기서 유의해야 되는 한 가지는 이들 "공·농·병"은 대입시험[223]이 아니고 소위 "군중의 추천·선발"을 통해 대학에 진학하게 된 점이다. "군중의 추천·설발"이란 제도는 문면으로 "군중"의 추천과 선발에 의해 누가 대학에 진학해야 되는지를 결정하는 제도로 이해될 수 있다. 그러나 추상적이고 集合的인 개념인 "군중"이 집단적인 수준의 권력을 평등하게 공유하기는 사실상 불가능했으며, 실제로는 특정 개인에게 권력이 집중되었다. 그래서 이 제도는 나중에 신청자들의 가족성분·배경·관계에 의해 누가 대

---

220) 郝維謙·龍正中(2000), 위의 책, 320-321쪽.

221) 郝維謙·龍正中(2000), 위의 책, 295쪽.

222) 金春明 외(1989), <"文革"時期怪事怪語>, 43쪽.

223) 대학 신입생 모집은 "문화대혁명" 초기부터 이미 중단되었음에 따라 전국 통일 대입시험제도도 1966년부터 폐지되었다.

학에 진학하는지를 정하는 제도로 전락하면서 비리의 온상이 되었다. 대학에 진학하기 위해 뇌물 수수 혹은 심지어는 성 상납 관행까지 발생하였다. 또한, 중국에서 유행되었던 "讀書무용론"은 1949년 이후 중국 지식인들의 비운과도 관련이 있으나 위에서 언급된 대입제도의 변화와도 큰 관련이 있다.

주로 지주·자본가·지식인 등 부유층의 자녀가 대학에 진학할 수 있었던 이전의 대입제도를 "공·농·병"의 자녀들이 대학에 진학할 수 있는 제도로 바꾼 것은 서민들에게서 어느 정도의 환영을 많이 받았다. 문제는 "공·농·병" 또는 그들의 자녀가 대학에 진학해야 되었을 뿐만 아니라 그들이 대학을 전면적으로 관리해야 되었으며 대학개혁에 대해 전면적으로 지도를 해야 된 점이다.

구체적으로 말해, "공·농·병 학생"이 대학의 "교육혁명"의 주역으로 된 다음에 대학학제는 2년 또는 3년으로 단축되었다. 또한, 정상적인 교수·학습 방식도 많이 바뀌었다. 예를 들면, 이들 "공·농·병 학생"은 될 수 있는 대로 강의와 관련된 공장이나 광산이나 농촌 등 현장에 가서 공부했다. "문화대혁명" 후기에 일러서는 도시 지식청년들은 아예 "上山下響"224)을 통해 직접 농민이 되기도 하게 됐다. 교육이 사회현실·생산노동과 결합해야 된다는 이념은 자체로 온당한 것이다. 그러나 문제는 그의 구체적인 결합방식이다. 다시 말하면 교육의 정체성·독립성·특성을 빼버리고 교육과 현실·생산노동을 동일시하는 것으로 현실화된 것이다. 이와 같은 노동과 학습의 결합방식으로 청년학생들을 생산현장을 직접 경험할 수 있게 되었지만, 교육이 애초 추

---

224) 당과 정부의 명령에 따라 도시의 고졸·중졸들 이른바 "지식청년"들이 자기의 호적과 같이 산간 마을이나 농촌에 이전하여 장기간 定住하여 농민과 함께 노동을 하면서 자신의 사회주의적 혁명성과 자각성을 높이는 일을 뜻한다.

구해야 할 기능을 마비시키는 결과가 나타났다. 요컨대, "문화대혁명" 시기의 중국 교육은 자체의 정체성을 잃어 "교육부정론" 또는 "교육폐지론"에 완전히 빠져들었던 것이다.

B. "문화대혁명"은 곧 지식인들의 수난소이다.

이 시기 지식인이 "문화대혁명"에서 받은 처우란 박해와 가까웠다. 각 대학교에 파견되어 대학교의 지도권을 잡은 "공선대"와 "군선대"225)는 "淸理階級대오"226)를 통해 수많은 지식인들을 박해하였다. 청화대의 교직원 중에서 입안된 사람은 1,228명에 달했으며 "문화대혁명" 전에 청화대의 전체 교직원수에 20% 이상에 달했다. 북경대는 1969년 7월부터 9월까지 사이에 이루어진 이 숙청과정에서만 모두 3명의 배신자, 55명의 스파이, 21명의 "역사적 반혁명분자", 9명의 "現行 반혁명분자", 14명의 "지(주)·부(농)·壞(나쁜)분자"를 입안시켜 처리를 했다.227) 이는 "문화대혁명" 초기의 상황뿐이다.

1969년부터 심지어 지표 또는 일정 비율을 정하던 기존의 관례도 사라지고 거의 모든 상층 지식인 전체가 타도의 대상이 되었다. 북경대의 경우, 교수·부교수라고 불려왔던 모든 교원은 "문화대혁명" 때에도 거의 빠짐없이 타도되었다.228) 청화대의 경우, "공선대"와 "군선대"가 주재하여 몇 단계를 거쳐 모두 3,000여 명의 교직원을 강서성의 한 勞改所(교도소)이었던 주혈흡충병 전염

---

225) 각각은 "工人(노동자)의 모택동사상 선전대"와 "군인의 모택동사상 선전대"의 약칭이다.

226) 대학교의 임원을 정리하여 소위 자산계급적이고 반동적인 "분자"를 숙청하는 뜻이다.

227) 郝維謙·龍正中(2000), 앞의 책, 277쪽.

228) 王友琴(2002b), 앞의 글.

구역에 있는 농장에 보냈다. 수많은 교직원들은 여기서 주혈흡충병에 전염되었다.[229] 상해 교육계의 경우, 입안된 사람은 모두 8,548명에 달했는데 이들 중에서 박해로 사망한 숫자는 371명에 달했다.[230] 심지어 지식인이 많이 있는 교육부도 예외가 아니었다. 교육부의 소속기구들을 포함한 모두 1,258명의 간부들은 1969년 10원까지 다들 안휘성에 한 시골에 가서 노동단련을 하게 됐다. 그때 교육부 본부에 3-5명의 군사관제인원만 남아있었다. 교육부는 1970년 6월부터 이미 국무원 과(학)교(육)組에 대체하게 됐다.[231]

C. "문화대혁명"의 두 개의 旗手는 바로 북경대와 청화대이다. "문화대혁명"은 1966년 5월 16일에 모택동이 주도하여 발표한 "중공중앙통지"(5·16통지)에 의해서 시작됐는데 주요 투쟁형식으로는 "대자보"·"홍위병"·"大비판組" 등이 있었다. 이 세 가지의 주요 투쟁형식을 살펴보면, 첫 대자보는 1966년 5월 25일에 북경대에서 붙여놓은 것이다. 첫 홍위병 조직은 1966년 5월 29일에 청화대 부속고등학교에서 성립된 것이다. 또한, "문화대혁명" 때 모택동의 의도와 소리를 대표했던 가장 권위적인 "大비판組"는 북경대·청화대의 양교 "연합 大비판組"이다. 그래서 북경대와 청화대는 "문화대혁명" 때에 일러서 사실상 완전히 정치투쟁의 도구로 되어 "문화대혁명"의 두 旗手가 됐다. 1949년 이래 북경대보다 지위가 많이 떨어진 청화대는 바로 "문화대혁명" 때부터 북경대와 동등할 수 있는 정도로 명성이 신속히 궐기됐다.

---

229) 郝維謙·龍正中(2000), 앞의 책, 279쪽.

230) 郝維謙·龍正中(2000), 위의 책, 326쪽.

231) 郝維謙·龍正中(2000), 위의 책, 280-281쪽.

한 마디로, "문화대혁명"은 인류문명에 대한 도전이었다. "문화대혁명" 때 이르기까지 중국에서는 본래 의미의 대학교육은 이미 완전히 사라졌고 정치적 투쟁의 한 도구로서의 대학만이 남아있었다.

3) 모택동 시대 중국 대학교의 조직과 인사제도의 변화

(1) 모택동 시대 중국 대학교의 조직의 변화

1949년 이후 중국 대학교 총장·부총장 등 행정임원들의 수량은 점차 늘어났을 뿐만 아니라 당의 조직이 대학교에 진입했음에 따라 대학교의 조직도 임원도 점차 늘어났다.

A. "문화대혁명" 직전까지 중국 대학교에서의 행정기구와 임원의 변화

첫째, 1950년의 "대학교 잠정 規程"에 따른 행정조직과 임원의 변화에 대해서 살펴본다.

신중국이 수립된 이후 대학교육이 직면된 한 과제는 신중국의 대학교는 사회성질의 변화에 따라 어떻게 다시 조직해야 되는가의 문제이었다. 때문에 신중국 정무원은 전국적 대학교 규칙을 만들기 위해 교육부가 만든 초안을 바탕으로 하여 1950년 8월 14일에 "高等學校(대학교) 잠정 規程(규칙)"을 반포했다.

이 "잠정 規程"에 따르면, 각 종합대와 4년제 전문대는 총장과 1-2명의 부총장을 둘 수 있었다. 임명의 절차는 교육부가 총장·부총장의 내정자들을 지명하여 정무원의 동의를 거쳐 중앙인민정부의 명의로 임명하기로 결정됐다. 또한, 각 종합대와 4년제 전문

대는 교무장·총무장·도서관장(또는 주임)을 두고 각각 총장·
부총장의 지도하에서 온 대학교의 교수·연구·행정사무·도서
자료에 대해 책임을 지고 구체적으로 관리하도록 했다. 필요 시
副교무장도 둘 수 있었다. 교무장·총무장·도서관장·부교무장
은 총장·부총장을 제외한 온 대학교 차원의 유일한 4명의 행정
책임자이었다. 이 중에서 교무장과 부교무장은 교육부의 동의와
임명을 얻어야 되고 총장·부총장 부재 시에는 총장을 대행할 수
있고 각 학과장들을 지도할 수 있는 만큼 총무장·도서관장보다
지위가 높았다. 교무장과 부교무장은 사실상 총장·부총장과 각
대학장·학과장 사이에서 중간의 역할을 담당한다. "잠정 規程"
은 교무장·부교무장·각 대학장·각 학과장을 교수들 중에서 보
임시켜야 한다는 규정을 명시했다. 또한, 위 "잠정 規程"은 명확
히 부교무장을 필요 시 두기로 했으나 부총무장·도서관 부관
장·부학장·부학과장 등에 대해서는 언급조차도 않았으니 이들
부차적인 직위를 두지 않겠다는 뜻으로 이해된다.

아울러서, 위 "잠정 規程"은 각 대학교에 총장 지도하에서의 校
務위원회를 두기로 했다. 이 "잠정 規程"에 따라 校務위원회는 총
장·부총장·교무장·부교무장·총무장·도서관장·각 대학장·
각 학과장·工會232)대표 4-6명·학생대표 2명으로 구성되어 있었
다. 총장은 당연한 주석으로 규정됐다. 이것은 바로 그때 한 대학
교의 중대한 사항을 전면적으로 결정한 기구이다.233)

---

232) 工會는 한국어로 일반적으로 "노동조합"으로 번역되지만 이것은 어쩔 수 없
는 잘못된 언어 상의 전달이다. 중국의 工會는 이름으로는 모든 일하는 사람
들의 복지 등 이익을 대표하는 군중의 조직이지만 사실상 여러 면에서 한국
의 "노동조합"과는 매우 다르기 때문이다. 또한, 工會는 문면으로 "工人"(노
동자)의 조직이지만 대학교의 경우면 모든 교직원들을 대표하는 조직이다. 그
리고 工會는 오늘날에 일러서는 이미 대학교의 한 처장급 기구로 됐다. 일반
적으로 한 대학교의 工會는 약 5-8명의 직원이 있고 주석은 처장급이고 몇
명의 부주적은 부처장급이다.

둘째, 1961년의 "교육부 직속 대학교 잠정 工作조례"에 따른 행정조직과 임원의 변화에 대해서 살펴본다.

"목욕운동"·"원계조정"·"반우파운동" 등 직후의 새로운 변화에 따라 중공중앙은 1961년 9월 15일에 한 지시를 통해 교육부가 내놓은 "교육부 직속 대학교 잠정 工作조례"를 반포해 중국 정무원이 1950년 8월 14일에 반포한 위 "잠정 規程"을 개정했다. 이 "工作조례"에 따르면, 중국 대학교의 지도체제는 총장 영도하에서의 校務위원회란 체제에서 "당 위원회 영도하에서의 총장이 이끌어가는 校務위원회의 책임제"란 체제로 바뀌었다. 새로운 校務위원회는 총장·부총장·당서기·교무장·총무장·학과장234)·몇 명의 교수대표·기타 필요한 인사로 구성되어야 함을 규정됐다. 인선명단은 총장과 당 위원회의 상의를 거쳐 교육부에 제출하고 교육부로부터 동의와 임명을 받아야 한다. 총장·부총장은 각각 校務위원회의 주임(위원장)과 부주임(부위원장)을 맡는다. 각 학과도 "係(학부·학과)務위원회"를 두어야 되고 학과장과 부학과장은 각각 주임과 부주임을 맡는다.235)

요컨대, 전체로 봤을 때, 위 "잠정 規程"이든지 "工作조례"든지 "문화대혁명" 직전까지 중국 대학교의 조직은 구중국 시대에 비하면 변화가 있었으나 구중국 시대에 형성된 큰 틀이 크게 바뀌지 않았다고 할 수 있다. "잠정 規程"은 1-2명의 부총장 그리고 1명의 부교무장을 허용했으나 구중국 시대에 형성된 교무장과 총무장이 각각 대학교의 교수와 행정을 책임을 지고 구체적으로

---

233) 中國政務院(1950), "高等學校暫行規程", 何東昌(1998), 앞의 책, 45-46쪽.

234) "원계조정"에서 대학교 안에 있었던 각 대학이 다 철폐되었음에 따라 대학장이란 직위도 없어졌고 학과장이란 직위만이 남아있기 때문이다.

235) 中國敎育部(1961), "中華人民共和國敎育部直屬高等學校暫行工作條例(草案)", 何東昌(1998), 앞의 책, 1065-1066쪽.

관리하는 틀은 심지어 1961년의 "工作조례"까지도 거의 그대로 유지됐다. 게다가, 도서관장의 직위도 "잠정 規程"에서 한때 중요시되어 대학교 차원의 주요 행정책임자로 부상됐으나 "잠정 規程"부터 국민당이 특유한 것으로 여겨진 訓導長·訓導處가 철폐되었음에 대학교 차원의 행정기구와 임원은 별 늘어나지 않았다. 더 중요한 것은 "工作조례"까지 해도 대학교에서 교수·연구의 중심적 직위는 구중국 시대보다 약화됐으나 어느 정도 아직 중요시되었다고 할 수 있다. 심지어, "工作조례"에 따라 당서기도 校務위원회에 진입될 수 있었으나 주요 책임자로서는 아니었다. 校務위원회에서 당서기의 지위는 부총장보다도 못한 것은 오늘날 이해하기는 어려운 일이다. 뿐만 아니라 "工作조례"는 1949년 이후부터 수차례의 타격을 당한 대학교수들을 위무하기 위해 심지어 "校務위원회에서 당외인사(공산당원이 아닌 인사임)는 일반적으로 적어도 1/3의 비중을 차지해야 된다"[236]고 규정하기도 했다. 비록 1/3의 비중을 차지하더라도 "꽃병"의 운명에서 벗어날 수 없지만 이러한 규정은 오늘날로서 이해하기 어려운 일이겠다.

다만, "工作조례"에 따르면, 부총장은 "몇 명 정도"로 늘어나도 되고 각 학과는 소요에 따라 "몇 명"의 부학과장을 두어도 된다. 게다가 각 학과는 몇 개의 "教學(교수)연구실"을 두어야 되고 주임과 부주임을 두어야 된다.[237] 중국 대학교 안의 조직의 확장은 바로 이렇게 시작됐다.

---

236) 中國敎育部(1961), "中華人民共和國敎育部直屬高等學校暫行工作條例(草案)", 何東昌(1998), 위의 책, 1065쪽.

237) 中國敎育部(1961), "中華人民共和國敎育部直屬高等學校暫行工作條例(草案)", 何東昌(1998), 위의 책, 1065-1066쪽.

B. "문화대혁명" 직전까지 당의 전문적 조직과 임원의 대학교
　　에의 등장

위에서는 중국 대학교 1960년대 초반까지의 행정기구와 임원
만을 논의했다. 그러나 더 중요한 것은 "목욕운동"과 "원계조정"
부터 중국의 대학교에서 이미 두 가지의 지도채널이 생겼다. 즉,
하나는 행정기구와 임원이고 하나는 당의 기구와 임원이다.

대학교에서 당의 전문적 기구와 임원의 전면적 설립은 "원계
조정" 때부터 이루어진 것이었다. 그때 당국은 "원계조정" 기간
에 대학교 조직과 임원의 재배치의 기회를 이용해 대학교에서
당의 세포조직을 전면적으로 만들어냈다. 각 대학교는 "원계조
정" 이전에도 당의 조직과 당원이 개별적으로 있었으나 대학교
곳곳마다 전면적으로 존재하지는 않았다. 그러나 "원계조정" 이
후부터 각 대학교에서 당의 조직은 계통적으로 생겼다.

아울러서, 각 대학교에서 온 대학교 차원의 정치적 운동·활
동·사항을 통일적으로 지도·추진을 하기 위해 교육부는 "원계
조정"의 기회를 이용해서 1952년 10월 28일에 지시를 내려 각
대학교에 정치공작기구인 "정치輔導처"를 두기로 했다. "정치보
도처"는 당 위원회의 지도하에서 교직원의 정치학습, 마르크스주
의 이론과정의 강의, 교직원·학생들의 정치적 언동과 사회적 활
동, 교직원·학생들의 정치적·역사적 자료(개인당안), 졸업생들
의 정치적 평가·결론, 졸업생들의 배치, 교직원들의 승진·상벌
등을 총괄적으로 관리하여 컨트롤하는 권력기구이다.238)

"정치輔導처"는 중공중앙이 1964년 6월 10일에 내린 한 결정
에 따라 "정치부"로 승격되었다. 이것은 "사회주의 교육운동"에
서 대학교의 정치적 교육과 컨트롤을 강화하는 한 조치이었다.

---

238) 中國教育部(1952), "關于在高等學校有重點的試行政治工作制度的指示", 何東昌
　　(1998), 위의 책, 176-177쪽.

이에 따라 각 대학교는 위부터 밑까지 정치적 기구를 두어야 된다. 구체적으로 말해, 대학교 차원에서는 당 위원회 서기·부서기·상임위원·위원들의 밑에 정치부를 두고 정치부 안에 조직부·선전부·통일전선부 등을 두어야 하며 평균 매 100명의 재학생에 1명의 비율로 각 학년·班에 "정치輔導원"을 두어야 된다. 중국 대학교의 정치적 컨트롤 시스템은 바로 이렇게 체계화됐다. 더구나, 그때 각 대학교를 주관했던 고등교육부도 정치부를 두게 되어 정치부 안의 판공실·조직부·선전부·통일전선부 등에 총 50명의 임원을 추가 기용하게 됐다.239)

현재에는 정치부가 각급 기관·학교·기업에서 이미 철폐됐으나 정치부에 속했던 조직부·선전부·통일전선부는 유지되어 있을 뿐만 아니라 대학교의 경우, 다들 처장급의 기구로 분리·승격되어 당 위원회 밑의 기본적 권력기구로서 각 대학교에 존재하고 있다. 특히, 조직부는 당위원회의 뜻에 따라 총장·부총장급 지도자들을 제외한 모든 간부들의 인선·임명 등을 주관하고 있다. 또한, 학생들의 정치적 언동을 구체적으로 컨트롤하는 정치적 제도로서의 "정치輔導원"이란 제도도 오늘날까지 그대로 유지되어 있다. 이 제도는 중국의 "정치안정"에 지금까지도 많이 기여하고 있다.

뿐만 아니라 각 대학·학과·연구소의 당의 지부란 조직 그리고 정치輔導처 이외에도 공찬주의 청년단·工會·학생회240)·婦女연합회 등 당의 외곽 조직도 잇따라 생겼다. 이로 인하여 중국 대학교에서 교수·연구와 관계가 없는 조직과 임원의 증가가 공식적으로 시작됐다. 특히, 각 대학·학과·연구소에서 생긴 당의

---

239) 中共中央(1964), "批轉高等敎育部黨組<關于加强高等學校政治工作和建立政治工作機構試點問題的報告>", 何東昌(1998), 위의 책, 1285-1287쪽.

240) 工會와 마찬가지로 중국의 학생회도 한국의 학생회의 성질과 매우 다르다.

조직 및 임원의 규모는 동급의 행정조직과 비슷하기 때문에 중국 대학교에서 교수·연구에 종사하지 않는 이른바 "非교학(교수)·연구 인원"의 규모·수량은 "원계조정" 이전에 비해 대략 배로 늘어났다. 게다가 이들 "非교학(교수)·연구 인원"들의 행정상의 급도 나중에 점차 차관급·국장급·부국장급·처장급·부처장급·과장급·부과장급 등으로 체제화된 이후 대학교 조직의 문제는 더 이상 단순한 수량의 급속한 증가의 문제를 넘어서게 되었다. 한 학과의 경우, 학과장과 몇 명의 부학과장 그리고 학과 사무실 주임 등 이외에도 동급의 당서기과 몇 명의 부서기 그리고 당 總지부 사무실 주임(조직 간사)도 병렬하게 된 것이다. 이러한 문제는 오늘날까지 쌓여왔다.

　C. "문화대혁명" 기간 중국 대학교에서 교수·연구 조직의 마
　　비와 정치적 조직·임원의 확장

　모택동의 "不破不立"·"大破大立"이란 철학에 따라 "문화대혁명"은 구중국 시대에 형성되었고 1960년대 초까지 해도 크게 깨지지 않았던 중국 대학교의 전통적인 틀을 철저히 깼다.

　"문화대혁명" 기간에 "공·농·병" 또는 그들의 자녀가 대학에 진학해야 되었을 뿐만 아니라 대학을 전면적으로 관리해야 된다. 이에 따라 1968년 하반기부터 각 대학교의 지도권은 잇따라 校務위원회 또는 당서기·총장 등 당·정 지도자에서 새로 성립된 "혁명위원회"에 이양하게 됐다.

　각 대학교 "혁명위원회"는 꼭 "三結合"이란 형식으로 구성해야 된다. "삼결합"이란 대학교의 최고 지도기구인 "혁명위원회"에 "공선대"와 "군선대" 그리고 당이 가장 믿는 교직원의 대표가 다 있어야 된다는 뜻이다. 예컨대, 청화대 "혁명위원회"의 상

임위원은 모두 17명이 있었는데 이 중에서 "공선대"와 "군선대"의 대표는 모두 13명으로서 전체의 76.5%에 달했다. 나머지 4명의 교직원 중 1명만이 교원이었다. "혁명위원회"에 들어갈 수 있게 된 이 4명의 교직원은 물론 청화대 교직원들 중에서 "혁명정신"이 가장 강한 사람이지만 그래도 "꽃병"에 지나지 않았다.

"공선대"와 "군선대"는 모택동의 뜻을 높이 받들어 대학교 밖에서 노동자와 군인의 대표로서 대학교에 진입하여 대학교에 대해 전면적으로 통치하는 조직이었다. 바꾸어 말해, "문화대혁명" 전에 각 대학교에 있었던 각급 당의 위원회 또는 지부 그리고 당서기 등 당의 간부들까지도 믿을 수 없게 됐으니 모택동은 대학교 밖에서 자신의 대표들을 대학교에 보내게 됐다. "공선대"와 "군선대"가 主宰한 "혁명위원회"는 각 대학교의 모든 권력을 탈취했다.

이 중에서 청화대와 북경대의 "혁명위원회"는 가장 유명했고 모택동도 이에 특별히 신경을 썼다. 모택동은 청화대 "혁명위원회"의 주임(위원장), 즉 1인자로 遲群을 내세웠다. 지군는 모택동 경호부대의 정치부 선전과 부과장이었다. 또한, 그는 謝靜宜를 북경대 혁명위원회 겸 북경시 당 위원회 서기 겸 중공중앙 위원으로 내세웠다. 사정의는 모택동의 기밀 담당 비서인데 모택동 신변의 젊은 여자이었다. 모택동은 친하게 이들 두 젊은이를 "내 小兵(젊은 兵士)"이라고 부르기도 했다. 모택동은 바로 이들을 통하여 중국의 최고대학을 파악하여 컨트롤했다.

"문화대혁명" 기간에 중국 대학교 내에서의 교수·연구 조직은 다들 철저히 마비되었다. 그때 학과란 조직은 이름으로 유지되었으나 대부분의 "교육혁명"은 교원과 "공·농·병 학생"이 혼합하여 구성된 "교육혁명 小分隊(교육혁명의 팀)"란 조직에 의해 이루어진 만큼 학과의 기능은 사실상 상실됐다. 또한, "교육혁명 소분대"의 지도자는 "공·농·병 학생"이었어야 했으며 교원들은 이들 학생들의 지도를 받아야 되었다. 예를 들면, 교재의 편찬도 "공·농·병 학생"이 책임자·지도자로서 교수들을 지도했다. 여기서 도대체 누가 스승인지 누가 제자인지도 알 수 없었다. 이것은 전형적인 사제관계의 顚倒이다. 또한, 교수들과 "공·농·병 학생"들을 이끌어 "교육혁명"을 펼친 "혁명위원회"는 주로 半문맹들로 구성되었다. 청화대 "혁명위원회", 즉 청화대의 최고 지도자들의 학력구성을 보면 매우 취약했다. 대졸은 1명, 고졸은 3명, 중졸은 10명, 초졸은 3명이었다.[241]

"혁명위원회"는 "혁명"의 소요에 따라 대학교의 조직 및 임원을 마음대로 철폐할 수도 있었고 신설할 수도 있었다. 이 시기 중국 각 대학교에서 정치부 이외에도 무장部·보위처 등 무장조직까지도 생겼다. 또한, "교육혁명"의 정신에 따라 각 대학교 내에 수많은 공장·농장도 생겼다. 정치적 조직과 半군사화 조직 그리고 공장·농장 등 "교육혁명"의 장소와 조직들이 대학교에서 생겨나게 됨으로써 수많은 노동자와 농민도 잇따라 대학교의 공식적 교직원으로 됐다. 중국 대학교 임원의 무리한 확장은 바로 이때부터 시작됐다. "문화대혁명" 기간에 늘어난 이들 조직은 오늘날에 이르러서는 기능이 많이 완화됐으나 대부분의 대학교에서 한 처장급 기구로서는 그대로 유지되고 있다. "문화대혁명" 기간에 늘어난 이들 조직의 임원은 각 대학교가 쫓아버릴 수 없는 정규적 교직원으로서 오늘날 중국 대학교 인사개혁의 큰 부담으로 되고 있다.

---

241) 郝維謙·龍正中(2000), 앞의 책, 275쪽.

(2) 모택동 시대 중국 대학교의 인사제도의 변화와 특징

A. 모택동 시대 중국 대학교원 인사제도의 변화와 일반적 상황

신중국이 1950년 8월 14일에 반포한 첫 "대학교 잠정 規程"은 대학교의 교원인사에 대해 다음과 같이 규정했다: "각 대학교(종합대학교)와 각 전문적 대학의 교원은 (정)교수・부교수・강사・조교 모두 네 개 급으로 나누어지고 다들 총장의 聘任(초빙・임명)에 의해서 채용되고 다만 중앙정부 교육부에 통보를 해야 된다."[242]

구중국 시대의 관련 규정에 비하면, 이것은 자세하지도 않고 엄격하지도 않은 한 대범한 규정인 것이 분명하다. 이 규정이 내려진 이후부터 1960년대 초까지 정치적 운동에 바빴던 교육당국은 대학교원 인사제도의 건설에 대해 별 신경을 쓰지 않고 대학교원의 채용과 승진에 대해 방임하는 자세를 보여주었다. 이 시기에 교육당국은 불가피하게 구중국 시대의 (정)교수・부교수・강사・조교 경력을 인정해주었으나 학술적 직명이 높을수록 정치적 비판과 투쟁의 표적 대상으로서 집중적인 포화를 받았다. 특히 정교수란 직함은 더 이상 권위를 보장받는 직위가 아니었다.

일시적으로 일선에서 중국의 일상적 당무・국무 등을 처리하게 된 류소기(국가주석)・주은래(총리)・등소평(부총리) 등은 1949년 이래 중국 대학교에서 나타난 교수・연구의 쇠락과 부진을 막기 위하고 대학교원의 채용과 승진을 정상화시키기 위해 1960년 2월 16일에 국무원의 이름으로 "대학교 교원직무의 명칭・취득・승진의 방법에 관한 점정 규정"을 내놓았다. 이것은 신중국이 수립된 이래 처음으로 반포한 교원인사에 관한 규정이다.

이 "점정 규정"은 (정)교수・부교수・강사・조교라는 대학교원

---

242) 中國政務院(1950), "高等學校暫行規程", 何東昌(1998), 앞의 책, 45쪽.

의 직명을 다시 인정했으나, 위의 직명을 얻지 못한 대학교원들
에 대해서는 그냥 "교원"이라고 부르기로 했다. 때문에 중국의
대학교원은 사실상 한때 5가지의 직명이 있었다. 바꾸어 말해,
(정)교수·부교수·강사·조교는 대학교원이면 누구도 될 수 있
는 것이 아니라 당국이 정한 기준에 합격해야만 될 수 있었다.
따라서 이때부터 "교원"이란 말 또는 직명은 부정적인 사회적
이미지를 갖게 되었다.

그렇다면, 어떤 사람들은 (정)교수·부교수·강사·조교로 될
수 있었는가? 이 "잠정 규정"에서 규정된 대학교원 직명의 취득
과 승진의 기본적 기준과 원칙은 다음과 같다: "주로 정치사상조
건·학문의 수준·실제적 노동능력에 의해서 각각의 직명을 취
득·승진시켜야 되되 資歷과 교수경력의 연한에 대해도 배려를
해주어야 된다."

구중국 시대와 달리 이 "잠정 규정"은 정치적 조건을 직명의
취득·승진의 가장 중요한 전제조건으로 삼았다. 정치사상조건에
관해서 이 "잠정 규정"은 다음과 같이 규정했다: "대학교 교원은
공상당의 영도를 필히 받들어야 되고 사회주의적 제도와 사회주
의 건설의 總노선을 꼭 옹호해야 되고 성의를 다해 인민들에게
봉사해야 된다. 당의 교육방침에 따라 교수·생산노동·과학연
구·(학생들을 대상으로 한)사상정치적 교육을 잘 실시해야 된
다. 자신의 역사는 확실히 명백해야 된다. 사상적 작풍은 좋아야
된다. 마르크스-레닌주의와 모택동사상에 관한 저술을 열심히
공부하여 자신의 마르크스-레닌주의의 이론적 수준을 늘 높여
야 된다. 노동단련에 적극적으로 참가하여 자각적으로 자신의 사
상을 개조함으로써 자신의 사상정치적 자각과 공산주의적 도덕
품질의 수양을 늘 높여야 된다."243)

학력과 경력 연한을 매우 중요시한 구중국 시대의 직명 취득·승진 기준과 달리 신중국의 이 "잠정 규정"은 학력과 경력 연한에 대한 제한이 아예 없었고 그 대신에 정치적·사상적 조건에 대한 제한이 매우 엄격하고 자세했다. 위의 정치적·사상적 기준에 엄격히 따른다면 신중국에서 대학교원이 되기가 그리 쉬운 일이 아니겠다. 채원배 시대 북경대의 수많은 유명한 교수들 중에서도 신중국의 이 기준에 완전히 합격할 수 있는 사람은 별로 없는 것 같다.

또한, 누구에게 교수·부교수·강사·조교란 직명을 수여하는데 대학교원들로 구성된 대학교 평의회를 중요시한 구중국 시대와 달리 교수회 또는 평의회가 이미 폐지된 신중국의 직명 수여의 절차는 당·정 지도자와 군중들의 역할을 중요시된다. : "대학교원 직명의 취득·승진을 결정할 때 각 대학교는 당 위원회의 영도하에서 군중노선의 원칙에 따라 지도자와 군중의 결합의 원칙으로 진행해야 된다."[244] 군중이란 매우 모호하고 애매한 개념이다. 한 마디로, 총장·부총장·당서기·부서기 등 총장·부총장급 지도자들을 제외하면 누구도 군중의 개념에 포함될 수 있다. 이것은 구중국 시대의 교수회 또는 평의회와는 완전히 다른 개념이다.

다만, 오늘날에 비하면 신중국은 "문화대혁명" 직전까지는 교원직명의 수여·승진에 대해 비교적으로 엄하고 신중한 자세를 보여주었다. 위 "잠정 규정"에 따르면, 각 대학교의 校務위원회에서 통과된 부교수 인선은 각 성(직할시·자치구)의 교육청 또

---

243) 中國國務院(1960), "關於高等學校敎師職務名稱及其確定與提昇辦法的暫行規定", 何東昌(1998), 위의 책, 956쪽.

244) 中國國務院(1960), "關於高等學校敎師職務名稱及其確定與提昇辦法的暫行規定", 何東昌(1998), 위의 책, 956쪽.

는 고등교육청의 승인을 얻어야 되고 교육부과 기타 주관 중앙
부처에 통보해야 된다. (정)교수의 인선은 교육부과 기타 주관
중앙부처의 승인을 얻어야 된다.

1949년부터 위 "잠정 규정"이 내려졌을 때까지 중국 대학교원
의 직명의 취득·승진은 거의 정상적으로 이루어지지 못했다. 때
문에 이 "잠정 규정"의 반포는 신중국 수립 이래 대학교원 인사
의 초유의 정상화를 상징한다.

그러나 얼마 안 되어 "문화대혁명"이 일어났다. "문화대혁명"
기간에 홍위병 또는 "혁명위원회"는 대학교수들의 권위적 지위를
박탈하여 자존심에 타격을 가하기 위해 (정)교수·부교수·강
사·조교란 호칭을 폐지하고, 비교적 낮춤말인 "교원"으로 호칭하
거나 직접적으로 교수들의 이름만을 부르기 시작했다. 물론 교원
의 승진제도 등은 일체 폐지됐다.

B. 모택동 시대 중국 대학교원 인사제도의 주요 특징

첫째, "원계조정" 때부터 초빙제는 이미 폐지되어 자유유동은
불가능하게 됐다.

위에서 이야기했듯이 신중국이 1950년 8월 14일에 반포한 "대학
교 잠정 規程"에서는 아직 "대학교원은 다들 총장의 聘任(초빙·
임명)에 의해서 채용해야 된다"는 규정이 잔존했으나 "원계조정"
에 이르러서는 완전히 달라졌다.

"원계조정"이 이루어졌을 때 "초빙" 또는 "聘任" 등 자본주의
제도의 특유한 것으로 여겼던 용어는 이미 국가적 "分配"(배치)
로 대체됐다. 바꾸어 말해, "원계조정"에서 재배치를 받아 다른
도시·대학에 들어가게 된 것은 당사자 자신의 소원에 의해서
된 것이 아니라 당국의 의지에 의해서 강제로 된 것이었다. 바로

156

이때부터 중국의 대학교수들은 자신의 희망대로 직업의 선택하는 권력을 잃어버리게 됐다.

"원계조정" 이후인 1956년에 일러서는 대학교원의 자유유동과 자유취업은 공식적으로 금지됐다. 이에 대해 고등교육부가 이 해 6월 4일에 내린 "대학교원 전근·유동에 관한 규정"에서 "중화인민공화국의 대학교원은 국가의 임원인 만큼 국가의 소요에 따라 국가의 배치에 복종해야 된다"245)고 꺼리지 않고 직언했다.

중공중앙은 1961년 9월 15일에 지시를 내려 "교육부 직속 대학교 교원의 전근·유동은 꼭 교육부에서 허가를 받아야 된다"246)고 하면서 대학교원의 자유유동과 자유취업에 대해 더욱더 강력히 금지했다.

둘째, 누구도 벗어날 수 없는 "單位"란 개념과 조직이 형성됐다. 중국의 대학교원들은 1949년 이후부터 자신의 재산 등 물론 인신까지도 점차 국유화되었음에 따라 다들 무산자가 됐다. 무산자로 된 대학교원들의 삶을 보장하고 사회주의제도의 우월성을 보여주기 위해 국가는 대학교 안 또는 주변에서 교직원 숙소를 마련해주었다. 뿐만 아니라 국가는 탁아소·유치원·초중고학교·병원·이발소·(설비 등)수리공장·자전거 수리소·목욕탕·공공식당·식량공급소 등도 국유재산으로 만들어주었다.

따라서 대학교 캠퍼스를 중심으로 한 작은 사회 이른바 "단위"란 조직이 형성되었다. "단위"란 중국어 표현은 원래 수량을 계산할 때 기준이 되는 분량의 표준을 뜻했는데 이제부터는 사회적 조직으로서의 의미가 새로 있게 됐다.247)

245) 中國高等敎育部(1956), "關于高等學校敎師調動的暫行規定", 何東昌(1998), 위의 책, 634쪽.
246) 中共中央(1961), "關于討論和試行敎育部直屬高等學校暫行工作條例(草案)的指示", 何東昌(1998), 위의 책, 1063쪽.

구중국 시대 대학교원들은 다들 자신의 수입으로 스스로 사회에서 일상생활에 관련된 모든 문제들을 해결해야 되었으니 불편한 점들이 이만저만이 아니었다. 신중국이 이들 문제들을 거의 다들 개인을 대신해 해결해주었으니 참 좋다고 볼 수 있겠다.

그러나 문제는 그리 간단한 것이 아니다. 교수·연구와 직접적 관련이 없는 수많은 위와 같은 기구들이 각 대학교, 즉 각 "단위" 안에 새로 생겼음에 따라 각 대학교 기구와 임원의 팽창은 대학교의 전문성을 낮출 수밖에 없고 대학교의 부담을 늘릴 수밖에 없다. 이것은 나중에 1990년대부터 시작된 중국 대학교육 대개편, 특히 요새 시작된 교원인사개혁의 큰 장애가 됐다.

중요한 게 "단위"의 형성은 대학교의 인사 관계를 복잡하게 만들어냈을 뿐만 아니라 교원들의 사생활을 직접적으로 없애냈다. 대학교에서 마련해준 좁았던 숙소에서 집중적으로 사는 교직원들은 서로들끼리 거의 아무 개인적 비밀 또는 사생활이 있을 수 없었다. 이로 인한 인적 관계의 복잡화와 시시비비 그리고 교수·연구에 대한 영향은 이만저만 아니다.

더 중요한 게 대학교원은 자신의 일상생활에 관련된 모든 문제들을 거의 다들 소속 "단위"에서 해결할 수밖에 없기 때문에 소속 "단위"에 의존할 수밖에 없게 됐다. 바꾸어 말해, 나라에서 일상생활의 모든 것을 다 해결해주는 것이 물론 좋으나 나라에서 제공해준 것에 대해 만족하지 않을 경우라도 다른 데에 가서 해결할 수는 없었고 소속 "단위"에서만 가능했다. 이것이 바로 문제의 소재이다.

---

247) "單位"는 재정과 인사의 독립여부에 따라 독립적 "단위"도 있고 종속적 "단위"도 있다. 예를 들면, 한 대학교는 한 독립적 "단위"이고 대학교 안의 한 대학 또는 학과도 한 "단위"이기도 하지만 독립적 "단위"가 아닌 대학교에 종속적 "단위"이다. 또한, 대학교뿐만 아니라 한 기관도 한 기업도 한 "단위"이다. 바꾸어 말해, 중국사회는 크고 작은 셀 수 없는 "단위"로 구성되어 있다.

더구나, "단위"란 개념·조직의 형성과 더불어 "개인당안"과 호적통제제도248)도 형성되었다. 이에 따라 다른 도시에 가서 정규직으로 취직하려면 호적의 관리기관인 각 지방의 공안국에서 호적 이전의 허가를 받아야 된다. 또한, 같은 도시라도 다른 직장, 예를 들면 다른 대학교에 취직하려면 원래 "단위"에서 "개인당안" 이전에 대한 동의를 얻어야 된다. 원래 "단위"는 당사자의 "개인당안"을 취직을 희망하는 새 "단위"에 보내주지 않으면 당사자는 인신이 가더라도 정규직으로 취직할 수 없다.

"식량공급 제한 제도"의 형성은 "단위"란 개념을 더욱더 강화했다. 각 대학교는 1955년부터 잇따라 "식량공급 제한 제도"를 실시하게 됐다. 이 제도가 도입된 이후부터 대학교원은 더욱더 소속 "단위"에 의존할 수밖에 없게 되었고 권력자들에게 더 한층 굴복하게 되었다. "식량공급 제한 제도"가 도입되면서 돈이 있어도 식량을 살 수 없고 다른 실물로 식량을 교환할 수 없었기 때문이다. "량표"(식량 공급표)는 나라에서 정한 기준에 따라 소속 "단위"에서 탄다. 소속 "단위"의 지도자들과 좋은 관계를 유지하지 못한다면 식량의 공급은 공제될 수도 있었고 적어도 비교적으로 저등급의 식량만을 공급받을 수밖에 없었다. 때문에 대학교원들은 소속 "단위"에 더욱더 의존할 수밖에 없게 되었을 뿐만 아니라 공·농·병 출신의 지도자들에게 더욱더 굴복할 수밖에 없게 됐다.249) 따라서 "식량공급 제한 제도"는 식량난을 해

---

248) 신중국이 건국 초기부터 호적통제제도를 채택했다. 이에 따라 중국인이면 소수의 통치계층을 제외하면 누구나 자신의 호적이 있는 지방에서만 일할 수 있다. 나라에서 배치명령을 받으면 물론 자신의 호적을 새 직장이 있는 도시에 옮길 수 있으나 나라에서 배치명령을 받지 못하면 자신의 호적을 다른 지방에 마음대로 옮길 수 없다. 오늘날에 일러서 이 제도는 어느 정도 완화됐으나 근본적으로 그대로 존재하고 있다. 호적의 관리기구는 각 지방의 공안국인 만큼 다른 도시에서 정규직을 구하려면 공안국에서 호적 이전의 허가를 받아야 된다. 이로 인한 비리도 이만저만 아니다.

결하기 위한 한 경제적 정책이었지만, 대학교원들을 더욱더 단단히 통제하고자 했던 정치적 의도를 내포한 계급투쟁의 한 형식이었다.

"단위"가 형성된 이후부터 대학교원들은 더욱더 단단히 통제되게 되면서 "단위"에 대한 의뢰심리도 생겼다. 자신의 사재를 포함한 모든 것을 다 나라에 바친 이상 누구도 당연히 소속 "단위"의 주인이고 누구도 소속 "단위"에 의뢰할 수 있는 도리·이유가 있다. 이러한 심리는 바로 오늘날 중국 각 대학교는 용원을 쉽게 쫓아버릴 수 없는 요인이 되었고, 용원으로 여겨진 사람들은 대학교에서 해고의 위험·경고를 당해도 뻔뻔스럽게 대학교를 떠나지 않거나 심지어 정정당당하게 지도자들을 찾아 대면하여 문제소지를 발생시킬 수 있는 요인이기도 하다.

"단위"는 신중국이 수립 이래 인사제도를 둘러싸고 대학교 그리고 온 사회에서 형성된 특이한 형상이고 오늘날과 이래 중국의 개혁의 큰 장애가 되고 있다.

셋째, 총장·당서기 등 지도자들뿐만 아니라 전체 교직원들의 임기는 다 없었고 당·정 임원들은 직업적 관료의 길을 걷기 시작했다. 신중국은 구중국 또는 자본주의 나라들과 다르게 하기 위해 실업을 없애고자 했다. 실업을 없애려면 임기제를 폐지해야 된다는 것이 당국의 판단이었다. 때문에 초빙제와 같이 구중국 또는 자본주의 나라들의 특유한 것으로 여겨진 임기제도 폐지됐다.

따라서 위 "잠정 規程"이든지 "工作조례"든지 "점정 규정"이든지 어디에서나 "임기"란 표현과 관련된 규정이 없었다. 그 대신에 모든 것은 다 "소요에 따라 처리한다"는 표현은 산재하여 있다. "소요"란 것은 실제 권력자들의 판단·애증에 달린 문제이

---

249) "식량배급 제한 제도" 이른바 "량표" 제도는 1980년대 말기부터 점차 폐지되었고 1990년대 초까지 철저히 폐지되었다.

다. 이에 따라 총장·부총장·당서기 등 지도자들 물론 교무장·
부교무장·학과장 등도 점차 교수·연구와 분리되어 직업적 또
는 半직업적 관료로 될 수 있게 됐다. 중국 고등교육부가 1955년
에 반포한 "대학교원 教學(교수)의 工作量(노동량)과 工作日(노
동시간)에 관한 試行방법"에 따르면, 총장급 인물 물론, 교무장
과 부교무장은 동급 교원의 교수의 량의 1/2 심지어 전부를 면
제받을 수 있고 학과장·부학과장은 동급 교원의 교수의 량의
1/3을 면제받을 수 있게 됐다. 또한, 총장·부총장 등은 강의를
겸임할 경우면, 고정적 월급 이외에도 실제 강의시간 수에 따라
수당을 따로 합법적으로 받을 수 있게 됐다.250)

다른 한편으로는 교원들의 임기에 관한 규정이 없기 때문에
교원들은 점차 소속 대학교에서의 보임을 오랫동안 지닐 수 있
었다. 따라서 대학교와 교원들 사이에서 공식적 계약이나 없었으
나 당·정부에서의 실업 완전 해소 정책에 따라 대학교원들은
사실상 소속 대학교에서 정년퇴직 때까지 영원히 일할 수 있는
"隱性合同"251)을 갖게 됐다. 이것은 결국 현재 중국 대학교 인사
제도개혁의 법률적 근거를 둘러싼 시비가 되고 있다.

넷째, 신중국 수립 초기에 임명된 전문가 출신의 대학교육의
지도자들은 1950년대 후반부터 잇따라 당·정 간부에 교체되었
다가 "문화대혁명"을 계기로 "공·농·병"으로 교체되었다.

신중국 수립 초기에 중국은 마인초와 같은 당이 믿었던 유명한
학자들을 각 주요 명문대들의 총장·부총장에 임명했다. 그러나
"반우파운동"과 더불어 이들 전문가 출신의 대학교 총장들은 잇따
라 퇴진하게 시작됐다. 특히, 모택동은 "대약진"의 해인 1958년에

---

250) 中國高等敎育部(1955), "高等學校敎師敎學工作量和工作日試行辦法", 何東昌(1998),
    앞의 책, 483-484쪽.

251) 보일 수 없으나 사실상 존재하는 계약을 뜻하는 중국어 표현이다.

한 위에서 이미 언급된 명령에 따라 이 해부터 학자·교수 출신의 이들 대학교 총장들은 거의 다들 면직됐다. 그 이후 임명된 대학교 총장·당서기는 주로 남경대 당서기 겸 총장인 匡亞明(임기: 1963-1966; 1978-1982)을 비롯한 서양에서 정규교육을 받은 학자가 아니지만 당·정 간부들 중에서 학력이 비교적으로 높은 일부의 직업 혁명가이었다. 그러나 "문화대혁명" 때에 일러서는 이들도 "공·농·병"으로 교체되었다. 위에서 이미 언급된 지군과 사정의는 바로 이들의 대표이다.

당이 믿었던 전문가와 당·정 간부 출신의 혁명가까지도 그랬으니 교육학·심리학 출신의 학자들은 1949년 이후부터 더 이상 대학교육을 지도할 수 없었을 뿐만 아니라 다들 아예 혁명할 대상자로 되었다. 앞에서 이야기한 구중국 시대 교육학·심리학 출신의 대학교육의 주요 지도자들 즉, 채원배·장몽린·호적지·곽병문·오남헌·장익 중에서 채원배는 1940년에 이미 별세했고 장몽린·호적지·곽병문·오남헌은 대만·미국으로 망명했으며 이들 중에서 장익만이 중국에 남았다.

앞에서 이미 이야기했듯이 장익(1901-1986)은 복단대 전체를 대륙에 남긴 유공자이다. 복단대를 인수받은 군사관제위원회 대표이자 복단대 첫 당서기(겸 부총장)인 李正文(임기: 1952-1954)도 "장익 선생님은 자신이 대륙에 남았을 뿐만 아니라 복단대를 전혀 빠짐없이 모두 다 인민에게 준데 공로가 있다. 장익 선생님을 봉기한 애국인사로 간주해야 된다"[252]고 인정했으나 자익의 운명은 오히려 복단대를 중국대륙에 남도록 그를 설득한 좌익 교수인 장지양보다 못했다. 장지양은 1949년 7월에 복단대 신중국 시기의 첫 校務위원회의 위원장[253]을 맡았다가 1952년 9월부터 최고인민법

---

252) 復旦大學校史編寫組(1985), 앞의 책, 283쪽.

원(대법원) 부원장으로 됐다. 그러나 장익은 1951년 가을부터 신설 화동혁명대학에서 반년 동안의 집중적 "세뇌"를 거친 후 1952년 봄에 신설 산동사범대(濟南, 1950)에 배치됐다. 장익은 산동사범대에 온 다음에 교육학과에서 심리학을 가르쳤다가 1957년에 "우파분자"로 판정된 이후부터 정치운동 때마다 언제나 비판과 투쟁의 대상 이른바 "영원한 운동선수"에서 벗어날 수 없었다. 산동사범대뿐만 아니라 심지어 산동성에 장익과 같이 영향력이 큰 대학자가 별로 없었기 때문이다. 산동사범대의 교육학과가 "문화대혁명" 기간에 철폐되었음에 따라 장익은 외국어학과에서 영어를 가르쳤다가 홍위병에 체포되었다.254)

다섯째, 대학교 지도자들은 행정상의 급이 있게 됐으나 대학교는 아직 급이 없었다. 신중국은 초기에는 배급제를 실시했다. 즉, 자신의 행정상의 직급 또는 대학교원의 직급에 따라 나라에서 받는 식량·육류·식용유 등 생필품의 질과 양은 다르지만 직접적으로 돈을 받는 것이 아니라 실물을 받는 배분제도이었다. 국무원은 1955년 7월부터 "화폐화의 工資制"(월급제)를 대학교를 포함한 국가 정규적 임원들을 대상으로 하여 실시하기로 했다. 즉, 나라에서 더 이상 실물을 배급해주지 않고 자신이 자신의 급에 따라 나라에서 직접적으로 돈을 받아 식량을 제외한 다른 필요한 생필품을 사게 됐다.

"화폐화의 월급제"가 도입되기 전에 당국은 대학교 교직원의 월급기준, 즉 교직원들의 급을 모두 33급으로 나누어 정했다. 이때부터 중국 대학교의 모든 교직원은 다들 자신의 급 그리고 급에 따른 월급기준이 있게 됐다.255)

---

253) 그때 총장직이 일시 취소된 바람에 이 직책은 사실상 총장직에 해당됐다.

254) 復旦大學校史編寫組(1985), 앞의 책, 281-283쪽.

이에 따라 각 대학교의 총장·당서기도 자신의 급이 있게 됐다. 총장·당서기의 급이 해당 대학교의 지위를 상징한다. 이들의 급이 높을수록 해당 대학교의 지위가 더 높다. 물론 북경대와 청화대의 총장·당서기들은 전국 대학교의 모든 총장·당서기들 중에서 가장 높았다. 따라서 이때부터 각 대학교의 지위는 뚜렷하게 됐다.

다만, 여기서 언급된 총장, 당서기의 급은 개인의 급뿐이고 대학교의 급이 아니다. 또한, 이러한 "급"은 행정 관료의 직무와 아직 연결되지 않았다. 즉, 1급이든지 2급이든지 도대체 국장과 똑같은지 아니면 차관과 똑같은지는 아직 분명하지 않았다. 한 마디로, "문화대혁명"이 끝났을 때까지 중국 대학교의 관료화는 이미 시작됐으나 아직 본격화되지는 않은 것이다.

여섯째, 제대군인이 대량으로 대학교에 진입하여 취직됐다. 1950년대 중반부터 특히, 한국전쟁에 참전한 군인이 민간인 신분으로 대거 복귀하였다. 이들 제대군인들을 잘 안배하기 위해 고등교육부는 당의 뜻에 따라 1956년에 각 대학교에 "직원과 노동자가 신규 채용할 경우 각 지방의 (제대군인을 안배하는)관련 부문을 거쳐 우선적으로 제대군인들을 채용하여 취직시켜야 된다"고 명령을 내렸다.[256] 이 명령 직후부터 제대군인이 대학교에 대거 유입하게 된 것이다.

일곱째, 각 대학교는 1954년부터 자신의 졸업생들을 모교에 남겨 공식적으로 간부·교원으로 채용하기 시작했다. 고등교육부는 1954년에 청화대 1949년 이래의 발전·개혁·혁명에 대해 평가

---

255) 中國高等敎育部(1955), "關于高等學校工作人員全部實行工資制和改行貨幣工資制的通知", 何東昌(1998), 앞의 책, 529-532쪽.

256) 中國高等敎育部(1956), "關于高等學校任用敎, 職, 工的暫行規定", 何東昌(1998), 위의 책, 634쪽.

하여 "청화대의 업무에 관한 결정"을 내놓았는데 이 "결정"에서 "청화대의 결원 교원의 보충은 원칙적으로 자체의 졸업생들 중에서 뽑아 채용해야 된다"고 결정했다. 이 "결정"이 내려졌을 때 마침 신중국이 키운 처 차례의 졸업생들이 졸업하게 됐다. 신중국이 키운 인재들은 낡은 인재들보다 더 믿을 수 있기 때문에 "결정"이 내려진 이후부터 각 대학교는 다들 청화대를 모방하여 자체의 졸업생들을 남겨 채용하기 사직했다. 바로 이때부터 각 대학교의 "근친번식" 현상이 나타나기 시작됐다.

여덟째, 대학교에서 대학교원의 지위는 점차 낮아졌다. "목욕운동" 때부터 대학교에서 대학교원의 정치적 지위는 정신적 귀족에서 정신적 천민으로 점차 떨어졌으나 경제적 지위는 "문화대혁명" 직전까지 직원·노동자들보다 훨씬 높았다. 예를 들면, 1955년 7월에 도입된 "화폐화의 월급제"에 따라 대학교 교직원의 월급기준은 모두 33급으로 나누어졌는데 이 중에서 (정)교수·부교수는 높게는 4급(217.8圓[257]) 낮게는 13급(100.1원)이었고 강사는 높게는 11급(117.7원) 낮게는 20급(61.6원)이었고 조교는 높게는 19급(66.0원) 낮게는 24급(45.1원)이었다. 이 수준은 총장·부총장의 기준(1-9급, 270.6- 143.0원)보다 훨씬 낮았으나 직원의 기준(14-28급, 93.5-31.9원)과 工警(노동자와 보안)의 기준(28-33급, 31.9-19.8원)보다 훨씬 높았다.[258]

대학교 교직원의 가장 낮은 월급인 19.8원으로도 적어도 일반

---

257) 중국의 화폐인 人民幣의 기본적 단위이다. 중국은 浮動의 환율정책이 아닌 고정적 환율정책을 실시해왔다. 2005년 6월 현재 약 8.2원의 인민폐는 1 US dollar에 환산된다. 다만, 1950년대 심지어 1978년 개혁개방이 실시되기 전까지의 인민폐 圓은 미국 달러와 잘 연결되어 환산될 수 없었으니 1圓은 정확하게 몇 달러에 환산되는지 잘 알 수 없다.

258) 中國高等敎育部(1955), "全國高等學校敎職員工工資標準表", 何東昌(1998), 앞의 책, 530쪽.

시민과 비슷하게 괜찮은 생활을 지닐 수 있었던 그때 당시의 물가를 감안해봤을 때 조교라도 경제적으로 잘 살 수 있었겠다. 또한, 이때에 일러서 대학교수와 보통직원·노동자의 월급 격차는 구중국 시대보다 약간 작아졌으나 여전히 매우 컸다.

그러나 "반우파운동" 이후, 특히 "문화대혁명" 이후부터 상황은 완전히 달라졌다. "반우파운동"부터 "우파분자"로 판정된 교원들은 월급을 제대로 받을 수 없게도 됐다. "문화대혁명"에 일러서 대학교원들의 월급은 아예 취소됐다. 그 대신에 정부에서 최저 기준의 생활비만을 비교적으로 문제가 적은 일부 교원들에게 지급했다.

경제적 압박뿐만 아니라 정신적 학대도 심했다. 중국은 전통적으로 "천·지·군(군주, 황제)·친(양친)·사(교사)" 등의 표현을 통해 교사·지식인을 존경해왔다. 그러나 "문화대혁명"을 계기로 지식인 전체는 대중들이 조롱의 대상으로 돼버렸다. 예를 들면, 교수들을 조롱하기 위하고 지식인들의 "무식"을 증명하기 위해 "考教授"259)란 경이적 방법까지 발명되었다. 심지어, 지식인은 사회의 악덕 계층의 이미지로 묘사되었던 바, 지주·부농·반혁명 분자·악질·우파·반도(역적 또는 배신자)·특수 공작원(스파이)·走資派(자본주의의 길을 걷는 실권파)보다 더 나쁜 "臭老九(아홉 번째로 냄새나는 놈)" 등으로 불리기도 했다. 오늘날까

---

259) 학생들이 보는 시험문제로 교수들을 대상으로 하여 시험을 치게 하는 뜻이다. 이것은 1973년 연말부터 모택동의 조카인 毛遠新이 주재했던 료녕성에서 우선적으로 바람이 불기 시작됐는데 북경·상해·천진 등 지방도 신속히 료녕성의 이 선진적 "경험"을 모방했다. 특히, 폐지된 교육부와 국가 과학기술위원회의 직책을 행사하고 있었던 국무원의 과(학)교(육)組 그리고 북경시 혁명위원회의 과교조는 1973년 12월 30일에 사전예고 없이 대학생들이 본 수학·물리·화학 시험문제로 북경 17개 대학의 631명의 교원(교수·부교수)들을 대상으로 하여 이런 식의 시험을 보게 했다[참조: 郝維謙·龍正中 (2000), <高等教育史>, 326-327쪽].

지 해도 중국인은 지식인을 경멸할 때 항상 "취노구"란 용어를 아직 쓰고 있는 것을 보면 "문화대혁명"의 악영향은 오늘날까지 심지어 미래까지도 유지될 것으로 전망된다.

Ⅲ. 중국 대학교육의 회복 및 개편

1. 1980년대 중국 대학교육의 회복 및 호황

1) 회복기 대학교육의 일반적 상황

근래에 있었던 중국의 개혁 개방은 일련의 굵직한 사건들의 경과를 그 배경으로 갖고 있다. 이를테면 1976년 모택동의 사망 및 "문화대혁명"의 종결, "문화대혁명"의 주역이자 모택동의 측근인 "사인방"(王洪文·張春橋·江靑·姚文元)의 체포, "전국 과학대회" 및 중공중앙 "11屆3中全會"260)의 개최, 모택동의 계승자인 화국봉의 퇴진, 등소평의 복직, 호요방·조자양의 등장 등이 그것이다. 이때부터 1989년 "천안문사태"까지 중국의 대학교육뿐만 아니라 과학과 교육 전체가 신중국 수립 이래 거의 유일한 황금기를 맞았다. 십년을 넘는 회복기(1978-1989)의 중국 대학교육의 특징은 다음과 같이 간략히 요약될 수 있다.

---

260) 중국공산당 제11차 대표대회에서 선거된 중앙위원회의 제3차 전체회의(총회)의 약칭이다. 1978년 12월 18일-22일에 열린 이 회의는 "계급투쟁 제일주의" 등 좌경적 사상을 부정했고 나라의 중심적 과제를 정치적 투쟁에서 현대화 건설로 轉移하기로 결정했다. 그래서 이 회의는 중국 개혁개방의 시작을 상징하기도 한다. 이 회의에서 당시 당 1인자인 화국봉은 일단 당 주석의 지위를 유보하게 되었으나 그의 "두 개의 凡是"란 주장(모택동이 정했던 정책이기만 하면 무조건적으로 그대로 집행해야 되고 모택동이 내렸던 지시라면 영원히 준수해야 된다는 주장임)은 등소평 등 당내 원로들로부터 크게 비판을 당한 바람에 그의 통치지위가 이때부터 동요됐다.

(1) 지식을 존중하고 인재를 존중하는 기풍은 다시 수립되었다.

"문화대혁명"이 끝난 후에 등소평을 비롯한 개혁파 지도자들이 "공업·농업·국방·과학기술" 이른바 "4개의 현대화"를 추진하는 데 있어 가장 큰 과제는 "문화대혁명" 기간에 顚倒된 세계관·가치관을 바로잡아 지식·인재·지식인을 중요시하는 풍토를 만드는 것이었다. 1977년 7월에 당 부주석·국무원 부총리·중공중앙 군사위 부주석·중국인민해방군 총참모장으로 복직된 등소평은 비록 1981년 6월에 열린 당 "11屆6中全會"에서 중공중앙 군사위 주석으로 당선된 후에야 중국의 절대적 통치자로 됐지만 교육과 과학의 중요성을 비교적으로 일찍 인식한 그는 복직된 그날부터 자진해서 당 부주석과 정부 부총리의 신분으로 과학·교육을 주재하기 시작했다. 그는 심지어 복직되기 전인 1977년 5월 24일에 두 명의 당 지도자들과의 담화에서 "지식을 존중하고 인재를 존중하는 분위기를 당 내부에서 꼭 조성해야 한다"[261]고 강조했다. 그는 1977년 8월 8일에 "사인방이 (지식인들을 낮추는 말인) '臭老九'란 표현을 발명했는데 지식인들의 명예는 꼭 회복시켜주어야 된다"[262]고 지시했다. 또한, 그는 1978년 4월 22일에 "우리는 인민교사들의 정치적·사회적 지위를 높이겠다. 학생뿐만 아니라 온 사회도 교사를 존중해야 한다"[263]고 했다. 교권을 중시하는 분위기를 조성하기 위해 "전국인민대표대회"는 1985년 1월 15일에 국무원의 건의를 받아들여 "교사절"(스승의 날, 매년 9월 10일)을 지정했다.[264]

---

261) 鄧小平(1977), "尊重知識, 尊重人才", 何東昌(1998), 앞의 책, 1573쪽.
262) 鄧小平(1977), "關于科學和敎育的幾點意見", 何東昌(1998), 위의 책, 1574쪽.
263) 鄧小平(1978), "在全國敎育工作會議上的講話", 何東昌(1998), 위의 책, 1607쪽.

(2) 지식인들의 명예는 회복됐다.

등소평에 지시에 따라 호요방을 비롯한 개혁파 지도자들이 지식인의 명예회복 작업을 시작했다. 호요방은 1978년 10월 31일에 간담회 소집하여 "지식분자에 관한 (새로운)정책을 구체적으로 관철시키는 당의 몇 가지의 의견"을 제정하고 중공중앙 조직부의 문건으로 각 지방에 하달하여 관철하도록 했다. 이에 따라 소수의 극단적 "우파분자"를 제외한 대부분의 "우파분자"는 명예회복이 됐다. 또한, 이 간담회에서 호요방은 모택동이 1957년에 정한 "지식분자에 대해 단결(연대)・교육・개조를 해야 된다"는 이른바 "지식분자에 대한 당의 기본적 정책"을 더 이상 집행하지도 않고 언급조차도 하지 말라는 지시를 내렸다.265) 실제적인 이익에 관해서는, "문화대혁명"으로 인하여 중국 모든 분야에서의 정상적인 승진은 거의 다 정체됐기 때문에 국가 노동총국(노동부)은 1979년에 국영기업 노동자들을 포함해 전국 모든 공직자 중에서 40%의 사람들을 한 급으로 승진시켰는데 대학교수들의 중요성을 강조하기 위해서 이 40%의 지표 이외에 평균 8%의 승진지표를 대학교수들에게 추가로 주기로 했다.266) 한 급으로 승진하게 됐더라도 모두 약 10-30불에 불과한 월급으로 잘 살 수 없었으나 대학교원은 처음으로 다른 직종의 사람들과 평등하게 대우를 받을 수 있었을 뿐만 아니라 심지어 처음으로 다

---

264) 중국의 "교사절"은 국민당 정부에 의해 1932년에 처음으로 설립됐는데 당은 1951년에 "교사절"을 "5・1 노동절"과 합병시켰음으로써 "교사절"을 사실상 폐지시켰다[참조: 中國敎育部部長 何東昌, "關于建立'敎師節'的說明", 何東昌(1998), <中華人民共和國重要敎育文獻>, 2254쪽].

265) 胡耀邦(1978), "爲什麼對知識分子不再提團結, 敎育, 改造的方針", 何東昌(1998), 앞의 책, 1650-1651쪽.

266) 中國敎育部(1979), "關于給普通高等學校敎學人員增撥昇級面的通知", 何東昌(1998), 위의 책, 1758쪽.

른 직종보다 우대를 받게 됐으니 대학교원들의 기쁨이 얼마나 컸는지 상상할 수 있다.

(3) 학술자유는 한때 어느 정도 회복돼왔으나 당의 지도 지위를 강화하는 "4항의 기본적 원칙"도 이때에 확립됐다.

1980년대 중반에 들어 중국의 대학교는 1949년 이래 처음으로 상대적으로 자유로운 분위기가 갖게 됐다. 이때 중국의 인문사회과학계는 1949년 이래 끊임없는 좌경적 정치운동의 여파에 의해 배제된 세계 인문사회분야에서의 동향에 대해서도 흡수를 하기 시작했다. 특히, 실존주의를 비롯한 서양의 주요 사회적 思潮에 대한 소개와 연구는 이 시기 모든 인문사회과학의 핫이슈(hot issue)가 됐다. 이와 더불어 인성·휴머니즘 등에 대한 사고·토론도 곳곳에서 차열하게 전개됐다. 심지어, 당성보다 인성을 더 먼저 중요시해야 된다는 주장도 많이 나왔다. 철학과 교육학계는 John Dewey에 대해 재평가 등 주장도 나왔다. 심지어 대학 교수·학생들이 이때 거리에 나가 데모까지 할 수 있게 됐다.

그러나 등소평은 민주화운동의 징조가 막 나타난 1979년에 일찍이 개혁개방의 "금지 구역" 이른바 "4개의 견지" 또는 "4항의 기본적 원칙"을 제한했다. 그는 1979년 3월 30일에 한 "4개의 현대화를 실현하려면 4항의 기본적 원칙을 꼭 지켜야 된다"는 요지의 강화를 통해 "4개의 견지"의 내용을 처음으로 공시했다. 즉, "사회주의 도로(노선)를 꼭 견지해야 된다. 무산계급의 專政(프롤레타리아 독재)을 꼭 견지해야 된다. 공산당의 영도를 꼭 견지해야 된다. 마르크스주의와 모택동사상을 꼭 견지해야 된다267)"는 것이다. "4항의 기본적 원칙"은 대학을 포함한 모든 사

회적 분야에서 다들 꼭 지켜야 되는 개혁개방의 총체적 지도사
상으로서 중국 내 모든 분야에서 적용돼왔다.

　문제는 등소평의 포용력에 대한 기대수준이 높았던 지식인과
청년학생들은 등소평이 일찍 만들어낸 "금지 구역"의 경계를 벗
어나게 된 것이었다. 1986-1987년 사이 주로 관료와 "태자黨"들
의 부정부패에 대항한 대규모적 데모가 촉발되고 당의 집권 정
체성과 역량에 대한 의구심도 적잖게 제기되었다. 결국 이른바
"자산계급의 정신적 오염"이란 문제로 인하여 당내 개혁파의 선
봉인 호요방이 퇴진하게 됐다. 또한, 2년 후 "천안문사태"로 인
하여 조자양도 퇴진하게 됐다.

(4) "노동자·농민·군인"이 "군중의 추천·선발"을 통해 대학에 진학하는 제도는 폐지되었고 전국 통일 대입시험제도는 회복됐다.

　등소평은 그때의 당 지도자들 중에서 가장 적극적으로 전국 통
일 대입시험제도를 복원시킨 인물이다. 그는 1977년 5월 24일에
두 명의 당 지도자들과 한 담화에서 "엄격한 시험을 통해 가장 우
수한 인재들을 중점 중학(중학교와 고등학교)과 중점 대학교에 집
중시켜야 된다"268)고 했다. 그러나 모택동이 정했던 정책을 고수
하려던 화국봉이 이것을 반대했기 때문에 교육부는 이에 대해 소
극적인 태도를 취했다. 그 이후 등소평의 여러 노력 때문에 교육
부는 전국 통일 대입시험제도의 회복에 협조하게 됐다. 중국의 새
학기는 매년 9월에 시작되기 때문에 교육부는 애초 1978년 9월부
터 전국 통일 대입시험을 집행하려 했으나, 등소평의 재촉에 의해

---

267)　鄧小平(1979), "實現四個現代化必須堅持四項基本原則", 何東昌(1998), 위의
　　　책 , 1674쪽.

268)　鄧小平(1977), "尊重知識, 尊重人才", 何東昌(1998), 위의 책, 1573쪽.

부득이 1977년 가을에 전국 통일적 시험이 실시되었다. 이를 통해 그해 겨울 "문화대혁명" 이후 처음으로 신입생을 모집전형에 대한 통지가 각 지방과 각 대학에 시달되었다.[269] 그래서 1977년의 동계는 겨울이지만 실력이 있으면서도 가족의 출신·성분이 나쁘거나 배경이 없어서 "빨간 가족" 출신의 자녀들과 평등하게 경쟁을 벌일 수 없는 청년들에게는 오히려 봄이 됐다. 전국 통일 대입시험제도의 복원은 출신성분과 상관없이 선발경쟁에서 있어서 평등적 장치가 마련된 것이다.

(5) "중점대학교"란 제도도 이때부터 뿌리가 내려지기 시작됐다.

등소평은 1977년 5월 24일에 두 명의 당 지도자들과 한 담화에서 "중점초등학교·중점중학·중점대학교를 만들어야 된다"[270]고 역설했다. 교육부는 1978년 1월 27일에 "전국 중점대학교를 회복하여 잘 운영하도록 하는 것에 관한 보고"를 중공중앙과 국무원에 제출했다. 교육부는 이 보고에는 "중앙 군사위원회에 속한 3개교를 제외하고 원래 64개의 중점대학교가 있었다. 이 중에서 4개의 대학교는 1970년 전후에 폐지된 바람에 지금은 모두 60개의 중점대학교가 있다. 우리 교육부는 이들 60개의 대학교를 바탕으로 하여 77개교로 적절하게 확충하는 것을 건의한 적이 있었는데 각 성·직할시·자치구 그리고 관련된 중앙부처는 28개교를 더 추가로 지정해달라고 했다. …… 우리 교육부는 중점대학교의 수량을 적절하게 확충하는 것에 동의하는데 첫 차례의 수량은 88개교로 지정하려고 한다. 이는 우리나라 현재 대

---

269) 中國敎育部(1977), "關于1977年高等學校招生工作的意見", 何東昌(1998), 위의 책, 1579쪽.

270) 鄧小平(1977), "尊重知識, 尊重人才", 何東昌(1998), 위의 책, 1573쪽.

학교 총수인 405개교의 약 22%의 비중을 차지한다고"[271]고 기술되어 있다. 이들 88개교는 바로 중국 개혁개방 이후 처음으로 지정된 중점대학교이다.

(6) "교육체제개혁에 관한 결정"이 반포됐다.

회복기 중국 교육에 있어서 가장 중요한 것은 당이 1985년 5월 15일에 열린 개혁개방 이후 제1차 "전국교육工作회의"를 계기로 "교육체제개혁에 관한 결정"을 내린 것이다.

이 "결정"이 내리기 전에도 등소평을 비롯한 지도자들은 자주 교육을 중시하고 교육 개혁을 서두르라는 지시를 많이 내렸으나 그것은 당의 중대한 "결정"의 명의로 전국 각급 당과 정부에 내린 명령이 아니었다. 그러나 이번에 내려진 "결정"은 입법의 형식으로 된 것이 아니었으나 사실상 법률보다 더 힘이 있는 형식으로 내린 것이었다. 그래서 이 "결정"은 개혁개방 이래 1985년까지의 가장 중요한 교육문서로 꼽힌다. 바꾸어 말해 등소평 등이 주도하여 이 "결정"을 만들어 내린 동기는 당의 高位에서의 인사변동을 대비하기 위해 개인의 지시나 "전국인민대표대회"의 입법보다 더 힘이 있는 형식으로 교육체제의 개혁을 끝까지 추진하려던 것으로 풀이될 수 있다. 특히, 나이가 많이 들었던 등소평은 더욱 그런 것 같다. 그는 각 지방의 지도자들이 "결정"을 진지하게 관철시키지 않나 걱정해서 심지어 "결정"이 이미 만들어졌음에도 불구하고 이 해 5월 19일에 "전국교육工作회의"에서 "각급 당위원회와 정부는 교육을 진지하게 책임을 지고 다투어 하라"[272]고 호소하기도 했다.

---

271) 中國敎育部(1978), "關于恢復和辦好全國重點高等學校的報告", 何東昌(1998), 위의 책, 1597쪽.

272) 鄧小平(1985), "各級黨委和政府要把敎育工作認眞抓起來", 何東昌(1998), 위의

이 "결정"은 중국 교육의 문제들에 대한 진단을 바탕으로 하여 중국 교육의 미래 대책을 세웠다. 중국 교육의 가장 첨예한 쟁점에 관해 이 "결정"은 우선적으로 정부 관련 부처가 학교, 특히 대학교에 대해 지나친 통제하거나 개입하고 있어 역기능이 발생하고 있으면서도 정부지원 상황에서는 매우 소극적이라는 점을 인정했다. 그 다음으로 이 "결정"은 "기초교육은 너무나 약하고…… 직업기술교육은 약하고 고등교육의 내부구조는 불합리하다"고 지적했고 "교육사상·교육내용·교육방법은…… 당대 과학·문화의 발전에 뒤떨어져 있다"고 인정했다. "결정"은 해결책으로서 우선적으로 "(상기한) 이런 상황을 근본적으로 극복하려면 교육체제의 전면 개혁을 단행해야 된다. 관리체제의 개혁을 추진할 때 거시적 관리를 강화하는 동시에 '簡政放權273)'을 단호히 실행해야 되고 각 대학교에 운영 자주권을 부여해주어야 된다"고 선언했다.274)

교육 개혁이 내실을 갖기 위해서는 대폭적인 재정지원이 불가피하다. 그러나 "결정"에서 지적됐듯이 "차라리 필요가 없는 일에 돈을 낭비하더라도 교육발전에 한 푼이라고 쓰고 싶지 않은 고위간부들이 각급(당위원회와 정부)에 다 있다." 이를 극복하기 위해 "결정"은 사상 처음으로 융통성이 없는 "2개의 增長(증가)"이란 교육투입을 확보하기 위한 지표를 각급정부에 내렸다. "2개의 증장"이란 "향후 일정한 기간 내에 교육에 대한 중앙정부와 지방정부의 교부금의 증장으로 하여금 재정적 經常性 수입의 증

책, 2285쪽.

273) 행정을 간소화하고 권력을 밑으로 나누어 이양하는 것을 뜻하는 중국어 표현이다.

274) 中共中央(1985), "關于敎育體制改革的決定", 중국 〈인민일보〉, 1985년 5월 29일.

장보다 높게 하도록 해야 되고 재학생들의 1인당 평균 교육경비
로 하여금 점차적으로 증장하도록 해야 된다"는 것이다. 또한
"기초교육을 발전시키는 책임을 지방에 맡겨 단계로 9년 의무교
육을 실시하겠다"고 한 내용, "직업기술교육을 강도 높게 발전시
키겠다"고 한 내용, "대학교에 운영 자주권을 확대시키겠다"고
한 내용, "점차적으로 총장 책임제를 실시하겠다"고 한 내용,
"교육입법을 강화하겠다"고 한 내용 등도 포함되었다.

위 "결정"의 상당부분의 내용은 破天荒적이고 사상 초유의 것
이다. 여기서 진실로 중국 교육을 진흥하려던 등소평 대망의 壯
志도 잘 보여주었다. 다만, "上有政策·下有對策"이 유행되는 중
국에서는 교육을 진흥시키는 것은 쉬운 것이 아니다. 예를 들면,
당의 위 "결정"과 등소평의 특별한 지시가 있음에도 불구하고
"2개의 증장"을 정말로 여겨 철저히 관철시킨 지방은 사실상 별
로 많지 않았다.275)

　요컨대 이 시기 이루어진 중국 대학교육 개혁은 여러 가지 쟁
점과 한계점을 극복하지 못했으나, 1978년 이전에 비하면 중국의
교육과 과학 그리고 그들을 발전시키는 주체로서 지식인의 사회
적 지위가 새롭게 복원되었다. 이 시기에 교수들의 경제적 지위
가 높지 않았으나, "문화대혁명" 기간에 후퇴한 학문의 진보를
되찾기 위한 학자들이나 학생들의 노력은 어느 때보다도 진지하
고 열성적이었다. 당시 대학교의 캠퍼스에서 아침 5시나 6시경에
일찍 일어나 영어책을 읽는 학생들을 쉽게 찾아볼 수 있었다. 또
한, 도서관에 빈 자리가 언제나 없었기 때문에 학생들이 자리를
점거하기 위해 도서관이 문이 열리기 전에 줄을 서서 한 시간

---

275) 係成城(1999), ＜中國敎育行政槪論＞, 250쪽.

이상 영어를 읽으면서 기다렸던 적도 많다. 이 시기 국외 학술계에서 활발한 성과를 보이고 있는 중국계 학자들이 대거 배출되었다.

2) 회복기 중국 대학교의 조직과 인사제도의 변화

(1) 회복기 중국 대학교의 조직의 변화

중국교육부는 1978년 10월에 개혁개방 이래 첫 "중점 대학교 잠정 工作조례"를 반포했다. 이 "조례"에 따라 각 대학교는 "당위원회 영도하에서의 책임 분업제"를 실시하게 됐다. 이에 따라 중국의 대학에서 敎學(교수) 부총장·연구 부총장·행정 부총장·外事 부총장·黨務 담당 부서기·당의 학생 담당 부서기 등의 개념과 직위가 생겼다. 이 "조례"는 부총장·당 부서기·부학과장을 "몇 명 정도"로 둘 수 있다고 규정했으나 구체적 수량에 대한 언급은 없었다.[276]

이어서 중공중앙 조직부와 교육부 黨組[277]는 1980년 12월에 "대학교 지도자 그룹을 강화하기 위한 의견"을 시달했다. 이 "의견"은 위 "조례"에서 확립된 "책임 분업제"의 정신을 재확인하면서 "당·정 분리" 즉, 당서기는 일반적으로 더 이상 총장을 겸임하지 않고 당 부서기도 될 수 있는 만큼 부총장을 더 이상 겸임하지 않는 원칙을 세웠다. 이에 따라 각 대학교 지도자들의 총수는 늘어날 수밖에 없다. 각 대학교 지도자 그룹의 수량을 규제하기 위해 이 "의견"은 중국 대학교 지도자 그룹의 총수를 다음과

---

276) 中國敎育部(1978), "全國重點高等學校暫行工作條例", 何東昌(1998), 앞의 책, 1646쪽.

277) 교육부에서의 당의 조직이다. 당조의 서기는 일반적으로 교육부 부장(장관)이 겸한다.

같이 규정했다: "각 대학교 당서기·당 부서기·총장·부총장의
총수는 일반적으로 5-9명 이내로 규제한다. 재학생수가 만 명을
넘는 多科의 대학(종합대)은 11명 이내로 규제한다. 1,500명 내외
의 재학생을 보유하는 대학은 일반적으로 5명 이내로 규제된다."
이로써 중국 대학교에서의 지도자의 확장은 본격적으로 이루어
졌다.

　1980년대 중반 들어 민주화 분위기가 고조됐다. 따라서 대학교
에서 민주의 정신을 어떻게 발휘해야 되는지의 문제가 다시 거론
되어, 교육부 당조는 1984년 12월에 "대학교에서 校務위원회의
설립에 관한 통지"를 내려 각 대학교로 하여금 민주의 정신을 발
휘하는 기구로서의 "校務위원회"를 다시 복원시키도록 조치했다.
"校務위원회"의 구성에 관해 이 "통지"는 "校務위원회의 구성 임
원의 수량은 각 대학교의 구체적 상황에 따라 스스로 결정하되
너무 과하지 않게 해야 된다. 校務위원회의 주임위원은 현임 총
장이 겸임하고 몇 명의 부주임을 둔다"고 규정했으나 이 "통지"
가 내려지기 전에 미리 실험을 해본 청화대의 경우 校務위원회의
임원 총수는 20명 내로 규제됐다.278)

　1985년 6월에 교육부에서 승격된 국가교육위원회279)는 이 해
7월에 "보통 대학교 임원 편제(정원)에 관한 試行방법"을 내렸

---

278) 中國敎育部黨組(1984), "關于高等學校試行設立校務委員會的通知", 何東昌(1998),
　　앞의 책, 2249쪽.

279) 중국의 교육부는 1975년 1월부터 국무원 科敎組를 대체해 회복됐는데 중앙
　　각 관련부처의 교육업무를 통일적으로 지도하여 공동보조를 잘 이루도록 하
　　기 위해 당이 1985년에 내린 "교육체제개혁에 관한 결정"에서 교육부를 국
　　무원 산하의 종합적 교육행정기관으로 승격시켜 국가교육위원회를 설립하기
　　로 한 결정에 따라 1985년 6월 18일에 열린 "전국인민대표대회"는 교육부
　　를 "국가교육위원회" 개명·승격하기로 했다. 이에 따라 당시의 국무원 부총
　　리인 이붕이 국가교육위원회의 초대 주임(위원장)으로 임명되어 겸하게 됐다.
　　1998년 3월에 국무원 총리에 새로 당선된 주용기가 추진한 국무원기구 간소
　　화 개편에 따라 국가교육위원회는 이때부터 다시 교육부로 바뀌었다.

다. 이것은 신중국 수립 이래 대학 기구의 설치와 임원의 정원에 관한 초유의 규정인 만큼 중국 대학교육의 관리는 처음으로 정규화 됨을 상징한다. 이 "試行방법"은 중국 대학교의 모든 임원을 敎學(교수)임원·전문적 과학연구임원·정치工作임원·행정관리임원·실험실과 도서자료 임원·工勤임원(노동자 등)·실습공장 임원·직속단위(기구) 임원(탁아소·초등학교·중학교·고등학교·출판사·인쇄공장·병원·초대소 등의 임원)으로 나누었다. 이 "試行방법"은 대학교 모든 기구와 임원들에 대한 편제 (정원)라고 했으나 대학교 각급 지도자, 즉 벼슬이 있는 사람들의 수량에 대한 규제밖에 대학의 당·행정 기구의 수량에 대한 구체적 규제는 없었다. 대학교 각급 지도자들에 대한 규제는 다음과 같다: "총장·부총장은 3-5명, 당 서기·부서기는 2-4명으로; 처장급 기구는 처장(주임·관장)·부처장을 2-3명으로; 과장급 기구는 과장·부과장을 1-2명으로; 각 학과는 학과장·부학과장·당서기를 3-5명으로 둔다."280) 이 "試行방법"은 1980년에 내려진 위 "의견"의 정신과 일치하다고 할 수 있다.

국가교육위원회는 이어서 1987년 3월에 처음으로 "대학교 각급 영도간부(지도자)의 임면에 관한 실시방법"을 내놓았다. 이 "실시방법"은 다음의 표에서 보여주듯이 대학 간부 임면의 절차와 권한에 대해 분급으로 나누어 자세히 규정하기도 했고 각급 간부의 편제(정원)의 수량 등에 대해 규제하기도 했다.

---

280) 中國國家敎育委員會(1985), "關于下達<普通高等學校人員編制的試行辦法>的通知", 何東昌(1998), 앞의 책, 2298-2300쪽.

<표 Ⅲ-1> 중국 대학교 각급 영도간부의
임면절차·권한·정원(1987)

	직　위	정원 수량	임면 절차 및 권한	비　　　고
상부기관의 승인을 받아야 되는 간부	총장급 지도자	총 5-7명 (당서기·부서기는 2-3명, 총장·부총장은 3-4명)	상부기관281) 또는 중앙당·국무원에서 심사·허가·임면	재학생이 3,000명에 미만할 경우 5명 이내에 규제, 재학생이 만 명 내외에 달할 경우 9명에 규제, 재학생이 15,000명을 넘을 경우 10명에 규제
	고문·명예총장	없음	상부기관에서 임면	원칙적으로 고문과 명예총장을 더 추가 두지 않고 65세가 되면 면직시킴
	당 紀律檢査 위원회 서기	1명	상부기관에서 임면	당 부서기와 동급
	대학원장	1명	상부기관의 심사·허가를 받고 대학에서 임면함	총장 또는 부총장이 겸함
	대학원 부원장	1-2명	상부기관의 동의를 받고 대학에서 임면	
	總會計師	1명	상부기관의 동의를 받고 대학에서 임면	재학생이 5,000명을 넘고 연 지출이 2천만 圓(인민폐)을 넘으면 가능
	비서장·교무장·총무장·총장보	3명 이내	상부기관의 동의를 받고 대학에서 임면	비서장·교무장·총무장을 두지 많은 대학에서만 1-2명의 校長助理282)를 둘 수 있음
대학교 자체가 임면하는 간부	당 기율검사 위원회 부서기	1-2명	대학에서 임면하고 상부기관에 통보함	당 위원회의 부장과 동급
	본부 각 처장·부처장	1-3명	대학에서 임면	당 위원회 조직부장·인사처장·재무처장·審計처장283)의 임면은 상부기관의 동의를 얻어야 됨
	학장·부학장	1-2명	대학에서 임면	처장·부처장급(이때 소수의 대학에서만 대학·학장이 회복됐음)
	학과(연구소)의 지도자	총 4-6명 (학과장·부학과장은 2-3명, 당서기·부서기는 2-3명)	대학에서 임면	재학생이 천 명을 넘으면 1명의 부학과장을 더 추가할 수 있음. 또한, 이들 간부의 급이 아직 명확해지지 않고 있었으니 도대체 처장인지 부처장인지 과장인지에 관한 언급 없음

출처: 中國 國家敎育委員會(1987), "關于高等學校各級領導幹部任免的實施辦法", 何東昌 主編 <中華人民共和國重要敎育文獻>, 2593쪽.

---

281) 대학의 상부기관이란 크게 세 가지의 종류가 있다. 첫째, 교육부 직속 대학의

위 "실시방법"의 한 가지 중요한 결점은 대학교 본부의 당·정 처장급 기구의 수량에 대한 규제조항이 부재하다는 것이다. 이 틈새로 인해 각 대학은 잇따라 당·정 기구 및 임원을 대폭적으로 늘렸다. 국가교육위원회가 지적했듯이 "어떤 대학교는 총무처를 다섯 개의 處로 확장했고 인사처를 셋 개의 단위(부문)로 확장한 일까지도 발생했다."284) 각 대학 당·정 기구의 수량을 감축하여 이러한 현상을 극복하기 위해 국가교육위원회는 1988년 5월에 "보통 대학교 기구 설치에 관한 의견"(試行案)을

상부기관은 물론 교육부이다. 이들 대학교 총장급 지도자들에 대한 임면 권한은 교육부 당조와 중공중앙 조직부에 있다. 둘째, 교육부가 아닌 다른 중앙부처에 속하는 대학의 상부기관은 물론 이들 중앙 부처이다. 이러한 대학들의 校級 지도자들에 대한 임면 권한은 이들 중앙부처와 중공중앙 조직부에 있다. 셋째, 지방 대학의 상부기관은 각 성(직할시·자치구)의 당 위원회이다. 지방 대학교 총장급 지도자들에 대한 최종적 임면 권한은 각 성(직할시·자치구)의 당 위원회에 있지만 주로 각 성(직할시·자치구)의 당 위원회 소속 "高校工作委員會"(대학교 업무위원회)와 조직부에 의해 행사된다. 각 성(직할시·자치구) 정부계통의 교육청은 교수·연구·행정 등 구체적 업무 분야에서 각 소속 지방대학에 대해 지도할 수 있으나 인사 임면의 권한은 없다. 다만, 각 성(직할시·자치구) 당 위원회 소속 "高校工作委員會"의 서기는 통상적으로 그 각 성(직할시·자치구) 교육청의 청장을 겸하기도 한다.

282) 校長助理는 한국어에서의 총장보에 해당되는 중국어 표현이다. 교장조리의 급은 처장(학장)급이지만 온 대학교에 대해 한 가지 이상의 업무를 주관하여 책임을 지는 사람으로서 처장 또는 학장보다 사실상 지위가 높다. 교장조리란 직위는 사실상 처장·학장에서 부서기·부총장으로 승진되기 전의 한 과도적 직위이다. 교장조리는 일반적으로 약 2-3년을 거치면 부서기·부총장으로 승진될 것이다. 또한, 대학교분만 아니라 각 기관도 이런 직위가 거의 다 있다. 예를 들면, 중국교육부의 경우(2005년 6월 현재), 1명의 부장(장관) 겸 당조서기, 1명의 부부장 겸 당조 부서기, 5명의 부부장 겸 당조위원, 1명의 교육부 주재 중공중앙 기율검사위원회 기율검사조장 겸 당조위원, 1명의 부장助理 겸 당조위원, 1명의 당조위원 겸 인사司(국) 司長이 있다. 이들 10명은 다들 교육부의 영도간부, 즉 국장급 간부들의 위의 지도자이다(참조: 중국교육부 홈페이지: http://www.moe.edu.cn/).

283) 審計處는 1980년대 중반부터 생긴 회계 검사를 담당하는 處이다. 심계실이라고 하는 대학도 많다.

284) 中國國家敎育委員會(1988), "關于對普通高等學校機構設置的意見(試行稿)", 何東昌(1998), 앞의 책, 2754쪽.

다시 내놓았다. 이에 따라 중국 대학 본부의 당·정 기구의 수량
은 다음의 표와 같이 규제됐다.

<표 Ⅲ-2> 중국 대학교 본부의 당·정 처장급 기구의
제한 수량(1988)

재학생 규모	理工類 대학교에 대한 제한	文科類 대학교에 대한 제한
1,000명 이하	10-12개	10-12개
1,000-2,000명	12-14개	12-14개
2,000-3,000명	14-16개	14-15개
3,000-4,000명	16-18개	15-17개
4,000-5,000명	18-20개	17-19개
5,000-8,000명	20-22개	
8,000-10,000명	22-24개	
10,000명 이상	24-26개	

출처: 中國國家教育委員會(1988), "關于對普通高等學校機構設置的意見(試行稿)", 何
東昌 主編 <中華人民共和國重要教育文獻>, 2754쪽.

위의 "試行案"은 중국 대학교의 당·정 기구를 校級(총장·부
총장급), 처(장)급, 과(장)급 모두 셋 급으로 나누기로 규정했다.
이에 따라 위 표에서의 기구는 다들 처장급으로 정하게 됐다.

요컨대 1988년까지 중국 교육당국은 보통대학교 당·정 기구
의 조직·구성·정원 등에 대해 체제적인 수준에서 규정했다. 이
과정에서 대학교 당·정 기구의 조직과 임원의 수량은 점차 증
가하는 추세가 나타난다. 그러나 이때까지는 대학교 각급 간부의

182

행정상의 급에 대한 규정은 존재했지만, 완전한 내용을 갖추지는 못했다. 이를테면, 校級지도자들의 행정상의 급은 도대체 국장인지 차관인지에 대해도 학과장의 행정상의 급은 도대체 처장인지 부처장인지 과장인지에 대해도 명확히 규정하지 않았다. 다시 말해, 교수·연구의 조직 및 간부들을 사회에서의 당·정 기구 및 간부들과 일일이 연결하는 제도는 아직 완전히 형성되지 않았다. 다만, 이러한 端緖가 이미 드러나기 시작됐다. <표 III-1>를 통해 알 수 있듯이, 학장·부학장은 이미 처장·부처장과 연결됐다. 이것은 바로 이후 논의할 중국 대학교의 관료화 경향의 조건이 되었다.

(2) 회복기 중국 대학교 인사제도의 변화와 특징

A. 회복기 중국 대학교 인사제도의 변화와 일반적 상황

앞에서 이야기했듯이 중국의 대학교원 직명제도는 "문화대혁명" 기간에 이미 철저히 붕괴됐다. 또한, 1949년 이후 끊임없는 정치적 "운동"으로 인하여 대학교원의 승진도 1949년부터 1978년까지 거의 정상적으로 잘 이루어지지 않았다. 등소평은 1977년 9월 19일에 한 교육부 책임자들과의 담화에서 "대학교에서 교수·강사·조교 등의 직명을 회복시켜야 된다"[285]고 지시했다. 이에 따라 교육부는 1978년 2월 13일에 "대학교원 직명의 회복 및 승진 문제에 관한 건의보고"를 국무원에 제출했다. 국무원은 이 해 3월 7일에 이 보도를 승인하여 즉시 집행하라고 지시했다. 이 "건의보고"에 따라 "문화대혁명" 전의 (정)교수·부교수·강사·조교들은 원래의 직명으로 승인됐고 이 중에서 일부의 뛰어

---

285) 鄧小平(1977), "教育戰線的撥亂反正問題", 何東昌(1998), 위의 책, 1578쪽.

난 교원들이 승진되기도 했다. 그래서 1978년부터 교원승진제도가 오래간만에 각 대학교에서 회복됐다. 이것은 1949년 이래 한동안 승진의 기회를 갖지 못한 교원들에게 고무적인 조치였다.

그러나 위 "건의보고"에 따라 교원의 승진은 각 대학교의 당위원회의 총괄적 지도하에서 진행해야 된다. 즉, 심사권은 각 대학교 옛날의 "校務위원회"에서 당 위원회로 옮겨야 된다. 또한, 조교·강사·부교수의 허가·승인 권한은 이전과 동일하게 대학교에 있으나, (정)교수의 경우는 이제 교육부에서 각 성·직할시·소수민족자치구 정부(교육청 또는 고등교육청)로 위임되었다.286) 교육부가 1982년 2월 18일에 내린 새로운 명령에 따라 (정)교수 승진의 심사에서 통과된 대상자의 허가여부의 권한은 각 지방정부에서 다시 교육부에 회수하게 됐다.287)

개혁개방 이후의 첫 교육부장인 劉西堯(임기: 1977년 1월 – 1979년 2월)가 1978년 7월에 대학교원 직무의 심사·評定을 정기적으로 실시하자고 처음으로 제기했다.288) 그러나 교육부는 늦은 1986년 초에 이르러서야 개혁개방 이래 첫 "대학교 교원직무의 평심(평가·심의) 및 조직 章程"을 내놓았다. 이 "장정"은 처음으로 대학교원 직무승진의 구체적 조직방법과 절차에 대해 비교적 자세히 규정했다. 이 "조직 장정"에 따르면, 학사학위 수여권한이 있는 대학교(4년제 대학교)와 학사학위 수여 권한이 없는 대학(2년제 전문대)은 각각 학교 차원의 "교원직무 평심위원회"와 "교원직무 평심組"를 두고 교원의 승진을 총괄적으로 심

---

286) 中國敎育部(1978), "關于高等學校恢復和提昇敎師職務的請示報告", 何東昌(1998), 위의 책, 1601쪽.

287) 中國敎育部(1982), "關于當前執行<國務院關于高等學校敎師職務名稱及其確定與提昇方法的暫行規定的>實施意見", 何東昌(1998), 위의 책, 2001쪽.

288) 劉西堯(1978), "在全國敎育工作會議上的報告", 何東昌(1998), 위의 책, 1615쪽.

의하도록 한다. 전자는 주임(위원장) 1명, 부주임 2-4명, 위원 모두 15-25명으로 구성된다. 주임·부주임은 대학교 지도자 또는 전문가가 이어야 되고 위원의 적어도 2/3은 (정)교수·부교수가 이어야 된다. 후자는 9-15명의 위원으로 구성된다. 이밖에 학교 차원의 "교원직무 평심위원회" 또는 "교원직무 평심조"는 밑에 관련 학과들 사이에 걸쳐 있는 여러 "학과평의組"들을 두고 기초적 평가를 실시하도록 할 수 있다. "학과평의조"는 5-9명의 성원으로 구성되는데 주로 (정)교수·부교수들로 구성되어야 되고 (정)교수는 적어도 1/2 이상이어야 한다.289)

위 "조직 장정"의 의미는 단지 대학교원 직무승진의 구체적 조직방법과 절차에 대해 처음으로 자세히 규정한 것이 아니다. 이 "조직 장정"이 내려진 전에는 대학교원의 직무승진은 주로 교육부를 포함한 중앙 관련 부처 또는 각 성(직할시·자치구) 교육청이 소집한 당·정 관료와 전문가들로 구성된 평심조에 의해 진행돼 왔다. 그러나 이 "조직 장정"에 따르면, 각 대학교의 "평심위원회" 또는 "평심조"는 조교를 제외한 다른 직명들의 승진에 대해 평가·심사권만이 갖고 있고 최종 결정권은 여전히 상부기관에 의해 독점되었으나, 각 대학교는 적어도 강사·부교수·(정)교수들의 승진에 대해 평가·심사권으로 어느 정도의 영향력을 직접적으로 행사할 수 있게 됐다. 따라서 이러한 변화는 대학교원 직무승진의 권력이 행정기관에서 대학교로 부분적으로 분산·이관하게 된 것을 의미하기도 하고 대학교원 직무승진 과정에서 전문가의 역할의 확대와 어느 정도의 민주화를 의미하기도 한다. 또한, 이 "조직 장정"은 중국 대학교원 직무승진의 정규화 또는 체제화를 상징하기도 한다.

---

289) 中國國家教育委員會(1986), "高等學校教師職務評審組織章程", 何東昌(1998), 위의 책, 2383- 2384쪽.

위 "조직 장정"에 따라 중국 대학교원의 직무승진은 1986년부터 정규화가 되었을 뿐만 아니라 정기화도 됐다. 즉, 이때부터 1988년까지 해마다 한번씩(통상적으로 가을임) 진행되게 됐다.

그러나 1989년 "천안문사태"로 인하여 이 제도는 4년간 정지되었으며, 또한 점차 평심위원들의 무기명투표로 변모된 이 제도는 1990년대 이후부터 대두된 총체적인 사회부패 문제 거리의 하나가 되었다. 주로 행정기관에 의한 이전의 제도도 여러 가지의 문제점들을 갖고 있었으나, 무엇보다 승진의 질에 대해 책임을 지는 주체가 명시되어 있었다. 그러나 무기명투표로 변화된 이 새로운 제도는 책임주체가 불분명하게 되었다. 다만, 전체적으로 봤을 때 회복기 대학교원의 승진은 비교적으로 엄격했다. 당시 (정)교수로 승진된 교원은 수량도 별로 많지 않았고 질도 높았다. 때문에 정년퇴직 때까지도 (정)교수로 승진되지 못한 교원은 적지 않았다.

B. 회복기 중국 대학교 인사제도의 주요 특징

첫째, 자유취직은 여전히 어려웠으나 초빙제와 임기제의 개념은 도입됐다. 류서요가 1978년 7월에 한 보고에서 "대학교 (정)교수·부교수의 전근·유동은 꼭 교육부 또는 기타 주관 기관의 동의를 얻어야 된다"290)고 했다. 교원의 자유 취직·유동은 나중에 어느 정도 완화됐으나 전체적으로 여전히 표방된 바대로 구현되지 못했다. 1980년대 중반 "자산계급 자유화" 풍조에서 서양 교육제도에 대한 소개·학습과 더불어 "초빙"·"임기" 등 개념도 점차 중국에 잇따라 수용되었다. 이에 따라 국가교육위원회가 1986년에 내놓은 "대학교 교원직무 試行조례"에서 "대학교 교원

---

290) 劉西堯(1978), "在全國敎育工作會議上的報告", 何東昌(1998), 위의 책, 1615쪽.

에게 초빙장 또는 임명장을 수여한다. 임기는 업무의 소요에 따라 대학교가 정하는데 일반적으로 2-4년이며 연장 또는 연임은 가능하다"[291]고 규정했다. 이 규정은 유통성이 있어 "초빙"·"임기"의 적용이 임의적일 수 있었으나, "초빙제"·"임기제" 실시가 신중국 이후 공식화되었다는 점에서 의미를 지닌다.

아울러, 대학교 지도자들의 임기에 대해 중공중앙 조직부와 교육부 당조는 1980년 12월에 내린 "대학교 지도자 그룹을 강화하기 위한 의견"에서 "앞으로 임명될 전문가 출신의 총장·부총장에 대한 임기제를 실시한다. 임기는 해당 대학교의 학제연한과 똑같다. 임기 완료시 일반적으로 연임시키지 않겠다"[292]고 규정했다. 이 의견에서 총장·부총장의 임기에 대해 "해당 대학교의 학제연한과 똑같다"고 했으나 구체적으로 규정하지 않았다. 때문에 국가교육위원회는 1987년에 "대학교 총장 임기제 試行辦法"을 내놓아 "대학교 총장·부총장의 임기는 일반적으로 4년이고 (약과대학교 등)학제연한이 5년을 넘는 대학교의 경우면 5년이 가능하다"고 추가 규정했다. 그러나 "試行辦法"은 "대학교의 총장·부총장은 임기 완료시 대학교의 소요와 본인의 조건에 따라 상부 임면기관의 동의를 거쳐 연임할 수 있다"고 규정하여, 임기 연한의 구체적인 기준은 거의 언급되지 않았다. 이 "試行辦法"은 "총장과 부총장을 막론하고 이들에 대해 다들 임기제를 실시해야 된다"고 했으나 "총장·부총장 임기제를 실시하는 대학교의 범위는 각 대학교의 상부 주관기관에 의해 정한다"고 했다.[293]

---

291) 中國國家敎育委員會(1986), "高等學校敎師職務試行條例", 何東昌(1998), 위의 책, 2381쪽.

292) 中共中央組織部, 中國敎育部黨組(1980), "關于加强高等學校領導班子建設的意見", 何東昌(1998), 위의 책, 1886쪽.

293) 中國國家敎育委員會(1987), "高等學校校長任期制試行辦法", 何東昌(1998), 위의 책, 2595쪽.

따라서 총장·부총장 임기제를 실시하지 않아도 무방한 대학교
도 있었던 것이다.

총장·부총장의 임기제에 관한 위 두 개의 규정은 당서기·부
서기가 아닌 총장·부총장, 특히 당·정 간부 출신이 아닌 교수
출신의 총장·부총장들의 임기에 대한 제한뿐이지만 교수·학자
출신의 총장·부총장들의 학문연구 중단현상을 지양하기 위한
목적도 있었으니 나름대로 합리적인 측면을 갖고 있다. 그러나
이들 규정 자체도 해석의 범위가 넓어 사실상 엄격히 적용되지
않았다. 다만, 1980년대에 총장·부총장에 임명된 교수·학자들
은 이 규정에 따라 임기가 완료된 이후 평교수로 복귀된 사람이
있었다. 이는 현재와는 매우 차별적이다.

둘째, 민주선거제가 도입되었음에 따라 "교수治校"도 한때 회복
됐다. 중공중앙 조직부와 교육부 당조가 1980년 12월에 내린 "대
학교 지도자 그룹을 강화하기 위한 의견"에서 신중국 수립 이래
처음으로 민주적 선거를 통해 대학 총장·부총장을 뽑는 것을 허
용했다: "앞으로 대학교 총장·부총장을 임명할 때 사전에 민주적
으로 군중들의 의견을 충분히 구한 다음에 인선을 정하고 상부기
관에 보고해 심사·허가를 거쳐 임명을 해야 된다. 지도체제의 개
혁을 실험하고 있는 대학교는 조건이 무르익으면 민주적 선거를
통해 총장·부총장을 뽑는 것을 試行해도 된다. 민주로 선출된 총
장·부총장은 간부 관리권한에 관한 규정에 따라 상부기관에서
심사·허가를 거쳐 임명된다. 다만, 구체적 선거방법에 대해서는
당분간 통일적으로 규정하지 않겠다."294)

이에 따라 대학교의 고위 간부들의 최종적 결정권과 임명권은
이전대로 계속 교육부 당조, 중앙정부 다른 부처의 당조, 각 성(직

---

294) 中共中央組織部, 中國敎育部黨組(1980), "關于加强高等學校領導班子建設的意
見", 何東昌(1998), 위의 책, 1886쪽.

할시·자치구)의 당위원회에 소유됐으나[295] 인선의 선발은 신중국 이래 처음으로 민의조사 차원으로 진행되었다. 중공중앙 조직부와 교육부 당조의 위 "의견"에서 당서기·부서기도 선거를 통해 뽑아야 된다고 언급하지 않았으나 집행과정에서 당서기·부서기도 총장·부총장과 만찬가지로 민주적 선거에 의해 뽑히게 됐다.

민의조사에서 높은 평가를 받는 사람은 일반적으로 학술적 수준이 있는 사람일 수밖에 없다. 따라서 각 대학교의 총장·부총장은 1980년대 초반부터 잇따라 유명한 교수들에 교체하게 됐다. 또한, 민의조사에서 높은 평가를 받은 사람은 꼭 당원일 필요는 없었다. 남경대의 유명한 천체물리학자인 曲欽岳[296]은 바로 이런 사례이다. 그는 당원이 아니지만 교육부 당조가 실시한 민의조사에서 지지표를 가장 많이 얻어서 신중국 이래 남경대의 첫 "민선" 대학총장이 됐다.[297] "교수治校"의 정신과 제도가 어느 정도 회복되었음에 따라 학술적 활발은 어느 정도 이루어졌다.

셋째, 이공계 출신과 인문사회계 출신을 막론하고 학문·도덕·능력·위신만이 있으면 대학교육을 지도할 수 있게 됐고 교

---

295) 중국 각 대학교의 당서기·총장·당 부서기·부총장의 선발·임면의 권한은 교육부 직속 대학교의 경우, 기본적으로 교육부 당조에 있으나 꼭 중공중앙 조직부와 상의를 하여 선발·임면한다. 중앙정부 다른 부처에 직속된 대학교의 경우면, 선발·임면의 권한은 기본적으로 그 중앙부처의 당조이 있으나 중공중앙 조직부·교육부 당조와 상의하야 된다. 각 지방 대학교의 경우면 선발·임면의 권한은 각 성(직할시·자치구) 당위원회에 있다. 또한, 中層(처장급) 및 이하 급의 간부의 선발·임면 권한은 각 대학교의 당 위원회에 있다.

296) 1935년-, 산동성 출생. 1957년에 남경대 천문학과를 졸업하고 남경대 천문학과에 남아 조교·강사·(정)교수·학과장으로서 일해 왔다. 1984년 8월에서 1996년 3월까지 남경대 총장을 역임했다. "문화대혁명" 직후 이래 중국에서 가장 위대한 대학총장의 미명을 얻었다. 1980년에 가장 젊은 나이로서 중국과학원 학부위원(오늘날의 院士)으로 당선됐다. 1993년부터 제3세계과학원 院士으로 당선됐다[참조: 黃一琨(2003), "南京大學: 沉黙中突圍?", 중국 <經濟觀察報>, 第115號, 2003年 6月 30日].

297) 黃一琨(2003), 앞의 글.

육학 학자도 가능하게 됐다. 민의조사에 의해 총장·부총장을 뽑
을 때 후보자의 출신은 학문·도덕·능력·위신 등보다 그렇게
중요시되지 않다. 따라서 이공계출신이든지 인문사회계출신이든
지 상관없이 피보임권을 갖고 있었다. 이공계출신과 인문사회계
출신의 비율을 정확히 파악할 통계자료가 없으나 대략 비슷한 비
율을 갖고 있었다. 이중에서 교육학 학자도 또다시 대학교육을
지도하게 됐다. 유명한 교육학 학자인 劉佛年298)과 顧明遠299)은
바로 이런 대표이다. 대학교육 지도자로 기용된 교육학자는 비록
많지 않았으나 교육학은 심리학 등과 같이 "문화대혁명" 기간에
"僞과학"(가짜 과학)으로 판정되어 오랫동안에 비판을 받아왔기
때문에 중국에서 지위가 그리 높지 않으니 교육학자들을 다시 대
학교육을 지도하게 한 것은 쉽지 않았던 일이라고 할 수 있겠다.

넷째, 대학교육의 지도자들은 젊어졌다. "문화대혁명" 직후부
터 "노동자·농민·군인"들을 대신하여 대학교육의 지도권을 차
지하게 된 사람은 주로 "문화대혁명" 기간에 한때 타도된 老간
부(직업 혁명가)와 老교수들이다. 이들은 1980년대에 이르러 거
의 60대 내지 70대가 됐다. 때문에 당국은 이들을 위무하기 위해
이들에게 고문·명예총장 등 명예직을 시킨 동시에 젊은 세대를
키워 대학교육의 지도자로 발탁하게 됐다.

중공중앙 조직부와 교육부 당조가 1980년 12월에 내린 "대학
교 지도자 그룹을 강화하기 위한 의견"에서 "현재부터 우수한

---

298) 1914-2001, 영국 Cambridge대·프랑스 Paris대 출신, 1978년 8월부터 1984
년 6월까지 화동사범대 총장을 역임했고 중국교육학회 부회장(1대·2대)을 역
임했다.

299) 1929-, 전 소련 국립 모스크바 레닌사범대학 교육학과 출신(1951-1956), 1984
년부터 1991년까지 북경사범대 부총장을 역임했다. 2003년 7월 현재 북경사범
대 교육관리대학 학장·교수에 재직하고 있다. 중국교육학회 회장·(중국)전국
비교교육연구회 이사장·세계 비교교육학회 연합회 공동 주석 등 직을 겸하고
있다.

중년·청년 간부들을 발탁하여 이들이 성숙되는 대로 각 대학교의 校級(총장·부총장) 지도자 그룹에 들어갈 수 있도록 해야 된다. 미래의 2년 내외에 각 대학교는 3-4명의 약 40-50세의 우수한 중년·청년 간부들을 뽑아야 된다. 이들을 校級 지도자 그룹에 들어가게 함으로써 校級 지도자 그룹의 평균 나이를 55세 이하로 줄여야 된다. 새로 발탁된 우수한 중년·청년 간부들에게 부총장·당 부서기도 맡겨줄 수 있고 총장·당서기도 맡겨줄 수 있다. 다만, 학문적으로 뛰어나지만 조직력·지도력이 없는 학자들에 대해서는 이들로 하여금 과학 분야에서 크게 발전될 수 있도록 하되 일반적으로 이들에게 당·정 영도직책을 맡겨주지 말아야 한다"[300]고 했다. 이에 따라 젊은 세대로 여겨졌던 50대의 학자·교수들은 잇따라 대학교육의 지도자로 됐다. 曲欽岳은 바로 이런 사례이다. 그는 남경대 총경에 임명되었을 때 50세도 안 되었다.

다섯째, 대학교의 관료화는 아직 잘 형성되지 않았다. 회복기까지 대학교의 행정상의 급에 대한 엄격한 규정이 아직 없었다. 또한, 민주적 선거로 총장·당서기로 뽑혀 임명된 교수들의 행정적 경력에 대한 요구도 엄격하지 않았다. 즉, 교직원·학생들 중에서 위신만이 있으면 꼭 학과장·학장 또는 처장·부총장 또는 부서기를 거쳐야만 당서기·총장으로 될 수 있는 것이 아직 아니었고 평교수라도 당서기·총장으로 뽑혀 임명될 수 있었다. 이것은 민주적 선거의 정신과 파격적으로 젊은 세대를 기용한 노력의 필연적 결과이다.

여섯째, 대학교원 직무승진의 정치적 기준은 강화됐다. 교육부가 1982년 2월 18일에 내린 대학교원 승진에 관한 한 명령에 따

---

300) 中共中央組織部, 中國敎育部黨組(1980), "關于加强高等學校領導班子建設的意見", 何東昌(1998), 앞의 책, 1885쪽.

라 교원승진에 대한 정치사상적 조건 중에서 첫 조는 바로 "4항의 기본적 원칙을 꼭 지켜야 한다"는 것이었다.301) 바꾸어 말해, "4항의 기본적 원칙"들 중에서 하나만 잘 지키지 않으면 승진은 불가능한 일이다.

일곱째, 대학교에서 거의 누구도 학술적 직명을 얻을 수 있게 됐고 이 중에서 정치사상교육 임원도 전임교원처럼 조교·강사·부교수·(정)교수로 될 수 있게 됐다. 대학교원의 직명이 회복되어 승진이 정상화된 이후 대학교에서 대학교원의 지위는 신속히 상승됐다. 이에 대해 전임교원이 아닌 기타 기술성이 높은 임원은 불공평하다고 지적이 많았다. 이들의 적극성을 자극하기 위해 교육부는 1978년 10월에 반포한 개혁개방 이래 첫 "중점 대학교 잠정 工作조례"에서 실험임원을 실험원·기술원·工程師(엔지니어)로, 그리고 도서자료임원을 도서관리원·도서관리 助理연구원·도서관리 부연구원·도서관리 연구원으로 각각 평정하여 직명을 수여하기로 했다.302)

이에 따라 각 대학교에서 전임교원 직명 계열 이외에 연구·도서관리·실험·工程기술·회계·의료위생·출판(편집)·檔案문서 등 계열의 직명도 생겼다. 이들 계열의 직명은 전임교원 계열처럼 (정)교수·부교수·강사·조교라고 불리지 않지만 각각 (정)교수·부교수·강사·조교와 동급으로 인정되기 때문에 전임교원 계열의 직명과 명의상의 차만 있다. 따라서 이때부터 대학교에서 전임교원뿐만 아니라 다른 임원도 해마다 한번씩 평심을 받고 (정)교수급·부교수급·강사급·조교급의 직명을 수여받을

---

301) 中國敎育部(1982), "關于當前執行'國務院暫行規定'的實施意見", 何東昌(1998), 위의 책, 2000쪽.

302) 中國敎育部(1978), "全國重點高等學校暫行工作條例", 何東昌(1998), 위의 책, 1644쪽.

수 있게 됐다. 때문에 대학교의 직무승진의 평심은 이제부터 복잡화됐다.

특히, 국가교육위원회는 1986년 12월에 명령을 내려 대학교에서의 전임 학생사상정치 교육工作임원들에게도 평심을 거쳐 전임교원과 똑같이 조교·강사·부교수·(정)교수란 직명을 수여하기로 했다. 이에 따라 당·정·(공청)단·정치輔導원 등 학생의 사상정치교육과 관련된 모든 임원들도 전임교원들과 동일하게 학술적 직명을 얻게 되기 시작됐다. 학술적 교수·연구에 종사하는 전임교원들의 직명을 구별하기 위해 중국의 대학교에서 이들의 직명을 "政(治)工(作)계열 교수" 또는 "덕육교수"라고 속칭하기도 하지만 이들 직명의 공식적 호칭은 전임교원들의 직명과 똑같다. "政工계열"은 전임교원 이외 전임교원의 직명과 똑같은 직명을 얻을 수 있는 유일한 계층이다. 여기서 중국 대학교에서 정치사상교육의 지위가 분명하다. 이 명령에서 "정치사상교육도 한 가지의 과학이다"고 강조하기도 했다.303) 국가교육위원회는 이 시기에 이와 같은 명령을 내린 것은 1980년대 중반부터 나타난 민주화운동을 대비하기 위해 대학교의 정치사상적 교육을 강화하려는 의도에서 비롯된 것이었다.

여덟째, 대학교 임원들의 자녀도 동 대학교에 많이 취직됐다. "문화대혁명" 기간에 모택동이 일으킨 "지식청년 上山下響 운동"에 따라 시골에 간 도시 청년들은 1978년부터 잇따라 도시에 돌아오게 됐다. 이들 청년들의 일부는 회복된 전국통일高考(대입고시)를 통해 대학교에 진학하게 됐는데 나머지 대부분은 취업하게 됐다. 당·정 간부들의 자녀들은 부모가 일하고 있거나 일했던 당 위원회 또는 정부에 취직하고 경찰들의 자식들은 공안

---

303) 中國國家敎育委員會(1986), "關于在高等學校思想政治敎育專職人員中聘任敎師職務的實施意見", 何東昌(1998), 위의 책, 2555쪽.

국(경찰국)에 취직하는 관행에 따라 복직된 대학교 당서기·총장·부서기·부총장·교수·기타 간부들의 이런 자식들은 "당에서 배려해준 우대"를 받고 잇따라 부모가 일하고 있거나 일했던 대학교에 취직하게 됐다. 이 관행은 대학교의 인사과계를 훨씬 복잡하게 만들었다. 또한, 오늘날에 이르기까지 이미 40대 또는 50대가 된 이들은 결국 개혁의 큰 방해가 되기도 하고 있다.

2. 1990년대 이래 중국 대학교육의 대개편

1978년부터 시작된 회복기에 나타난 수많은 적극적인 변화는 1989년 4월부터 6월 초까지 일어난 "천안문사태"로 인하여 잘 이어지지 못했다. 당국은 "천안문사태" 이후부터 1992년까지 약 4년을 거쳐 대학교에서 "자산계급의 자유화 사상"을 정돈·숙청했다. 이 시기 각 대학교에서 일반적 수업을 유지한 것을 제외하면 연구수준의 제고와 교육제도의 개혁 등은 거의 다 정체되었다. 등소평은 1992년 1월에 "남방巡視"를 하여 "남방담화"304)를 발표했음으로써 1989년 이래의 정체국면을 타개하여 중국 향후의 개혁을 심화시켰다. 바로 이를 계기로, "중국특색이 있는 사

---

304) 1992년 1월 18일부터 88세의 등소평은 중국 사실상의 최고 통치자로서 북경에서 출발하여 深圳·珠海·상해 등 개혁개방의 심도가 가장 높은 남방 도시를 순시하면서 따뜻한 곳에서 겨울을 보내기도 했고 개혁개방에 관해서 지시를 내리기도 했다. 한 달 이상을 거친 등소평의 이 "남방담화"의 중심적 사상은 도대체 사회주의인가 자본주의인가의 문제를 일단 놔두어 따지지 말고 우선적으로 경제적 발전의 속도를 내도록 하는 것은 가장 중요하다는 것이다. 등소평은 이로써 개혁개방의 심도를 더 높이면 자본주의에 빠지지 않을까 우려한 보수파들의 입을 다물었다. 등소평의 "남방담화"가 발표한 후에야 자본주의 경제를 상징하는 증권거래서는 深圳과 상해에서 잇따라 생겼다. 때문에 등소평의 "남방담화"는 중국 시장경제의 본격적 시작을 상징한다.

회주의 시장경제"란 표현이 나타났고 중국의 시장경제도 본격적
으로 시작되었다.

1) "교육 개혁·발전 강요"와 "21세기 교육진흥 행동계획"

(1) "교육 개혁과 발전 綱要"

1993년부터 강택민을 비롯한 이른바 "제3세대" 지도자들은 교
육에 관심을 보였다. 이들은 1990년대 중국 교육의 발전과 개혁
을 계획하기 위해 이 해 2월 13일에 중공중앙과 국무원의 명의
로 "중국 교육 개혁과 발전의 강요"를 내놓았다. 이 강요는 중국
교육의 遠景에 대해 여러 가지의 아름다운 그림을 그려주었다.
이 강요의 내용들 중에서 가장 주목된 부분은 크게 세 가지가
있다.

첫째, 학교의 창립과 운영의 주체에 관해서 강요는 "정부가 혼
자 도맡아 학교를 창립하여 운영하는 극면을 극복하도록 하겠다.
정부가 위주로 하고 사회 각계가 공동으로 학교를 창립하여 운
영하는 체제를 차츰차츰 창출하도록 한다"[305]고 했다. 이에 따라
중국의 각급 사립학교가 잇따라 탄생하게 시작됐다.

둘째, 대학교육의 관리체제에 관해서 이 강요는 "고등교육 (관
리)체제개혁의 주요 과제는 주로 정부와 대학교 간의 관계, 중앙
과 각 지방 간의 관계, 그리고 국가교육위원회와 중앙 기타 각
업무부처 간의 관계를 잘 해결하는 것이다. …… (중략) …… 중
앙과 각 지방과의 관계에 관해서 중앙과 성(자치구·직할시)의
分級管理·分級負責[306]의 교육관리 체제를 한 걸음을 더 나아가

---

305) 中共中央, 國務院(1993), "中國敎育改革和發展綱要", 중국 <인민일보>, 1993
　　　년 2월 27일.

확립하도록 하겠다. …… (중략) …… 이 정신에 따라 중앙은 簡政放權을 한 걸음을 더 나아가 실시하고 각 성(자치구·직할시)의 교육에 대한 정책을 결정하는 권력을, 심지어 (그 지방에 위치하고 있는)중앙 각 업무부처의 직속 대학교에 대한 통일적으로 계획하고 고려하는 권력을 (각 지방에) 이양·확대시키겠다"307)고 했다. 여기서 사실상 대학교육에 대한 각 지방의 적극성, 특히 대학교육에 대한 각 지방정부의 투자열정을 자극하는 동기도 있다. 이 결정에 따라 중국은 "중점대학교"와 "非중점대학교"를 구분하여 관리하는 체제를 대신해 중앙(국가 교육위원회와 기타 업무부처)에 직속되는 대학교와 각 성(직할시·자치구)에 직속되는 대학교를 구분하여 관리하는 체제를 도입했다.

셋째, 교육경비에 관해서 이 강요는 국가 재정적 교육경비가 GNP에서 차지한 비중은 오랫동안에 2.5%조차도 미달한 국면을 극복하기 위해 "국가 재정적 교육경비(National Fiscal Educational Expenditure, NFEE)를 차츰차츰 높여 NFEE가 GNP308)에서 차지하는 비중을 이 세기(20세기) 말까지 4%에 달할 수 있도록 한다"고 선언했다.309)

국가 재정적 교육경비가 GDP에서 차지한 비중의 세계 평균적 수준은 약 4.2%이다.310) 발전도상국이라도 1980년대 중반까지 이 수치(평균)는 이미 3.5%를 넘어섰다.311) 한국의 교육재정이 GDP

---

306) 중앙정부와 지방정부가 고등교육에 대한 권력과 책임을 나누어 각자의 책임을 지고 관리하는 중국어 표현이다. "分級"은 등급으로 나누는 뜻이다. "負責"은 책임을 지는 뜻이다.

307) 中共中央, 國務院(1993), 앞의 글.

308) 중국은 그때 GDP보다 GNP란 통계적 개념을 더 많이 썼다.

309) 中共中央, 國務院(1993), 앞의 글.

310) 董洪亮(2003), "教育收費不能再亂了", 중국 <인민일보>, 2003년 12월 24일.

에서 차지하는 비중은 1996년에 이미 4%대로 진입했고 2004년에 처음으로 5%를 넘어서서 5.02%에 달하겠다.[312] 그래서 중국이 내놓은 이 수치를 2000년까지 4%에 달하는 목표는 사실상 별로 매우 높은 목표가 아닌 것 같다. 그러나 1993년에서 2002년까지 중국 교육경비의 실제적 집행상황은 위와 같은 선언이 한 큰 비누방울에 지나지 않는 것임을 잘 말해주고 있다.

<표 Ⅲ-3> 중국 국가 재정적 교육경비(NFEE)가 GNP · GDP[313]에서 차지하는 비중의 변화(1993-2003)

년 도	1993	1994	1995	1996	1997	1998	1999	2000	2001	2002	2003
NFEE /GNP	2.54%	2.52%	2.46%	–	–	–	–	–	–	–	–
NFEE /GDP	–	2.68%	2.41%	2.44%	2.49%	2.55%	2.79%	2.87%	3.19%	3.32%	3.28%

출처: ■ 1993년에서 1998까지의 수치의 출처: 중국교육부 국제합작 및 교류司(국)
(2000), <1998年-1999년 중국 교육 개혁동태>, 67쪽.
■ 1999년과 2000년의 수치의 출처: 중국 <중국교육보>, 2001년 12월 31일
■ 2001년의 수치의 출처: 중국 <중국교육보>, 2003년 1월 4일
■ 2002년과 2003년의 수치의 출처: 중국 <중국교육보>, 2004년 12월 31일

위 "강요"의 정신을 관철시키기 위해 당은 1994년 6월 14일에 개혁개방 이후 제2차 "전국교육工作회의"를 개최하기도 했다.

---

311) 孫成城(1999), 앞의 책, 250쪽.

312) 김남중(2003), "교육예산 GDP 5% 돌파", 한국 <중앙일보>, 2003년 9월 26일.

313) 중국 통계당국은 1995년까지 CNP와 GDP 이종의 통계적 개념을 써왔고 1996년부터 GNP란 개념을 포기하고 GDP란 개념만을 써왔기 때문에 이 표에서는 GNP와 GDP 두 가지의 표현이 쓰이게 됐다.

(2) 대담한 "교육 개혁의 해"

1998년은 중국 교육에 있어서 매우 중요한 한 해이다. 중국 언론에서 1998년을 중국의 가장 대담한 "교육 개혁의 해"라고 평가해주기도 하고 있다.

이 해 교육 개혁이 크게 추진된 주요 원인을 두 가지로 지적할 수 있다. 하나는 21세기 들어 교육 문제가 심각한 쟁점으로 떠오르자 중국은 교육체제·제도·구조·내용·규모 등에 대해 "대수술"을 단행해야 한다는 것을 인식하였다. 또 하나는 朱鎔基 새 정부의 출범에 수반되어 이 해 3월부터 공식적으로 교육부장(장관)으로 된 陳至立314)도 "새로 취임한 관리는 세 개의 횃불을 켜서 때어야 된다"는 중국의 관행에 따라 교육에 대해서 "대수술"을 해야 된 것이다.

이 해 교육 개혁에서 중국 지도자들이 채택한 주요 행동과 조치는 다음과 같다:

첫째, 이 해 3월 17일에 새 정부의 총리로 되자마자 주용기는 이틀 후인 3월 19일에 과학과 교육으로 나라를 진흥시키는 것을 총괄적으로 지도하는 중앙 여러 부처에 걸쳐 있는 기구인 "국가 과기·교육 영도小組"를 신설했음으로써 이번 새 정부는 정말 과학과 교육을 중요시하여 정말 과학과 교육에 대해 "대수술"을

---

314) 1942-, 여자, 복단대 물리학과 출신, 1988년부터 상해 당위원회 상임위원 겸 선전부장으로 됐다. 그는 1989년부터 상해 당위원회 부서기 겸 선전부장으로 승진됐고 1991년에서 1997년까지 상해 당위원회 전임 부서기를 역임했다. 1997년 8월부터 국가교육위원회 당조서기 겸 부주임의 신분으로서 사실상 국가교육위원회를 주재하기 시작했다. 1998년 3월에 공식적으로 교육부부장(장관)으로 되어 2003년 3월까지 재직했다. 진지립은 2003년 3월부터 전임 국무위원으로 승진되어 총리 산하에서 교육·과학 등을 총괄적으로 지도하게 되고 李嵐淸을 이어 중국 교육의 새 최고지도자가 됐다. 진지립은 국무원계통에서 1명의 총리, 4명의 부총리, 다른 4명의 국무위원을 이어 제10위를 차지하고 있고 중국 관료서열 전체에서 그의 정치적 지위와 실권은 각각 약 67위와 27-30위에 있다.

하겠다는 이미지를 전국에 냈다.315)

둘째, 중국의 고등교육을 규범적으로 규정하기 위해 "전국인민대표대회"는 이 해 8월 29일에 "고등교육법"을 처음으로 제정하였다. 이것은 중국의 고등교육이 처음으로 법률적 근거를 갖추어 제도적인 틀을 마련했다는 것이다.

셋째, 이번 교육 개혁을 계통적으로 지도하기 위하고 2010년까지의 중국 교육의 발전과 개혁을 장기적으로 계획하여 지도하기 위해 중국교육부는 1998년 12월 24일에 12개의 제목하에서 모두 50조의 내용이 담아있는 "21세기를 향하는 교육진흥 행동계획"을 내놓았다. 이것을 "행동계획"이라고 한 것은 이전과 달리 교육진흥을 정말 추진시키겠다는 강한 의지를 표현하기 때문인 것으로 풀이될 수 있다.

교육부의 이 "행동계획"을 재확인하여 전국 각계각층을 교육진흥에 적극적으로 참여하게 하기 위해 중공중앙과 국무원은 1999년 6월 13일에 "교육 개혁을 심화하고 素質(자질)교육을 전면적으로 추진하는 것에 관한 결정"을 내놓았다. 이 "결정"을 관철시키기 위해 당은 이틀 후인 6월 15일에 개혁개방 이후 제3차 "전국교육工作회의"를 개최하기도 했다.

(4) "21세기를 향하는 교육진흥 행동계획"의 주요 내용

중공중앙과 국무원의 위 "결정"은 교육부의 "행동계획"을 재확인하고 "행동계획"의 일부 내용, 특히 응시교육을 대비하는 수단으로 제기된 "소질교육"을 중점적으로 강조한 것에 지나지 않기 때문에 여기서 "행동계획"의 주요 내용만을 다음과 같이 정리해보겠다.

---

315) 新華社(1998), "國家科技教育領導小組擧行首次會議", 중국 <인민일보>, 1998년 6월 10일.

<표 Ⅲ-4> 중국교육부 "21세기를 향하는 교육진흥 행동계획"의 요점

제 목	주요 목표와 내용
1. 소질교육공정	1) 2000까지 9년제 의무교육과 청장년 문맹 퇴치를 대체로 완성; 2) 2010까지 21세기 기초교육 새 과정 및 교재 체제를 구축하여 보급함; 3) 2010까지 문자사용 규범화를 대체로 전국에서 실현.
2. 교사자질의 제고	1) 2010까지 초중고 교사 학력을 어느 정도 專科・本科・석사로 제고; 2) 2000부터 全員초빙제와 계약제를 실시.
3. 고수준 창조적 인재의 배출공정	1) 1998부터 점차 국내외에서 특별초빙 교수를 공개 초빙하도록 허용; 2) 1999부터 해마다 백 명의 35세 이하의 우수 교수에게 奬勵기금; 3) 1999부터 해마다 백 편의 우수 박사논문에 장려.
4. "21−1공정"	2000년에 1단계를 마무리하는 동시에 2단계를 "착공".
5. 세계 일류대학 및 학과의 건설	10−20년 내외를 거쳐 몇 개의 대학과 상당 부분의 학과들로 하여금 세계 일류 수준에 달할 수 있도록 노력.
6. 현대 遠程교육 공정	2000까지 모든 4년제 대학과 千 이상의 중등학교로 하여금 인터넷을 사용할 수 있도록 하고 인터넷을 5만 명의 교수들의 자택에 들어가게 하고 대부분의 농촌 학교들로 하여금 교육방송을 수신할 수 있도록 노력.
7. 高新기술의 산업화	1) 대학 교수와 학생들의 高新기술기업 창업을 권장; 2) 대학교들의 高新기술그룹의 창설을 권장.
8. 고등교육 발전과 개혁의 가속	1) "共建・조정・합작・합병"으로 대학교육의 관리체제・분포・구조를 개편; 2) 신입생 모집의 대폭적 증가로 진학률을 1997년의 9.1%에서 2000년에 11%로 늘리고 전임교원 대 학생의 비율을 1997년의 1：10에서 2000년에 1：12로 늘리고 보통대학의 평균 재학생규모를 2000년에 4,000명에 달성; 3) 고등직업교육의 규모를 대폭적으로 팽창; 4) 초빙제・계약제・도태제 등 인사개혁과 後勤工作의 사회화 개혁316) 등을 통해 終身제를 깨고 경쟁체제를 구축하여 대학교의 용원을 감소.

---

316) 중국에서는 후생복지시설과 기구를 통틀어 後勤(rear service)이라고 부른다.

제목	주요 목표와 내용
9. 직업교육과 성인교육	1) 중학교 단계부터 학생들을 직업교육으로 대폭 分流; 2) 직업자격증서 제도를 실시.
10. 교육투자의 적극성의 자극	향후 3-5년 내에 정부가 위주하고 각계각층이 적극적으로 참여하고 공립학교와 사립학교가 같이 발전할 수 있는 학교 창립·운영 체제를 구축.
11. 교육경비의 확보와 제고	1) "2개의 增長"들을 "3개의 증장"으로 늘렸음317); 2) 1998부터 중앙정부의 교육경비지출이 재정적 지출에서의 비중을 해마다 1%로 증가시키고 2000부터 해마다 이 비율을 3% 내외로 증가시키고 각 지방정부도 해마다 이 비율을 1%-2%로 증가; 3) 1998부터 各級재정에서 예산보다 많이 수입된 부분도 위의 비율보다 적지 않게 교육에 투입; 4) NFEE가 GDP에서 차지하는 비중을 4%로의 목표를 달성하도록 노력; 5) 교사의 원급을 가로채지 않게 하고 공무원들과 같이 정액대로 제시간에 지급을 받도록 하고 공무원들과 같이 인상되도록 노력;
12. 등소평이론의 학습과 당 조직의 건설	1) "兩課": 마르크스주의이론課와 사상품덕課의 새 교수방안을 구축하여 대학생들로 하여금 이들 과목들을 즐겁게 수강하고 싶도록 노력; 2) "三進": 등소평이론으로 하여금 "교재·강의실·학생들의 두뇌"에 진입할 수 있도록 노력.

출처: 중국교육부, "面向21世紀敎育振興行動計劃", 중국 <중국교육보>, 1999년 2월 26일

"後勤工作의 사회화 개혁"이란 기숙사의 신축 등 대학교가 친히 할 칠요가 없는 일부의 후생복지기구의 시설과 기능을 대학교 이외의 기업 등에 옮기는 것을 뜻한다. "後勤工作의 사회화 개혁"은 대학교의 공식적 직원 수량을 감소시킬 수 있으니 대학교 용원을 줄이는 한 수단으로 쓰이고 있다. 그러나 비교적으로 큰 진전이 잘 이루어진 상해 지역을 제외하면 다른 지역의 대학교는 이런 개혁을 하기도 하지만 형식에 흐르고 있으니 큰 진전이 별로 없다.

317) "2개의 증장"을 "3개의 증장"으로 늘리는 것은 당이 1985년 5월 27일에 내놓은 "교육체제개혁에 관한 결정"에서 약속한 "2개의 증장" 이외에 "교사의 급료와 학생 1인당 기준에 의해 학교가 정부에서 받는 사무비·판공비 이른바 公用경비로 하여금 점차적으로 증장하도록 해야 된다"는 것을 추가로 약속한 것을 의미한다.

2) 1990년대 대학교육 대개편의 주요 내용

(1) 대학 관리체제와 구조의 개편: "共建·조정·합작· 합병"

위 "강요"와 제2차 "전국교육工作회의"의 정신에 따라 당과 정부는 1994년부터 대규모적 고등교육 관리체제 개혁과 대학교 구조 개편을 실시했다.

고등교육 관리체제의 개혁과 전국 대학교 구조의 개편은 초기에는 주로 李嵐淸318)과 국가교육위원회 주임이었던 朱開軒319)이 주도하여 실시되었고 1997년 8월 이후부터는 주로 이람청과 진지립이 주도하여 실시되었다.

A. 개편의 이유

고등교육 관리체제의 개혁과 전국 대학교 구조의 개편은 하게 된 이유는 크게 네 가지가 있다.

첫째, 거시적 관리의 차원에서 보면 대학교에 대한 관리권의 중앙과 지방의 분리 그리고 중앙정부 각 업무부처에 직속되는 대학교가 너무나 많기 때문에 중복건설·재정투입의 불합리·효율성

318) 1932-, 복단대 기업관리학과 및 전 소련 유학 출신, 1992년부터 중공중앙 정치국 위원 겸 대외경제무역부장(장관), 1993년부터 중공중앙 정치국 위원 겸 국무원 부총리, 1997년부터 중공중앙 정치국 상임위원 겸 국무원 (常務) 부총리(중국 관료 서열에서 제7위)를 역임했다. 2002년 11월에 열린 당 제 16차 대표대회부터 중공중앙 정치국 상임위원에서 퇴직하게 되었고 이어 2003년 3월부터 (常務)부총리에서 퇴직하게 됐다. 이람청은 부총리 및 (常務)부총리 시절에 주로 대외무역·과기·교육을 담당해왔고 한 10년 동안에 중국 최고의 교육지도자 이었다.

319) 1932-, 공군과 북경항공대 출신, 1985년 6월부터 북경항공대(오늘날의 북경 항공航天대) 당서기에서 국가교육위원회 당조 부서기 겸 부주임(부위원장)으로 승진되었고 1993년 3월부터 국가교육위원회 주임(장관)으로 승진되어 1998년 3월까지 재직했다.

의 저하 등 현상이 현저했다. 이번 개혁이 실시되기 전까지 중앙 각 부처에 직속된 대학교는 모두 571개교가 있었다. 이는 1993년 전국 보통대학교 총수인 1,065개교의 53.6%에 달한다. 기계 공업부만이 25개의 직속 대학교를 소유하여 관리하고 있었다. 중앙부처에 직속된 이들 대학교들은 여러 유리한 점도 있었으나 수량이 너무 많으니 각 부처에서 받을 수 있는 경비는 부족한데다가 "중앙"의 대학교라서 각 지방을 위해 열심히 인재를 키우지도 않았다. 반면, 각 지방은 필요한 인재들을 중앙부처에 직속된 대학교로부터 충분히 받을 수 없었으니 지방 자신에 속한 대학교에만 투입을 했거나 아예 중앙부처의 직속 대학교들과 비슷한 대학교나 학과나 신설하기도 했다. 이로 인한 문제들이 이만저만 아니었다.

둘째, 학과 설치에서 세부화를 지나치게 추구해왔던 중국 대학교들에서 문·이·공·상·법·의·농·사범·예체 등은 서로 분리되어 있었고 학생들은 매우 좁은 시야에서 공부하게 됐다. 예컨대, 의과대의 경우 의학만을 공부할 수 있었고 인문사회과학 물론 심지어 수학·물리학·화학·생물학조차도 제대로 공부할 수 없었다.

셋째, 대학교의 평균 학생 규모는 너무나 작은 반면에 각 대학교에 "오장육부"가 다 갖춰져 있었다. 1990년 중국 대학교의 학부 재학생수(2년제와 4년제가 다 포함됨) 평균규모는 1,919명에 불과했다. 1992년의 경우, 13.1%의 4년제 대학교의 평균 재학생수는 1,000명에 미달했고 15.2%의 2년제 대학의 평균 재학생수는 600명이 넘지 못했으며 대부분 대학교의 재학생수는 2,000-3,000명 수준이었다.[320] 반면 각 대학교에 유치원·초중고학교 등 물론 심지어 인쇄공장·실습공장·병원·건축건설 기구 등의 부속 시설도

---

320) 李嵐清(2003a), "談高等教育管理體制改革決策過程", 중국 <중국교육보>, 2003
년 12월 16일.

갖추고 있었다. 중국의 대학교는 그야말로 "작은 사회"였다.

넷째, 각 대학교는 경비가 부족하면서도 교육요건 또는 자원을 효율적으로 이용할 수 없었다. 규모가 작은 대학교들이 너무나 많기 때문에 도서·설비 등을 중복적으로 구입할 수 없었기 때문이다.

위 문제들을 극복하기 위해 이람청을 비롯한 중국 교육 지도자들은 "공건·조정·합작·합병"이란 방침 또는 방식을 통해 개편을 실시했다.

B. "공건"

"공건"이란 중앙 각 부처와 지방정부 각각이 대학교를 세워 운영하는 방식을 바꾸어 양자가 공동으로 대학교를 운영하는 방식을 말한다. "공건"은 "성·부 공건", "시·부 공건"[321], "성·시·부 공건"[322], "부·부 공건"[323], "성·시 공건"[324] 등 다양한 형식이 있는데 "성·부 공건"이 "공건"의 주요 형식이다. "성·부 공건"이란 각 성(직할시·자치구)과 중앙정부 모 부처, 주로 교육부와 공동으로 대학교에 출자하고 공동으로 그 대학교를 운영하는 것을 말한다.

"성·부 공건"은 개편 전에 중앙부처에 직속되었던 대학교들

---

321) 각 성(직할시·자치구) 안의 시와 중앙정부 부처 사이에서 이루어지는 공동적 대학교 운영이다.

322) 각 성(직할시·자치구) 및 안의 시와 중앙정부 부처 사이에서 이루어지는 공동적 대학교 운영이다. 예를 들면, 서북공업대는 국무원 국방과학기술工作위원회·陝西省·西安市 사이의 "공건"에 의해 운영·관리되는 대학교이다. 때문에 이 대학교는 "98-5공정" 명단에 들어가게 되면서도 교육부의 직속 대학교가 아니다.

323) 중앙정부의 부처와 부처, 주로 교육부와 기타 업무부처 사이에서 이루어지는 공동적 대학교 운영이다.

324) 각 성(직할시·자치구)과 안의 시 사이에서 이루어지는 공동적 대학교 운영이다.

의 예속관계에 대한 조정과 연결되어 동시에 실시되었다. 개편 전에 중앙부처에 직속되었던 대학교들의 예속관계에 대한 조정 은 "강요"의 정신에 따라 북경대·청화대·중국인민대·북경사 범대·화동사범대·북경語言대·중국농업대·중국재경대·중국 政法대·중국광업대·중국지질대·대외경제부역대·중앙음악 대·중앙戱劇대·중앙미술대·북경중의약대·중국약과대·북경 廣播대325)·중국해양대·석유대 등 국가발전의 全局과 크게 관 련되거나 전문성이 너무 강해서 지방정부에 옮기면 안 되는 소 수의 대학교들을 제외하면 나머지 대학교들의 예속관계를 각 성 (직할시·자치구)에 옮기는 식으로 진행돼 왔다. 예를 들면, 중앙 정부 교육당국은 국무원기구 간소화의 계기로 2001년 1월에 철 폐된 기계 공업부 등 9개의 중앙 업무부처에 직속되었던 93개의 보통대학교 중에서 81개교를 선정해 이들 대학교의 관리권과 예 속관계를 이들 대학교가 위치하고 있는 각 지방정부에 이양했다. 이들 대학교들은 기초가 튼튼한데다가 계속 중앙정부에서 經常 性 경비를 그대로 받을 수 있기 때문에 각 지방정부의 입장에서 는 본 조치가 반길 만한 것이었다.326)

"성·부 공건"이란 바로 예속관계가 지방정부에 이양되지 않 은 소수의 대학교, 이른바 중앙(부처) 직속 대학교를 공동적으로 건설한다는 것이다. "성·부 공건"도 두 가지의 형식으로 나누어 진다. 하나는 각 성(직할시·자치구)과 교육부 이외의 다른 중앙 부처 사이의 "공건"이고 하나는 각 성(직할시·자치구)과 교육부 사이의 "공건"이다.

---

325) 1954년에 설립된 이래 계속 북경廣播學院이라고 불려왔는데 2004년 9월 7 일부터 중국傳媒대학교(Communication University of China)로 승격·개명 했습니다.

326) 李嵐淸(2003b), "高等學校調整決策始末", <중국청년보>, 2003년 12월 10일.

전자의 경우, 중국과학기술대에 대한 "공건"(중국과학원과 안휘성), 哈爾濱공업대에 대한 "공건"(국무원 국방과학기술공업위원회와 흑룡강성), 북경항공航天대에 대한 "공건"(국무원 국방과학기술공업위원회와 북경시), 북경이공대에 대한 "공건"(국무원 국방과학기술공업위원회와 북경시) 등을 예로 들 수 있다. 후자의 경우, 예속관계가 교육부에 직속되었던 중점대학교 또는 非중점대학교의 경우라면 교육부는 우선적으로 중점대학교와 非중점대학교의 구분을 폐지327)하고 그 다음으로 전국의 모든 대학교들 중에서 각 대학교의 성질과 지위 등 구체적 상황에 따라 72개교만을 교육부의 직속대학교로 새로 지정하고 나머지 대학교들의 관리권과 예속관계를 각 성(직할시·자치구)으로 옮기는 것이다. 교육부는 다시 각 지방정부와의 합의를 통해 이들 72개

---

327) 개혁개방 이래 중점대학교와 非중점대학교를 구분하는 제도는 1978년부터 공식적으로 출범된 이후 중점대학교의 수량과 명단이 자주 변동됐기 때문에 북경대·청화대를 비롯한 한 20-30 내외의 명문대들을 제외하면 어떤 대학교들이 중점대학교인지에 대해 일반인뿐만 아니라 전문가까지도 상당히 모호하다. 또한, 새로 생긴 중앙(부처) 직속대학교·지방대학교의 구분, 당의 내부적 파악용으로 지정된 이른바 "차관급 대학교"·"廳長급 대학교""·부청장급 대학교"의 구분, 아래에서 더 자세히 밝혀질 듯이 "21-1공정"·"98-5공정"에 들어가게 된 대학교의 명단 등도 있기 때문에 중국인들은 어떤 대학교들이 중점대학교인지에 대해 더욱 모호하게 됐다. 지금 일반적 언론보도 또는 사람들의 말에서 "중점대학교"이란 용어는 계속 쓰이고 있지만 사실상 엄격한 의미에서의 "전국 중점대학교 명단"은 없고 그 대신에 교육부 직속 대학교 명단과 "21-1공정" 또는 "98-5공정"에 들어간 대학교들의 명단이 있다. 대개 "21-1공정"에 들어가게 된 90여 개교 또는 중앙(부처)의 직속 120개교가 중국의 일류대학교로, "98-5공정"에 들어가게 된 34개교 또는 21개의 "차관급 대학교"가 중국의 초일류 대학교로 이해하면 된다. 다만, 여러 가지의 이유로 인하여 "21-1공정" 또는 중앙(부처)의 직속 대학교 명단들 중에서 사회에서 명문대로 인정을 받지 못하고 있는 대학교도 있고 사회에서 명문대로 인정을 받고 있으나 "98-5공정" 명단에 들어가지 못한 대학교도 있다. 또한, 교육부 직속 대학교는 대부분 명문대이지만 중국과학기술대·哈爾濱공업대·북경항공航天대·북경이공대·서북공업대는 "98-5공정"의 34개교 명단까지도 들어가게 되었으나 각각 중국과학원과 국방과학기술위원회에 속하는 대학교인 까닭에 교육부의 직속 대학교가 아니다.

교들 중에서 각 지방과 같이 "공건"할 수 있는 대학교를 선정해 각 지방과 계약을 맺어 "공건"하기로 했다.

하나의 예를 들면, 교육부는 잇따라 북경시 정부와 계약을 맺어 청화대·북경대·북경사범대 등을 "공건"하기로 했다. "공건"에 관한 계약에 따라 양측은 이들 대학교에 經常性 경비를 지급해주어야 할 뿐만 아니라 이들 대학교들의 세계 일류대학교 또는 세계 유명한 대학교 건설을 위해 한꺼번에 집중적으로 거액의 재원을 지원해야 한다. 이런 상황에서 "공건"된 대학교들의 관리권과 예속관계는 그대로 교육부에 유지되지만 "공건" 대학교는 그 성(직할시·자치구) 당지에서 신입생을 보다 더 많이 뽑고 그 대학교의 교수·연구도 그 성(직할시·자치구) 당지의 경제와 사회발전에 보다 더 많은 기여를 해야 된다. 2002년 8월까지 교육부는 이런 식으로 각 성(직할시)과 계약을 맺어 "공건"하기로 한 대학교는 32개교에 달했다. "공건"에 관한 계약에 따라 양측은 이들 32개의 대학교에 무두 219.7억 인민폐 圓[328], 즉 약 26.54억 불에 달했는데 이 중 교육부는 모두 약 12.57억 불을, 성(직할시) 쪽은 약 13.97억 불을 투입했다.[329]

C. "조정"

"조정"이란 대학교 및 대학·학과들의 지역적 분포와 종류의 분류에서 있는 중복·분산·종류의 불분명 등 문제들을 극복하

---

328) 2005년 6월 현재 중국 인민폐 圓과 미국 달러의 고정적 환율은 약 8.28圓의 =1 US dollar이다. 본 연구에서 인민폐 단위로 나타나는 돈에 대해서 이하부터 다 인민폐 대 미국 달러의 8.28:1의 환율대로 환산해 미국 달러의 단위인 불·만 불·억 불로 표시하기로 한다. 인민폐를 미국 달러로 환산할 때 四捨五入하기로 한다.

329) 董洪亮(2002), "敎育部北京市重點建設北師大", 중국 〈인민일보〉, 2002년 8월 25일.

기 위해 기존의 대학교 및 대학·학과들의 예속관계와 구조를 다시 배치시키는 것을 말한다. 이에 따라 교육당국은 1999년 초에 5개의 군사공업 부처에 속했던 25개의 보통대학교, 34개의 성인대학, 수백 개의 중등전문학교와 기술학교들의 예속관계·분포·구조에 대해 조정을 실시했고 이어서 국무원 계통 기구개편의 계기로 50여 개의 중앙부처에 속했던 대학교들의 예속관계·분포·구조에 대해 조정을 실시했다.330) "조정"의 원칙은 크게 네 가지가 있다.

첫째, 서부 등 낙후지역에 지원을 해야 한다.

둘째, 동부 연해지역의 명문대의 실력을 늘려야 된다.

셋째, 각 대학교의 유형과 특색을 분명시키고 강화시켜야 된다. 이에 따라 조정된 대학교들의 고급인재들은 주로 각 명문대에 배치되었고 저급의 인재들은 주로 서부 등 낙후지역의 대학에 배치되었다.331) 이 때문에 각 대학교의 유형도 분명되었고 특색도 강화되었다. 중국의 대학교들은 바로 이때부터 이른바 "연구형", "연(구)·교(수) 형", "교(수)·연(구) 형", "직업훈련형" 등 종류로 나누어져 각자의 제자리를 찾게 되기 시작했다. 또한, 바로 이때부터 수많은 고등직업교육 유형의 대학이 생겼다. 그래서 수많은 대학교·대학들이 조정·합병됐지만 중국 대학교의 총수는 줄어들지 않았을 분만 아니라 오히려 어느 정도 늘어났다.332)

---

330) 李嵐淸(2003a), 앞의 글.

331) 다만, 사회적 분위기와 개인적 가치관이 이미 많이 달라진 1990년대 후반에 일러서 조정되어 다른 도시 또는 다른 대학교, 특히 낙후지역의 대학교에 가게 됐더라도 가지 않아 여러 방법으로 원래 도시 또는 원래 대학교에 남은 사람들이 많이 있으므로 이러한 조정은 나중에 형식에 흐르기도 했다.

332) 1994년-2003년 중국의 보통대학교 총수의 변화는 다음과 같다: 1994, 1080; 1995, 1054; 1996, 1032; 1997, 1020; 1998, 1022; 1999, 1071; 2000, 1041; 2001, 1225; 2002, 1396; 2003, 1552(개교, 이 중에서 중앙부처의 직속 대학교는 111개교가 있고 나머지는 다 지방정부에 속함). 또한, 2003년 성

넷째, "정치안정 제일주의"란 기본적 원칙과 각 명문대의 실력을 약하게 하지 않는 원칙에 따라 이번의 조정은 1952년－1953년의 "원계조정"과 달리 각 대학교, 특히 명문대들의 교수들로 하여금 다른 도시 또는 다른 대학교에 대규모적으로 이동하지 않도록 해야 된다. 따라서 각 명문대는 "조정"의 정신에 따라 낙후된 성(자치구)의 한 대학교와 1:1 식으로 자매결연을 맺어야 했지만 1952년－1953년의 "원계조정"과 달리 주로 교수들을 낙후지역의 지원대상에 파견해 단기적으로 강의하거나 부총장을 겸하거나 낙후지역의 대학교와 연합으로 대학원생을 배양하거나 낙후지역 대학교들의 교수들을 초청해 연수할 수 있게 하는 방식으로 했다. 예를 들면, 북경대는 바로 이런 형식으로 新疆維吾爾族(Uygur 족)자치구의 石河子대학교와 자매결연하게 되어 후자를 지원해왔다.

D. "합작"

"합작"이란 주로 각 대학교들의 폐쇄와 중복건설을 극복하기 위해 효율화와 "우세 상호 보충"란 원칙에 따라 대학교와 다른 대학교·대학·연구기관·기업체들 사이에서 이루어진 협력을 말한다. 예를 들면, 이에 따라 북경대는 잇따라 청화대·북경항공航天대·중국인민대·북경사범대 등과 합의하여 상호 학점인정 등의 형식으로 자신의 우세적 과목을 다른 대학교의 재학생들을 들을 수 있게도 했고 자신 대학교의 재학생들을 다른 대학

인대학교의 총수는 558개교(이 중에서 중앙부처의 직속 대학교는 19개교임)이므로 이 해 군대·당교 계통의 특수 대학교들을 제외한 중국의 대학교 총수는 2110개교이다[참조: 國家敎育發展硏究中心(2001), <2001년 중국 교육 綠皮書>, 12쪽; 중국교육부(2003), "2002년 전국 교육사업발전 통계공보", 중국 <중국교육보>, 2003년 5월 13일; 중국교육부(2004), "2003년 전국 교육사업발전 통계공보", 중국 <중국교육보>, 2004년 5월 27].

교의 우세적 과목을 들을 수 있게도 했다.

E. "합병"

"합병"이란 교육자원 이용의 효율화와 각 명문대들의 실력·규모를 늘리기 위해 각 명문대들로 하여금 주로 같은 도시에 있는 몇 개의 작은 대학교들을 합병할 수 있도록 한 것을 말한다. 절강대는 1998년 9월에 중앙정부로부터 허가를 받아 杭州대·절강농업대·절강의과대를 합병함으로써, 최초로 합병된 명문대이자 당시 중국에서 학과 시스템을 가장 온전하고 규모 있게 완비한 대학교가 되었다. 그 이후 중국의 명문대들은 남경대·중국인민대·북경사범대·천진대·하문대·중산대 등을 제외하면 대부분 중앙정부의 허가를 받아 주변의 작은 대학교들을 합병한 경험이 있다. 2001년 1월 10일까지 교육부 직속의 72개의 대학교들 중에서 합병의 경험이 있는 대학교는 모두 35개교에 달했다. 다음의 <표 Ⅲ-5>는 이들 35개교의 합병 상황에 관한 정리이다.

<표 Ⅲ-5> 중국교육부 부분 직속 대학교의 합병상황

현재 校名	앞 대학교를 구성한 대학교 또는 연구소들의 원래 명칭	현재 校名	앞 대학교를 구성한 대학교 또는 연구소들의 원래 명칭
북경대	북경대 · 북경의과대	武漢理工대	무한공업대 · 무한汽車공업대 · 무한교통과기대
청화대	청화대 · 중앙공예미술대	湖南대	호남대 · 호남재경대
북경化工대	북경化工대 · 북경化工관리간부대	中南대	중남공업대 · 호남의과대 · 長沙철도대 · 장사공업고등專科학교
남개대	남개대 · 天津外貿대	四川대	사천대 · 成都과기대 · 華西의과대
동북대	동북대 · 瀋陽黃金대	重慶대	중경대 · 중경건축대 · 중경건축고등專科학교 및 中專333)部
吉林대	길림대 · 길림공업대 · 白求恩의과대 · 長春과기대 · 장춘郵電대	西安교통대	서안교통대 · 서안의과대 · 陝西재경대
복단대	복단대 · 상해의과대	서북농림과기대	서북농업대 · 서북임학대 · 중국과학원 水土保持연구소 · 수리부 서북水利과학연구소 · 陝西省 농업과학원 · 陝西省임업과학원 · 중국 과학원 서북植物所
同濟대	동제대 · 상해철도대 · 상해城建대 · 상해건재대 · 상해철도대 부속 위생학교	중국농업대	북경농업대, 북경농업공정대
상해교통대	상해교통대 · 상해농업대	중앙재경대	중앙재경대 · 중앙재경관리간부대
東華대	중국방직대 · 상해방직고등專科학교 · 상해玻璃搪瓷연구소	중국政法대	중국정법대 · 중앙정법관리간부대
華東사범대	화동사범대 · 상해교육대 · 상해제2교육대 · 상해유아사범고등專科학교	서남재경대	서남재경대 · 사천은행학교
동남대	동남대 · 남경철도의과대 · 남경교통고등專科학교 · 남경지질학교	河海대	하해대 · 常州水電기계제조職工대
吳錫輕工대	오석경공대 · 중국경공업국 부속 電光源재료연구소	북 방 교 통 대334)	북방교통대 · 북경전력고등專科학교
合肥공업대	합비공업대 · 安徽공업대	북경中醫藥대	북경중의약대 · 북경針灸骨傷대 및 부속中專
절강대	절강대 · 항주대 · 절강의과대 · 절강농업대	대외경제무역대	대외경제무역대 · 중국금융대
山東대	산동대 · 산동의과대 · 산동공업대	中南財經政法대	중남재경대 · 중남정법대
武漢대	무한대 · 무한수리전력대 · 무한測繪과기대 · 湖北의과대	長安대	서안公路교통대 · 서북건축공정대 · 서안공정대
華中科技대	화중이공대 · 同濟의과대 · 武漢城市건설대 · 무한과기職工대		

출처: "敎育部直屬高校名單", 중국 <중국교육보>, 2001년 1월 10일

---

333) 중등專業(전문)학교의 약칭이다. 입학 기초학력은 일반적으로 중졸이다. 최근

이번 대학교 합병운동의 목적 또는 기대효과에 대해서 이람청은 2003년 연말에 출판한 회고록에서 "대학교의 합병은 단순히 합병을 위한 합병이 결코 아니다. 합병의 근본 목적은 교육자원을 한층 합리적으로 분배하여 효율적으로 활용하고, 대학교 경영과 인재배양의 질 및 경제적 기회비용 효과를 높이는 데 있다"[335]고 했다. 이 목적은 과연 잘 달성되었는가? 이와 관련하여 두 사례를 고찰해본다.

a. 대학교 합병운동의 Case 1: 복단대와 상해의과대의 합병

상해의과대는 顔福慶[336]이 1927년에 세운 대학이다. 이 의과대보다 일찍 세워진 성약한대의 의과대·북경協和의과대·호남湘雅의과대·齊魯대 의과대 등 다른 의과대도 있지만 이들은 다들 외국인이 세운 의과대이다. 또한, 중국정부가 세운 국립 북경의학전문학교도 상해의과대보다 일찍 세워졌지만 醫學院(의과대)이 아닌 전문학교뿐이었다. 그래서 상해의과대는 중국인 자체가 세운 중국의 첫 의과대이다. 이 대학교는 제4중산대 의학원(1927)·江蘇대 의학원(1928)·중앙대 의학원(1928)·국립 상해의학원(1932)·상해제1의학원(1952) 등 변천과 개명을 거쳐 1985년부터 상해의과대로 개명됐다. 이 대학교의 역사상에서 복단대와 완전히 다

에 들어 인기가 많이 없어졌다.

334) 2003년부터 이미 북경교통대로 개명했다. 교통대학의 북경 분교에서 출범한 이 대학교는 1923년 3월 – 1928년 6월 사이에 한때 "북경교통대"라고 불렸는데 여러 변천을 거쳐 1970년부터 "북방교통대"라고 불리기 시작했다.

335) 李嵐淸(2003b), 앞의 글.

336) 1882-1970, Yale University 의과대에서 의학박사 학위를 받은 첫 亞洲人 (1909), 중국 공공위생학(예방의학)의 창립자이다. 중화의학회 초대 회장 그리고 상해제1醫學院 부원장(부총장)을 역임한 적이 있었다(참조: 중국 <校史通訊> 제23호, 2003년 11월 25일).

른 대학교이고 오히려 중앙대·남경대와 크게 관계가 있었다.

그러나 이번의 대학교합병 風潮에서 상해의과대는 복단대와 합병되는 대상이 됐다. 당국은 의과대가 없는 것이 복단대의 부족이라고 판단해서 그때 상해에 있는 의과대들 중에서 복단대의 합병대상을 물색하기 시작했다. 그때 상해에는 모두 4개의 의과대가 있었는데 군대 계통의 제2군의대는 불가능하고 상해철도의 학원은 먼저 상해철도대에 합병되었다가 후자와 같이 同濟대에 이미 합병된 바람에 역시 불가능하고 상해제2의과대는 상해시 지방정부에 속하는 대학교이니 역시 어려웠다. 결국은 이들 4개의 의과대 중에서 가장 유명했으며 중앙정부 위생부에 직속되었던 상해의과대는 불가피하게 복단대의 합병대상이 되어 2000년 4월 27일에 복단대와 합병됐다.

校名문제와 역사적 감정문제는 합병과정의 가장 중요하고 어려운 문제이다. 교명문제는 곧 간판의 문제이고 명분의 문제이고 원래 대학교의 무형적 자산이다. 한 대학교의 교명에 들어갈 수 있는 글자는 꼭 짧아야 되므로 새 교명에 합병된 대학교들의 원래 교명은 다 들어갈 수 없다. 한 명문대와 하나 이상의 일반대학교들 사이에서 합병이 이루어지면 통상 전자의 교명을 합병된 대학교의 명칭으로 사용하는 것에 별다른 갈등이 발생하지 않는데, 만약 합병대상의 대학교들의 서열이 대등한 경우라면 갈등이 쉽게 해소되기 어려웠다. 예컨대, 무한에 있는 대학서열이 대등한 중남재경대와 중남정법대가 2000년 5월에 합병됐는데 "중남재경정법대"란 새 교명이 정해졌다. "재경＋정법"이란 교명은 중국을 제외하면 어디 또 찾아볼 수 있는가? 뿐만 아니라 누가 새 교명의 앞에 위치하고 누가 뒤에 위치하느냐의 문제를 둘러싸고 벌어진 싸움과 갈등도 합병된 이후의 새 대학교의 발전에 적지

않은 영향을 미치고 있다. 복단대와 상해의과대의 합병의 경우도
마찬가지이다. 비록 복단대는 유명하지만 상해의과대의 명성도
대등한 수준이었다. 상해의과대는 심지어 1994년 10월에 일찍
"21-1공정"의 "예심"을 통과되었음으로써 상해지역에서 "21-1공
정"의 "예심"을 통과된 첫 대학교가 이기도 했다. 특히 상해의과
대는 중국 의학교육계에서 유명했을 뿐만 아니라 中山, 華山, 腫
瘤(혹·종기·암), 兒科, 오관과, 婦産科 등 부속병원은 전국에서
도 널리 유명했다. 이 중에서 중국인 자체가 상해에서 세운 첫
병원인 華山병원(1907)에만 1명의 중국과학원 院士, 1명의 중국
공정원 院士, 2,200명의 의사·직원, 10 개의 교육부 중점 학과가
있다. 이 병원의 환자 수는 2003년에 연 157만 명에 달했다. 이
병원은 Harvard University의 의과대와 연합·제휴하기로 한 병
원이 이기도 한다. 또한, 이 병원은 2004년 초에 7억 불로 이 병
원을 사려고 한 한 외국 회사의 구매의사를 거절하기도 했다.337)
그래서 중국의학계에서 "북에는 協和이고 남에는 上醫이다"338)
는 말이 있다. 여기서 "上醫"는 바로 상해의과대를 말한다. 그러
나 합병된 새 대학교의 교명은 계속 복단대라고 불리고 상해의
과대는 합병된 그날부터 원래의 교명을 폐지하게 되었고 복단대
의학원(의과대)이라고 불리게 됐다. 결국 상해의과대가 복단대로
흡수·통합된 것이었으며, 구 상해의과대가 지닌 유형과 무형의
자산은 역사적 공간 속에서 사라진 것이다.

　"북에는 協和이고 남에는 上醫이다"는 말에서 나타나는 것처

---

337) 楊立群(2004), "華山醫院將被收購接管?" 중국<解放日報>, 2004년 2월 27일.

338) 북방에는 協和가 가장 유명하고 남방에는 上醫가 가장 유명하다는 중국식 표
　　현이다. "협화"는 미국인이 세운 북경협화의학원(의과대), 즉 오늘날의 중국
　　의학과학원과 일체가 된 중국협화의과대(Peking Union Medical College)를
　　말한다. 중국협화의과대는 중국의 유일한 8년제 의과대이다.

럼 "上醫"는 중국에서, 특히 의학계에서 이미 유명한 마크가 됐다. "上醫"란 글자는 상해의과대의 명성·인망과 긴밀히 연결돼 있다. 그러나 복단대 의학원(의과대)으로 개명된 이후 상해의과대가 소유했던 유형과 무형의 자산이 유실될 수밖에 없다. "복단대 의학원"이란 명칭에서 상해의과대를 대표하는 "上醫"란 글자가 나타나지 않기 때문이다.

뿐만 아니라 복단대의 개교기념일은 5월 5일이고 상해의과대의 개교기념일은 10월 27일인데 상해의과대가 사라졌음에 따라 상해의과대의 동문들은 이제부터 복단대와 같이 개교기념일을 보내게 됐다. 복단대는 상해의과대의 동문들의 감정을 위무하여 이들의 기증을 계속 받기 위해 상해의과대를 합병했을 때 "상해의과대 (공안)파출소"와 "상해의과대 교우회(동문회)"이 두 개의 명칭과 조직을 보류하도록 하기로 약속했다. 이에 따라 "상해의과대 교우회"는 오늘날까지 해도 미국에서 유지되고 있고 각 지역 분회도 계속 활동하고 있다. 그러나 상해의과대의 이들 동문들은 과연 복단대를 인정해주는가? 근 10년 동안에 상해의과대 부총장을 역임했던 朱世能 교수는 지금 복단대 校務위원회 위원 겸 상해의과대 總교우회 회장을 맡고 있는데 그는 "복단대는 2005년에 개교 백 주년 기념행사를 개최할 예정인데 나는 어떻게 해내외 (상해의과대의)동문들에게 복단대 개교 백 주년을 위해 돈을 기부해달라고 설득하겠느냐"[339]고 했다. 상해의과대는 78살만이 될 때 백돌을 지내야 되었기 때문이다.

때문에 유명한 胸外科 전문가이자 상해의과대 전 총장이었던 石美鑫 교수(88살)를 비롯한 일부 상해의과대의 교수들은 상해의과대의 교명을 회복시키기 위해 국내에서 600여 명의 교수 그

---

339) 石扉(2003), "新復旦大學三年之癢", 중국 <중국개혁>, 2003年 제8호.

리고 미국에서 200여 명의 동문들의 서명을 수집하고 6가지의 이유가 담아있는 의견서를 작성해 교육부·위생부·상해시(당 및 정부)·복단대(당서기 및 총장)에 보냈다.

상해시 지도자들은 "복단대 의학원"이란 명칭에서 "상해"란 이미지가 반영되지 않고 있다고 봐서 위 의견서를 지지한 태도가 보여주었다. 때문에 복단대는 2002년 4월 9일에 "복단대 의학원"을 공식적으로 "복단대 상해의학원"으로 개명하기로 했다.340) 복단대 자체도 상해에 있을 뿐만 아니라 상해 이외에 따로 캠퍼스가 없다. 그래서 이것은 곧 서울대학교 의과대를 "서울대학교 서울의과대"라고 하는 것과 똑 같지 않은가? 상해의과대가 1985년부터 상해제1의학원이란 교명을 폐지한 이후 상해에 제1의과대가 없고 제2의과대만 남아있는 것은 원래 중국의 대학관리에 대해 이미 많이 풍자했다. 이번에 중국의 대학관리를 더 풍자할 거리가 또 생겼다.

따라서 지금 상해 의학원로 138호에 위치하고 있는 옛 상해의과대의 정문 앞에서 "복단대"와 "복단대 상해의학원"이란 두 개의 간판이 동시에 따로따로 달려 있다. 이 기이한 현상은 대학교 합병운동의 후유증을 상징한다. 합병이 제도적으로 진행되었지만, 합병 당시 갈등은 여전히 해결되지 않은 것이다. 복단대의 일부 졸업생은 "나는 상해의과대에 입학하여 복단대 의학원에서 공부하고 복단대 상해의학원을 졸업했다. 앞으로 내 모교의 대학원에 입학할 때 도대체 어떤 교명으로 변하게 될 대학교에 입학할지도 모르겠다"341)고 풍자하기도 했다.

교명문제는 표면적 문제뿐이다. 더 심각한 것은 70여 년의 역사

---

340) 石屝(2003), 위의 글.

341) 石屝(2003), 위의 글.

에서 비교적으로 완벽한 학과시스템과 교수·연구·임상·실습 체제를 지닌 상해의과대는 이미 분할된 점이다. 의학교육을 관리한 경험이 없는 복단대는 원래 상해의과대 안에 있었던 학과들을 분할시켜 일부 학과들을 바탕으로 하여 "복단대 상해의학원"과 동급(처장급)인 복단대 공공위생학원(대학)·護理학원(간호대학)·약학원(약과대학)을 신설했다. 공공위생이란 주로 예방의학을 뜻하다. 그래서 이것은 곧 임상의학·예방의학·간호학·약학을 분리시킨 것이다. 옛 상해의과대의 교수이었던 陳忠年 교수는 특히 임상의학과 예방의학을 분리시킨 것에 대한 불만이 많다. 그는 "의료기초가 약한 우리나라에서 수많은 빈자들은 병원에 갈 수 없다. 때문에 상해의과대의 창립자인 안복경은 질병의 예방과 예방의학을 특별히 중요시하여 예방의학과 임상의학의 결합을 적극적으로 추진했다. 그러므로 예방의학과 임상의학의 결합은 이미 상해의과대의 특색이 되었다"342)고 아쉬움을 토로했다.

또한, 원래 상해의과대에 속했던 각 부속병원은 다들 복단대의 부속 병원으로 되어 "복단대 상해의학원"과 분리되었다. 이로 인해 교수·연구·임상·실습이 분리되는 결과가 초래됐다. 더 심각한 것은 이들 부속병원들은 예속관계가 복단대에 이양됐지만 애초 국유 의료기구라서 중앙정부 위생부로부터 위탁을 받는 상해시 위생국의 지도를 받아야 되고, 상해시 위생국의 관리체제에 따라 이들 부속 병원들은 다들 부국장급인 점이다. 국장급으로서의 상해의과대는 물론 부국장급으로서 각 부속병원들을 지도할 수 있었는데 처장급으로 격이 낮아진 "복단대 상해의학원" 그리고 역시 처장급으로서의 복단대 공공위생학원·護理학원·약학원은 당연히 자신보다 조직적 편제의 위상이 한 급 높은 이들

---

342) 石扉(2003), 위의 글.

부속병원들을 지도할 수도 없으며, 연구·실습 등을 위한 시설로 활용할 수도 없다.343) 여기서 중국 의료기구에 대한 관리체제와 간부·인사 관리체제에서의 문제들도 반영되고 있다. 그 이외, 진지하고 기술공학적인 꼼꼼함·섬세함을 강조하는 옛 상해의과대와 인문적 소양을 중시하는 복단대 간의 전통성 차이, 물리적으로 떨어져 있는 두 개의 캠퍼스의 지리적·심리적 거리감, 교통상 왕래의 불편, 행정절차의 복잡화, 공유 주택 배분과정에서 발생하는 경제적 이익의 차별 등 여러 가지 복잡한 문제들이 또 있는데 자세한 설명은 생략하겠다.

b. 대학교 합병운동의 Case 2: 남경대와 동남대의 합병 시도 및 실패

복단대와 상해의과대의 합병은 잘못된 합병이라고 할 수 있을지 모르겠으나 매우 성공적이라고 말하기는 어렵다. 반면에 응당히 합병해야 되지만 합병되지 못한 대학교도 많다. 여기서 남경대와 동남대의 합병 시도와 실패의 상황을 살펴보겠다.

위에서 이야기한 남경고사가 1920년대 초기 이후 동남대→제4중산대→江蘇대→국립 중앙대→국립 남경대→남경대로 변천되는 과정을 통해 알 수 있듯이, 남경대와 동남대는 원래 같은 대학교이었고 동남대는 원래 중앙대(남경대)의 한 단과대(공과대학)였다. 또한, "원계조정" 이후부터 文理대로 된 남경대는 마침 공과가 우세한 동남대와 같은 대학이 필요하다. 반면에 동남대는 마침 남경대의 인문사회과학이 필요하다. 이 두 대학교가 합병된다면 서로 보충할 수 있을 뿐만 아니라 중앙대의 원래 구조를 부분적으로 복원시킬 수 있으니 중앙대의 원래 명성·인망을 다시 대외적으

---

343) 石扉(2003), 위의 글.

로 충원할 수도 있다.

이 두 대학교는 이 역사적 절호의 기회를 잡기 위해 여러 접촉을 하여 합병을 시도했다. 심지어 합병 후의 새 교명 등 실제적이고 구체적 문제들까지도 자세히 논의됐다. 그러나 오늘날의 동남대는 1952년에 남경대와 분리되었을 때보다 실력이 훨씬 증가하여 남경대와 대등한 수준이 되었다.[344] 날개가 이미 굳어진 동남대는 도대체 누가 중앙대의 계승자인지 그리고 도대체 누가 합병될 새 대학교에서 유리한 자리를 잡아야 되는지 등 지위·이익배분과 관련된 문제들에 관해서 남경대와 큰 차별성을 보여주었다. 보다 더 중요한 것은 이들 대학교들의 당사자들의 새 교명에 관한 천진난만한 구상이다. 한 대학교가 다른 한 대학교에 일방적으로 흡수·통합될 수 없는 경우에 처한 이 두 대학교는 제3의 대안으로 "중국종합대학교"를 새 교명으로 정했다. "중국종합대학교"라는 교명은 다른 명문대로부터 반발을 살 수 있다. 뿐만 아니라 이들 당사자들이 "중국종합대"를 위해 지은 "China Central University"란 영어식 이름[345]에서 더욱더 논란의 소지가 있었다. "Central University"에서 은근히 내포되는 중앙대는 국민당·장개석 등 이미지와 연결되어 있을 뿐만 아니라 더 중요한 것은 일본군이 남경을 점령한 시기에 중앙대의 일부가 남경에 남아있어 일본침략군과 협력하여 수업을 정상적으로 한 탓에 얻은 "국적 대학교"의 악명과도 연결되어 있는 점이다.

때문에 "중국종합대"가 유산되었을 뿐만 아니라 이들 두 대학교는 합병할 기회까지도 잃어버리게 됐다. 결국 남경 주변의 대

---

344) 동남대는 자신의 종합적 연구 실력이 중국 모든 대학교들 중에서 10위권에 있는 대학교인 것을 주장하고 있다(참조: 동남대 홈페이지의 "개황" 부분: http://www.seu.edu.cn/SEU/ddgk.jsp).

345) 黃一琨(2003), 앞의 글.

학교들 중에서 동남대만과 합병할 생각이 있는 남경대는 동남대 이외의 다른 대학교들을 합병할 기회를 아예 포기했다. 남경대 현 총장인 蔣樹聲은 "나는 한 컵의 우유와 半 컵의 물과의 합병을 반대한다"346)고 했다. 동남대는 "종합대"로 되기 위해 2000년 4월에 삼류 대학인 남경철도의학원(의과대)·남경교통고등專科학교·남경지질학교(중등 전문교육 성질의 학교임)와 합병하게 됐다. 동남대와 합병된 이들 3개의 학교가 동남대에 가져온 것은 양적 규모의 팽창(캠퍼스 면적 등) 외에 실익이 별 없었다.

F. 요약

이번 개편은 2000년 연말에 일러서 기본적으로 완료됐다. 진지림이 2000년 12월 20일에 한 총괄보고에 의하면, 이때까지 중국 대륙의 모든 성(직할시·자치구)과 60여 개의 중앙부처 그리고 900여 개의 대학교·대학이 이 개편에서 파급됐다. 이때까지 560개의 대학교·대학은 232개교로 조정·합병됐고 509개교의 예속 관계와 관리체제는 공건·조정·합병 등을 통해 바뀌었다. 종합 대학교와 직업대학이 많이 늘어났다. 또한, 이때까지 교육부와 다른 중앙 부처에 직속된 이른바 중앙 직속 대학교의 총수는(개편 전의 571개교에서) 약 120개교347)로 줄어들었다. 이 중에서 교육부에 직속된 대학교는 71개교348)에 불과했다. 반면에 지방정

---

346) 黃一琨(2003), 위의 글.

347) 2000년 중앙부처의 직속 보통대학교의 정확한 숫자는 116개교다. 이 숫자는 2001년에 111개교로 줄어들었다. 2002년에도 2003년에도 다 변화가 없었다(참조: 중국교육부, "2000年-2003년 전국 교육사업발전 통계공보", 중국 〈중국교육보〉, 2001년 6월 23일; 2002년 6월 13일; 2003년 5월 13일; 2004년 5월 27일).

348) 이들 71개교의 명단은 중국 〈중국교육보〉 2001년 1월 10일에 실려 있다. 또한, 화북전력대(1958, 하북성 保定과 북경)도 2003년 3월부터 교육부 직속 대학교로 지정되었음에 따라 교육부 직속 대학교의 총수는 72개교에 달

부에 속하거나 지방정부가 위주로 된 관리에 의해 관리되는 대
학교는 896개교에 달했다. 아울러 고등직업교육에 관한 전부의
권한과 대부분의 전문대에 관한 대부분의 권한은 중앙정부에서
각 성급 지방정부로 이양됐다. 바로 이때부터 지방정부가 위주로
된 대학교에 대한 중앙정부와 지방정부의 공동적 관리체제 이른
바 "분급관리·분급負責·지방위주"란 새로운 거시적 관리체제
가 형성되었다.349)

(2) 대학교 신입생 모집규모의 대폭적 증가

A. 학부·대학원 신입생 모집정원 급증 현상

교육부의 위 "행동계획"과 중공중앙·국무원의 위 "결정"의 정
신에 따라 국무원은 1999년 6월 상순에 이 해의 여름 대입모집부
터 대입 신입생 모집정원을 대폭적으로 증폭시키기로 하고 주용
기 총리는 이 해 6월 15일에 열린 개혁개방 이후 제3차 "전국교육
工作회의"에서 이를 선언했다.350) 다음의 두 그림을 통해 1999년
에서 2003년까지 중국 대학교 학부·대학원의 신입생 모집정원의
증가 규모를 알 수 있다.

했다.

349) 陳至立(2000), "在2001年度敎育工作會議上的講話", 중국 <중국교육보>, 2001
년 1월 15일.

350) 李嵐淸(2003c), "高校擴招決策內幕", 중국 <중국청년보>, 2003년 12월 11일.

<그림 Ⅲ-1> 중국 대학교 학부 신입생 모집규모의
급증상황

(단위: 만 명)

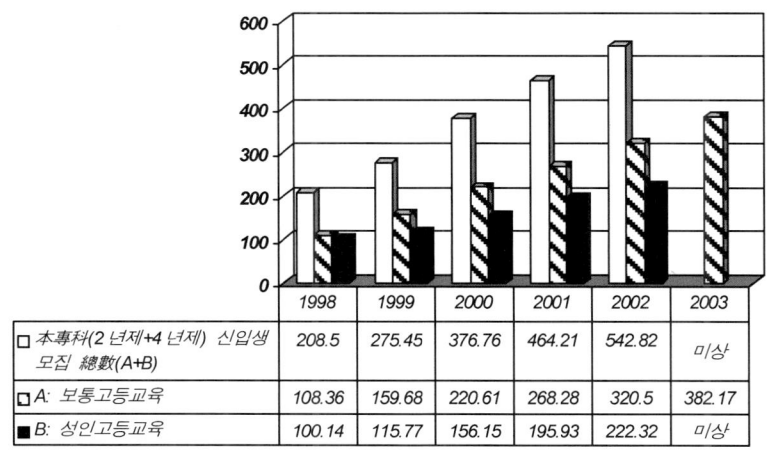

	1998	1999	2000	2001	2002	2003
□ 本專科(2 년제+4 년제) 신입생 모집 總數(A+B)	208.5	275.45	376.76	464.21	542.82	미상
□ A: 보통고등교육	108.36	159.68	220.61	268.28	320.5	382.17
■ B: 성인고등교육	100.14	115.77	156.15	195.93	222.32	미상

출처: 중국교육부, "1998年−2003년 전국 교육사업발전 통계공보", 중국 <중국
교육보>, 1999년 5월 22일; 2000년 5월 30일; 2001년 6월 23일; 2002년
6월 14일; 2003년 5월 13일; 2004년 5월 27일

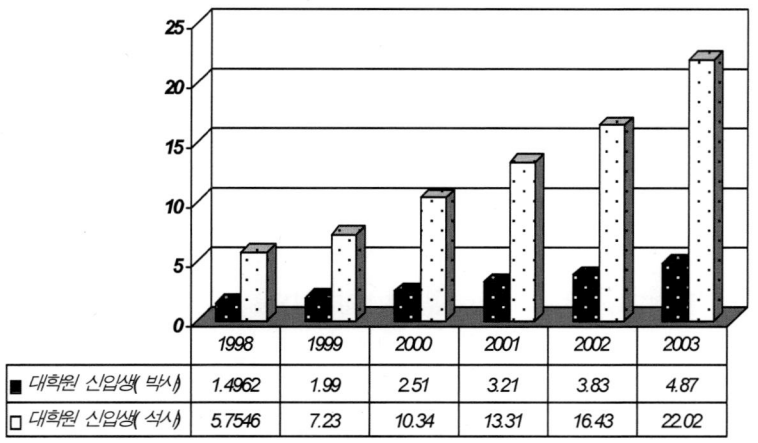

<그림 Ⅲ-2> 중국 대학교 대학원 신입생 모집규모의
급증상황
(단위: 만 명)

	1998	1999	2000	2001	2002	2003
■ 대학원 신입생(박사)	1.4962	1.99	2.51	3.21	3.83	4.87
□ 대학원 신입생(석사)	5.7546	7.23	10.34	13.31	16.43	22.02

출처: <그림 Ⅲ-1>의 자료출처와 똑같다.

B. 신입생 모집정원의 급증의 직접적 결과

　사상 초유의 이번의 신입생 모집규모의 급증은 적어도 다음의
몇 가지의 결과를 직접적으로 일으켰다.

　첫째, 중국 대학교의 재학생 총수는 신속히 대폭적으로 늘어났
고 중국 고등교육의 총체적 규모는 세계 1위를 기록했다.

<그림 Ⅲ-3> 중국 대학교 재학생
총수의 변화
(단위: 만 명)

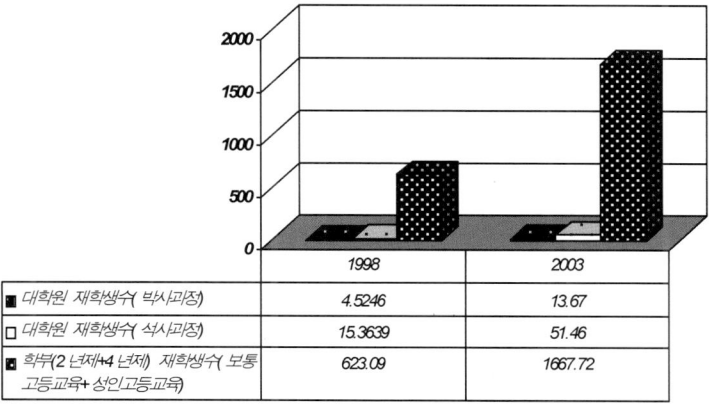

	1998	2003
■ 대학원 재학생수(박사과정)	4.5246	13.67
□ 대학원 재학생수(석사과정)	15.3639	51.46
■ 학부(2년제+4년제) 재학생수(보통 고등교육+성인고등교육)	623.09	1667.72

출처: ■ 중국교육부, "1998년 전국 교육사업발전 통계공보", 중국 <중국 교육보>, 1999년 5월 22일
　　　■ 중국교육부, "2003년 전국 교육사업발전 통계공보", 중국 <중국교육보>, 2004년 5월 27일

　여기서 유의해야 되는 것은 군대·당교 등 특별 계통의 재학생들이 위 통계숫자에 계산되지 않은 것이다. 정규적 학력인정이 잘 되는 이들 특별 계통의 재학생 등을 다 포함하면, 2003년 중국 각종각류 대학교·대학의 재학생 총수, 즉 2003년 중국 고등교육의 총규모는 1,900만 명에 달했다.351)

　유네스코가 2003년 6월 23일에 발표한 <세계 고등교육의 발전

───────────────

351) 이 1,900만 명 중에서 박사 대학원생은 13.67만 명이고, 석사 대학원생은 51.46만 명이고, 보통고등교육 학부 재학생(2년제+4년제)은 1,108.56만 명이고, 성인고등교육 2003년의 학부 재학생은 미상인데 2002년 성인고등교육의 학부 재학생은 559.16만 명이고(<그림 Ⅲ-3>에서의 1,667.72만 명은 1,108.56만 명과 559.16만 명의 합임), 나머지는 바로 밝혀지지 않고 있는 군대·당교 등 특별 계통의 재학생들이다[참조: 중국교육부(2004a), "2003년 전국 교육사업발전 통계공보", 중국 <중국교육보>, 2004년 5월 27일].

과 추세>란 보고서에 따르면, 고등교육의 재학생 총수에 의하면 중국의 고등교육 규모는 2001년에 이미 미국을 제치고 세계 1위를 차지하게 됐다. 이 보고서에 의하면, 중국·미국을 이어 인도·러시아·일본의 고등교육 규모는 각각 세계 3-5위를 차지하고 있다. 세계 인구의 절반에 가까이의 이들 5개국의 고등교육 재학생 총수는 모두 5,310만 명인데 마침 세계 고등교육 재학생 총수의 절반을 넘었다.352)

둘째, 중국 대학교의 평균 재학생 규모는 신속히 대폭적으로 늘어났다. 이번 신입생 모집규모의 대폭적 증가와 대학교 합병운동의 공동의 작용으로 중국 대학교의 재학생 평균규모는 5년을 거쳐 대폭적으로 늘어났다.

<표 Ⅲ-6> 중국 보통대학교의 전일제 학부재학생353) 평균규모의 변화(단위: 명)

년 도	1998	1999	2000	2001	2002	2003
평균 규모	3,335	3,815	5,289	5,870	6,471	7,143

출처: <그림 Ⅲ-1>의 자료출처와 똑같다.

"행동계획"에서 정한 2000년의 목표는 4,000명에 불과했는데 사실상 이 해 이 숫자는 이미 5,289에 달했다. 특히, 이 중에서 각 명문대는 대부분 항공모함 식의 거대한 대학교로 됐다. 예를 들면, 2005년 6월 현재 북경대의 전일제 재학생 총수는 29,617명에 달했다.354) 청화대의 전일제 재학생 총수는 27,095명에 달했다.355)

---

352) 盧蘇燕(2003), "中國高等教育規模躍居世界第一", 중국 <중국청년보>, 2003년 6월 25일.

353) 本科(4년제)와 專科(2년제)가 다 포함되어 있는 개념이다.

셋째, 대학교의 전임교원 1인당 학생인원수는 많이 늘어났다. 대학교의 신입생 모집규모와 재학생수가 5년 사이에 약 2.5-3배로 급속히 늘어난 반면에 대학교의 전임교원 총수는 그만큼 늘어나지 못했다. 성인대학을 포함한 모든 국립 대학교의 전임교원 총수는 1998년의 50.38만 명에서 2003년의 80.98만 명에 늘어나 1.6배만 증가됐다. 이 중에서 보통대학교의 전임교원 총수는 1998년의 40.72만 명에서 2003년의 72.47만 명에만 늘어나 1.78배만 증가됐다. 그 결과는 전임교원 1인당 학생인원수를 늘릴 수밖에 없다.

<표 Ⅲ-7> 중국 보통대학교 전임교원 1인당 학생인원수의 변화

년 도	1998	1999	2000	2001	2002	2003
전임교원: 재학생	1:11.6	1:13.4	1:16.3	1:18.22	1:19.0	1:17.0

출처: <그림 Ⅲ-1>의 자료출처와 똑같다.

서울대학교 2002년의 전임교원 1인당 학생인원수는 평균 20.7이다.[356] 이에 비하면 1 : 19라도 높지 않은 숫자이다. 그런데 서울대학교의 이 숫자는 1992년에 이미 1 : 20.9에 달한[357] 반면에 중국 대학교 1992년의 이 숫자는 1 : 5.64에 불과했다. 그래서 중국교육부는 "행동계획"에서 2000년에 이 숫자를 1 : 12만으로 늘

---

354) 참조: 북경대 홈페이지의 "역사부분": http://www.pku.edu.cn/about/about.htm

355) 학부과정(4년제만 있음)·석사과정·박사과정의 재학생은 각각 13,772명·8,664명·4,659명이 있다(참조: 청화대 홈페이지의 "통계자료" 부분: http://www.tsinghua.edu.cn/chn/xxjs/ gelxsrs.htm).

356) 서울대학교(2003), <서울대학교통계연보>(2003년 판), 15쪽.

357) 서울대학교(2002), <서울대학교통계연보>(2002년 판), 15쪽.

리기로 했다. 또한, 중국교육부가 정한 국가적 기준, 즉 각 대학교의 최종적 노력목표는 1 : 14에 불과하다.[358] 그러나 사실상 이 숫자는 2000년에 이미 1 : 16.3에 달했고 2002년에 1 : 19에 달했다. 중국 대학교의 효율성 그리고 교수·연구에 종사하지 않는 (정)교수·부교수도 많이 있는 점들을 감안해보면 1 : 19는 중국의 대학교에 있어서는 적지 않은 숫자이라고 할 수 있겠다.

넷째, 중국의 고등교육의 취학률[359]은 15% 이상으로 늘어났고 중국의 고등교육은 대중화에 접어들었다.

<표 Ⅲ-8> 중국 고등교육 취학률(G. E. R.)의 변화

년 도	1990	1995	1996	1997	1998	1999	2000	2001	2002	2003
G.E.R.	3.4%	7.2%	8.3%	9.1%	9.8%	10.5%	11.0%	13.0%	15.0%	17.0%

출처: ■ 1990년-2000년의 숫자출처: 중국 國家敎育發展硏究中心, <2001년 중국 교육 綠皮書>, 11쪽.
■ 2001년-2002년의 숫자출처: 張保慶, "樹立科學的發展觀 確保高等敎育持續健康發展", 중국 <중국교육보>, 2003년 5월 10일
■ 2003년의 숫자출처: 중국교육부, "2003년 전국 교육사업발전 통계공보", 중국 <중국교육보>, 2004년 5월 27일

위 표에서 보여준 듯이 중국의 고등교육 취학률은 2000년에 "행동계획"에서 정한대로 11%의 목표를 달했을 뿐만 아니라

---

358) 張保慶(2003), "樹立科學的發展觀 確保高等敎育持續健康發展", 중국 <중국교육보>, 2003년 5월 10일.

359) 중국의 고등교육 취학률(Gross Enrollment Rate, G. E. R.)은 보통대학교·성인대학교·군사대학교·당교계통의 대학교·방송통신대학·동등학력으로서의 학력인정 시험 참가자·학력인정 시험으로서의 고등교육 독학 시험의 참가자 등의 4년제 本科生과 2-3년제 專科生 그리고 대학원생 등 이른바 "고등교육의 受敎育者"라고 할 수 있는 모든 학생을 다 포함해서 적령 청년(만 18세-만 22세) 총수에 비하여 계산된 수자를 의미한다.

2003년에 17%까지 달했다. 때문에 중국 2002년의 대입선발 합격률은 이미 59%에 달했다.360) 여기서 유의해야 할 점은 상해·북경의 고등교육 취학률은 2003년에 이미 각각 53%와 52%에 달했다는 것이다.361) 이 두 도시의 만 18세—만 22세 사이의 적령청년 중에서 절반 이상은 각종의 고등교육을 받을 수 있다. 세계 발전 도상국의 평균 고등교육 취학률은 약 18%-20%에 불과하다. 또한, 일반적으로 고등교육 취학률이 15% 이하라면 엘리트 단계라고 하고 15%-50% 사이라면 대중화 단계라고 하고 50% 이상이라면 보급화 단계라고 한다. 지금 현재 50% 이상의 취학률에 도달한 나라는 한국·미국·캐나다·핀란드·뉴질랜드 등 몇 개 밖에 없다.362) 중국의 고등교육은 최근 급속하게 대중화단계에 도달했다. 상해·북경은 심지어 고등교육의 보급화까지도 달성했다. 이것은 아마 최근 5년 내에 세계 고등교육발전에서 나타난 가장 빠른 성장일 수도 있겠다.

중국은 2010년까지 고등교육 취학률 약 23% 달성을 계획했고363) 고등교육의 재학생 정원수를 2,700만 명까지 충원하기로 했다.364) 2000년부터 2003년까지 해마다 2%의 급성장의 추세라면 중국은 2010년에 23%보다 더 높은 고등교육 취학률을 달성할 수도 있겠다.

---

360) 張保慶(2003), 앞의 글.

361) 중국 中央電視臺(2004), "京滬率先進入高等教育普及化階段", 중국 <중국청년보>, 2004년 2월 2일.

362) 중국 中央電視臺(2004), 위의 글.

363) 중국 中央電視臺(2004), 위의 글.

364) 張保慶(2003), 앞의 글.

(3) 학비징수 제도의 변화

중국은 1994년부터 옛날의 무상교육이란 정책을 바꾸어 대학생들을 대상으로 하여 학비를 징수하기 시작했다. 이람청의 회고록에 따르면, 중국정부는 학부모들의 재정적 부담능력을 감안해 대학생의 배양 원가의 약 1/4 정도만 대학생들에게 징수한다. 구체적으로 말하자면, 2002년의 경우, 보통대학교 학부학생 학년마다의 평균 학비는 약 470.41불에 불과했고 대도시인 상해의 경우라도 약 603.87불에 불과했다.365) 중국교육부 (제일)부부장 겸 당조 부서기인 張保慶의 산출결과의 따르면 식비·기숙사비 등 잡비를 포함해도 한 학부재학생 연간 교육비는 약 1,207.73불에 불과하다.366) 그러나 2003년 연말까지 해도 중국의 1인당 GDP는 처음으로 천 불의 수준을 넘어 1,090.58불에 달성했다. 또한, 2003년 중국 도시거민의 1인당 소득(수입)은 1,023.19불에 불과했고 농민의 1인당 소득은 316.67불에 불과했다.367)

중국의 한 학생은 초등학교 입학부터 대졸(학부졸업)까지 공부하려면 적어도 약 11,715불이 필요하다.368) 이를 감안해볼 때

---

365) 李嵐清(2003b), 앞의 글.

366) 그러나 사실상 2003년 북경의 경우, 옷값·식비·교통비·전화비 등을 포함하지 않아도 한 보통 대학생 1년의 학습용 비용은 평균 약 2,415.46불에 달했다. 이는 빈곤·낙후 지역의 약 2배에 해당된다. 또한, 부유층의 자녀들의 경우면 일반적으로 위 기준보다 약 2-4배나 더 많다[참조: 姚茗芳等(2003), "校園驚現消費貴族 養一名大學生動輒10萬", 중국 <靑年時訊>, 2003년 11월 28일].

367) 馬凱(2004), "關于2003年國民經濟和社會發展計劃執行情況與2004年國民經濟和社會發展計劃草案的報告", 중국 <인민일보>, 2004년 3월 7일.

368) 중국 초등학생부터 박사과정까지의 학제(재학 연한)는 6-3-3-4-3-3이다. 최저의 기준으로 계산해도 한 초등학생 해마다의 학비·잡비는 약 483.09불, 중학교학생은 해마다 약 603.87불, 고등학생은 약 724.63불, 학부학생은 약 1,207.73불이다. 초등학교에서 대졸까지는 모두 16년이 필요하다. 그래서 이 16년에 필요한 돈은 모두 약 11,715불로 산출된다. 이는 최저의 기준에 의해 보수적으로 산출된 결과이다.

중국의 한 농민은 한 자식을 초등학교부터 대졸까지 공부시키려면 자신의 모든 소득(1인당 해마다 316.67불의 기준)을 다른 데에 전혀 쓰지 않아도 적어도 37년이 필요하다! 자신의 소득을 절반 정도로 한 자식만을 대졸까지 공부시키면 적어도 74년이 필요하다! 문제는 농민들이 나라의 인구제한 정책에도 불구하고 일반적으로 2-3명 이상의 자식을 키우는 것은 자신의 부담을 더욱더 늘릴 수밖에 없는 것이다.

때문에 상당수의 중국 농민들은 아예 자녀의 진학을 포기한다. 그 결과 새로운 문맹 세대가 출현할 수밖에 없다. 중국 정부 측의 통계에 따르면, 1980년에서 1988년까지 중국에서 모두 3,700만 명 이상의 초·중·고 학생은 경제적 원인으로 중도 탈락하게 됐다. 그 이후 해마다 약 400만 명이 새로 생겼다. 2002년까지 경제적 어려움에 시달려 중도 퇴학될 지경에 처해있는 의무교육 단계(초·중학교 단계)의 학생은 모두 약 3,400만 명으로 누적되어 있었고 고등학교와 대학교의 학생들을 포함하면 모두 약 4,000만 명에 달했다.369) 이중에서 전국 약 1억 명의 유동인구에서 약 19.37%의 비중을 차지하는 만 18세 이하의 유동 청소년 중에서 취학기회를 갖지 못한 청소년은 2003년 11월까지 약 180여 만 명에 달해 9.3%의 失學率을 기록했다.370)

뿐만 아니라 교육수익률이 매우 낮다는 점도 고려해야 한다. 11,715불을 투자해서 대졸학력을 취득한 이들의 평균 월급이 약 187.28불에 불과하다. 수익률 자체도 낮은 뿐더러, 봉급의 절대치도 매우 낮아 기본적인 생계를 유지하는 데도 여의치가 않은 수

---

369) 羅旭輝(2002), "兩公司向希望工程捐款100萬", 중국 〈중국청년보〉, 2002년 5월 14일.

370) 蘇敏(2003), "我國流動兒童失學率高達9.3%", 중국 〈중국청년보〉, 2003년 11월 6일.

준이다. 북경대 교육대학의 한 연구팀이 2003년 10월에 발표한
조사에 따르면, 중국 학부·대학원 졸업생들의 평균 초봉(월급)
은 2003년 현재 약 187.28불에 불과하고 이 중에서 약 120.77불
에도 안 되는 졸업생은 무려 40.9%에 달하다.371) 은행에서 학자
금 융자를 받을 수도 있으나, 교육수익률이 너무 낮기 때문에 빚
을 내면서까지 대학으로 가고자 하는 분위기는 잘 형성되지 못
한 형편이다.

3) 1990년대 대학교육 대개편에 대한 평가

(1) 긍정적 평가

A. 대학 관리체제와 구조의 개편에 관하여

대학 관리체제와 구조의 개편은 2002년에 마무리됐다. 이람청
은 2003년 연말에 "이번 개혁의 실천은 성공적이다. 시간이 갈수
록 이번 개혁의 深遠한 의미는 더욱더 나타날 것이다"고 자랑했
다.372) 이람청의 입장은 이번 중국 고등교육 개혁의 성과에 대한
당·정부 차원의 공식적인 입장 표명이다.

"제2의 원계조정"이라고 불리는 이번 개편은 여러 면에서 1952
년-1953년의 "원계조정"에 대한 否定이다. 즉, 1952년-1953년의
"원계조정"에서 붕괴된 고등교육 관리체제와 구조를 되찾은 것이
다. 강조컨대, 50년 전에 이루어진 정책적 오류를 수정하고 극복
하려 했다는 점에서 의미를 지니는 것이다. 또한 당국의 논리를
비추어 볼 때, 이번 개혁과정에서 채택된 절차적 방법·방식은

---

371) 북경대 연구팀(2003), "高校畢業生就業現狀", 중국 <중국교육보>, 2003년
    10월 8일.

372) 李嵐淸(2003b), 앞의 글.

가장 최선의 선택이었다고 할 수 있다. 기존 고등교육의 체제·분포·운영·구조 등의 조건을 감안할 때 이번 개혁은 상당 정도의 합리성을 추구하였다. 예컨대, 1952년 "원계조정"에서 북경대에서 분리된 북경대 의과대(북경의학원·북경의과대)는 다시 북경대로 합병되어 북경대 산하 醫學部로 배치되었다는 점이 그것이다. 물론 1952년 "원계조정" 전의 북경대 산하 의과대의 존재도 북경대가 1946년에 국립 북경의학전문학교(북평대 의학원)를 흡수·통합한 결과이지만, 그전에 북경의학전문학교(북평대 의학원)가 1946년부터 이미 북경대의 소속이었다. 따라서 이번에 북경대가 북경의학전문학교·북평대 의학원·북경대 의과대의 계승자인 북경의과대를 합병한 것은 합당한 조치였다고 할 수 있겠다.

B. 신입생 모집규모 확대에 관하여

신입생 모집규모 확대에 관해서 이람청은 역시 2003년 연말에 "대학교의 신입생 모집규모를 대폭적으로 확대시킨 것은 객관적 필연이고 민심을 만족시킬 수 있는 일이고 피할 수 없는 일이다. 실천은 이것이 완전히 올바른 정책인 것을 이미 증명했다. 우리나라의 고등교육 취학률이 2002년에 15%에 달한 것은 우리나라의 고등교육이 이미 대중화 단계에 접어들기 시작한 것을 상징한다"[373]고 했다.

사상 초유의 이번 신입생 모집규모의 급증은 중국 고등교육의 규모와 취학률 저조 현상을 극복하고 중국 경제성장에 필요한 인적 자원을 양성하고, 세간의 취학욕구를 만족시키고 응시교육을 素質(자질)교육으로 변하게 한데 크게 기여했다. 더 중요한

---

373) 李嵐淸(2003c), 앞의 글.

것은 고등교육을 받는 자들이 대폭적으로 늘어났음에 따라 중국
지식인들의 비운도 어느 정도 극복될 전망이라는 점이다. 신중국
수립 이래 중국 지식인들은 언제나 비판·개조·투쟁·혁명의
우선적인 표적 집단으로 지목된 비운은 당국의 지배 이데올로기
와 정책적 기조 등과도 관련 있으나 인구구성비율을 볼 때 극소
수 중국 지식인은 계급투쟁에서 수세적인 위치에 있었던 소수자
였기 때문이었다.

더 나아가 중국의 고등교육 취학률은 2002년부터 이미 15%를
넘어 고등교육의 대중화 단계에 접어들었으나 직업고등학교를 포
함한 고등학교 단계의 취학률은 2003년에 43.8%에 불과한 점[374]
과 매 십만 인구의 고등교육 재학생수는 2001년에 931명에 불과한
점[375] 그리고 고등교육 재학생 총수는 약 13억의 전체 인구에서
1.5%조차도 달하지 못한 점을 감안해볼 때 중국은 고등교육 규모
는 아직까지 극소하다고 할 수 있다.

(2) 1990년대 대학교육의 대대적 개편으로 인한 문제점들

그러나 당국의 논리와 사고의 줄기를 벗어나면 이번 개편의
합리성도 의문될 수 있고 이번 개편에서 나타난 심각한 문제점
도 많다.

---

374) 중국교육부(2004), "2003년 전국 교육사업발전 통계공보", 중국 <중국교육
   보>, 2004년 5월 27일.

375) 중국 매 십만 인구의 고등교육 재학생수는 1990년에 326명에 불과했다. 그 이
   후 1995년-2001년 사이의 변화는 다음과 같다: 1995, 457명; 1996, 470명;
   1997, 482명; 1998, 504명; 1999, 594명; 2000, 723명; 2001, 931명[참조:
   중국 國家敎育發展硏究中心(2001), <2001년 중국 교육 綠皮書>, 11쪽; 張保慶
   (2003), "樹立科學的發展觀 確保高等敎育持續健康發展", 중국 <중국교육보>,
   2003년 5월 10일].

A. 중앙집권제와 지방분권제의 각축

교육의 거시적 지도체제에 있어서 중앙집권제와 지방분권제 중에서 어느 것이 가장 합당한 것인지를 선택하는 문제보다도, 각 제도가 갖고 있는 장점을 극대화시키는 것이 필요하다. 그러나 신중국은 정치적 정세의 변화라는 외적 요인에 의해 고등교육 관리·운영에 있어서 중앙집권제나 지방분권제를 임의적으로 채택해왔다.

신중국의 50여 년 동안의 거시적 고등교육 관리체제의 변화역사를 살펴보면, 신중국 건국 초기에 절대적 중앙집권제가 채택되었다. 1957년부터 당이 추진했던 "권력下放"376)이란 정책에 따라 지방분권제가 새로 채택되었다. 이에 따라 중앙정부는 100개의 직속 대학교 중에서 58개교를 각 성(직할시·자치구)에 이양했다. 이로써 각 지방정부의 소속 대학교 총수를 187개교로 늘렸고 1957년 전국 대학교의 총수인 229개교 중에서 차지하는 비중을 81.7%로 늘렸다. 특히, 그때 교육부를 대신해 고등교육을 관리했던 고등교육부는 53개의 직속 대학교들 중에서 39개교를 각 성(직할시·자치구)에, 7개교를 다른 중앙부처에 이양했고 북경대·청화대를 비롯한 7개의 직속 대학교만을 남겼다.377) 전술하였던 바, 1958년부터 중국의 고등교육발전은 "대약진 운동"과 더불어 통제력을 잃어버리게 됐다. 때문에 당국은 1963년부터 다시 중앙정부의 집중적이고 통일적 지도를 강조하여 중앙집권제를 다시 채택하게 됐다. "문화대혁명"이라는 문명사적 대혼란으로 중국의 고등교육은 사실상 마비되었기 때문에, 전면적인 형태는 아니었지만 이후 고등교육 관리체제는 지방분권제 형식을 띠었

376) 권력을 중앙정부에서 각 지방정부로 이양하는 것을 뜻한다.

377) 陳孝彬(1999), <敎育管理學>, 143쪽.

다. 1977년부터 교육제도를 회복시키는 거대한 개혁의 과업을 수행하기 위한 권력은 다시 중앙 집권제로 집중되었다. 1985년부터 중공중앙의 "교육체제개혁에 관한 결정"의 정신에 따라 다시 지방분권제가 주축이 되었다.[378] 1989년부터 정치사상에 대한 통제가 심해지면서 다시 중앙집권제가 주축을 이루다가, 1994년 이후부터 다시 지방분권제가 강화되다가 1998년 이후 추진된 대학교 운영에 관한 중앙정부와 지방정부 사이의 "공건"의 정신에 따라 지방분권제가 다시 부상했다.

그러나 위 역사에서 보여주었듯이 중국 고등교육 관리체제의 형식은 짧게는 한 5년 정도 길게는 한 10년 정도면 한번 바뀌었다. 1990년대 중반부터 시작된 이번 개편은 2002년 연말에 마무리되었기에 현재는 지방분권제가 잠정적으로 유지되고 있다. 뿐만 아니라 이번 대대적인 개편이 거의 완료된 2000년 이후 전국 보통대학교 총수의 변화가 급증함에 따라 중앙집권제가 다시 부상할 것이 전망된다. 중국 보통대학교의 총수는 2000년에 1,041 개교인데 2001년에 이미 1,225개교로, 2002년에 이미 1396개교로 2003년에 이미 1,552개교로 증가했다. 이것은 "대약진" 시대만큼은 아니더라도 그와 유사한 증가추이를 보여준다. 역사적인 경험을 참고할 때, 1963년처럼 지방으로 이양한 권력이 다시 중앙집권제로 회귀할 가능성은 높다.

B. 대입정원 확대 정책의 문제점

대입 모집규모의 팽창은 당연 필요한 조치였으나, 단순한 양적 팽창 외에 질적인 측면도 동시에 고려해야 한다. 이람청은 "나는 (대입모집 규모의)확대를 주장했으나 맹목적인 확대를 반대한다"[379]고 변명했다. 그러나 실제 취학기회 확대정책은 맹목적인

---

378) 吳志宏(2000), <教育行政學>, 65-66쪽.

성격을 띠었다. 확대정책은 충분한 사전 연구와 예고조차 없이 1999년 대입선발 작업이 이미 시작된 6월 상순[380]에 갑자기 공표되었다.

첫째, 최근의 대학정원 확대 정책은 내수시장을 자극하여 아세아 금융위기를 대비하는 경제적 논리에서 비롯된 것이다. 이에 대해 이람청은 "대입 모집규모의 대폭적 확대화 정책은 교육적 소비를 늘림으로써 내수를 자극하여 관련 사업의 발전을 끌어내는 중요한 조치이다"[381]라고 말한 바 있다. 장보경의 산출결과의 따르면, 2003년 현재 중국 보통대학교의 한 학부재학생 해마다의 평균 소비는 적어도 약 1,207.73불 정도이고 성인대학 등 기타 학부재학생 해마다의 평균 소비는 적어도 약 603.87불이다. 이에 의하면, 2002년의 약 1,600만 명의 각종의 재학생들의 한 해의 소비 총액은 적어도 약 150.97억 불이다. 그 이외 정원 확대로 인한 교실·식당·기숙사·도서관·실험실·운동장 등 시설의 확충·신축은 건축업계·음식업계·금융업계·문화용품 제조업계 등 관련 산업부문의 투자를 적극 유도할 수 있었다. 학생 기숙사의 신축만은 과거 3년 동안에 약 39.86억 불의 사회적 투자를 끌어냈다. 때문에 장보경은 대학교 정원 확대 정책이 "각 지방의 경제적 발전에 많이 기여했다"고 자랑했다.[382]

둘째, 이번 정책은 학령기 청년들을 대학기관에 취학시킴으로써 실업률을 낮추어 고용불안정 문제를 해소하기 위한 정치적 논

---

379) 李嵐淸(2003c), 앞의 글.

380) 중국의 대입시험은 1979년부터 해마다의 7월 7-9일에 거행돼 왔으나 여름의 더위와 자연재해 다발기를 피하기 위해 중국교육부는 2003년부터 매년 6월 7-9일로 변경했다. 하지만 대입선발의 작업과 신입생을 위한 여러 가지의 준비사항을 일반적으로 연초부터 시작된다.

381) 李嵐淸(2003c), 앞의 글.

382) 張保慶(2003), 앞의 글.

리에서 비롯된 것이다. 이에 관해 이람청은 "대입 모집규모의 대폭적 확대화 정책은 재학생들의 취업시간을 지연시킬 수 있는 중요한 조치이다"[383]고 시인하였다. 이 의도는 나름대로 소정의 목적을 달성하였다. 그러나 이것은 청년들의 취업시점을 지연시키는 것에 불과하지, 고용기회 창출이라는 근본적인 해결책은 아니었다. 중국은 신입생 모집정원을 확대시킨 이래 2003년도에 첫 졸업생을 배출하게 됐다. 그해 중국 전일제 보통대학교의 4년제 학부 졸업생만 212만 명에 달해 2002년 대비 46% 증가됐다. 그 결과 기존의 완전 취업과 달리 이제 고등교육 출신자들이 졸업 후 취업난에 직면하게 되었다. 2003년 6월 말 학부졸업생들의 취업 계약률은 50%에 불과했다. 정부·대학교·사회 등의 다각적인 노력의 결과 2003년 9월 말에는 취업 계약률이 70%로 상승했다는 자료도 존재하지만,[384] 이것이 곧 실업위기의 해소를 의미하는 것은 아니다. 계약률은 실제 취업률과는 아직 상당의 거리가 있다. 중국교육부 학생司(국) 처장인 陳曦의 발표에 따르면 2003년의 212만 명의 대졸들 중 연말까지 직장을 구하지 못한 사람은 전체의 20%에 달했다.[385] 2003년 연말이면 2004년의 졸업예정들이 이미 취업시장에 진출할 때이다. 2004년 학부 졸업예정자는 2003년에 비해 68만이 증간한 280만 명에 달한다. 중국 교육 당국뿐만 아니라 정부의 다른 관련 당국도 2004년 연초부터 70%로 정해진 대졸 취업률 목표 달성에 곤란을 겪기 시작했다.[386]

---

383) 李嵐淸(2003c), 앞의 글.

384) 藍燕(2004), "政府從未提出教育要産業化 高校畢業生總量仍供不應求", 중국 <중국청년보>, 2004년 1월 7일.

385) 張曉松(2004), "大學生就業難症結何在", 중국 <중국청년보>, 2004년 3월 11일.

386) 董洪亮(2004), "教育部通報今年高校畢業生就業進展情況", 중국 <인민일보>, 2004년 5월 13일.

셋째, 이번의 확대 정책은 특히 고등교육의 질을 떨어뜨리는 결과를 초래했다. 장보경에 따르면, 전임교수 1인당 재학생수의 국가적 기준이 1 : 14라고 할 때, 2002년 중국 보통대학교의 경우 총 22만 명의 전임교수가 부족했다. 전임교원의 질을 감안하면 문제는 더 심각하다. 이 해 중국 보통대학교의 모든 전임교원들 중에서 석사 이상의 학위를 소지하고 있는 자는 31%에 불과했고 이 중에서 4년제 대학교라도 40%에 불과했다.387) 북경대의 경우, 중국 두 개의 최고대학 중의 하나라고 불리고 있는 이 대학교의 전체 전인교원 중에서 박사학위 소지자는 1999년의 34%에서 2003년의 53%로 늘어났지만388) 이것은 남경정부 수립 원년인 1927년에 반포한 "대학교원 자격조례"에서 규정된 부교수와 교수의 자격(부교수와 교수는 박사학위가 있어야 되고 성적이 우량해야 됨)에 비해도 낮은 수준이며, 북경대와 자매결연 관계를 맞은 서울대학교 2003년의 이 수치인 94.7%389)와 비교할 때 큰 차이가 보인다.

시설의 부족도 심각하다. 장보경의 산출결과에 따르면, 2002년 연말까지 보통대학교의 재학생 규모는 1998년에 비해 약 560만 명이 늘어났다. 학부 재학생 1명이 증가할 때 토지·건물·도서·설비 등 기본 시설투자에 약 5,434.78불이 요구된다. 그래서 기본적 건설에만 1999년부터 2002년까지 적어도 약 304.34억 불을 추가로 투입을 해야 됐다. 그러나 중앙정부·지방정부·사회각계를 다 포함해도 이 시기에 약 절반 정도의 추가 투입만이 이루어졌다. 때

---

387) 張保慶(2003), 앞의 글.

388) 敖蓉(2003), 〈北京大學: 建設世界一流的敎師隊伍〉, 중국 〈경제일보〉, 2003년 12월 14일.

389) 서울대학교 2003년의 모두 1,565명의 전임교원 중에서 박사학위 소지자는 1,482명이고 석사학위 소지자는 78명이고 학사학위 소지자는 5명이다[참조: 서울대학교(2003), 〈서울대학교통계연보〉(2003년 판), 22쪽].

238

문에 중국의 보통대학교는 교실과 행정용 건물만이 적어도 6,000
만 평방미터 정도 부족하다. 이는 최저 기준을 적용하여 산출한
수치이다. 그렇다면 중국의 대학교는 어떻게 대폭적으로 늘어난
신입생들을 수용했는가? 장보경은 "사실대로 말해, 요새 몇 년 동
안의 대입 모집규모의 대폭적 확대화는 주로 대학 後勤工作의 사
회화 개혁과 (학생들을 대상으로 한)각종 비용의 징수 그리고 각
대학교의 잠재력의 발굴에 의해 이루어졌다"고 밝혔다.390)

   C. 교육비용 징수에서의 혼란 및 이로 인한 부정부패
   전술하였듯이, 학비징수 제도의 변화 이래 민간의 교육비 부담
은 크게 증가되었다. 그러나 교육당국은 학생들을 대상으로 한
각종 비용의 징수를 주요 재원으로 삼고 있다. 장보경이 언급한
각종의 비용 징수는 합법적인 것이다. 예를 들면, "擇校費"와
"買分費"는 바로 이런 사례이다.391) 그러나, 비용징수는 "上有政
策·下有對策" 등의 관행처럼 각 지방 및 학교에서 불법적 징수
형태를 띠는 경우가 많다.
   현재 중국에서 존재하고 있는 불법적 교육비의 징수는 "찬조
비"·"융자비"·"건교비"·"校舍 수리비"·"轉科비"·"補課(보강)
비"·"복습 지도비"·"책상비"·"의자비" 등 다양한 명목으로 되
어있다. 중국의 교육전문가들의 보수적인 측산에 의하면, 최근

---

390) 張保慶(2003), 앞의 글.

391) 이러한 비용징수는 주로 도시에서 존재하고 있다. 도시 초등학생의 입학은
거주지에 의해 정해지는데 자신의 거주지의 좋지 않은 학교에 입학하려고 하
지 않고 다른 동네의 나은 학교에 입학하려면 "擇校費" 등을 따로 내야 된
다. 북경의 경우, 약 3,623-6039불이 필요하다. 이것만이 한 도시거민의 약
3-6년의 소득에 해당된다. 중학교부터 학생들의 입학은 시험의 성적에 따라
중점학교 또는 일반학교에 배정되는데 합격점보다 좀 낮을 경우면 "買分費"
를 내야 된다. 즉, 돈으로 점수를 사야 된다. 예를 들면 1점에 242불 내지
362불 등등 지역·학교에 따라 가격도 틀린다[참조: 劉江, 李江濤(2004),
"北京中小學高昂收費令人咋舌", 중국 <중국청년보>, 2004년 2월 22일].

10년 동안에 위와 같은 교육 분야의 불법적인 비용징수는 적어도 약 242억 불에 달했다. 이와 더불어 교육은 주택·자동차과 함께 중국인들의 3대 소비로 떠올랐으며392) 교육시장은 중국에서 황금 알을 낳는 10대 업종이 되었다.393) 이와 더불어 중국의 교육비 징수제도는 경제적 논리에 휘말리면서 각종 비리의 온상이 되어, 2003년도 중공중앙 기율검사위원회는 교육비 불법 징수와 관련된 부정부패 척결을 제기하기도 하였다. 당시 중국에서 모두 12,634 건의 불법적 교육비용 징수 건수가 발각되었고, 2.6억 불이 부당 징수로 고발되었다.394) 당시 감사 결과 모두 2,488명의 책임자는 처벌되었으며, 그중 395명의 교장(총장)이 파면되었다.395) 그러나 발각된 사건은 빙산의 일각에 지나지 않는다.

 D. 교육의 질과 학위의 가치의 절하문제
 각 대학교들의 잠재력의 발굴은 말하기 쉽지만 결국 대학교육의 질을 낮추고 학위의 가치를 절하시키는 한 요인이 되고 있다.
 중국 대학교의 교육조건은 급격히 후퇴하였다. 개편 이전에는 외국어·예술 등 전공의 학생들은 10-20명밖에 수용할 수 없는 소형 강의실에서 수업을 받았는데 현재는 40-50명을 수용할 수 있는 중형 강의실로 옮긴다. 다른 전공의 경우 200명－300명 정도의 학생들이 대강당에서 수업을 받기도 하고 있다. 종종 대학

---

392) 曹林(2004), "敎育收費亂, 弊端在集權", 중국 <중국청년보>, 2004년 3월 5일.

393) 참고로 중국에서 떼돈을 벌을 수 있는 10大의 업종을 다음과 같이 열거한다. 1)부동산, 2) 中小學교육, 3) 장례, 4) 출판; 5) 자동차, 6) 안경, 7) 통신·휴대폰, 8) 의약, 9) 유학중개, 10) 인터넷 게임[참조: 魏雅華(2004), "2003年中國十大暴利行業", 중국 <靑年時訊>, 2004년 1월 1일].

394) 董洪亮(2003), 앞의 글.

395) 陸正明(2004), "敎育部長周濟透露將在全國推行敎育收費一費制", 중국 상해 <文匯報>, 2004년 1월 7일.

교 주변의 페스트푸드 식당이나 유료 독서실에서 공부하는 대학생들의 모습도 발견할 수 있다.396)

대학원의 경우 문제는 더욱 심각하다. <그림 Ⅲ-3>에서 보았듯이, 중국의 대학원 재학생은 1998년에 198,885명이었으며 이 중에서 박사과정은 45,246명, 석사과정은 153,639명에 불과했다. 그러나 1999년부터 신입생 모집규모는 평균 해마다 약 30%로 증가함에 따라 중국의 대학원 재학생은 2003년에 무려 65.13만 명에 달했고 이중에서 박사과정만 무려 13.67만 명에 달했다. 절대적인 취학인구 규모로는 미국·독일을 이어 세계 3위이다. 중국은 2004년에 보통대학교만 모두 400만 명의 신입생을 뽑을 예정이고 이 중에서 대학원생만 무려 33만 명에 달할 것이다.397) 이런 추세라면 중국의 대학원 재학생수는 2005년에 이르러 100만 명을 넘어설 것이다. 또한, 2010년, 심지어 2008년에 이르면 중국은 해마다 약 5만 이상의 박사학위를 수여하여 세계 1위를 기록할 전망이다.

중국교육부 학생司(국)에서 발표한 2000년-2004년 중국 박사 대학원생 지도교수의 수치를 보면 22,857명의 박사 대학원생 지도교수가 있다.398) 이를 2003년의 대학원 박사 재학생 총수인 13.67만 명을 참고하면, 1명의 지도교수가 약 5.98명의 박사 대학원생을 지도하는 것이다. 그러나 재직 관리들이 겸임하고 있는 무자격 박사 대학원생 지도교수 그리고 관직에 종사하여 사실상 대학원생을 지도하지 않는 교수들의 수치를 제외하면 상황은 훨

---

396) 姚玉杰(2004), "一個茶壺三十個杯", 중국 <중국청년보>, 2004년 1월 30일.

397) 劉萬永(2003), "2004年全國普通高校計劃招生400萬", 중국 <중국청년보>, 2003년 12월 29일.

398) 張東生等(2004), "中國需要什麽樣的大學排行榜", 중국 <21세기경제보도>, 2004년 1월 16일.

씬 악화된다. 또한, 일부 인기학과의 경우면 한 지도교수가 약 30-40명의 박사 대학원생을 지도하고 있는 사례도 많다. 지도교수는 지도하고 있는 제자들의 이름조차도 모르는 경우도 많다. 그래서 중국에서 "지도교수가 학생들을 지도하는 것이 아니라 학생들이 지도교수를 지도하고 있다"는 지적까지도 나왔다.399) 이 점은 다른 나라 고등교육 현실과 비교할 때 훨씬 극명하게 드러난다. 예컨대, 서울대학교의 경우 2003년 현재 교수 1인이 지도하는 석사·박사 대학원생은 각각 평균 4.8명과 1.7명에 불과하다.400)

양적 규모 차원의 "대약진"운동, 3년의 과정 이수 후 거의 무조건적으로 박사학위를 수여하는 형식적인 학위제도401), 그리고 관료·기업 사장들에게 박사학위를 증정하는 관행 등으로 중국의 학위수여제도는 실효성을 잃고 있다. 이에 대해 복단대 인문대 학장인 姜義華 교수는 2001년에 한국·일본·서양의 박사수여제도와 비교하면서 중국의 박사수여제도의 문제점을 통렬하게 비판했다: "작년 동계에 나는 한국에서 강의를 했을 때 한국 대학교수들로부터 '중국에서 박사학위를 취득하기 너무나 쉽다. 때문에 한국의 수많은 학생들은 중국에 가서 유학을 원한다. 왜냐하면, 중국에서 삼사 년만을 거치면 학위를 받을 수 있기 때문이다. 반면에 한국에서는 육칠년을 거치지 많으면 학위를 받기 어렵다. 그러나 이렇게 되면 중국의 박사학위는 점차 중요시하지 않게 될 수밖에 없다'고 들었다. 이러한 비평을 듣고 정말 안타

---

399) 姚玉杰(2004), 앞의 글.

400) 서울대학교(2003), 앞의 책, 15쪽.

401) "수료"와 "졸업"을 분리시키는 한국·일본·서양의 대학원 학제와 달리 중국에는 "수료"란 개념이 없고 석사과정이든지 박사과정이든지 학제는 다 3년이다. 즉, 3년이면 거의 무조건으로 학위를 수여주고 졸업시키는 제도이다.

깝다. 그러나 한국 교수들의 비평은 근거가 없는 것이 아니다. …… (중략) …… 우리나라(중국)에서는 박사학위를 받으려면 만 3년이 필요하다. 첫 해에는 학위과정을 다 통과한다. 익년부터는 논문준비에 착수한다. 졸업 때까지 2년 시간이 있으나 논문인 쇄·심사·구직 등을 제외하고 사실상 많아도 1년 반 만이 걸린다. 때문에 수많은 박사논문은 몇 달 심지어 몇 주 안에 작성되기도 한다. 인터넷에서 기존의 연구물을 토대로 하여 짜깁기를 하여 십여 만 한자의 박사논문을 작성한 사례도 많다. 게다가 현행의 논문심사 방식으로는 이들 문제들을 발견하여 막을 수 없다."[402)

3. 1990년대 이래 중국 대학교의 조직과 인사제도의 변화

1) 정체기 중국 대학교의 조직과 인사제도의 변화

(1) 정체기 중국 대학교의 조직의 변화

1989년–1992년 사이 이른바 "정체기" 또는 "정돈기" 중국 당·정부의 가장 큰 관심사는 "자산계급 자유화"에 배격과 당 건설의 강화이었다. 따라서 각 대학교는 1989년 이전에 거론됐던 당·정 기구의 간소화는 역류하게 됐다. 1989년 전에 각 대학교의 조직기구의 정치부문을 보면 당 위원회의 판공실·조직부·선전부·통일전선부 그리고 공산주의청년단·工會 등 외곽 조직이 있었으며,

---

402) 姜義華(2001), "警剔博士學位貶値", 중국 <文匯報>, 2001년 10월 12일.

1989년 이후부터는 당교·학생工作부(또는 학생工作처) 등 교직원·학생들의 사상을 교육시키는 기구가 잇따라 신설되었다. 이와 더불어, 각 대학·학과에 공산주의청년단에 속하는 정치輔導원도 급증하였다. 교육당국은 정치사상교육과 당 건설에 주력하였기 때문에 각 대학교의 행정조직에 대한 규제에는 방임적이었다. 각 대학교는 이런 기회를 틈타 교직원·학생들에 대한 정치사상교육을 강화한다는 명목하에 임의적으로 각종 기구를 신설하거나 승격시켰다. 이 시기에 이르러 교육당국은 각 대학교의 조직 확장에 대해 사실상 방임적인 태도를 취했다. 이때부터 각 대학교에서 수많은 처장급 기구와 처장·부처장들이 우후죽순으로 생기기 시작했다. 중국 대학교의 조직과 임원의 규모는 거의 무정부상태에 빠지게 되었다.

(2) 정체기 중국 대학교의 인사제도의 변화 및 특징

A. "정치안정 제일주의"에 따른 해고 불가

정체기 또는 정돈기 중국 당·정부의 또 하나의 큰 관심사는 정치적·사회적 안정이었다. 집권의 지위를 장기적으로 유지하기 위해 새로운 지도자들은 "정치안정 제일주의"란 원칙을 세웠다. "정치안정 제일주의"란 정치적 안정을 위한 것이라면 어떤 것이라도 희생할 수 있다는 뜻이다.

따라서 국가교육위원회가 1992년 8월에 내린 "직속 대학교 내부 관리체제개혁에 관한 의견"에서 각 대학교의 "校辦산업"403)과 "後勤임원(rear-service personnel)"들을 대상으로 기업처럼 빙임제404)를 실

---

403) 학교가 출자하여 운영하는 산업 또는 기업을 뜻한다.

404) 문면으로 초빙하여 임명한다는 것을 의미하지만 종신제의 대립적인 것인 임기제를 뜻하기도 한다.

시토록 했으나 다른 임원들에 대해서는 그런 의사를 밝히지 않았다.405) 이에 따라 정치적인 차원의 허물만 없다면 각 대학교의 교원·간부 등은 거의 종신적으로 임기를 채울 수 있었다. 대학교 당국은 대학교의 발전보다 우선적으로 정치적 안정에 기여해야 되기 때문이다. 이에 따라 교원 빙임제나 임기제가 공식적으로 폐지되지 않았으나 사실상 무용지물이 돼버렸다.

B. 대학교원 승진의 동결

대학교원들의 승진은 1978년 이후 매년 가을에 이루어진다. 당시 관행에 따라 일반적으로 석사학위 소지자는 2년의 조교경력이 있으면 자동적으로 강사로 승진될 수 있고 5년의 재직경력이 있는 강사·부교수는 "평심"에서 통과하게 되면 각각 부교수와 교수로 승진될 수 있었다. 그러나 "천안문사태"로 이후 교원 승진제도는 1989년 가을부터 4년 동안에 동결됐다. 이 시기 많은 수의 대학교원들이 국외로 빠져나가거나, 당·정부기관 또는 기업으로 전직하였다.

C. "교수치교"의 퇴장과 당·정 간부들의 각 대학교에의 파견·등장

"천안문사태"의 여파로 회복기에 임명된 상당부분의 교수 출신의 대학교육 지도자들 잇따라 퇴장하게 됐다. 이와 더불어, 회복기에 한때 나타난 "교수치교"도 사라지게 됐다. 대학교육 지도자들의 공백은 다음과 같은 두 부류로 충원되었다.

하나는 당의 이념과 정책적 의도에 동조하고 순응하는 지식인, 특히 이공계 출신들이다.

---

405) 中國國家敎育委員會(1992), "關于直屬高校內部管理體制改革的若干意見", 何東昌(1998), 앞의 책, 3372-3374쪽.

또 하나는 각급 당·정 기관에서 대학교에 파견된 간부들이었다. 물론, 대학교에서 당의 절대적 통치지위를 지키기 위한 한 수단으로서 당·정 기관에서 대학교에 간부들을 파견한 것은 이전에도 존재했던 관행이다. 그러나 이번에는 파견 규모가 전례 없이 컸다. 이에 관한 정확한 통계수치를 확보하지 못했지만, 교육부 직속 대학교의 경우, 교육부 당조는 교육부의 수많은 국장·부국장들을 각 직속 대학교에 파견하여 당서기·부서기·총장·부총장에 임명했다.

교육부에서 파견된 간부들 중에 교육전문가가 많았지만, 지방대학교의 상황은 그렇지 않다. 각 지방대학교에 파견되어 그 대학교의 지도자로 임명된 간부들은 주로 각 성(직할시·자치구) 당위원회 또는 교육부문 이외의 행정기관의 간부들인 경우가 많았다. 이들은 기존의 대학교 간부들에 비교할 때 교육에 관해선 문외한들이었다. 이점은, "문화대혁명" 시기에 각 대학에 "공선대"·"군선대"를 보내 "도동자·농민·군인"들로 하여금 대학교를 관리하도록 한 형식과 유사하다. 계급투쟁의 시각에서 본다면 이것은 곧 농민·노동자·군인 출신의 간부 또는 무식한 사람들로 하여금 지식인들을 지배하여 관리하도록 한 것이니 "문화대혁명" 시기의 논리·방법과 본질적으로는 거의 같다고 할 수 있다.

2) 1990년대 대개편 이래 대학교의 조직과 인사제도의 변화

(1) 1990년대 대학교육 대개편 이래 대학교의 조직·간부·교직원의 무리한 확장

대학교의 조직과 임원에 대한 규제가 "정돈기"에 이르러 혼란

이 발생한 가운데 1990년대 중반부터 중국 대학교 관리체제와 구조의 대개편이 시작되었다. 이 과정에서 각 대학들은 특히 "대학교 합병운동"의 계기를 통해 기구·간부·교직원의 규모를 대대적으로 확장시켰다.

A. "승격風" 및 조직의 무리한 확장

각 대학교의 확장 노선으로 각 단과대학 및 학과들이 임의적으로 승격되는 사례가 많았다. 전술하였듯이, 1952년 "원계조정" 이후 중국대륙 전역에서 고등교육기관의 현황을 보면, 13개의 종합대학교만이 잔존했고 그 외는 대부분 "학원", 즉 단과 또는 多科의 고등교육기관으로 격하되었다. 각 대학교 안에 있었던 "학원", 즉 대학은 일체 폐지되어 다들 "係", 즉 학부 또는 학과 차원의 단위로 재편되었다. 1952년에 폐지된 "대학"(종합대)과 "학원"(대학)들을 다시 원상태로 승격시킨 것 자체는 합당하다. 문제는 승격과정에서 자격요건을 분별하지 않고 일률적인 방식으로 승격이 진행되었다는 데 있다.

대학교육의 "승격풍"은 1980년대부터 시작되었지만, 당시에는 적어도 엄격한 심사·허가 제도가 있었다. 1990년대 중반 경부터는 심사·허가 제도가 훨씬 완화되고, 또한 대학사회 내에 부패문제가 심각한 수준이었다. 심사·허가 제도는 명목만 있을 뿐 유명무실하였다. 교육당국과 관련 대학교는 이러한 무분별한 승격현상을 "국제적 관행에 레일을 접속한다"고 수사하기도 한다. "국제적 관행에 레일을 접속"하여 대학교-대학-학과 식의 대학 편제를 회복하는 것 자체는 합당하지만, 그 결과는 자격이 검증되지 않은 대학 간부·임원의 대거 등장이라는 또 다른 문제점을 발생시켰다. 북경의과대를 합병한 북경대는 2005년 6월 현재 본부(원래의 북경대)에서만 25개의 대학, 16개의 독립적 학과, 145개의 연구원·연구소·연구센터가 있다.406) 이 밖에 북경대 의학부에서는 11개의 대학, 6개의 부속병원, 20개의 연구소, 29개 의 연구 센터, 만 명 이상의 교직원이 따로 있다.407)

또한, 당·정 기구도 신속히 늘어났다. 1999년까지의 북경대(북 경의과대를 합병하기 이전)의 처장급 기구는 41개에 달했다.408) 이는 구중국 시대의 북경대에 비할 수 없을 뿐만 아니라 <표 Ⅲ -2>에서 보여준 듯이 국가교육위원회가 1988년 5월에 내린 "보 통 대학교 기구 설치에 관한 의견"(試行案)에서 규정된 최고 기 준인 24-26개의 처장급 기구보다도 많이 늘어난 숫자이다.

B. 간부의 무리한 확장

승격풍 이후 비대해진 대학교 조직과 간부의 규모를 비판하며 중국 언론은 항상 "(당)서기·총장은 한 복도만큼 많고 처장은 한 강당만큼 많고 과장은 한 운동장만큼 많다"고 세태를 비판한 다. 총장급의 상황을 살펴보면, 각 대학교는 당서기와 총장을 제 외해도 일반적으로 8명 내외의 부서기·부총장 그리고 한 명의 부총장 급인 당의 기율검사위원회 서기가 있다. 그 이외에도 2-3 내외 명의 총장助理(총장보)가 따로 있다. 이들은 다들 각 처장과 각 대학장(처장급) 이상의 지도자 이른바 "校級영도"이 다. 북경대의 경우(2005년 6월 현재), 1명의 당서기, 1명의 총장, 1명의 당 常務부서기 겸 부총장, 3명의 常務 부총장, 2명의 당 전임부서기(부총장급), 4명의 전임부총장, 1명의 당 기율검사위원

---

406) 참조: 북경대 홈페이지의 "院係所中心" 부분: http:www.pku.edu.cn/academic/

407) 참조: 북경대 홈페이지의 "北大醫學部" 부분: http://www.bjmu.edu.cn/index.htm

408) 유경희(2001), <중국의 고등교육 개혁정책에 관한 연구>, 서울대학교 대학원 교육학과 석사논문, 84쪽에서 재인용.

회 서기(부총장급), 3명의 총장助理(처장급)가 있다.[409] 집계해보면, 북경대의 "校級"지도자는 모두 무려 16명에 달하는데 이 중에서 부총장 이상급이 13명에 달한다. 그래서 중국의 대학교에 "(당)서기·총장은 한 복도만큼 많다"는 표현은 과장이 아니다. 이렇게 많은 "校級"지도자들을 보유하는 것은 북경대의 행정을 복잡화시키고 대학교육의 효율성을 낮추고 교수들이 응당 지녀야 할 "주인"의식을 박탈한다.

C. 교직원의 무리한 확장

a. 교원 수량의 무리한 확장

북경대는 후술될 2003년부터의 이번 개혁의 이유를 설명하기 위해 사상 처음으로 "(북경대의)수많은 대학과 학과에서 80%의 학술적 업적과 성망은 20%의 우수한 교원에 의해 창조한 것"[410]을 인정했다. 그러므로 교수·연구의 수준을 높여 일류대학으로 되기 위해 중국의 대학교, 특히 각 명문대는 부득이 수많은 실력이 없는 교수들을 부양하는 동시에 여러 특별 정책을 세워 실력이 있는 교수들을 영입하기 시작했다. 이로 인하여 각 대학교의 전임교원 총수는 급속히 늘어나고 있다.

특히 이번의 대학교 합병운동은 각 대학교의 전임교원 총수를 더욱더 늘어나게 했다. 광동성 관리과학연구원 <중국대학평가> 연구팀[411]에 의하면, 북경의과대를 합병한 북경대의 전임교

---

409) 북경대 홈페이지의 "영도기구" 부분: http://www.pku.edu.cn/about/xrld.htm

410) 張維迎(2003), "改革的十四點說明", 博雅(2003), 앞의 책, 34쪽.

411) 이 연구팀은 2004년 초에 발표한 "2004年中國大學前100名"이란 최신의 중국대학평가에서 이미 "중국 관리과학연구원 과학학연구소"로 개명했다. 광동 관리과학연구원이든 중국관리과학연구원이든 다 民辦, 즉 민간 연구기구이다.

원 총수는 중국 대학교들 중에서 가장 많다. 북경대의 전임교원 총수와 구성을 살펴보자. 사회여론의 시선을 의식한 탓인지 북경대는 북경의과대를 합병한 후 전임교원 총수와 구성을 오늘날까지 공개하지 않고 있다.412) 때문에 간접적 또는 비공개적 채널로 밝혀진 숫자를 인용할 수밖에 없다. <중국대학평가> 연구팀이 중국교육부 발전規劃司(발전기획국)의 자료에 의해 밝힌 결과에 따르면, 북경의과대를 합병하기 전인 1999년에 북경대의 전임교원 총수는 이미 2,066명에 달했다. 또한, 몇 개의 부속병병을 보유한 북경의과대 1999년의 전임교원 총수는 3,762명이었다. 북경의과대를 합병한 후인 2000년에 북경대의 전임교원 총수는 5,519명에 달했다.413)

"猫一鳴" 부교수는 북경대 科硏部(연구처)가 2003년 2월에 교내 한 회의에서 내부에 밝힌 북경대의 정식 편제(정원)에 들어가 있는 전임교원에 관한 숫자를 공개적으로 발표했다. 그에 따르면, 전임교원 총수는 2,235명(인문사회계: 1,175명; 이·공·의 계열: 1,060명)이다.414) 이 숫자는 외국의 대학교들 물론 중국 국내의 대학교들보다도 매우 큰 숫자라고 할 수 있다. 그러나 이 숫자는 북경대가 2000에 실제로 보유한 전임교원 총수인 5,519명에 비해 약 40%만에 불과하다. 2000년부터 2003년 2월까지 북경대의 전임교원 총수는 더 늘어났을 수밖에 없는 것을 추가 감안해보면 문제는

---

412) 이에 대해 북경대 역사학과 부교수인 蔣非非와 북경대 당국의 보복을 피하기 위해 "猫一鳴"이란 익명으로 자칭한 모 부교수 등은 다 인정했고 격렬히 비난했다[참조: 博雅(2003), <北大激進改革>, 88쪽, 95쪽]. 북경대의 전임교원 수량과 구성에 관한 기타 연구물 또는 보도도 부득이 측산 또는 비공개적 채널로 얻은 숫자에 의할 수밖에 없다.

413) 武書連等(2002), "我國首次完成21-1공정大學人均效率評價", 중국 <인민망>, 2003년 1월 8일.

414) 猫一鳴(2003), "猫眼看改革: 質疑張維迎", 博雅(2003), 앞의 책, 95쪽.

더 심각하다고 할 수 있다. 정원을 초과한 전임교원은 적어도 3,284명에 달해 정원보다도 약 1.5배나 많으니 중국 대학교의 편제(정원)는 아무 의미도 없다고 할 수 있다.

여기서 유의해야 되는 한 가지도 있다. 즉, 정원을 초과한 이들 편제 외의 전임교원은 한국의 시간강사 등 임시적 직위들과 달리 편제 내의 전임교원들과 똑 같은 권력을 가지고 있다. 바꾸어 말해, 이들도 정식적 전임교원이고 현행의 체제하에서 쉽게 해도를 당할 수 없는 종식교직이다. 뿐만 아니라 이들은 모종의 의미에서 사실상 편제 내의 전임교원들보다 대학교에 더 필요하다고 할 수 있다. 왜냐하면, 이들이 북경대에 취직하게 된 이유는 북경대가 편제 내에 있으나 북경대의 교수·연구에 별로 도움이 안 되는 일부 전임교원들을 쫓아낼 수 없어서 대학교의 교수·연구의 필요에 따라 부득이 편제 이외에 따라 채용하게 됐기 때문이다. 따라서 이들이 북경대에 채용된 그날부터 바로 북경대의 정식적인 종신교원으로 됐다. 이들과 편제 내의 전임교원으로 채용된 교원들 간의 차이는 신분과 권력 상의 차별이 아니라 누가 먼저 채용되었고 누가 늦게 채용되었는가의 무의미한 차이뿐이다. 바꾸어 말해, "편제 내"와 "편제 외"란 구분은 북경대 전임교원 전체적 정원과 초과상황을 파악 또는 연구할 때만 쓰이는 의미뿐이고 전임교원 개개인이 도대체 누가 편제 내의 교원인지 누가 편제 외의 교원인지의 문제와 전혀 관련이 없다. 누가 편제 내의 교원인지 누가 편제 외의 교원인지에 대한 구분 자체는 없기 때문이다.

b. 직원 수량의 무리한 확장

1980년대 초부터 "당에서 배려해준 우대"에 따라 잇따라 부모가 재직했거나 재직 중인 대학교에 취직된 교직원들의 누적, 일반 정치·사회의 축소판으로서의 대학교 운영모델, "정치안정 제일주의"로 인한 해고불가 등으로 중국의 대학교에서는 실제 교수·연구에 종사하지 않는 직원(간부·노동자 등)들의 비율이 늘게 되었다. 교육부가 2004년 5월에 발표한 통계결과에 따르면, 2003년 전국 (국립)대학교의 교직원 총수는 160.61만 명인데 이 중 전임교원은 80.98만 명으로 전체의 50.4%에 불과하다. 이 해 보통대학교의 교직원 총수는 145.26만 명인데 이 중에서 전임교원은 72.47만 명으로 49.89%에 불과하다.[415]

북경대와 청화대의 사례를 검토해보자. 북경대는 홈페이지를 통해 2005년 6월 현재의 교직원 총수가 16,073명이라고 밝히고는 있으나 교원 충원 내역과 관련된 구체적인 정보를 제공하지는 않고 있다.[416] <중국대학평가> 연구팀에 따르면, 2000년 북경대 전임교원 총수는 5,519명이다. 이를 참고할 때, 북경대의 직원(당·정 간부 및 後勤 등 임원)은 10,554명으로서 북경대 교직원의 약 65.7%에 달한다고 추계할 수 있다.

청화대는 홈페이지에서 교직원 현황에 관한 구체적인 정보를 제공하고 있다. 1999년에 중앙공예미술대를 합병한 청화대의 2005년 6월 현재 교직원 총수는 7,869명이다. 이 중 전임교원은 2,020명으로 전체의 25.67%에 불과하며, 일선 연구임원(출강을 하지 않는 전임연구원이며 박사후연구원도 포함됨)은 1,940명으로 24.65%를 차지하고 있으며, 나머지는 당·정 간부, 실험실임원, 도서자료 및 설비 임원, 청화대 소속 기업체 임원, 노동자, 부속

---

415) 中國敎育部(2004a), "2003년 전국 교육사업발전 통계공보", 중국 <중국교육보>, 2004년 5월 27일.

416) 참조 북경대 홈페이지의 "역사" 부분: http://www.pku.edu.cn/about/about.htm

학교의 교직원 등이다.417) 교수·연구에 종사하는 교원은 모두 3,960명(50.32%)으로서 북경대에 비해 높은 구성 비율을 보인다.

여기서 유의할 점은 두 대학교 공히 보안원·임시노동자 등 임시적으로 초빙된 직원·노동자들을 다 포함시킨 것이 아니라 정규적 교직원 현황만을 제기하고 있다는 점이다. 서울대학교는 2003년의 경우, 전임교원은 1,565명이고 기타교원은 2,566명이다. 그러나 직원 총수는 985명에 불과했다.418) 이점에서 북경대·청화대는 서울대학교와 큰 차이가 있다.

(2) 1990년대 대학교육 대개편 이래 대학교 인사제도의 변화 및 특징

A. 1990년대 대학교육 대개편 이후의 인사제도

"빙임제"와 "계약제"는 오랫동안의 진통 끝에 드디어 실시되기 시작됐고 교수의 공개적 채용과 부총장의 공개적 선발까지도 최근에 실시하게 된 것은 이 시기 대학교 인사제도의 기본적 흐름이라고 할 수 있다.

전술하였듯이, 국가교육위원회가 1992년 8월에 내린 "직속 대학교 내부 관리체제개혁에 관한 의견"에서 대학교원 등 임원들에 대해 빙임제·계약제를 실시하려는 의도를 발견하기는 어렵다. 또한 "校辦산업"과 "後勤임원"들을 대상으로 실시하려는 빙임제·계약제도는 "정치안정 제일주의"로 인하여 사실상 무산됐다. 그러나 등소평이 1992년 "남방담화"를 발표한 이후 개혁 드라이브는 가속화되었다. "정체기"가 끝나자마자 국가교육위원회

---

417) 청화대 홈페이지의 "통계자료" 부분: http://www.tsinghua.edu.cn/chn/xxjs/zhigrs.htm

418) 서울대학교(2003), 앞의 책, 5쪽.

는 1993년 2월에 모든 보통대학교에서 편제(정원)와 직위를 먼저 정한 다음 이를 토대로 하여 "전원빙임제"와 "전원합동제(전원계약제)"를 추진하겠다고 약속했다.419)

인사개혁은 정치적 통합성과 개인들의 생계상 이권문제 등과 결부되어 매우 민감한 사안일 수밖에 없다. 1993년 국가교육위원회의 약속에도 불구하고 각 대학교의 인사개혁은 20세기 말까지는 큰 진전을 보이지 않는다. 그러다가 1998년부터 "세계 일류대학" 건설을 목표로 한 대대적인 개혁조치가 등장한다. 당국은 각 명문대들을 "세계 일류대학"으로 육성하려면 우선적으로 인사제도부터 착수하여 "대수술"을 실시할 수밖에 없었다. 때문에 중앙정부 인사부는 2000년에 모든 공공기관에서 빙임제를 試行하는 것에 관한 의견을 내려 대학교를 포함한 각 공공기관에서 계약제와 임기제를 실험적으로 실시하라고 지시했다.420) 이에 따라 각 명문대는 결원된 일부의 (정)교수·부교수 지표를 전세계 학술계를 대상으로 하여 교원 공개채용을 도입하게 된다.

또한, 간부임용 과정에서의 투명성을 보장하기 위해 교육부 당조는 최근에 각 직속 대학교에서 소수의 부총장 직위를 "공개선발"로 뽑는 "운동"을 일으켰다. "공개선발"이란 이전에 교육부 당조 또는 중공중앙 조직부의 지도자들 개인에 의해 직속 대학교의 지도자들을 선발하는 방식을 부분적으로 바꾸고, 개인지원->자격심사->필기시험->면접->考察->인선확정->임명 등 일련의 공개전형 절차를 통해 부총장을 뽑는 것이다.

남경대는 2003년 5월에 전세계에서 모두 149명의 (정)교수와

---

419) 中國國家敎育委員會(1993), "關于普通高等學校內部管理體制改革的意見", 何東昌(1998), 앞의 책, 3458쪽.

420) 中國人事部(2000), "關于在事業單位試行人員聘任制的意見", 博雅(2003), 앞의 책, 70쪽에서 재인용.

149명의 부교수를 공개적으로 초빙하기로 했다. 이 대학교는 2004년 2월까지 국외의 56명을 포함한 모두 421명의 신청자들 중에서 모두 81명의 (정)교수와 117명의 부교수를 뽑았다.421)

중산대는 2003년 6월에 종신제를 깨고 빙임제를 도입해 모든 교원들을 대상으로 합동제(계약제)를 실시하기로 했다. 임기는 3년으로 정해졌는데 임기 완료시 (정)교수라도 考核(평가)에서 떨어지면 해고나 부교수로 격하 초빙을 당할 수 있게 됐다. 이 대학교는 이어서 2003년 11월에 150명의 (정)교수와 250명의 부교수·강사의 결원을 해내외에서 공채하기로 했다. 이 대학교에서 일반 (정)교수·부교수·강사들에게 내놓은 평균 연봉은 각각 약 8,465불·6,650불·4,836불이다. 특별히 우수한 인재, 즉 이 대학교의 "百人계획"에 뽑힌 인재의 경우 최고 약 24만 불의 연구 시동비와 약 7.3만 불의 정착비를 따로 받을 수 있다.422) 다만, "백인계획"에 뽑힐 교수는 주로 이공계 우수한 학자이다.

복단대는 2003년 10월에 해내외에서 102명의 (정)교수와 200여 명의 부교수를 공개적으로 초빙하기로 했다.423) 이에 앞서 복단대는 2002년 10월에 약 12만 불 수준의 연봉제를 도입하여 국내외에서 생명과학대학 학장을 공개 선발하기로 했다. 2003년 6월까지 복단대는 40여 명의 해내외 신청자들 중에서 복단대 출신이자 "중국인의 아프리카 기원설"을 내놓은 미국 Cincinnati대의 교수인 金力을 생명과학대학 새 학장으로 선출해 임명했다. 임기는 3년이다.424)

---

421) 羅靜(2004), "南京大學世界範圍'公選'81名敎授", 중국 <중국청년보>, 2004년 2월 12일.

422) 周祚(2003), "敎授職位空缺達四成多 中大60萬安家費引進人才", 중국 <廣州일보>, 2003년 11월 20일.

423) 林蔚(2003), "復旦改革高級職務評聘方式", 중국 <중국청년보>, 2003년 10월 19일.

무한대는 2004년부터 전원빙임제를 도입하기로 했다. 이 대학교는 교수 공채의 계획을 아직 구체적으로 세우지 않았으나 약 12만 불의 연봉으로 생명과학대학·화학과 분자과학대학·국제 소프트웨어대학·간호대학 등 대학의 학장을 해내외에서 공개적으로 뽑기로 했다. 2004년 2월까지 무한대는 이미 미국 뉴욕 주립대학 간호대학의 한 교수를 무한대의 간호대학 학장으로 임명했다.425)

상해교통대는 2004년 4월 1일에 교원종신제를 폐지하고 해내외에서 170명의 (정)교수와 229명의 부교수를 공개적으로 뽑기로 했다. 이 대학교가 정한 첫 임기는 3년이다.426) 이 대학교는 이 해 4월 16일에 해내외에서 두 명의 부총장을 공개적으로 선발하기로 했다. 2004년 5월 9일까지 상해교통대 내부에서 6명, 외부에서 42명이 지원했는데, 외부 신청자들 중에서 국외인사는 8명이었다.427)

서안교통대는 2004년 4월에 해내외에서 모두 8명의 부총장을 공개적으로 선발하기로 했다. 이들 부총장의 임기는 4년이다.428)

북경대는 2004년 4월이 되어서야 국내외에서 (정)교수 공채를 실시하였는데, 규모도 95명을 한정시켰다. 그러나 이 대학교가

---

424) 張智麗(2003), "百萬年薪全球聘院長有結果", 중국 <新聞晨報>, 2003년 6월 12일.

425) 從玉華(2004), "武漢人學百萬年薪全球'懸賞'新院長", 중국 <중국청년보>, 2004년 2월 12일.

426) 董川峰(2004), "上海交大面向全球招聘敎授 廢除高校職稱終身制", 중국 <新聞晨報>, 2004년 4월 2일.

427) 周凱(2004), "上海交大選拔副校長公開答辯 180多位代表現場傍聽幷投票", 중국 <중국청년보>, 2004년 5월 11일.

428) 黃博(2004), "西安交大向海內外公開選聘8名副校長", 중국 <중국청년보>, 2004년 4월 12일.

2003년 5월에 시도한 인사제도개혁은 최근 중국 대학교 인사제도 개혁에 많은 영향력을 끼쳤다. 상기에 기술된 각 명문대들의 인 사제도개혁은 대부분 북경대의 것에서 적지 않은 영향을 받았다.

B. 1990년대 대학교육 대개편 이래 대학교 인사제도의 주요 특징

첫째, 21세기 초부터 대학교원들을 대상으로 하는 빙임제·계약 제·임기제 등은 잇따라 도입되었음에 따라 대학교원의 자유취 직·자유유동도 어느 정도 가능하게 됐다. 국내외 학자들을 대상 으로 교수·학장·부총장을 공개 채용한 것은 주로 소수의 명문 대에서만 이루어진 것이다. 뿐만 아니라 총장 그리고 당서기·당 부서기들에 대해서는 공개선발을 실시하지 않았다. 따라서 2005년 6월 현재 중국 대학교육의 전체적 상황을 살펴보면 빙임제·계약 제·임기제 등은 잇따라 도입되었으나 아직 시작단계라고 할 수 있다. 그러나 신중국 수립 이래 50여 년 동안 유지돼온 종신제 인 사제도와 "단위"의 개념이 해소된 것은 큰 의미가 있다. 빙임제· 계약제·임기제 등의 도입·정착은 앞으로도 많은 난관에 부딪힐 것이나, 이미 고등교육 개혁의 중대한 방향타로 대두되었다. 중국 교육부도 2004년 3월에 내놓은 <2003-2007 교육진흥 행동계획> 에서 "전원 빙임제"를 전면적으로 추진하겠다고 표방했다.429) 이 에 따라 대학교원의 자유취직과 자유유동은 불가피하게 이루어질 것이다.

둘째, 대학 지도체제에서 당의 지도지위가 더욱더 강화되고 있 고 대학 지도자들을 대상으로 하는 개혁은 아직 본격화되지 않았 다. 1998년 8월 29일에 제정된 "고등교육법"은 제39조에서 "국가

---

429) 中國敎育部(2004b), "2003-2007年敎育振興行動計劃", 중국 <인민일보>, 2004 년 3월 31일.

가 세운 대학교430)에서 그 대학교에 있는 중국공산당의 기층위원회의 영도하에서 총장책임제를 실시한다. 각 대학교에 있는 중국공산당의 기층위원회는 중국공산당의 규약과 관련 규정에 따라 통일적으로 각 대학교의 업무를 지도하고 총장으로 하여금 독립적으로 책임을 지고 권한을 행사할 수 있도록 한다"431)고 규정하여 국립 대학교에서 당서기의 1인자 지위를 최초로 법제화시켰다. 또한, 상해교통대와 서안교통대 등 일부 명문대들은 부총장을 공개적으로 채용했으나, 2005년 6월 현재까지 교육부는 전국 모든 대학교 지도자 전원에 관하여 빙임제·계약제·임기제의 전면 실시할 계획을 갖고 있지 않았다. 교육부의 <2003-2007 교육진흥 행동계획>은 "보통 초·중·고 그리고 중등직업기술학교에서 교장 빙임제와 교장 책임제를 실시하도록 전면적으로 추진하겠다"고 밝혔으나, 각 대학교 단위에서 아직 적극 구현된 바는 없다.432)

셋째, 학자·교수·전문가 중심이 아닌 관료중심 또는 관료주도의 분위기가 전면적으로 형성되었음에 따라 평교수의 신분만으로는 존립이 어렵게 되었다. 중국 대학교의 관료들 규모는 비대하다. 그 원인은 무엇인가? 이는 중국 대학교에서의 "관료중심"의 형성과 큰 관련이 있다고 본다. 역사적·문화적 전통 등으로 중국은 관료가 중심이 되는 사회이다. 관함("모 모 장")이 없으면 아무리 학술적 역량이 뛰어나더라도 관함이 있는 사람보다 직분이 낮을 뿐만 아니라 연구비의 신청, 저술의 출판·발행, 직무의 승진, 공유 주택의 배분, 공유 차량의 사용, 입원 시의 병실 등급 등 실제적인 대우 면에서도 차별을 받는다. 1990년대 초부

---

430) 사립대학을 제외한 모든 국립 대학교, 즉 중국의 약 95% 내외의 대학교를 의미한다.

431) 中國敎育部(1999), <中華人民共和國敎育法律集>, 178쪽.

432) 中國敎育部(2004b), 앞의 글.

터 각 대학교에 파견되어 당서기·부서기·총장·부총장으로 된 당·정 간부들은 각 대학교에 오게 되었을 때 대부분 교수·부교수 등 직명이 없었다. 당국은 이들이 교수·부교수 등 직명이 없어서 개인차원뿐만 아니라 대학교·당, 그리고 국가 차원에서도 위신이 없다고 생각하여, 1990년대 후반 특별 지시를 통해 평가·심사·허가를 거쳐 조교부터 한 급씩으로 승진하는 일반 교원들과 달리 이들로 하여금 바로 (정)교수로 승진할 수 있도록 했다. 예를 들면, 任彦申433)은 1994년 7월에 북경대 당서기로 임명된 직후 (정)교수뿐만 아니라 심지어 박사 대학원생 지도교수까지도 바로 승급했다.434) 북경대는 이러한 인사 관행의 현황을 공개하지 않고 있다. 그러나 "묘일명"이란 익명으로 자칭한 북경대 모 부교수에 의하면, (정)교수로 바로 취임한 북경대의 당·정 직업적 관료가 2003년 현재 적어도 백 명 이상이 존재한다.435) 청화대의 경우 2005년 6월 현재 7,869명의 교직원들 중 (정)교수級·부교수級·강사級·조교級의 직명을 소지하고 있는 교직원은 각각 1,209명·1,725명·2,453명·362명으로 모두 5,749명이다.436) 즉, 교수·연구에 종사하는 3,960명의 교원 이외에도 교수·연구에 종사하지 않는 사람들 중에서도 1,789명은 학술적 직명을 소지하고 있다.

넷째, 1990년대 중반부터 중국의 대학교에서 관료화는 전면적·

---

433) 1945-, 청화대 출신, 청화대·북경시 당위원회 소속 교육공작위원회에서 일했다가 1994년 7월부터 2000년 3월까지 북경대 당서기로 재직했다. 2001년 2월부터 오늘날까지 江蘇성 당위원회 부서기(차관급)로 재직하고 있다.

434) 武際可(2003), "就人事改革給北大校長的一封公開信", 博雅(2003), 앞의 책, 73쪽.

435) 猫一鳴(2003), "猫眼看改革: 質疑張維迎", 博雅(2003), 위의 책, 95쪽.

436) 청화대 홈페이지의 "統計資料" 부분: http://www.tsinghua.edu.cn/chn/xxjs/zhigrs.htm

체계적으로 형성되었다. 중국 대학교에서의 관료화의 체제화란 크게 세 가지의 뜻이 있다.

하나는 모든 국립 대학교 및 간부는 모두 행정상의 직급이 있다. 회복기까지만 해도 대학교의 행정상의 직급에 대한 엄밀한 규정은 없었다. 그러나 1990년대에 들어 중국의 모든 국립 대학교는 점차 한 행정기관처럼 행정상의 직급서열을 갖추게 된다. 중국의 보통대학교 중에서 행정상의 급이 가장 높은 대학교는 21개의 "차관급 대학교"이다. 그러나 이 21개의 대학교의 명단은 당·정부의 인사·간부 관리와 관련된 보안사항이라 공개되지 않고 있다. 북경대·청화대는 당연히 차관급 대학교이다. 또한, 이들 대학교의 당서기와 총장은 다들 차관급이다. 그 다음으로 청장(국장)급 대학교이다. 本科대학교(4년제)는 다들 이 종류에 속한다. 이들 대학교의 당서기·총장은 청장(국장)급이고 당 부서기·부총장은 부청장(부국장)급이다. 그 다음으로는 부청장(부국장)급 대학이다. 專科대학(2년제 전문대)은 모두 이 종류에 해당된다. 이들 대학의 당서기·교장(학장)은 부청장(부국장)급이고 당 부서기·부교장(부학장)은 처장급이다.

또 하나는 학술적 직명과 행정상의 급 사이에서의 동일시 현상이다. 관함의 수량이 아무리 확장되더라도 한정되어 있다. 관함이 없는 교원들은 같은 "단위"의 관함이 있는 사람들과 월급의 기준·주택의 배분·교통수단의 사용·병실의 사용 등에서 지위·등급을 자주 비교할 수밖에 없다. 그렇다면 학술적 직명과 행정상의 급은 상호 어떻게 환산될 수 있는가? 당국은 이에 대해 매우 고심했다. 오늘날까지 해도 이 두 계열의 환산·비교에 관한 엄격한 규정이 없으나 최근 약 십년간 사이에 "兩院院士"437)·박

---

437) 중국과학원의 院士와 중국공정원의 院士의 약칭이다. 각각은 중국 자연과학과 기술과학 분야의 최고의 명예이다.

사 대학원생 지도교수(정교수)·일반 정교수·부교수·강사·조
교들이 각각 차관급 또는 청장급, 부청장급, 처장급, 부처장급, 과
장급, 부과장급으로 대우를 받는 관행이 형성됐다.

다음으로, 대학교에서도 당·정 기관처럼 관함으로 승진되려면
하위 급에서 몇 년의 경력을 쌓아야 한다. 총장이 되려면 적어도
약 3-4년 동안의 부총장·부서기의 경력이 있어야 되고, 부총
장·부서기이 되려면 또 약 3-4년의 처장 또는 학장의 경력이
있어야 되고, 처장 또는 학장이 되려면 또 약 3-4년의 부처장
또는 부학장의 경력이 있어야 되고, 부처장 또는 부학장이 되려
면 또 약 3-4년의 학과장 또는 부학과장의 경력이 요구된다.

다섯째, 1990년대 들어서 이공계 출신자들은 국가의 최고 통치
권뿐만 아니라 대학교육 운영의 실권도 장악하였다. 현재 중국의
최고 통치계층에 인문사회계 출신인사는 거의 전무하다.[438) 북경
대 당서기인 閔維方(교육학)과 중국인민대 총장인 紀寶成(경제
학) 등의 예외를 제외하면 인문사회계 출신의 명문대 대학총장
은 별로 없다. 지방대의 경우 인문사회계 출신인사가 대학운영권
에 참가하고 있지만, 대부분 부총장급 수준이다. 또한, 신중국 수
립 이래 현재까지 교육부든지 고등교육부든지 국가교육위원회든
지 부장·주임(장관) 물론, 수많은 부부장·부주임(차관)들에 이
르기까지 교육학·심리학 출신의 학자는 전무하다.[439)

여섯째, (정)교수·부교수의 임명권은 점차 대학교 단위로 이

---

438) 2005년 6월 현재 중국 관료서열에서 지위가 가장 높은 인문사회계 출신자는
현 전임 국무위원이자 당의 198명의 중앙위원 중의 하나인 唐家璇(북경대 동
방언어학과 일본어 전공 출신, 주용기 정부의 외교부장이 이었음)이다. 중국
의 국무위원은 부총리와 장관 사이에 있는 직위이다. 당가선은 국무원 계통
에서 1명의 총리·4명의 부총리·2명의 겸임 국무위원을 이어 제8위를 차지
하고 있다. 그러나 그는 중국 관료서열의 전체에서 정치적으로는 약 제65위
에 처하고 있고 실권으로는 약 27-30위에 처하고 있다.

439) 中國國家高級敎育行政學院(1999), <新中國敎育行政管理五十年>, 410-420쪽.

양되고 있다. 교육부는 1986년부터 몇 차례를 거쳐 (정)교수·부교수 직명 수여권한을 일부 명문대에 이양하였다. 2003년 1월까지 모두 141개의 대학교는 (정)교수 직명을 수여할 수 있는 권한을 받았다. 그 외 116개의 대학교는 부교수 직명을 수여할 수 있는 권한을 얻었다.440) (정)교수·부교수 직명을 수여할 수 있는 권한을 획득하지 못한 대학교는 이전처럼 각 지방 교육청이 소집하는 평심조의 심사·허가에 의해 (정)교수·부교수 직명을 교원들에게 수여한다.

일곱째, 전임교원의 정치적·사회적 지위는 물론 경제적 지위도 당·정 고급간부보다 낮아졌다. 대학교에서 전임교원과 당·정 고급간부의 정치적·사회적 지위의 차별에 대해서 이미 앞에서 강조한 바 있다. 특히, 경제적 차별은 극심하다. 아래의 두 표를 통해 1990년대 중반 전임교원·전임연구원과 당·정 간부 간의 직급별 봉급차이를 살펴보자. 아래 두 표에서 나타나는 봉급기준은 공개적이고 합법적인 수입액인 만큼 당·정 간부들이 별도로 획득하는 "隱性수입"을 포함하지 않는다. 중국정부 인사부와 국가교육위원회가 1994년 2월에 내놓은 "工資(보수) 제도 개혁방안"에 따르면, (정)교수·(정)교수급의 연구원의 최고 월급기준(670圓)은 전임 당·정 간부의 최고 월급기준(695圓)보다 낮다.

---

440) 참조: 중국교육부 홈페이지의 "명단公布": http://www.moe.edu.cn/

<표 Ⅲ-9> 중국 대학교 전임 교원·연구원의 기본적
직무월급과 수당 기준(1994 제정) (단위: 인민폐 圓/월)

직 명	직무월급　기준										수 당
	1급	2급	3급	4급	5급	6급	7급	8급	9급	10급	
정교수 (연구원)	390	430	470	520	570	620	670				
부교수 (부연구원)	275	305	335	365	395	435	475	515	555		71-287
강 사 (助理연구원)	205	225	245	265	285	315	345	375	405	435	
조 교 (연구실습원)	165	179	193	213	233	253					

출처: 중국 인사부·국가교육위원회(1994), "高敎, 科硏人員專業技術職務等級
工資標準表", 何東昌(1998), <中華人民共和國重要敎育文獻>, 3605쪽.

<표 Ⅲ-10> 중국 대학교 당·정 간부의 기본적 직무월급과
수당 기준(1994 제정) (단위: 인민폐 圓/월)

직원441) 등급	직무월급　기준										수 당
	1급	2급	3급	4급	5급	6급	7급	8급	9급	10급	
1등 직원	480	520	560	605	650	695					
2등 직원	335	370	405	440	480	520	560				
3등 직원	235	260	285	310	340	370	400	430			62-298
4등 직원	180	198	216	234	252	276	300	324	348	372	
5등 직원	160	174	188	202	216	233	250	267			
6등 직원	145	157	169	181	193	207	221	235			

출처: 중국 인사부·국가교육위원회(1994), "職員職務等級工資標準表", 何東
昌(1998), <中華人民共和國重要敎育文獻>, 3605쪽.

441) "문화대혁명" 이후부터 중국의 대학교에서 "직원"이란 개념·호칭은 이미 사라졌다. 이 표에서 제정된 당·정 간부의 보수기준은 중국 국가재정에서 출연하는 모든 당·정 기관과 공공기관의 모든 직원들을 6등급으로 나누어 제정된 보수기준에 따른 것이기 때문에 "직원"이란 용어를 차용했다. 다만, 이 "工資(보수) 제도 개혁방안"에 대한 설명에서 중국 인사부와 국가교육위원회는 대학교에서의 "직원"이란 용어는 대학교에서의 모든 당·정·공(工會)·단(공청단) 간부를 뜻하는 것을 설명했다[참조: 何東昌(1998), <中華人民共和國重要敎育文獻>, 3603쪽]. 따라서 이 표에서 나타난 "직원"이란 용어는 당·정·공·단의 모든 간부로 이해하면 된다. 이 개념은 한국 대학교에서의 "교육 공무원"과 비슷하지만 여러 면에서 다르다. 바꾸어 말해 중국 대학교에서 1-6등 직원은 사실상 원래 존재하지 않았다. 다만, 당·정·공·단 간부는 자신의 행정상의 급이 있다. 이 보수기준은 바로 모든 당·정·공·단 간부들을 각자의 행정상의 급에 따라 먼저 6등으로 나누어 그 다음으로 같은 등에 속하는 간부들을 각자의 경력·연한 등에 따라 다시 6급 내지 10급으로 세분화시킨 것이다. 당·정·공·단 간부 각자의 행정상의 급은 이 표에서 명시되지 않는다. 따라서 이 표는 복잡한데다가 속과 겉이 일치치 않은 약점이 있다.

또한, <표 Ⅲ-9>와 <표 Ⅲ-10>에서 보여주었듯이 1994년에 제정된 월급과 수당 기준은 매우 낮은 편이다. 이를 통해서 중국 대학교 교직원뿐만 아니라 전체 봉급 수준도 매우 낮다고 결론을 얻을 수 있다. 때문에 주용기 정부가 1998년 초 출범한 이후 대학교 교직원들을 포함한 공무원(공직자)들의 월급기준을 몇 번이나 높였다. 그 결과 중국 공직자들의 실제적 월급·수당은 1994년의 기준과 매우 다르게 됐다. 바꾸어 말해, 1994년의 위 기준은 1998년 이후의 현실을 반영할 수 없는 시대에 뒤떨어진 것으로 됐다.

위 여러 가지의 약점을 극복하기 위해 중국 국무원은 2003년 제93호의 문건의 형식으로 새 월급·수당 기준을 내놓았다. 이 새 기준은 첫째, 1994년 기준에서의 속과 겉의 불일치 현상이 극복됐다. 즉, 이 새 기준은 1-6등 직원들을 각각 성·부장 급(도지사·장관급), 청장(국장급), 縣장·처장급, 과장급, 科員급, 辦事원급(사무원급)에 직결시켰다. 이에 따라 중국의 대학교에서도 직원이란 개념이 생겼으나 직원의 등급과 행정상의 등급 이 이중의 개념이 동시에 나타났다. 둘째, 새 기준은 선진국에 비하면 여전히 매우 낮지만 1994년 기준보다 배 이상이나 늘어났다. 새 기준에 따르면, (정)교수의 직무 월급기준은 경력·연한에 따라 모두 11등급으로 나누어져 있는데 880圓(초임 정교수)에서 1,650圓(최고)까지이다. 1급 직원의 기준은 1,109圓-1,886圓이고 2급 직원, 즉 대다수 대학교의 당서기·총장들의 기준은 808圓-1,473圓이다. 바꾸어 말해, 중국 공직자들의 월급 수준은 약 10년 사이에 배 이상이나 늘어났으며 해마다 10% 이상의 증가율을 기록했다.

다만, 2003년 7월 1일부터의 이 새 기준은 공개적 출판물에 실린 것이 아닌 각 "단위"의 인사처에 있는 내부적 자료인 만큼 여기서 표로 자세히 소개할 수 없다.

IV. 중국 대학교육의 심층적 개혁:
"세계 일류대학"으로

중국은 1990년대 중반부터 시작된 대학교육의 대개편을 실시함과 동시에 세계 일류대학 건설을 주창하였다. 세계 일류대학 건설의 계획은 초기에는 "21-1공정"이라고 불렸으며, 1998년부터는 "98-5공정"으로 불렸다. 세계 일류대학 건설의 일환으로 중국의 각 명문대들은 대부분 세기교체 때부터 심층적 개혁을 본격적으로 추진하기 시작했다. 이와 더불어 중국 대학교육의 이념과 제도도 새롭게 도약할 수 있는 계기가 도래했다. 이 중에서 북경대가 2003년 5월부터 시작한 교원인사개혁은 영향이 가장 크다.

1. 당과 정부의 세계 일류대학 건설 추진안

제한된 고등교육 경비를 몇 개의 중점대학교에 집중적으로 투입하여 이들 명문대들로 하여금 하루빨리 세계 일류대학들의 대열에 진입하고 하는 발상은 개혁개방 초기인 1977년에 등소평에 의해 이미 제기되었다. 20세기 말 세계화 시대를 맞이하여 중국은 과학·교육의 진흥으로 나라를 진흥시키려는 의지를 더욱 확고하게 다졌다. 당과 정부는 세계 일류대학 건설을 달성시키는 목적에서 출발하여 21세기의 대학교육 개혁안을 내놓았다. 이 개혁안의 주요 내용은 "21-1공정"과 "98-5공정"이다.

1) "21-1공정"

(1) "21-1공정" 개황

주요 명문대들을 세계적 수준의 대학교로 발전시키고자 하는 노력은 1984년에 이르러 본격화되었다. 남경대의 전 총장인 匡亞明(1906-1996)은 당 간부로서 혁명에 직업적으로 몇 십 년 동안에 참여했다가 1963년부터 "문화대혁명" 시작까지 남경대 당서기 겸 총장을 역임했다. 그는 1978년부터 남경대 당서기 겸 총장으로 복직되어 1982년에 명예총장으로 되었을 때까지 활약한 혁명적 교육가이기 때문에 중국 대학교육계에서 상당한 영향력이 있었다. 그는 1983년 5월에 천진대·절강대·대련이공대의 명예총장들과 공동명의로 중공중앙에 편지를 보내 "50개의 대학교를 선정해 이들 대학교들에 모두 약 10억 불을 투입하여 중점적으로 건설하자"는 건의를 했다. 이를 추진하기 위해 광아명은 등소평에게 별도로 서신을 띄웠다.

정부는 1984년에 위 건의를 부분적으로 받아들여 5개의 대학교를 선정해 이들 5개교에 정상적 경비 이외에 "제7개의 5개년 계획" 기간(1986-1990)의 특별 예산으로 각각 약 2,000만 불을 투입했다. 이들 5개 대학교는 북경대·청화대·복단대·상해교통대·서안교통대이다. 당시 남경대는 제외됐다. 남경대는 "제7개의 5개년 계획" 기간의 5년 동안에 중앙정부로부터 모두 약 340만 불의 경상적 경비만을 받았다. 또한, 위 5개의 "중점 중의 중점" 대학교는 "제8개의 5개년 계획" 기간(1991-1995)에도 각각 1,200만 불의 특별자금을 중앙정부로부터 받았다. 이것이 "21-1공정"의 前奏이다.442)

---

442) 黃一琨(2003), 앞의 글.

위 5개의 대학교 이외의 대학교들의 반박과 의견제기는 끊임 없었다. 때문에 국가교육위원회는 1990년대 초부터 특별자금을 지원하는 대학교를 확대시키고자 "21-1공정"의 구상을 처음으로 제기됐다. 이 구상은 1993년에 발표된 "중국 교육 개혁과 발전의 강요"에서 다음과 같이 반영됐다: "세계 신기술 혁명의 도전을 맞이하기 위해서 중앙과 지방 등 각계각층의 역량을 집중하여 100개 내외의 중점대학교와 상당수의 중점 학과·전공을 만들어 내고 다음 세기 초까지 상당수의 대학교·학과·전공들의 교육 의 질과 연구·관리의 수준으로 하여금 세계에서 비교적 높은 수준에 달할 수 있도록 노력하겠다".443) 이것은 바로 "21-1공정" 의 유래이다.

"21-1공정"이란 중국정부가 21세기를 향하여 100개 내외의 대 학교 및 상당수의 학과를 중점적으로 건설하는 계획이다. 여기서 "21"은 21세기를 향한다는 것을 뜻이고 "1"은 100개 내외의 대 학교를 뜻한다. "21-1공정"은 한국 정부가 추진하는 BK21 사업 의 근본 취지·형식과 유사하다.

이에 따라 교육부는 1994년부터 "예심"과 "종심"을 통해서 모 두 99개의 대학교를 "21-1공정" 대상 대학교로 선정했다. 그러나 1998년에 일어난 대학교 "합병운동"에서 상해의과대 등 대학교 는 다른 "21-1공정" 대학교에 합병되었음에 따라 "21-1공정"의 대상 대학교는 실제 95개교뿐이 있다. 이 중 군대대학교는 3개가 있고 나머지 92개교는 모두 다 보통대학교이다. 이들 95개교의 명단은 <표 Ⅳ-1>과 같다.

"21-1공정"은 제1기(1995-2000)와 제2기(2001-2005)로 나누어 져 있다. 이람청에 의하면, 1995년부터 2003년까지 "21-1공정"에

---

443) 中共中央, 國務院(1993), 앞의 글.

투입된 자금은 모두 약 13.16억 불에 달했다.444)

(2) "21-1공정" 사업대상 대학교 명단

<표 IV-1> 중국 "21-1공정" 사업대상 대학교 명단

북경대	중국인민대	청화대	북방교통대(현 북경교통대)
북경공업대	북경항공航天대	북경이공대	북경과기대
북경화공대	북경郵電대	중국농업대	북경임업대
북경中醫藥대	북경사범대	북경외국어대	북경廣播대(현 중국傳媒대)
대외경제무역대	중앙민족대	중앙음악대	南開대
天津대	천진의과대	河北공업대	太原이공대
內蒙古대	遼寧대	大連이공대	동북대
대련海事대	吉林대	延邊대	동북사범대
哈爾濱공업대	哈爾濱工程대	동북농업대	復旦대
同濟대	上海교통대	華東이공대	東華대
상해제2의과대	화동사범대	상해외국어대	상해재경대
상해대	남경대	蘇州대	동남대
남경항공航天대	남경이공대	중국광업대	河海대
강남대	남경농업대	중국藥科대	남경사범대
절강대	安徽대	중국과기대	廈門대
福州대	南昌대	山東대	중국해양대
石油대	鄭州대	武漢대	華中과기대
중국지질대	무한이공대	湖南대	中南대
호남사범대	中山대	暨南대	華南이공대
화남사범대	廣西대	四川대	重慶대
서남교통대	電子과기대	사천농업대	서남재경대
雲南대	서북대	西安교통대	서북공업대
西安電子과기대	長安대	蘭州대	新疆대
제2군의대	제4군의대	국방과기대	

출처: 중국교육부 홈페이지의 "명단公布": http://www.moe.edu.cn/

---

444) 李嵐淸(2003a), 앞의 글.

여기서 유의해야 되는 것은 위 표에서 중국의 명문대들이 모두 다 포함되었으나 대상 대학교들이 반드시 명문대인 것은 아닌 점이다. 중국교육부가 "21-1공정" 명단을 선정했을 때 지역·민족·대학의 성질 등에 대해 여러 가지의 배려가 있었기 때문이다. 신강대·연변대·중앙음악대 등은 바로 이런 예들이다.

2) "98-5공정"

(1) "98-5공정" 개황

"21-1공정" 대학교에 투입된 약 13.16억 불은 절대적으로 큰 재원이지만, 90여 개의 대학교들로 분배되면 한 대학교에 평균 1,400여만 불 정도가 투자된다. 이 정도의 재원 규모만으로는 애초 표방한 세계 수준급 대학교 육성 계획은 실효성을 얻기 어렵다. 때문에 "21-1공정"이 완료되지 않았지만, 당과 정부는 "98-5공정"을 기획하게 된다.

"98-5공정"은 1998년 5월 4일에 열린 북경대 개교 백 주년 기념행사에서 강택민의 발언에서 비롯되었다. 강택민은 이 자리에서 "현대화를 실현하기 위해 우리나라는 일정한 수량의 세계 선진적 수준에 달하는 일류대학을 갖춰야 한다"[445]고 선언했다. 중국은 "21-1공정"을 "착공"했을 때 "세계에서 비교적 높은 수준"이란 소극적인 표현을 사용했으나, 이번에는 "세계 일류대학" 건설이란 보다 적극적인 구상을 표방하였다. 강택민의 발언시점인 1998년 5월임을 염두하여 중국 언론은 이 "세계 일류대학"의 건설계획을 "98-5공정"이라고 칭하였다. 다시 말해, 여기서 "98"은 1998년을 뜻하고 "5"는 "5월"을 뜻한다.

중국교육부는 우선적으로 북경대와 청화대를 제1 레벨(level)

---

445) 江澤民(1998), 앞의 글.

이른바 "세계 일류대학"을 목표로 하는 건설 대상으로 지정해 각각 2.17억 불을 정상적 경비 이외의 특별자금으로 지급하기로 했다. 이는 신중국 수립 이래 가장 과감한 교육투자로 평가되고 있다. 중앙정부는 1999년－2001년 사이에 이미 이 특별자금을 북경대와 청화대에 지급했다.446)

이어서 중국교육부는 다른 10개교를 제2 레벨 이른바 "국내 일류·국제 知名한 고수준 대학"을 목표로 하는 건설 대상으로 지정했다. 이들은 복단대·상해교통대·남경대·절강대·서안교통대·중국과학기술대·합이빈공업대·북경사범대·북경이공대·중국인민대이다.

또 이어서 중국교육부는 다른 22개교를 제3 레벨 이른바 "국내외 知名한 고수준 대학"을 목표로 하는 건설 대상으로 지정했다. 이들은 남개대·천진대·동남대·무한대·화중과기대·하문대·산동대·중국해양대·호남대·중남대·길림대·동북대·대련이공대·북경항공항천대·사천대·전자과기대·중산대·화남이공대·란주대·중경대·서북공업대·동제대이다.

유일하게 전액으로 교육부를 거쳐 직접적으로 중앙정부로부터 특별자금을 받는 북경대·청화대와 달리 위 제2·제3 레벨의 32개교들의 일류대학 건설계획은 중앙정부에서 내놓은 "공건"의 원칙에 따라 교육부·지방정부·기타 관련 중앙부처 등의 공동 재원에 의해 추진된다.

중국교육부는 2003년 12월 30일에 "98-5공정" 사업대상인 위 34개교의 명부를 확정·발표했다. 이들 34개교는 바로 중국 대학 교육·과학기술의 "국가 대표팀"이다. 아래 표를 통해 이들 34개교의 투자주체와 투자액수를 참고해보자.

---

446) 閔維方(2003), "改變人的心理豫期", 博雅(2003), 앞의 책, 19쪽.

<표 Ⅳ-2> 중국 "98-5공정" 대학교명단 및 투자 분담액수

분류	대학교 명칭	소재지	투자의 주체 및 분담액수(단위: 억 불)
세계 일류 대학	청화대	북경직할시	교육부(2.17)
	북경대	북경직할시	교육부(2.17)
국내 일류 · 국제 知名한 고수준 대학	복단대	上海직할시	교육부(0.73)+상해시(0.73)=1.46
	상해교통대	상해직할시	교육부(0.73)+상해시(0.73)=1.46
	남경대	江蘇 南京	교육부(0.73)+강소성(0.73)=1.46
	절강대	浙江 杭州	교육부(0.73)+절강성(0.97)=1.70
	西安교통대	陝西 西安	교육부(0.73)+섬서성(0.36)=1.09
	중국과기대	安徽 合肥	교육부(0.36)+중국과학원(0.36)+안휘성(0.36)=1.08
	哈爾濱공업대	黑龍江 합이빈	교육부(0.36)+국방과기공업委(0.36)+흑룡강성(0.48)=1.20
	북경사범대	북경직할시	교육부(0.73)+북경시(0.73)=1.46
	북경이공대	북경직할시	교육부(0.36)+국방과기공업委(0.36)+북경시(0.48)=1.20
	중국인민대	북경직할시	교육부+북경시 합의 중
국내외 知名한 고수준 대 학	南開대	天津직할시	교육부(0.85)+천진시(0.85)=1.70
	天津대	천진직할시	교육부(0.85)+천진시(0.85)=1.70
	동남대	江蘇 南京	교육부(0.36)+강소성(0.36)=0.72
	武漢대	湖北 武漢	교육부(0.48)+호북성(0.48)=0.96
	華中과기대	호북 무한	교육부(0.36)+호북성과 무한시(모두 0.36)=0.72
	廈門대	福建 廈門	교육부(0.36)+복건성(0.18)+하문시(0.18)=0.72
	山東대	山東 濟南	교육부(0.36)+산동성(0.60)=0.96
	중국해양대	산동 靑島	교육부+산동성+중국해양국+청도시=0.36
	湖南대	湖南 長沙	교육부(0.24)+호남성(0.24)=0.48
	中南대	호남 장사	교육부(0.24)+호남성(0.24)=0.48
	吉林대	吉林 長春	교육부(0.48)+길림성(0.36)=0.84
	동북대	遼寧 瀋陽	교육부(0.24)+료녕성(0.12)+심양시(0.12)=0.48
	大連이공대	료녕 大連	교육부(0.24)+료녕성과 대련시(모두 0.24)=0.48
	북경항공航天대	북경직할시	교육부(0.36)+국방과기공업委(0.36)+북경시(0.36)=1.08
	四川대	四川 成都	교육부(0.48)+사천성(0.39)=0.87
	電子과기대	사천 성도	교육부(0.24)+사천성(0.19)=0.43
	中山대	廣東 廣州	교육부(0.36)+광동성(1.09)=1.45
	華南이공대	광동 광주	교육부(0.24)+광동성(0.24)=0.48
	蘭州대	甘肅 蘭州	교육부(0.36)+감숙성(0.18+토지)=0.54+토지
	重慶대	重慶직할시	교육부(0.36)+중경시(0.29)=0.65
	서북공업대	섬서 서안	교육부(0.36)+국방과기공업委(0.36)+섬서성과 서안시(모두0.36)=1.08
	同濟대	상해직할시	교육부(0.36)+상해시(0.36)=0.72

■ 34개교의 명단의 출처: 丁偉, "三十四所高校入闡'九八五工程'", 중국 <인민일보>, 2003년 12월 31일
■ "'공건'의 주체 및 분담액수"의 출처: 위 34개교의 각 홈페이지와 관련 보도에 의해 정리한 것이다.

자금의 지급은 기본적으로 2001년-2003년 사이에 이루어졌고 늦어도 "제10개의 5개년 계획" 기간(2001-2005) 내에, 즉 2005년 이전에 이루어질 예정이다. 추후의 투자에 대해 교육부는 각 대학교가 이번의 투자를 사용한 후 나타난 효과에 따라 결정하겠다고 밝혔으나 구체적 계획은 아직 밝혀지지 않고 있다.

위 명단 발표 후 2004년 1월 6일에 중국 현임 교육부장(장관)인 周濟는 기자회견에서 "며칠 전 우리(교육부)는 언론을 통해 명단을 발표했는데 이것은 실수이다. 이 명단은 교육부가 각 지방정부와 '공건'하기로 합의를 맞은 대학교들의 명단이고 우리가 최종적으로 확정한 '98-5공정'의 명단이 아니다"고 정정했다. 또한, "98-5공정" 명단에 포함될 조건을 갖추었지만 명부에서 누락된 대학교에 대해서 주제는 "중국농업대는 당연히 '98-5공정' 명단 중의 하나이다"고 했다447).

주제의 해명은 사실상 성립되지 않는 한 구실뿐이다. 왜냐하면, 이 명단에 들어간 북경대·청화대는 중앙정부로부터 독자적 출자를 받은 사업대상 대학교이니 "공건"의 대학교가 아니기 때문이다. 실제 주제의 위 발언의 동기는 중국농업대를 "98-5공정"의 사업대상에서 제외한 것이 "3농문제(농촌·농업·농민 문제)"의 해결을 정부의 가장 시급한 과제로 간주하는 溫家寶 새 정부의 방침에 어긋나 당·정부 고위로부터 정정하라는 지시나 비판을 받았나봐 풀이된다.

그 이후 중국농업대와 비슷한 이유로 서북농림과기대도, 국방과학기술의 발전과 관련되어 있는 국방과기대도, 소수민족의 고등교육 취학문제와 관련되어 있는 중앙민족대도 중국농업대와 같이 "98-5공정"의 2차 명단에 지정됐다는 언론도 있는데 교육부의

---

447) 참조: 중국농업대의 "新聞網":
http://news.cau.edu.cn/show.php?id= 0000013831

공식적 발표가 아니므로 확인을 할 수 없다.

요컨대, 주제는 <인민일보>에서 발표된 위 명단을 무효로 선포하지도 않고 정확한 새 명단을 추가 발표하지도 않고 언제까지 "98-5공정"의 최종적 명단을 발표하겠다고 밝혀주지도 않았다. 도대체 어떤 것이 "98-5공정"의 정확한 명단인가에 대해 더 이상의 시비를 피하는 교육부는 침묵을 지키려는 자세를 취하고 있다. 교육부가 홈페이지에서 "21-1공정"의 명단을 밝히고 있으면서도 "98-5공정"의 명단을 밝히지 않는 것448)은 이를 잘 증명할 수 있다.

따라서 위 34개교 또는 중국농업대를 포함한 35개교를 "98-5공정"의 명단으로 간주해도 되고 위 34개교를 "98-5공정"의 1차 명단으로, 중국농업대·서북농림과기대·국방과기대·중앙민족대를 "98-5공정"의 2차 또는 추가 명단으로 간주해도 된다.

(2) "세계 일류대학" 건설의 日程제시와 논쟁

당과 정부는 북경대·청화대를 비롯한 명문대들에 특별자금을 지급했으나 세계 일류대학 건설의 일정·개혁조치 등 세부사항에 대해서는 통일적으로 규제하지 않았다. 따라서 정부로부터 특별자금을 받은 각 명문대는 각자가 자기의 방식대로 개혁조치와 일정제시를 내놓았다. 예를 들면, 북경대와 청화대는 매우 다른 개혁 책략·조치를 취하게 됐다.

첫째, 양자가 찾은 개혁의 돌파구 또는 중점이 다르다. 교원인사제도를 비롯한 인사제도의 문제가 심각한 북경대는 교원인사제도의 개혁을 돌파구로 삼아 외부인사의 영입과 경쟁의 강화 등을 통해 수준 높은 교수진을 정비하면서 하루빨리 세계 일류대학에 도

---

448) 참조: 중국교육부 홈페이지의 "명단公布": http://www.moe.edu.cn/

274

달하고자 했다. 이공계 중심의 청화대는 구조조정과 학과 시스템의 전면적 구축을 통해 연구 중심의 대학교로 발전하며 세계 일류대학을 지향하고자 하였다. 청화대는 원래 이과대학·건축대학·토목수리대학·기계工程대학·정보과학기술대학 이외에 최근 몇 년을 거쳐 인문사회과학대학·법대·경제관리대·공공관리대·신문傳播대(언론매체대)·미술대·의과대·航天항공대학(School of Aerospace) 등을 회복·신설했다.

둘째, 양 대학교의 개혁 책략은 매우 다르다. 교원인사개혁의 "방안"과 같은 "거작"을 통해 대대적으로 개혁으로 추진하여 중국사회에서 큰 파문을 일으킨 북경대와 달리 청화대는 개혁을 조용히 추진하고 있다. 북경대는 중국 대학교육 개혁의 가장 뜨거운 감자인 교원인사제도 개혁에 집중하였던 반면, 청화대는 그 문제에 대해 소극적이었다. 한편, 북경대의 개혁을 두고 "눈만 높고 실제는 실용적이지 않"으며 청화대의 개혁을 실용적이고 효과적인 것으로 보는 평가도 많이 있다.

북경대는 1998년에 처음으로 "세계 일류대학"으로 건설하겠다고 선언했다. 강택민 "98-5발언"에 따라 중앙정부에서 2.17억 불을 지급받은 뒤에 북경대는 "세계 일류대학"의 추진계획을 서둘렀다. 총장 許智宏449)은 2002년 3월 18일에 북경대의 세계 일류대학 건설 추진일정을 처음으로 발표했다. 즉, 기초를 닦는 첫 단계(1999-2005)와 총력적으로 창조하는 둘째 단계(2006-2015)를 거쳐 2015년까지 "세계 일류대학"으로 육성한다는 것이다.450)

449) 1942년 江蘇省에서 출생, 1965년 북경대 생물학과 졸업(학사과정), 1969년 중국과학원 상해식물생리연구소 졸업(석사과정). 1969년부터 1994년까지 중국과학원 상해식물생리연구소 부연구원·부소장·연구원·소장을 역임했다. 1992년부터 2003년 2월까지 중국과학원 부원장을 역임했고 1999년 12월부터 2005년 6월 현재까지 북경대 총장에 재직하고 있다.

청화대는 일찍이 1985년부터 "중국 특색이 있는 사회주의적 일류대학교"로 건설하는 목표를 표방했으며, 1993년에 "일정 기한 안에 세계 일류대학"으로 건설하는 목표를 일찍 세운 바 있다. 王大中[451]은 2003년 4월 초 최초로 청화대의 세계 일류대학 건설 계획을 제시했다. 왕대중의 발표에 따르면, 청화대는 세 단계를 거쳐 2020년까지 "세계 일류대학"으로 육성하겠다. 청화대의 세계 일류대학 건설의 일정표는 "3개의 9년"으로 나누어져있다. 첫 단계(1994-2002)의 목표는 구조조정을 통해 기반을 다지며 종합적인 연구중심의 대학교로 이행하는 것이다. 둘째 단계(2003-2011)의 목표는 중점 사안을 설정하여 "세계 일류대학"의 대열로 도약하는 것이다. 셋째 단계(2012-2020)는 전면적 제고와 균형적 발전을 통해 청화대를 총체적으로 "세계 일류대학"으로 육성시키는 것이다.[452] 이점에서 북경대보다 청화대는 字句의 표현에 신경을 더 많이 썼다. 청화대는 총체적으로 "세계 일류대학"으로 될 수 있는 시간을 2020년으로 선언했으나 "세계 일류대학"의 대열에 진입할 시점을 2011년으로 정하는 등 북경대보다 더 일찍 "세계 일류대학"으로 발전할 것이라는 신념을 보여주었다.

---

450) 原春琳(2002), "許智宏爲北人邁入'世界一流'開列時間表", 중국 <中國靑年報>, 2002년 3월 19일.

451) 1935년 河北省 출생, 1958년 청화대 工程物理학과 졸업(학사과정), 중국과학원院士. 1982년에 서독에서 박사학위를 받았다. 1994년 1월부터 청화대 총장에 임명됐다. 2003년 4월 말에 나이문제로 사직했고 청화대 校務위원회 명예 주임(위원장)으로 됐다. 왕대중의 후임자인 顧秉林은 1970년에 청화대 工程物理학과를 졸업했고 1982년에 덴마크에서 박사학위를 받고 청화대 물리학과 부학과장·학과장·대학원장·부총장을 역임했다. 고병림은 2003년 4월 말에 중공중앙에 의해 청화대 새 총장에 임명되었으며 2005년 6월 현재 재직하고 있다.

452) 吳劍平(2003), "淸華校長公布建成世界一流大學時間表", 중국 <북경晚報>, 2003년 4월 6일.

그렇다면 두 대학교가 특정 시점을 설정하여 목표달성을 주창한 것은 어떤 근거에 토대를 둔 것일까?

첫째, 북경대와 청화대가 각각 2015년과 2011년에 "세계 일류대학"으로 될 수 있다고 특정 시점을 명시하게 된 근거는 "국력의 증강"의 도달 시점에 따른 것이다. 북경대 당서기인 閔維方[453]은 북경대가 "세계 일류대학"으로 완성될 시점을 2015년으로 정한 근거에 대해 "우리의 생각은 1999년부터 2005년까지의 7년 안에 기초를 잘 닦고 더 10년(2006-2015의)을 거쳐 우리 대학교 80여 개의 중점학과 중 1/3이 세계 최첨단으로 발전하는 것에 있다. 이것은 가능하다"고 했다. "시점을 이렇게 정확히 정했는데 사람들을 몇 십 년 전(1958년 '대약진운동' 때)에 우리가 50년을 기한으로 하여 영국을 추월하고 미국을 따라붙겠다는 지표를 연상시키지 않느냐"라는 힐문에 대해서 민유방은 "2015년으로 정한 것은 대략의 틀뿐이다. 이렇게 정했을 때 우리나라 종합적 국력 증

---

453) 1950년 瀋陽 출생하여 북경에서 기초교육을 받았다. 1968년-1973년에 모택동의 호소에 따라 북경의 300여 명의 중졸들과 같이 북경 근교의 한 탄광에 가서 광부 겸 탄광의 공산주의청년단 간부가 됐다. 1973년-1978년 공산주의청년단 북경시 위원회 간부를 역임했다. 1978년-1982년 북경사범대 교육학과를 졸업했다. 1982년에 중국정부의 국비로 Stanford University에 가서 유학하게 되어 고등교육학 석사(1984)·조직사회학 석사(1985)·철학박사(교육경제와 관리학, 1987) 학위를 받았다. 1987년-1988년에 University of Texas에서 박사 후 연구를 하기도 했고 총장 助理를 하기도 했다. 1988년부터 1993년까지 북경대 고등교육연구소 부교수 겸 부소장, 정교수(박사 대학원생 지도교수) 겸 소장을 역임했다. 1993년부터 북경대 총장助理·부총장·상임부총장·상임 당 부서기를 역임했고 2002년 4월에 북경대 당서기 겸 校務위원회 주임(위원장)에 임명되어 2005년 6월 현재까지 재직하고 있다. 민유방은 Stanford University의 첫 광부 출신의 박사로, 신중국의 첫 Stanford University의 박사로, 약 5년 내에 Stanford University의 2개의 석사학위와 1개의 박사학위를 탄 것으로, 중국대륙 출신의 첫 미국 대학총장 助理로, 신중국의 첫 교육경제학 박사로, 국비 유학생들 중에서 외국에서 박사학위를 받고 귀국한 첫 사례로 유명하다. 또한, 북경대 고등교육연구소와 교육경제연구소 등은 2000년 10월에 교육대학으로 통합되어 승격된 이래 2005년 6월 현재까지 민유방은 계속 북경대 교육대학 학장을 겸임하고 있다.

강의 스피드를 고려했다. 이것은 전혀 근거가 없는 것이 아니다"
고 덧붙였다.[454]

북경대의 1인자로서의 민유방은 북경대가 "세계 일류대학"으
로 될 수 있는 시간을 2014년도 아니고 2016년도 아니고 꼭
2015년으로 정한 이유를 여기서 사실상 해명해주지 않았을 뿐만
아니라 오히려 이것이 국력 증장의 속도를 염두하여 대략적으로
추산한 결과임을 시인했다. 그러나 국력 증강과 교육의 발전은
서로 다른 차원의 범주이다. 또한, 북경대가 "세계 일류대학"으
로 될 수 있는 시간을 정한 것이 대략의 틀뿐인 이상 정확한 숫
자인 2015년으로 정한 충분한 이유는 없다고 본다. 이들 문제들
에 대한 민유방의 설명은 설득력을 갖지 못한다.

청화대 전 총장인 왕대중은 이 점에서 비교적 성실한 태도를
보여주었다. 그는 기자와의 인터뷰에서 "우리가 내놓은 목표는
청화대의 개교 백 주년(2011년) 기념 때까지 '세계 일류대학'의
대열에 접어드는 것이다"[455]고 했다. 왕대중은 여기서 청화대가
"세계 일류대학"의 대열에 접어들을 수 있는 시간을 꼭 2011년
으로 정하게 된 실제 까닭에 대해 2011년이 청화대의 개교 백
주년 기념의 해인 점에 지나지 않는 것을 시인했다. 바꾸어 말
해, "세계 일류대학"으로 될 수 있는 시간을 그렇게 정확하게 정
하게 된 이유는 과학적 검토나 학술적 분석에 의한 것이 아니라
청화대 개교 백 주년 기념을 맞추려는 포부에 따른 것이다.

둘째, 두 대학교가 2002년에서 2003년까지의 사이에 그렇게 조
급하게 세계 일류대학 건설의 일정표를 선언하게 된 가장 중요한
요인은 2001년까지 정부에서 각각 2.17억 불을 지원받았기 때문

---

454) 閔維方(2003), "改變人的心理豫期", 博雅(2003), 앞의 책, 26쪽.

455) 李淸川(2003), "訪淸華大學第29任校長王大中: 蔚然中央", 중국 〈新浪文化〉,
2003년 11월 6일, 참조: http://cul.sina.com.cn/focus/campusft/

에 일종의 책무감에서 기인한다. 두 대학교는 당·정부·언론·
일반 사회의 여론을 의식하여 "세계 일류대학"으로 도약하겠다는
것을 표방한 것이며, 또한 이러한 태도를 비칠 때 2차 재원을 획
득할 수 있다. 북경대 총장인 허지굉은 "첫 차례의 2.17억 불은
북경대를 재정 빈곤상태에서 탈출하게 했으나 북경대를 비약시키
려면 아직 수많은 문제들이 산적해 있다"[456]고 주장하며, 사실상
예산 지원을 재차 요구하였다.

2. 북경대의 교원인사 개혁

정부에서 지급한 "21-1공정"과 "98-5공정" 특별자금은 어떻게
집행되었으며, 이 집행의 결과로서 개혁의 실효성이 있었는가?
"21-1공정" 또는 "98-5공정" 대학교는 그 특별자금을 받은 뒤에
세계 일류대학 건설을 둘러싸고 어떤 개혁조치를 취했는가? 더
나아가서 요새 중국 대학교육의 이념과 제도 분야에서 어떤 변
화가 이루어졌는가? 북경대 최근의 교원인사개혁은 이들 질문들
을 답할 수 있는 좋은 사례로 꼽힐 수 있다.

1) 북경대 교원인사 개혁의 유래·전개

(1) 1999년 개혁의 개황과 부족
북경대는 1999년 1월부터 세계 일류대학 건설의 계획, 즉 "98-5
공정"을 공식적으로 "착공"하기 시작했다. 북경대 1999년의 개혁

---

456) 原春琳(2002), 앞의 글.

은 주로 인사개혁을 중심으로 된 개혁인데 인사개혁은 두 가지의
내용이 있다.

하나는 당·정 기구의 감축과 이에 수반되는 임원의 감축이다.
개혁 전에 북경대에 모두 41개의 처장급 기구, 98명의 처장·부
처장급 간부, 138명의 과장·부과장급 간부가 있었는데 개혁 후
19개의 처장급 기구, 57명의 처장·부처장급 간부, 121명의 과
장·부과장급 간부만이 있었다.457)

하나는 교수빙임제와 성과급제의 실시이다. 교수빙임제 개혁의
취지는 임기 종신제를 깨고 계약제와 임기제의 실시를 통해 실
력과 업적이 떨어지는 교수들을 도태시키고, 실력 있는 우수한
학자들을 북경대 교수로 초빙하는 것이었다. 성과급제의 취지는
우수한 교원들을 장려함으로써 대학교의 실력을 높이는 데 있다.
이 취지에 따라 북경대는 나라 보수제도에 따른 기본적 봉급(근
무연한과 직급에 따라 다름)과 평균적 보너스를 그대로 유지한
것 외에 조교부터 정교수까지의 전원 교원들을 9급으로 나누어
급에 따라 최고(A1급) 약 6,038불의 수당(일년)에서 최저(C3급)
약 362불의 수당(일년)까지 차별화하였다.458)

그러나 1999년 개혁에서 당·정 기구 및 간부는 개혁으로 대폭
적으로 감축되었으나 북경대가 2000년에 북경의과대를 합병했음
에 따라 당·정 기구 및 간부가 대거 증가하면서 정책적 실효성을
얻지 못했다. 초빙제가 보편화되지 않은 상태에서 초빙제에 의한
교원 확보정책은 사실상 형식화되었다. 북경대는 학문적 업적이
떨어지는 20여 명의 정교수들을 부교수로 하향 초빙했고 실력·
업적이 많은 일부 강사·부교수들을 각각 부교수·정교수로 상향

---

457) 유경희(2001), 앞의 논문, 84쪽에서 재인용.

458) 유경희(2001), 위의 논문, 85-86쪽에서 재인용.

초빙하였을 뿐, 원래의 교수들에 대해서는 특별한 인사 조치를 단행하지 않았다.

성과급제의 도입·추진은 실력 있는 교수들을 충원하고 보상한다는 점에서 교육계에서 긍정적인 평가를 받았으며, 타 대학교들의 개혁 모델이 되었다. 그러나 시장경제의 가속화에 따라 대학교원들의 겸직 관행이 심화되면서 애초 기대만큼 실효성을 거두지 못했다. 최고급과 최저급의 연봉 차이는 비록 무려 약 16.68배나 크지만 국가 각종의 고시의 출제위원·각종의 심사위원·기업체의 이사 등을 겸하는 북경대의 상당수의 교수들이 하루만 사회에 나가 일하면 몇 백 불을 벌며, 일부 스타급의 교수는 심지어 천 불 이상을 벌어들일 수 있는 경우도 있다. 따라서 성과급제에 따른 차등적 연봉 지급방식은, 차액의 최고치가 약 6,000불 정도이기에, 교수들에게 특별한 유인효과를 주지 못했다. 성과급제는 대학 교원사회에서 위화감만 조성할 뿐이라는 비난도 받고 있다.

그러자, 개혁은 전면적이고 근본적으로 이루어져야만 그 효과를 거둘 수 있다는 여론이 점차 확산되고 있다. 마침 이때 중국 국무원은 2002년 7월 6일에 중앙정부 인사부가 2000년에 내린 "事業單位"459)에서 빙임제를 試行하는 것에 관한 의견을 전국에

---

459) 한국어와 달리 중국어에서의 "事業"이란 표현은 대학교·병원·언론사·출판사·연구기관·문화오락기구 등에서 생산 수입이 없이 국가의 출자·경영·관리하에 있는 비영리적 업무를 뜻하며 영리적 기구인 기업 그리고 역시 국가의 출자·관리·경영하에서 운영되는 비영리적인 공공기관인 당·정 기구들의 업무와 구별되는 표현이다. 이런 "事業"을 하는 기구는 중국에서 "事業單位"라고 불린다. "事業單位"는 군대·당의 기관·정부기관 등과 같이 중국 각급 정부의 재정에서 경상비·인건비 등 필요한 경비를 받는 기구들 중의 하나이다. 따라서 "事業單位"를 "국유 단위(부문)"로 간주하면 된다. "事業單位"의 임원들은 다들 공무원이 아니지만 일반적으로 다들 공무원으로 여겨진다. "事業單位"의 본의로는 비영리적 기구이지만 사회주의 시장경제 체제가 도입되면서 실제 영리적 업무를 하기도 한다. 뿐만 아니라 수입이 매우 적은 농민 그리고 국영기업의 개혁으로 인한 대량의 실업 노동자들과 달리 "事業單位"의 임원들의 수입이 보장되어 있다. 때문에 "事業單位"의 임원들은 군대·당의 기관·

轉發했다.460) "전발"이란 빙임제를 試行하는 시기가 이미 성숙해
졌다고 판단해서 인사부 2000년의 "의견"을 재확인하고 승인함
으로써 각 국립 대학교를 포함한 각 "事業單位"에서 계약제와
임기제를 실시하라는 중국정부 행정집행과정의 한 절차이다. 중
앙정부로서의 국무원의 이 "전발" 또는 명령은 북경대가 교원인
사 개혁을 단행하게 된 법률적 근거가 된다.

(2) 2003년 개혁의 시작과 주역들

2003년 1월에 북경대는 겨울방학을 이용해 각 행정부처 처장
이상 급의 간부들이 참석한 전략회의를 개최했다. 방학 동안에
열린 본 회의는 일반적으로 다음 학기 내지 중·장기 발전전략
에 대해 논의한다. 회의 참석자들은 북경대의 미래 발전과 개혁
을 논의했을 때 "북경대는 과감하게 '대수술'을 단행하지 않으면
더 이상 안 된다"는 점에 공감했다. 민유방이 주재한 이 회의는
개혁의 기본적 원칙·방향을 정하여 보다 과감한 개혁을 실시하
기로 결정했다.

개혁의 기본적 원칙 또는 방향은 세 측면으로 나누어 볼 수
있다. 첫째, 종신제 식의 느슨한 인사관리제도의 관행을 타파한
다. 둘째, 북경대 출신만이 북경대 교수직으로 임용되는"근친번
식"(연고주의)식의 교원채용제도를 타파한다. 셋째, 교원의 적확
한 정원수를 제한해야 한다.

정부기관 등과 같이 중국의 가장 안정한 인기직업으로 되고 있다. 중국의 약
70% 이상의 연구기관 임원과 약 95% 이상의 교원 그리고 약 95% 이상의 의
사는 "事業單位"에 속하다. 2005년 현재 중국에서 모두 약 130만 개의 독립
적 "事業單位"가 있고, 정부의 공식적 編制에 들어있는 "事業單位"의 임원은
모두 약 3,000만 명이 있고, "事業單位"의 경상비·인건비 등 각종의 경비는
국가 재정적 지출에서 약 30%의 비중을 차지하고 있다.

460) 張維迎(2003), "改革的十四點說明", 博雅(2003), 위의 책, 37쪽.

아울러 교원인사개혁의 방안을 마련하기 위해 위 회의는 각각 북경대 인사개혁 영도小組와 인사개혁 工作(실무)小組를 설립하기로 했다. 인사개혁은 행정상의 업무, 즉 총장이 주재하는 업무인 만큼 허지굉 총장이 영도소조의 조장을 맡게 됐다. 공작소조의 조장은 총장助理 겸 光華관리대학 제1부학장인 張維迎461) 교수가 맡게 됐다. 당서기는 항상 배후에서 영향력을 발휘하기 때문에 민유방은 표면적으로 조장이 아니지만 그 이후 개혁 추진과정에서 보여준 바, 사실상 허지굉 총장보다도 이번 개혁에 적극적인 자세로 나섰다. 그러므로 북경대 이번 개혁의 3명의 거장이 나타났다. 이들 중에서 실무를 맡고 있는 장유영 교수는 개혁의 사실상의 주장으로 됐다. 그는 이번 개혁과정을 거쳐 중국 지식계에서 스타급의 인물이 됐다.

총장助理에 임명된 지 약 2개월 밖에 안 되었던 장유영이 북경대 인사개혁의 공작소조 조장으로 맡게 된 이유는 두 가지이다. 하나는 그가 위 회의에서 격앙하게 "tenure-track" 또는 "up-or-not"란 서양의 교원인사제도를 소개하면서 이 제도를 통해 북경대에 경쟁적 체제를 도입하자고 강력하게 제기했기 때문이다. "不昇卽離(승진되지 않으면 떠나야 됨)"란 중국어 표현으로 번역된 서양의 이 제도는 회의 참석자들로부터 큰 관심을 받았다. 또 하나는 제1부학장으로서의 장유영은 1999년부터 광화관

---

461) 장유영은 1959년에 陝西省에서 출생했다. 1982년에 서북대 경제학과(학부)를 졸업하고 1984년 서북대 대학원에서 석사학위를 받았다. 그는 대학원을 졸업한 뒤에 국가체제개혁위원회 중국경제체제연구소의 연구원이 되어 중국 1980년대 경제개혁정책의 제정에 참여했다. 그는 1980년대 말부터 영국유학을 갔는데 잇따라 University of Oxford에서 경제학 석사학위(1992)·박사학위(1994)를 받았다. 장유영은 1994년부터 북경대 중국경제연구센터 부교수·정교수를 역임했고 1997년부터 북경대 광화관리대학 교수와 북경대 工商관리연구소장을 역임했고 1998년부터 박사 대학원생 지도교수가 되었다. 1999년부터 광화관리대학 부학장으로 되었으며 2002년 연말부터 북경대 총장助理로 임명됐다.

리대학에 이 제도를 이미 실험한 경험이 있었다. 이 대학은 1999
년 이후에 신규 채용한 교수는 모두 이 제도에 따른 계약제에
의해 들어오게 되었다. 광화관리대학은 광화교육기금회와 합작경
영으로 운영되어 있는 만큼 계획경제체제에 의해 운영되고 있는
북경대 다른 대학들과 달리 시장경제에 의해 재정과 인사 등 문
제들을 스스로 처리할 수 있기 때문이다.462)

(3) "제1고"와 "제2고"의 차이점

북경대 인사개혁방안을 만드는 중대한 임무를 맡게 된 장유영
은 약 2개월 동안에 방안의 제정에 몰두했다. 그가 작성한 초안은
북경대 고위 관계자 내부에서의 의견을 구한 과정에서의 9번의 수
정을 거친 후인 2003년 5월 12일에 "북경대 교원빙임과 직무승진
제도 개혁방안(徵求意見稿463))"이란 이름으로 북경대 내부 전원에
공개했다. 이것은 나중에 "제1차 徵求意見稿"·"제1稿"라고 불리
기도 된다. "제1고"는 공개되자마자 북경대 내부에서 지진과 같은
커다란 파문을 일으켰다. 찬성도 많았고 반대도 많았다.

"제1고"의 기본적 내용과 특징은 다음과 같이 요약될 수 있다.

첫째, 기존의 정교수들을 업적과 실력을 막론하고 전원으로 종
신교수로 초빙하여 임명한다. 기존의 부교수들 중에서 적어도 1/4
를 해고하고 기존의 강사들 중에서 적어도 1/3을 해고한다. 둘째,
정년퇴직 때까지 장기적으로 재직할 수 있는 정교수를 제외하고
유임된 부교수(기존 부교수의 많아도 3/4)와 강사(기존 강사의 많
아도 2/3) 그리고 앞으로 신규 초빙될 부교수·강사들에 대해서
전원으로 "合同制"(계약제)를 실시한다. 계약은 3년 단위로 한다.
강사의 경우, 문과와 이과를 막론하고 최대 2회 이내에 계약할 수

---

462) 範海濤(2003), "張維迎 廢除北人隱性合同", 중국 <북경청년보>, 2003년 7월 1일.
463) 의견을 널리 구한다는 것을 뜻하는 중국어 표현이다.

284

있다. 즉, 6년 내에 부교수로 승진될 수 없으면 북경대를 떠나야
된다. 부교수의 경우, 이공의학계는 최대 3회의 계약기회가 부여
되고 인문사회계는 최대 네 차례 계약할 수 있다. 즉, 이공의학계
부교수는 9년 이내에 정교수로 승진되지 못할 경우 북경대를 떠나
야 되고 인문사회계 부교수의 경우 12년의 기한을 준다. 셋째, 정
교수의 空席(결원) 발생 시 1/2 이상을 외부에서 공개적으로 초빙
한다. 외부에 초빙할 지표는 북경대 내부 승진에 쓰일 수 없다. 넷
째, 극소수의 학과와 과목을 제외하고 앞으로 신규 채용될 정교수
는 한 가지의 외국어로 강의할 수 있어야 된다. 다섯째, 원칙적으
로 더 이상 바로 북경대를 졸업한 자들을 신규 교원으로 채용하지
않는다. 여섯째, 교원초빙·채용·승진을 결정하는 관할 기구로
본부, 學部[464], 대학 또는 학과에 학술위원회를 둔다. 대학(학과)
학술위원회 1/3 이상의 구성원은 중국대륙 이외의 유명 대학교에
서의 전임교수 자격을 갖고 있어야 한다.[465]

　대학교육이 제대로 정비된 국가의 경우 위 규정의 상당부분은
당연한 것이겠지만, 다소 타성에 빠져있는 중국의 대학사회에서
새로운 인사관리제도는 일종의 충격파였다. 그래서 "제1고"에 대

---

464) 한국에서의 "학부"의 의미와 달리 중국에서의 "學部"란 표현은 관련된 학과
　　들로 구성된 조직이다. 중국의 "학부"는 구체적 상황에 따라 두 가지로 나누
　　어져 있다. 하나는 과학기술 분야의 과학자들의 조직으로서의 범주이다. 예를
　　들면, 중국과학원에는 수학물리학부, 화학학부, 생물 및 의학 학부, 地學학부,
　　기술과학학부, 정보기술과학학부 모두 6개의 학부가 있다. 각 학부에는 수량
　　이 다른 院士가 있다. 또 하나는 바로 이번 북경대 인사개혁에서 새로 나타
　　난 교원초빙·채용·승진에 관한 심사 및 결정권을 행사하는 데 직권 조직으
　　로서의 범주이다. 예를 들면, 북경대에 경제학과 관련된 "단위"는 경제대학과
　　광화관리대학뿐만 아니라 수많은 연구소·연구센터가 따로 있다. 경제학과
　　관련된 이들 "단위"들의 교원채용과 승진으로 하여금 통일적으로 진행되도록
　　하기 위해 장유영은 이번에 개역방안을 작성했을 때 본부와 대학(학과) 사이
　　에 "학부"란 임시적 평가·심사·결책 조직을 두기로 했다.

465) <讀書>雜誌編輯部(2003), "北京大學人事體制改革爭論綜述", 중국 <讀書>,
　　2003년 8월호.

해 "쇼크(shock) 치료법"이라고 한 비난도 있고 "약자들(부교수·강사)만을 괴롭힌다"는 비난도 있다. 반면, 그것이야말로 중국 대학교의 불치병을 고칠 수 있는 거의 유일한 해법이라는 주장도 많았다.

  "제1고"에 대한 의견을 구한 뒤에 장유영은 "제2고"를 작성했다. 허지핑은 2003년 6월 16일에 "제2고"를 북경대 총장 겸 인사개혁 영도소조 조장의 명의로 북경대 각 대학·학과·연구소 등에 공문을 보내 의견을 모으라고 했다. 이번에 "제2고"는 북경대 전원에 공개했을 뿐만 아니라 인터넷으로 통해 온 사회에 공개하기도 했다. 그래서 북경대의 인사개혁 방안은 북경대 내부의 문제에서 중국 교육계·지식계 전체, 심지어 국외의 중국인 학자들을 포함한 전체 중국 지식인 사회의 관심사로 떠올랐다. 결국 북경대 인사개혁은 "대학촌 지진" 또는 "燕園 지진"뿐만 아니라 중국 언론에서 말한 것처럼 "癸未변법"466)이었다. "제1고"와 "제2고"의 주요 차이점을 비교하면 아래의 다음의 <표 Ⅳ-3>과 같다.

---

466) 중국 전통적 역법에 의하면 2003년은 "癸未年"이다, 즉 속칭에서의 "羊年"이다. "變法"이란 중국어 용어는 일반적으로 사회 전체적 변혁에 큰 영향을 미친 중대한 개혁을 요사할 때 쓰이는 말이다.

\<표 Ⅳ-3\> 북경대 교원인사 개혁방안 "제1고"와 "제2고"의 차이점

"제1稿"의 주요 내용과 특징	"제2稿"에서의 수정
1. 기존의 정교수들을 전원으로 종신교수로 초빙, 기존의 부교수들의 1/4를 해고, 기존의 강사들의 1/3을 해고.	1. 앞 조항은 삭제되어 취소됐음.
2. 정교수 제외, 유임·신규 채용 부교수·강사에 대해 다 계약제를 실시. 1개의 계약期는 3년. 강사는 2개의 계약기가 가능하고 부교수는 3개(이·공·의) 또는 4개(인문사회)의 계약기가 가능.	2. 앞 조항은 유지되되(a), 신체제 도입 후에 본부는 구체방법을 제정하여 일부 부교수에게도 장기교직을 주겠다고 추가 약속.(b), 신체제가 도입 전까지 북경대에서 일한 지 25년이 됐거나 연속 10년 이상만 일했으나 정년퇴직467)까지 10년 이하만이 남아있는 부교수들에 대해서는 "제1稿" 제2항의 규정에 제한되지 않게 정년퇴직 때까지 북경대에서 일할 수 있도록 추가 약속.
3. 정교수 결원 시 1/2 이상을 북경대 이외에 공개적으로 초빙. 외부에 초빙할 지표는 북경대 내부에서의 승진에 쓰일 수 없음.	3. 앞 조항은 "일부 조교와 전원 강사는 국내외에 공개초빙을 실시, 정·부교수 결원 시 외부초빙과 내부승진 두 방식으로 보충. 내부 신청자와 외부 신청자에 대해 평등적 경쟁의 원칙하에서 우수한 신청자들을 골라 초빙하겠"다고 한 것으로 바뀌었음.
4. 극소수의 학과 제외, 신규채용 정교수는 한 가지의 외국어로 강의할 수 있어야 됨.	4. 앞 조항은 삭제되어 취소됐음.
5. 원칙적으로 더 이상 북경대 자체의 새 졸업생들 중에서 직접적으로 신규교원으로 채용하지 않겠음.	5. 앞 조항은 "일부 특별 학과를 제외, 각 대학은 원칙적으로 더 이상 자체의 새 졸업생들 중 직접 신규교원으로 채용하지 않아야 되되 일시 그럴 수 없는 대학들은 그렇게 해도 된다. 다만, 그렇게 채용하는 자체 졸업생들의 전체 신규채용 교원에서의 비율과 감축계획을 명확히 기재한 서면보고를 본부에 제출하고 본부의 승인을 얻은 후에야 집행할 수 있다"고 한 것으로 바뀌었음.
6. 대학(학과) 학술위원회 1/3 이상의 구성원은 중국대륙 이외의 명문대의 종신교수가 이어야 됨.	6. 앞 조항은 "본부는 조건이 있는 대학(학과)이 북경대 이외의 명문대·연구기관의 종신교수들을 학술위원회 위원으로 초빙하는 것을 권장. 다만, 업무추진의 편리를 위해 학술위원회 직책들 중 직무승진을 제외한 다른 사항에 대해 외부위원들 결석 때 내부위원들만이 내놓은 결정이라도 똑같이 유효하도록 한다"고 한 것으로 바뀌었음.
	7. "특별 우수한 교원들에 대해 임직연한과 학력의 제한 등에 제약하지 않게 본부의 관련 규정에 의해 파격적 초빙·승진될 수 있도록 한다. 파격승진은 정상승진 신청의 回數에 계산하지 않겠다"고 새로 추가했음.

출처: 博雅(2003), "北大改革方案二稿和原稿的比較", 博雅(2003), \<北大激進改革\>, 242-244쪽.

"제1고"에 비해 "제2고"는 훨씬 완화된 형태였다. "제1고"의 강도 높은 개혁조치에 대한 격렬한 비판과 비난을 당한 장유영 등 개혁파 인사는 부득이 애초 개혁노선에서 후퇴한 것이다.

(4) 개혁에 대한 언론 상의 지지에 대한 호소

개혁에 대한 언론 상의 지지를 얻기 위하고 여러 가지의 비난을 반박하기 위해 민유방·허지굉·장유영은 잇따라 나서 북경대 인사개혁조치에 대해 해명했다.

"제2고"가 발표된 다음 날인 2003년 6월 17일에 장유영은 "제2고"에 대한 "설명"을 발표했다. "설명"은 모두 14장으로 구분되는데 모두 3만 한자를 넘는 장문이다.

2003년 6월 18일부터 방관적인 태도를 취하고 있던 북경대 다른 간부들을 제외하고 민유방·허지굉·장유영은 북경대 내외 기자들과 잇따라 만나 북경대 인사개혁의 필요성과 "제2고"의 합리성에 대해 해명하였다. 중국 대학교의 당서기는 일반적으로 총장보다 보수적이고 개혁보다 "안정"에 치중한다. 그러나 이번 인사개혁에 대해 총장 허지굉도 직접 해명했으나 당서기인 민유방도 더 적극적인 자세를 보여주었다. 그는 자진해서 관영 <인민일보>와 신화통신사의 기자들과 만나 개혁의 배경과 의의를 강조했을 뿐만 아니라 시청자가 가장 많은 관영 매체인 중앙 텔

---

467) 중국의 정년퇴직 연령은 일반적으로 남자는 60세이고 여자는 55세이다. 그러나 그것은 융통성이 없는 것이 아니다. 예를 들면, 각 대학과 연구기관의 경우, 기관의 소요와 개인적 소망에 따라 박사 대학원생 지도교수는 일반적으로 65세 심지어 68세까지 연장될 수 있고 일반 정교수는 일반적으로 63세까지 연장될 수 있고 부교수 이상의 여자는 일반적으로 60세 내지 65세 심지어 68세까지 연장될 수 있다. 당·정·군 간부의 경우면, 차관을 포함한 차관급 이하의 정년퇴직 연령은 일반적으로 60세이고 장관급 이상은 일반적으로 65세이고 더 높은 지도자들의 정년퇴직 연령은 일반적으로 70세이고 최고 지도자의 정년퇴직 연령은 사실상 없다.

288

레비전에도 여러 차례 출연하여 개혁에 대한 지지를 호소하였다.

"제1고"가 발표되었을 때부터 이미 "바람이 세차고 파도도 격심한 곳"에 서있게 된 장유영은 현재도 계속 매체와 여론에 주목받고 있다. 그는 인터넷이나 강연을 통해 수많은 젊은이, 특히 북경대 재학생들로부터 열렬한 지지와 사랑을 받았다. 개혁의 가장 큰 수혜 대상 집단은 학생이기 때문이다. 그러나 장유영은 학계로부터는 교육적·학문적 논리보다는 경제적 논리에 치중했다는 비판도 많이 받았다. 언론을 매개로 지지를 호소한 결과, 허지끙 총장에 따르면, 70%의 북경대 교원들이 이번 인사개혁을 지지하게 되었다.468) 민유방에 의하면 90% 이상의 사람들은 개혁의 총체적 방향을 지지하게 되었고, 반대파는 주로 개혁의 구체적 내용에 관한 것일 뿐이라는 것이다.469) 2003년 6월 30일까지 "제2고"에 대한 여론형성은 끝났다. 민유방·허지끙·장유영은 한결같이 2003년 9월까지 "제3고"를 내놓고 2003년 가을학기 개학 때부터 개혁방안대로 개혁을 추진하겠다고 선언했다.470)

(5) 개혁의 진통과 난산

그러나 국내외에서 기대했던 "제3고"의 등장과 개혁방안의 실시는 약속한 것처럼 2003년 9월 초 개강 후 이루어지지 않았다. 북경대의 개혁 주장들은 이때부터 2004년 4월까지 계속 침체되어 있었다. 2003년 9월 초부터 2004년 4월까지 민유방·허지끙·장유영은 가는 곳마다 "북경대의 '제3고'는 언제 나올 수 있겠는가? 북경대는 언제부터 개혁방안을 실천에 옮기겠는가? 북경대의 개혁은

---

468) <新聞週刊>記者(2003), "不奢望成爲第二個蔡元培", 博雅(2003), 앞의 책, 30쪽에서 재인용.

469) 閔維方(2003), "改變人的心理豫期", 博雅(2003), 위의 책, 25쪽.

470) 博雅(2003), "北大改革大事記: 2003年1−9月", 博雅(2003), 위의 책, 3-4쪽.

중단되었는가? 왜 진전이 없는가?"라고 한 질문을 받고 있었다. 그러나 민유방·허지굉·장유영은 침묵을 일관했다.

북경대는 2003년 10월 16일에서 18일까지 열린 "북경대 교원 인사 工作(업무)회의"에서 "제3고"에 대해 논의를 하고 "제3고" 를 "북경대 교원빙임과 직무승진에 관한 規定(暫行)471)"이란 제 목 하 각 대학(학과)들에게 구체적 상황에 맞추어 각자의 구체 적 실시방안을 작성하라고 지시했다.472) "暫行"이란 표현을 첨가 하게 된 이유는 앞으로의 수정과 개선 심지어 중단 또는 폐지를 위해 여유와 퇴로를 미리 준비하려는 의도가 있기 때문일 것이 다. "규정"이란 중국어 표현은 이미 정한 것을 아래 기구에 그대 로 집행하라는 것을 의미한다. 그러나 "제1고"와 "제2고"와는 달 리 이번의 "제3고"는 각 대학(학과)들이 각자의 구체적 상황에 맞추어 각기 구체적인 실시방안을 작성하라는 조건부가 있으니 본부에서 내놓은 방안을 각 대학(학과)에서 바로 집행하라는 뜻 은 아니다. 그래서 이 회의의 결정 또는 "제3고"의 등장은 모종 의 딜레마 상황, 즉 북경대가 직면되고 있는 개혁을 과감하게 실 시해도 안 되고 실시하지 않아도 안 되는 복잡·미묘한 상황을 반영한 것이다.

(6) 개혁에 관한 최신의 진전

좌절을 많이 당한 북경대 교원인사 개혁은 지금으로서 이미 유 산됐다고 할 수 없으나 이미 잘 성공됐다고 할 수도 없다. 2005년 6월 현재 북경대 인사개혁을 포함한 "세계 일류대학" 건설의 최근 성과를 크게 두 가지로 구분해볼 수 있다.

---

471) 임시(일시)적으로 시행한다는 중국어 표현이다.

472) 夏楡(2004), "許智宏: 爲北大常新", 중국 <南方週末>, 2004년 1월 1일.

첫째, 북경대는 "근친번식"을 극복하기 위해 2004년부터 원칙적으로 박사 졸업생들을 졸업직후 바로 임용하지 않기로 했다. 북경대 인사부 부장인 周岳明에 따르면, "제2고"에 따라 북경대는 외국박사, 국내 다른 명문대의 박사, 북경대 자신의 박사들이 교원을 각각 1/3의 비율로 구성하기 위해 2004년부터 각 대학(학과)의 박사 졸업생을 신규 교원으로 임용하는 비율을 낮추기로 했다. 주악명에 의하면, 우수한 박사 졸업생들이라도 먼저 외국 또는 국내 다른 명문대와 연구기관에서 2년 정도 경력을 쌓아야 북경대 교원이 될 수 있다.473)

둘째, 북경대는 2004년 4월 6일 북경대 홈페이지에서 "95명의 정교수를 국내외에서 공개적으로 초빙하겠다"고 공고했다. 이것은 북경대가 1949년 이래 처음으로 내부 승진에 의한 교원인사제도를 바꾸어 외부에서 공개적으로 교수초빙을 실시한 것인 만큼 의미가 크다. 더 중요한 것은 북경대가 그간 공표해왔던 "교원인사개혁"을 공식적으로 개시했다는 데 있다.

그러나 이 "공고"에 의하면, 부교수와 강사는 공개적 초빙에서 제외되었을 뿐 아니라, 95명의 정교수는 원칙적으로 모두 북경대 내외에서 공개적으로 채용하지만 외부인사에게 할당된 자리는 21개밖에 없다.474)

---

473) 于楊(2003), "北大博士生不能留校任教", 중국 <京華時報>, 2003년 12월 5일.
474) 原春琳(2004b), "北大公開招聘95位教授", 중국 <중국청년보>, 2004년 5월 17일.

2) 북경대 교원인사 개혁방안의 내용·논리

"제2고"의 원문은 북경대 인사개혁 방안의 내용에 대한 파악에 물론 매우 중요하다. 원문은 각 대학(학과)에서의 형식적인 집행절차 등만 명시했을 뿐, 그의 근거 및 논리를 보여주지는 않는다. 이의 대안으로 장유영이 2003년 6월 17일에 발표한 "제2고"에 대한 연설("개혁에 관한 14가지의 설명"[475])을 참조해 볼수 있다. 여기서 장유영은 14가지의 "설명"을 통해 북경대 교원인사 개혁의 주요 내용과 배경을 밝히고 있다. 장유영이 14가지의 설명내용은 중복되는 경우가 많지만, 이에 관해 몇 가지 측면으로 구분하여 정리하면 다음과 같다.

(1) 현행의 교원인사 관리체제에 대해 왜 개혁을 해야 되는가?

---

[475] 이 부분에서 개혁의 14가지의 설명에 대한 아래의 서술은 모두 博雅의 <北大激進改革> 제33-71쪽에 수록된 장유영의 "개혁에 대한 14가지의 설명"에 의한 것이기 때문에 간편화를 위해 저기서 인용된 부분에 대해 따로 주석과 출처를 하지 않기로 한다. 다만, 장유영의 "개혁에 대한 14가지의 설명" 자체에 없으나 주석을 추가로 할 필요가 있을 때 따로 주석을 하겠다.

<표 Ⅳ-4> 북경대 교원인사 개혁의 원인

원인의 분류	주요 과점과 근거
1. 현행 교원인사체제의 기본적 특징에 문제점들이 많다.	1) 도태가 없다. 2) 내부승진이 주가 되어있고 외부경쟁이 없다. 3) 승진 시 논문의 수량, 신청자들끼리의 비교, 내부의 균형, 직력에 편중하고 논문의 질과 국내외에서의 학술지위를 무시한다. 4) 인사관리에서 근친번식(연고주의) 관행이 유지되고 있다.
2. 개혁을 안 한다면 일류 교원들을 보유할 수 없어서 세계 일류대학 건설은 이루어질 수 없다.	1) 북경대 교원의 수준을 중국 최고 수준으로 유지해야 한다. 2) 북경대 일부 교수의 수준은 국내 이류 심지어 삼류에 불과하고 수많은 대학(학과)에서 80%의 업적은 20%의 우수 교수에 의해 이루어졌다.
3. 개혁을 안 한다면 외부와의 경쟁에서 도태를 당할 수도 있다.	1) 중국 우수한 졸업생들은 대부분 외국에 박사학위를 받기를 원하고 있다. 2) SCI 논문분야에서 청화대・남경대의 도전476)을 당해 북경대의 "제1"의 지위를 빼앗기고 있다. 3) 인사개혁 분야에서는 다른 명문대보다 이미 낙후됐다.
4. 개혁을 안 한다면 국가의 지지와 사회의 기대에 면목 없게 되겠다.	1) 2.17억 불의 특별자금을 받아 가장 우수한 업적을 창출할 책임이 있다. 2) 북경대는 북경대 사람들만의 대학인 것이 아니라 온 중국의 대학이다. 3) 북경대 해마다의 몇 천 명의 신입생은 중국 해마다 약 600-700만 명의 대입시험생들 중에서 뽑은 중국뿐만 아니라 세계에서도 가장 우수한 학생들이다. 북경대의 이류의 교수들과 삼류의 관리로 이들 일류의 학생들을 교육하면 더 이상 안 된다.
5. 교원인사체제의 개혁은 사회적 개혁과 국가적 정책의 요구이다.	1) 중앙정부가 2002년 7월 6일에 내린 "事業單位"에서 빙임제를 試行하는 것에 관한 의견에 따라 개혁을 원하지 않아도 피할 수 없다. 2) 중국 두 개 최고의 학술적 전당 중의 하나로서의 북경대는 중국의 교육체제개혁에 기여할 책임이 있다.

476) 중국은 1987년에 처음으로 SCI에 등재된 학술지에 게재한 논문건수와 인용회수를 대학과 연구기관의 연구수준에 대한 평가의 한 중요한 지표로 삼기 시작했다. 남경대 SCI 논문건수와 인용회수는 1994년부터 북경대・청화대를 넘기시작했고 2001년에 각각 1,135건과 2,454회에 달해 연속 8년째 중국 대학교

(2) 북경대 교원인사 신체제의 가장 중요한 특징: "tenure-track" 또는 "up-or-out" 제도

장유영은 "tenure-track" 또는 "up-or-out"란 제도는 미국의 투자은행과 컨설턴트 회사 등 경제적 기구뿐만 아니라 대학과 연구기간에서도 매우 성공한 제도라고 주장했다. 미국은 교육과 과학기술 분야에서 세계에서 가장 앞서가고 있게 된 것은 이 제도와 관련이 있다. 최근 영국 등 유럽의 여러 국가들에서 미국식의 대학 인사관리 제도를 본뜨고 있다. Oxford대는 몇 년 전부터 새로운 교원인사 체제를 도입하기 시작했다. 신체제에 따라 신규채용 강사에 대해 5년마다 한번씩 평가를 실시한다. 영국 다른 대학교에서도 직접적으로 종신의 교직을 얻을 수 있는 기회가 점차 사라져가고 있다. 원래 영국의 교원인사제도를 채택해온 아세아의 홍콩과 싱가포르의 대학교들도 요새 잇따라 미국의 이 제도로 바꾸고 있다. 따라서 장유영은 꺼리지 않고 미국의 "tenure-track" 또는 "up-or-out"란 제도를 도입해야 된다고 직언했다.

장유영은 "tenure-track" 또는 "up-or-out"란 제도의 정신에 따라 "빙임제·分級유동제"란 제도와 "말미 도태제"란 제도 모두 두 가지의 구체적 제도를 내놓았다. 장유영은 "이 두 제도를 합치면 곧 미국의 대학교에서 보편적으로 실시되고 있는 'tenure-track'란

에서의 1위를 차지했다[張高萍(2002), "南京大學SCI論文被引用數 連續八年居 全國高校第一", 중국 <科學時報>, 2002년 12월 16일]. 그러나 "98-5공정" 특별자금을 많이 받고 다른 대학교를 합병한 청화대와 북경대는 2002년부터 남경대를 넘었다. 2002년 중국 대학교들 중에서 SCI에 등재된 학술지에 게재한 논문건수의 1위는 청화대(1,899건)이고 2위는 북경대(1,333건)이다. 2002년에 인용된 국제적 논문 수량의 1위는 북경대(1,294건)이고 2위는 남경대(1,261건)이다[葉莎莎(2003), "我國科技論文總量躍居世界第五", 중국 <중국교육보>, 2003년 12월 10일]. 그러나 SCI에 등재된 학술지에 게재한 논문건수는 2002년에 이미 2,713건에 달해 세계 34위를 기록한 서울대학교(서울대학교 <대학신문>, 2003년 5월 5일)에 비하면 중국의 명문대들은 아직 상당한 거리가 있다.

제도라고 할 수 있다. 또한, 이러한 제도는 일부의 투자은행과 컨설턴트 회사에서는 'up-or-out' 계약이라고 불리기도 한다." 이하 그 내용을 구체적으로 살펴본다.

A. "빙임제와 分級유동제"

이것은 교원을 대상으로 하는 제도이다. 즉, 무조건적으로 종신교직을 얻을 수 있는 모든 정교수들을 제외하면 신체제에 의해 초빙되어 임명된 강사와 부교수는 각각의 직위에서 일한 지 2년(강사)과 5년(부교수)이 되었을 때부터 각각 소정의 2번의 계약기(강사, 모두 6년)와 3번의 계약기(이·공·의 계열의 부교수, 모두 9년) 또는 4번의 계약기(인문사회계 부교수, 모두 12년) 내에 2회에 걸쳐 승진기회를 가질 수 있다. 첫 차례에 승진되지 않을 경우 강사와 부교수를 막론하고 1년 후에 다시 승진 심의기회를 갖는다. 각자의 계약기 내에 두 번의 신청을 거쳐도 각각 부교수 또는 정교수로 승진될 수 없다면 "일부의 부교수들에게도 종신교직을 수여해주겠다"는 "제2고"의 추가 약속에 따라 종신교직을 얻은 일부의 부교수들을 제외하면 북경대는 이들 강사·부교수들과 더 이상 계약을 맺지 않겠다. 즉, 당사자는 북경대와의 계약이 자동적으로 해제되어 북경대에서 해고된다. 이러한 제도의 도입배경과 관련하여 장유영의 설명을 다음과 같이 크게 세 측면에서 살펴보고자 한다.

a. 왜 종신교직을 얻을 수 있는 자격요건을 부교수가 아닌 정교수부터 한정시켰는가?

첫째, 미국의 대학처럼 정교수가 아닌 부교수부터 종신교직을 수여해야 된다는 지적에 대해서 장유영은 미국의 대학교들에서 종신교직을 정교수부터 수여하는 경우도 있고 부교수부터 수여하는 경우도 있다고 주장했다. 장유영은 Stanford대를 예로 들었는데 이 대학교의 경제학과는 부교수도 종신교직인 반면에 상과대는 부교수가 꼭 종신교직이 아니라고 주장했다.

둘째, 과거 시기 교원들에게 좋은 처우를 줄 수 없어서 북경대는 기존 교원들을 만류하기 위하고 박사·박사 후 등 졸업자원을 대거 집중시키기 위해 부득이 이들에게 부교수라는 직명을 많이 수여해주었기 때문에 북경대 부교수의 수준은 사실상 높지 않다.

셋째, 북경대가 몇 년 전에 교원 퇴직 高峰期477)를 맞았을 때 결원된 자리에 채용한 젊은 교원들은 대부분 부교수가 되었으니 부교수에게도 종신교직을 수여한다면 북경대는 적어도 20년 내에 신규교원들에게 종신교직을 수여할 여지가 별로 없다.

넷째, 부교수들에게도 종신교직을 수여해준다면 신규채용 부교수의 승진기준을 필히 유임된 기존의 부교수보다 갑자기 훨씬 높여야 되기 때문에 부교수에 대해 이중의 표준을 조성해 내부 반발과 위화감 조성 등의 문제를 유발할 수 있다. 이 점에서 장유영은 "점진적 개선"을 주장했다. 즉, 우선적으로 일시 부교수들에게 종신교직을 주지 않고 신체제가 도입한 후 일정한 기간(예, 2년)을 거쳐 부교수의 승진표준과 전체적 수준이 높아진 다음에 우선적으로 일부 부교수에게 종신교직을 주고 또 일정한 기간을 거친 후에 부교수 전체에도 종신교직을 줄 수 있다.

---

477) "문화대혁명" 동안에 중국은 인재양성을 못했기 때문에 "문화대혁명" 전, 특히 1950년대에 졸업하고 대학교원으로 된 사람들의 대부분은 1978년 이후부터 고등교육을 받고 대학교원으로 된 신생대가 각 대학교의 주요 업무를 맡게 되었을 때인 1990년대 후반까지 정년퇴직 연령을 초과해 근무했고 1990년대 중후반부터 집중적으로 퇴직하게 됐다. 때문에 중국 각 대학교는 1990년대 중후반에 모두 집중적 퇴직 高峰期를 맞았다.

다섯째, 상당수의 정교수들의 실력과 업적은 사실상 상당수의 부교수보다도 못한다는 세간의 지적과 정교수·부교수를 막론하고 원래의 직명을 다 폐지하고 같은 기준에 의해 정교수·부교수 또는 종신교직의 자격을 다시 평가하여 정하자는 의견에 대해서 장유영은 정교수의 수는 상대적으로 많지 않으니 다들 종신교직을 받더라도 북경대 전체의 신진대사에 큰 지장이 될 수 없는 점, 실력과 업적이 없는 정교수들이라도 과거 동안에 북경대에 많이 기여해왔으니 당연히 우대를 받아야 되는 점, 정교수 전체는 정년퇴직까지 시간이 많이 남아 있지 않는 점, 실력이 별 없는 정교수들이 해고를 당하면 다른 직장을 구할 때 젊은 부교수들보다 어려움이 많은 점 등을 근거로 들면서 정교수들에게도 종신교직을 주지 않는다면 큰 사회적 모순을 초래할 수 있고 사회적 안정을 강조하는 국가의 정책을 어길 수 도 있다고 주장했다. 그는 아무 개혁에도 가장 이상적 방안이 없고 비교적 합리한 방안만이 있을 수 있고 앞으로 신규승진 정교수들로 하여금 다들 합격하도록 할 수 있기만 하면 개혁이 성공이라고 할 수 있다고 했다.

b. 강사·부교수들의 계약기간에 엄격하게 제한한 이유는 무엇인가?

첫째, 신체제는 주로 승진의 기준을 높인데 중점을 두고 있고, 교원들의 승진신청 때가 아닌 계약기의 연구업적에 대해 별 엄격히 요구하지 않고 있으니 "단기적 학술행위"를 초래할 수 없다. 바꾸어 말해, 설사 교원은 자신의 해당 직위의 마지막 계약기에 승진신청을 낸다면 마지막 계약기가 완료되기 전에 한 급으로 승진될 수 있는 충분한 연구업적을 제출하면 승진될 수도 있고 자신의 장기적 연구계획을 수행할 수 있는 시간도 매우 충분하다. 승진신청을 내지 않을 때 해당 계약기에 해당 직위로서 기본적으로 합격하기만 하면 별 중요한 업적이 없어도 다음의 계약을 얻을 수 있기 때문이다.

둘째, 강사의 계약기간을 2개의 계약기, 만 6년만으로 한정시킨 이유에 대해 장유영은 "경험에 기초해 말하자면, 6년이면 한 신규 박사[478]로 하여금 6년 동안 자신의 실력을 충분히 보여줄 수 있도록 할 수 있을 뿐만 아니라 승진을 위해 단기적 효과를 추구해야 할 필요까지 이르지도 않다"고 해명했다. 물론, 대기만성의 젊은 학자도 있기는 하지만 제도를 만들을 때 대부분의 상황만을 감안해 정할 수밖에 없다.

셋째, 부교수의 계약기간을 3개 또는 4개의 계약기, 모두 9년 또는 12년으로 정하게 된 이유에 대해서 마찬가지 논리로 설명했다. 그에 따르면, 강사의 6년 총 계약기와 부교수의 총 9년 또는 12년을 합치면 모두 15년 또는 18년이니, "대기만성"의 학자를 판가름하는 데 충분하다는 것이다.

넷째, 북경대 정교수 자격기준을 엄격히 제한해야만 북경대 정교수의 질을 보장할 수 있으며 이들의 존엄·가치를 되찾을 수 있다. 한 걸음을 양보해서 말해, 신체제에 의하면, 이·공·의 계열의 경우 강사부터 정교수까지 가장 빠르면 7년이 요구되고 가장 길어도 15년에 불과하니, 평균은 약 10년 정도이다. 인문사회계의 경우 가장 빠르면 7년이 걸리고, 가장 길어도 18년에 불과

---

478) "제2고" 제21조에 의하면, 북경대는 신체제가 도입된 때부터 신규 교원은 무조건적으로 박사학위 또는 (박사학위가 별 없는 학과들의 경우면)본 학과의 최고학위 소지자가 이어야 된다. 유임된 현임 교원은 1963년 1월 1일 이후의 출생자가 부교수로, 1958년 1월 1일 이후의 출생자가 정교수로 승진신청을 낼 경우면 박사학위 또는 본 학과의 최고학위가 있어야 된다. 또한, 막 졸업한 박사는 원척적으로 강사(전임강사, 중국에는 시간강사는 없음)에만 임용될 수 있다.

하여 평균적으로 약 12년의 시간이 요구된다. 장유영에 따르면 "매우 걸출한 인재들에게 있어서도 박사학위를 얻은 후에 7년에 북경대 정교수가 되는 것은 빠른 것이다"라고 했다.

다섯째, 신체제의 미흡한 점을 대비하기 위해 "제2고" 제30조에서 "특별히 우수한 교원들에 대해 임직 연한과 학력의 제한 등에 제약하지 않도록, 본부의 관련 규정에 의해 파격적인 초빙·승진 조치를 구사한다. 파격승진은 정상승진 신청의 회수에 계산하지 않겠다"고 추가 규정했다.

여섯째, 계약은 북경대 교원들에 대한 제약이 아니라 학교 측만에 대한 제약뿐이다. 바꾸어 말해, 북경대의 신체제에 제약되고 싶지 않다면 교원들은 계약기에도 사직을 통해 북경대를 떠날 수 있다. 이에 대해 학교 측은 원칙적으로 제한을 하지 않기로 약속했다.

c. 강사·부교수들의 승진신청 기회를 2회로 제한한 이유는 무엇인가?

첫째, 강사·부교수들의 승진신청 회수를 두 번으로 제한함으로써 대학인사행정의 효율성을 높일 수 있다. 한국과 같이 중국의 학년도 두 학기로 나누어져 있다. 즉 봄 학기와 가을 학기이다. 교원 직무승진은 해마다 한번씩 있는데 통상적으로 가을 학기에 진행된다. 그래서 중국의 학년은 직무승진이 있는 학기와 없는 학기로도 나누어져 있다. 또한, 조교·강사·부교수는 해당 직위에서 5년의 경력만 갖추면, 누구나 승진신청을 낼 수 있기 때문에 교원은 통상적으로 승진신청자와 승진심사자로 나누어져 있다. 직무승진은 통상적으로 1개월 내지 2개월을 걸린다. 때문에 각 대학교마다 가을 학기의 주요 업무는 바로 직무승진이다.

더구나 이 과정에서 각종의 비리와 싸움도 많다. 직무승진 때 신청자들이 심사위원들과 대학교 지도자들(통상적으로 모두 심사위원임)의 사무실 또는 자택을 찾아 선물을 주면서 승진이유를 설명하는 것은 어느 대학교에서도 쉽게 볼 수 있는 공공연한 광경이다. 투표일 전후 대학교 지도자들은 통상적으로 출근을 안 한다. 직무승진이 교수·연구의 정상적 질서와 진행에 미친 악영향은 얼마나 큰 것이지는 명백하다.

둘째, 승진신청에 대한 제한으로 동정심과 "人情"에 의한 승진을 많이 줄일 수 있고 학술수준에 의한 승진을 많이 높일 수 있다. 원래(현행)의 체제에서 승진자격이 있는 사람들은 누구도 거의 빠짐없이 승진신청을 낸다. 이로 인한 직무승진체제의 의미가 약화되고, 대학교수의 질이 떨어지게 될 것은 분명하다. 그러나 장유영의 신체제에 따르면, 승진신청의 기회는 부교수와 강사를 막론하고 두 번밖에 없기 때문에 신청자는 신청 전에 업적을 많이 창출해야 될 뿐만 아니라 자신의 승진 가능성에 대해도 자기 평가를 해야 된다. 그러므로 신청원을 감소하게 되고, 정실인사의 폐단을 극복하고, 보다 엄격한 인사관리행정 및 내실 있는 승신 심사가 가능해진다.

셋째, 승진신청에 대한 제한으로 대학교·대학 지도자들과 학술위원회(심사위원회)의 책임감과 公正性을 높일 수 있다. 과거와 달리, 신체제에서는 직무승진 심사과정에서 자칫 판단의 오류가 발생할 경우 승진기회를 완전히 박탈할 수 있게 된다. 이런 체제하 대학교·대학 지도자들과 학술위원회는 심사과정에서 엄격하고 신중한 판단을 내릴 수밖에 없다. 물론 신체제하 교원직무승진 심사과정에서의 오류를 보완할 수 있는 조치는 필요하다. 장유영은 "제2고" 제29조에서 "승진신청의 회수는 신청서류를 심사위원들에게 제출한 것을 기준으로 계산한다. 각 대학(학과)은 신청자들이 신청서류를 심사위원들에게 제출하기 전에 신청자들의 명단을 公布해야 된다. 신청자는 신청을 철회할 수 있다. 신청서류를 심사위원들에게 제출하기 전에 신청을 철회한 경우면 정식적 신청으로 계산하지 않겠다"고 규정했다. 즉, 신청자 명단을 보고 자신의 성공 가능성에 대해 자신이 없으면 철회해도 미래의 신청에 영향이 없다.

B. "말미도태제"

이것은 학과를 대상으로 하는 제도이다. 즉, 교수·연구의 업적은 장기적으로 교육과정 운영의 내실이 없는 학과에 대해서 기한 내에 장리·개선·重組(새로 조합)·해산 등 조치를 취하는 것이다. 여기서 "말미"란 꼭 꼴찌의 뜻이 아니라 대략의 뜻이다. 즉, 비교적 큰 규모의 학과인 경우, 적어도 전국에서 10위 안에 들어야 하고 비교적 작은 규모의 학과라면 적어도 전국에서 5위를 차지해야 된다. 그러나 전국 순위를 평가할 수 있는 평가 방법·기준은 무엇이며, "장기적"이란 구체적으로 어느 정도의 기간을 의미하는 가에 대해 장유영은 추후 답변할 것을 약속했다.

이와 더불어, 해산하게 된 학과 또는 연구소의 조교·강사·부교수·정교수들은 단기적 교직과 장기적 교직을 막론하고 북경대와의 계약을 일체 중단해야 된다. 계약이 중단된 조교·강사·부교수·정교수들은 북경대 다른 대학(학과)들에 초빙되거나 혹은 원래 학과의 토대로 새로 조합하여 설립된 관련 분야의 교수·연구 기구에 초빙될 수도 있으나 꼭 채용될 수 있는 것이 아니다. 북경대 다른 교수·연구 기구에도 채용될 수 없을 경우면 북경대 이외에서 구직할 수밖에 없게 된다.

이러한 조치 배경에 대해 장유영은, 북경대의 모든 학과들로 하여금 모두 중국에서 선두의 지위를 차지하고, 통상적으로 강사와 부교수들의 승진을 결정하는 정교수들이 "人性의 약점"을 극복하여 우수자원을 영입하도록 유도하는 것이라고 답변했다. 즉, 이는 정교수 개인의 이익과 학과 전체의 운명을 같이 묶음으로써 정교수들로 하여금 자신의 개인적 이익보다 우선적으로 학과의 발전에 주력하라는 점을 강조하는 것이다.

(3) 북경대 교원인사 신체제의 둘째 중요특징: 교원에 대한 分類적 관리

分類관리란 모든 교원을 강의·연구형과 전임 강의형으로 나누어 각자의 승진기준과 계약기간을 차별화시키는 것이다. "제2고" 제11조에서 "전임 강의형 교원의 총수는 원칙적으로 교원 정원 총수의 15%를 초과하면 안 된다"고 규정했다. 또한, 장유영은 "설명"에서 전임 강의교원들을 강의·연구형 강사·부교수처럼 2개와 3개 또는 4개의 계약기란 규정에 제약되지 않게 강사·부교수의 직위에서 연속적으로 계약을 계속할 수 있도록 약속했다. 다만, "제2고"는 이 약속에 대해 전혀 언급하지 않았다. 장유영은 이에 대해 본부는 따로 규정을 내놓을 예정이라고 했다. 장유영의 상기 개혁조치에 따르면, "빙임제·分級유동제"와 "말미도태제"는 북경대의 강의·연구형 교원, 즉 북경대의 약 85%의 교원들만을 제약하는 제도이다.

이 제도의 도입과 관련하여 장유영은 다음과 같이 설명했다.

첫째, 이것은 북경대의 현실적 필요에 따른 것이다. 북경대의 대부분의 대학·학과에 강의를 잘 가르칠 수 있으나 연구능력이 떨어지는 교원들이 있다. 이들은 사실상 북경대의 상당부분의 과목, 특히 학부생들을 대상으로 수많은 기초과목·실험과목·외국어과목의 교수에 특히 필요하다.

둘째, 이것은 공평의 원칙과 북경대의 성예를 지키기 위한 것이다. 기존의 체제하 교원의 승진기준의 차별성이 없다. 즉, 논문 및 저술이 승진의 주요 평가대상이 되고 강의 평가는 고려되지 않는 승진기준이다. 이것은 강의를 전담하는 교원들에게는 매우 불공평한 체제이다. 뿐만 아니라 이런 체제하에서 강의를 잘 하지만 연구를 별로 잘 하지 않는 일부의 교원들은 승진을 위해 부득이 수많은 低수준의 논문과 책을 생산할 수밖에 없다. 이는 대학교의 명예만 훼손할 따름이다. 그러나 신체제하 강의형 교원은 위와 같은 관행들에서 해방되어 강의 질을 높이는 데 주력할 수 있다.

셋째, 이것은 개혁의 압력과 모순을 완화시키는 것이고 대학교의 안정을 위한 것이다. 신체제하 승진기준은 원래(현행)체제보다 훨씬 높아지고 엄격해질 것이다. 강의 전담 교원들은 통상 오랫동안 북경대에서 재직해왔기 때문에 불합리한 인사관리체제로 불이익을 받는다면, 이는 대학교차원에서도 우수자원의 손실로 연결된다. 교원에 대한 "分類관리"란 제도는 바로 이들에게 안정된 고용기회를 보장해주는 것이다. 다만, 전임 강의형 정교수도 종신교직을 얻을 수 있으니 종신교직을 얻을 수 있는 조건을 높이고 수량을 제한하기 위해 장유영은 앞으로 원칙적으로 새로운 졸업생들 중에서 전임 강의형 교원으로 뽑지 않고 주로 경험이 많은 강의의 名手들을 전임 강의형 교원으로 분류하여 전환시키겠다고 설명했다.

넷째, "강의와 연구는 구분될 것이 아니며 연구를 안 하는 사람이면 제대로 강의할 수도 없다"는 비평에 대해 장유영은 교원

정원의 15%만을 차지하는 전임 강의교원은 북경대의 연구중심의 대학교로 향하는 목표를 바꿀 수 있는 정도도 아니고 북경대 교원의 주체는 반드시 강의와 연구를 다 잘 할 수 있는 학자가 이어야 되는 이념을 바꿀 수 있는 정도도 아니라고 했다. "分類관리"란 제도는 강의·연구형 교원이 열심히 가르치지 않아도 되는 것과 전임 강의형 교원이 열심히 연구를 안 해도 되는 것을 의미하는 것이 아니라 업무의 수량의 배분과 평가의 기준에서의 변화만을 의미한다고 설명했다. 게다가, 강의형으로 지정된 극소수의 기구·조직을 제외하면 다른 강의·연구형 대학(학과)은 전임 강의형 교원을 구분하는가, 그렇다면 그 비율은 어떻게 되는 가 등은 각 대학(학과)의 구체적 상황에 따라 선별될 수 있는 것이다. 본부는 전임 강의형 교원이 교원 정원 전체에서 차지하는 비율을 15% 이내에 제한하는 것만을 원칙적으로 통제할 따름이다.

(4) 북경대 교원인사 신체제의 셋째 중요특징: 교수회·관직자·학술위원회의 상호적 견제

북경대 신체제의 이 특징에 대해 논의하기 전에 우선적으로 북경대의 이러한 개혁과 관련된 중국 대학교 운영체제에서의 일부 특징을 간략히 이야기해야 된다. 주지하듯, 중국의 대학교에는 "校務위원회"란 조직이 있다. "校務위원회"의 본의는 벼슬(長)이 없는 교수들, 특히 일부의 유명한 원로교수들도 포함시켜 민주적으로 대학교의 중대한 사항을 결정하는 것을 목적으로 두고 있었다. 신중국 수립 초기인 1950년대 초기에는 "校務위원회"는 심지어 대학교의 진정한 결책기구로서 존재한 적도 있었다. 그때 각 대학교에는 당서기 물론 심지어 총장·부총장도 없었고 "校務위원회"의 주임(위원장)과 부주임들은 각 대학교의 책임자이었다.

　그러나 현재 "校務위원회"는 각 대학교에 대부분 존재하고 있으나 한 "꽃병"으로 변질돼버렸다. 일부 대학교에서 존재하고 있는 "학술위원회" 등과 같은 조직도 마찬가지이다. 즉, 사실상 당서기·총장 개인들에 의해 운영되고 있는 각 대학교는 필요한 경우 이들 "위원회" 명의를 사용한다. 예컨대, 당서기·총장들은 대부분의 교직원·학생들이 반대하는 일을 추진할 때 자신들이 불이익을 받지 않기 위해 "校務위원회" 등 각종의 "위원회"의 명의로 한다. 뿐만 아니라 "校務위원회"의 주임은 통상적으로 당서기가 겸하고 부주임은 총장이 겸하고 다른 관직자들과 소수 원로교수들이 부주임 또는 위원을 맡는다. "교수회의" 또는 "교수회"는 1950년대 중후반부터 사라졌으며, 최근 일부 대학교에서 부활하는 경우도 있지만 이는 현재의 "校務위원회"와 동일한 기능을 수행한다. 때문에 각 대학교의 교원승진은 표면적으로 "교수회의"의 참여와 각종의 "위원회"의 평가·심사·결책에 의해 진행되고 있지만, 본부·대학(학과)의 지도자(長)에게 그의 실질적인 결정권을 갖고 있다.

　작금의 현실이 개혁되지 않는다면, 종신교직을 엄격히 심사하여 수여라든가 "세계 일류대학" 등의 구호는 사상누각에 불과하다. 때문에 북경대 개혁파 인사들은 이번에 개혁방안을 만들었을 때 "교수회"와 "학술위원회"를 부활시켜 교원채용·승진을 결정하는 명실상부한 기구로 만들려고 했다. 아울러 중국의 "특색"을 감안해 이들은 신체제에서 "행정 審核(심사하여 결정함)"이라는 명칭하 관직자들에게 참여할 여지를 주기도 했다. 그래서 신체제는 교수회·관직자·학술위원회의 3자에 의해 운영되는 체제라고 할 수 있다. "행정審核"이란 표현에는 총장을 비롯한 행정지도자들뿐만 아니라 당서기를 비롯한 당 간부들의 역할도 포함되어 있다.

신체제에 따른 교원 초빙·채용·승진의 진행과 절차는 "행정審核"과 "학술審核"으로 구분된다. 전자는 당·정 지도자들이 이끄는 당·정 관리들에 의해 진행된다. 그러나 "제2고"는 이를 자세히 규정하지 않았고 "행정審核"은 대학(학과)과 본부의 두 급으로 나누어진다고만 언급했다. 다만, 현행 관행을 참고해보면, "행정審核"은 일반적으로 신청자들의 신청자격, 서류의 진위, 당의 뜻에 맞지 않은 정치적 언동이 있는지 등에 대해 심사하여 해당 신청자의 신청을 받아들일 수 있는지를 결정하는 절차인 것 같다.

장유영은 "제2고"에서 주로 "학술審核"에 대해 상세히 규정했다. "학술審核"은 대학(학과)·學部, 본부 3급의 학술위원회에 의해 진행된다. 즉, 학술위원회에서 제안하는 채용·승진 결정은 본부 또는 총장의 승인을 얻어야 되지만 교원 채용·승진을 결정하는 기본적 권력은 각급 학술위원회에 있는 것이다. 학술위원회는 3급으로 나누게 된 이유도 서로 견제할 수 있도록 하기 위한 것이다.

"교수회"를 회복시킨 것은 대다수 대학(학과)과 교원들의 환영을 받았다. 그러나 "교수회"에 얼마 정도의 권한을 부여해야 되는지에 대한 의견은 분분하다. "교수회"가 이미 회복된 이상 학술위원회의를 따로 둘 필요가 없다는 주장도 많다. 왜냐하면, 따로 설립된 학술위원회에 교원 채용·승진의 주요 심사권과 결정권을 수여한다면 "교수회"는 유명무실해질 수 있기 때문이다. 그러나 장유영은 왜 "교수회" 외에도 학술위원회를 따로 두어야 된다고 역설했을까? 장유영은 원래의 체제하 승진된 교수들의

306

수준은 매우 고르지 않으니 교원 채용·승진에 관한 모든 권력을 모두 "교수회"에 부여한다면 교원 채용·승진의 질과 공정성이 보장될 수 없다고 했다. "수준이 고르지 않다"는 표현은 북경대 현임 교수들을 자극하지 않게 하기 위해 쓰인 완곡한 용법일 따름이다. 장유영이 북경대 교수들의 도덕성과 공정성을 신뢰하지 않는 것이 "교수회" 외에 학술위원회를 따로 두게 된 진실한 이유이며, "제1고"에서 "대학(학과) 학술위원회 1/3 이상의 성원은 중국대륙 이외의 유명한 대학교에서의 종신교수이어야 된다"고 규정하게 된 배경이다.

그렇지만, "교수회"의 역할과 권한을 간과할 수는 없다. 현직 교수들로부터 적극적 지지를 얻지 못한다면 개혁은 많은 저항을 당할 수밖에 없다. 다만, 장유영은 "교수회"의 역할을 학술위원회의 권력에 대해 제약·견제 기능에 있다고 주장했다. 이러한 이유에서 "제2고" 제47조의 (3)에서 "'교수회'의 투표에서 과반수를 획득한 경우에만 학술위원회의 심의 대상자로 될 수 있다"는 규정이 마련된 것이다.

또한, 학장·학과장들의 역할과 기능도 존중되어야 한다. 교원 채용·승진과정에서 학술위원회의 오류를 시정하기 위해 "제2고"는 제49조에서 "학장(학과장)은 대학(학과)이 學部와 본부에 제출한 승진 입후보자에 대해 독립적 의견을 제출하고, 學部와 본부의 학술위원회가 평가·심사 시 이를 참고해야 한다"고 규정했다.

장유영의 "설명"에 의하면, 위의 3개의 특징 이외에도 "교원 초빙·채용·승진 과정에 외부적 경쟁의 원리를 도입하는 것"과 "원칙적으로 대학(학과) 자신의 새로운 졸업생들 중에서 직접적으로 신규교원으로 채용하지 않는 것"이란 2개의 특징도 있다.

(5) 북경대 교원인사 신체제와 관련된 기타 문제들

A. 북경대의 유인력에 관하여

신체제가 도입된다면 앞으로 북경대의 교원으로 되기 어려워지고 됐더라도 북경대의 교수, 특히 정교수로 되기 매우 힘들고 종신교직인 정교수로 됐더라도 소속 학과는 "말미도태"의 대상으로 되면 도태될 수도 있다. 따라서 이 신체제는 북경대가 충분한 유인력이 있어서 우수한 인재를 충분히 충원할 수 있을 때 의미를 지닐 수 있다. 그러나 이러한 전제조건은 사실 충분히 성립되지 못한다고 북경대 교원들은 말한다. 만약 북경대가 다른 명문대들에 비해 현격히 구분되는 교원 인사관리체제의 효율성과 교원 처우 문제를 해결하지 못한다면, 개혁은 성공할 수 없다.

이 문제에 대해 장유영은 그렇게 비관적으로 볼 필요가 없다며 다음과 같은 근거를 제시하였다.

첫째, 다른 명문대들보다 북경대 교원들의 처우는 객관적으로 우수하다. 북경대는 "98-5공정"으로 받은 2.17억 불의 상당부분을 북경대 교원들의 처우개선에 투자했다. 북경대 교원들의 소득수준은 평균수준을 넘는다.

둘째, 고용시장이나 산학협동관계에서 북경대는 유리한 고지를 차지하고 있다. 북경대의 일부 실용적 학과는 기업들과의 인재 쟁탈전을 벌이게 되고 있다. 기업체는 통상적으로 북경대보다 몇 배나 높은 대우를 제시하여 북경대의 일부 인재들을 유인하고 있다. 그러나 대학교와 기업체를 비교하면 안 된다.

셋째, 소득수준이 일정한 수준에서 충족될 경우, 학자들은 경제적 동기보다는 대학의 연구·학문적 생태환경을 더욱 중요시한다. 북경대는 최근 몇 년 동안 국외에서 활동 중인 우수 학자들을 초빙한 바 있었는데, 국외 중국인 우수한 학자들은 북경대에 가고 싶지 않은 이유를 대우보다 학술자유의 부족, 학술적 분위기의 부족, 실험조건의 낙후, "근친번식"으로 인한 소외감에 대한 우려, 주변에 일류학자들의 부족으로 인한 학술교류 기회의 부족에 대한 우려 등에 지적한 바 있다. 요컨대, 학자에게는 일차적으로 학자의 정체성을 존중할 수 있는 제반의 연구·학문의 여건조성이 중요한 것이다.

넷째, 구체제보다 신체제하 보수관리제도는 훨씬 합리적으로 개선되었다. 기존(현행) 체제와 달리, 신체제에서는 능력에 따라 처우가 달라진다. 신체제가 도입하게 되면 북경대는 우수한 인재를 유인할 조건을 마련하게 될 것이다.

B. 해고를 당한 북경대 교원들의 진로에 관하여

첫째, 북경대에서 해고를 당하더라도 이들 중에서 상당부분은 다른 대학교에 가면 우수한 교수로 될 수 있다. 특히, 중국의 民辦(사립) 고등교육은 비록 늦게 시작됐으나 좀 더 있으면 고속의 성장이 이루어질 전망이니 북경대에서 해고를 당하면 民辦대학의 교수로 쉽게 될 수 있을 뿐만 아니라 북경대 교원들보다 보수를 많이 받을 수 있을 것이다.

둘째, 학술계를 떠나고 기업에 취직하는 것은 학술적으로 크게 발전될 수 없는 일부 학자들에게 있어서 오히려 좋은 길이 될 수도 있다.

셋째, 북경대 교원들에게 진로의 문제는 현재 단계의 중국사회에 처하고 있는 일반적인 고용문제와 같은 경제적인 차원에서 해석할 수 없다. 그들은 사실상 중국의 최고 대학을 떠나고 싶지 않은 심리적 동기를 갖고 있으며, 또한 다른 직장으로 이동하는

데 수월하지 못하다는 것이다.

C. 승진의 학술적 기준에 관하여

첫째, 장유영은 직무승진의 기준을 전면적으로 높여야 한다고 주장했고 불합격한 사람들이 승진될 수 있는 사례가 더 이상 존재하지 않을 것이라고 표방했지만, 그는 이를 원칙적인 수준에서만 제기했을 뿐이다. 구체적인 수준의 승진기준은 각 대학(학과) 차원에서 정해질 예정이다.

신체제하에서 북경대 최고급 학술群體 즉 강의·연구형 정교수들의 학술적 기준에 대한 원칙적 요구에 관해서 민유방·허지굉·장유영은 한결같이 "미래 북경대의 모든 정교수는 다들 국내 일류학자라고 할 수 있기만 하면 된다"고 했다. 이것은 바로 북경대 미래의 목표이고 이번 개혁이 성공여부를 판단하는 기본적 기준이다.

둘째, "제2고"에서 승진의 학술적 기준에 대한 구체적 기준이 별로 없으나 이 방안의 기본적인 경향은 강의·교수보다 연구업적을 더 많이 중요시한다는 지적이 많은데 이에 대해 장유영은 "교수업무를 원만히 완성하는 것은 한 연구중심의 대학교의 모든 교원들에 대한 기본적 요구이고 이렇게 못한다면 승진 물론, 북경대에서 더 남아있을 자격조차도 없다"고 했다.

셋째, 한 종류의 학문(예: 경제학)에 속하지만 서로 다른 대학(학과)에 분산되어 있는 일부 교원들에 대한 승진기준은 서로 틀려서 불합리한 승진 사례가 존재해왔는데, 이를 극복하기 위해 북경대는 신체제에서 학술위원회를 둘 때 본부와 대학(학과) 사이에 이들 교원들의 승진을 균형적으로 잡기 위한 기구인 "學部 학술위원회"를 새로 설립하기로 했다. 뿐만 아니라 "제2고" 제40

조에서 "學部는 조치가 실효성을 거두기 위해서는 동종 학문의 다른 대학(학과)들 상호 간 승진기준이 일치하도록 조치해야 한다"며 "學部"의 역할을 강조했다.

넷째, 연구물의 질보다 양을 더 중요시하는 기존의 관행을 완전히 깨드려야 하지만, 특정 학문분야의 경우 양적인 척도도 중요 지표가 될 수 있는 만큼 장유영은 각 대학(학과)이 구체적 승진기준을 만들을 때 양적 척도도 고려하라고 강조했다.

D. 개혁의 돌파구에 관하여

후술하겠지만, 북경대 교원인사개혁가 반발·비판을 받고 있는 점은 개혁대상이 행정관리체제와 행정임원들이 아닌, 교원들에 집중되었다는 점이다. 장유영은 이에 대해 다음과 같이 설명했다.

첫째, "행정체제개혁과 교원인사체제개혁을 동시에 같이 추진하면 학교의 안정에 유리하지 않다. 한 쪽을 일단 안정시키고 한 쪽을 개혁시키면 착수도 쉽고 성공도 쉽다. 반면에 양쪽을 동시에 다 개혁시키면 정상적 교수·연구 질서 물론 심지어 일상생활의 질서까지도 혼란에 빠질 가능성이 높다."

둘째, 북경대는 1999년에 당·정 기구 및 임원에 대해 이미 한 번 "小手術"을 실시했다. "처장급 간부들은 1999년에 모두 '엎드려서' 다시 초빙되어 채용된 것은 한 중요한 개혁이라고 할 수 있다. 後勤계통의 개혁도 진전이 많이 있었다. 後勤계통의 상당수는 이미 종신직이 아니게 됐다."

셋째, "교원인사개혁이 잘 이루어진 다음에 행정체제와 인사개혁을 추진하면 행정임원들은 받아들이기 비교적으로 쉽겠다." "현재 북경대의 교원들은 행정임원들에 불만이 많지만 반면에 행정임원들은 교원들에 대한 불만도 많다. 교원들은 항상 구중국 또는 외국의 '교수주도' 체제로 현행의 '행정주도' 체제를 비판한다. 그러나 행정임원들의 입장에서 볼 때, 북경대 현재의 교원들은 엄격한 기준과 선발에 의해 뽑힌 것인가? 구중국과 외국의 교원들과 비할 수 있는가? 교원인사 신체제가 도입되어 교원의 전체적 수준이 높아진 다음에 행정체제개혁을 추진하면 행정임원들에 대한 설득은 쉬워질 것이다."

넷째, "행정임원들의 자질·효율도 중요하지만 북경대에 가장 중요한 것은 교원들의 자질과 수준이다. 더욱 중요한 것은 행정임원들의 자질·효율의 제고는 비교적 수월하지만, 반면 교원들의 자실과 수준의 제고는 주로 天資와 취임 전의 장기간의 누적에 의하는 것인 만큼 까다롭다는 점이다. 그래서 행정의 개혁은 이삼 년 후에 추진하더라도 늦지 않다. 그러나 교원인사의 개혁은 시급한 사안으로서 해마다 수많은 불합격한 교원들이 체용·승진되는 것을 수수방관하면 미래의 개혁은 그만큼 더딜 수밖에 없다."

E. "방안"의 법률적 근거에 관하여

본 개혁 전에 북경대를 포함한 중국 모든 대학교들의 교직원은 소속 대학교와 정식적 계약이 없으나 사회주의적 정치제도와 계획경제의 전통과 관행에 따라 사실상 영원히 대학교에서 재직할 수 있다. 일부 교원들은 이러한 고용관계를 "隱性합동"이라고 한다. 즉, 종신고용에 관한 계약이 없으나 종신으로 일할 수 있는 것은 사실상 암묵적으로 고착화된 관행이라는 것이다. 때문에 계약·해고 등 개념을 도입한 북경대의 신체제는 "합리하지 않을 뿐만 아니라 합법하지도 않다"는 지적이 적지 않다. 이에 대해 장유영은 다음과 같이 반발했다.

첫째, 북경대의 이번의 교원인사개혁은 법에 의하지 않는 것이 아니라 중국 국무원이 2002년 7월 6일에 轉發한 중앙정부 인사부의 "事業單位에서 빙임제를 試行하는 것에 관한 의견"에 의한 합법적인 것이다. 입법이 완벽하지 않은 중국에서 당과 정부의 명령은 바로 법이다.

둘째, "隱性합동", 즉 표면적으로 명확히 밝혀지지 않지만 사실상 존재하고 있는 종신고용은 인정될 수 있으나 해제될 수 없는 것이 아니다. 대학교의 인사개혁보다 먼저 실시된 국영기업의 인사개혁은 바로 "隱性합동"을 취업계약으로 대체시킨 것이다. 사회주의 계획경제 시대의 전통·관행·약속을 바꿀 수 없다면 사회주의적 시장경제를 향하는 중국의 개혁은 불가능하고 중국도 영원히 발전될 수 없다.

셋째, 물론 "隱性합동"의 해제에 대해 어느 정도의 보상을 해주어야 되지만 보상은 합리적 범위에서 실시되어야 된다. 신체제가 도입되더라도 "隱性합동"의 해제, 즉 해고는 빨라도 3년 이후에야 가능하니 장유영은 북경대가 합리적인 보상방안을 제시할 수 있는 시간은 충분하다고 했다.

넷째, 개혁의 대의를 사적인 어려움과 연결하면 안 된다. 이번의 교원인사개혁은 모 교원 개인의 "隱性합동"을 해제하여 해고시키는 것이 아니라 북경대 미래의 장기적 발전을 위한 것이다. 특정 개개인을 이해관계를 염두한 것보다는 대학교의 위상과 기능을 발전시키기 위한 것이다.

3) 북경대 교원인사 개혁방안에 대한 논쟁

북경대 교원인사 개혁방안의 이유에 대한 장유영의 설명은 충

분한 설득력을 갖고 있지 않다. 장유영이 밝힌 북경대의 교원인
사 개혁방안 및 논리는 북경대 학부학생들을 비롯한 수많은 열
혈 청년들과 일부의 관료형 학자들 그리고 孔憲鐸(홍콩과기대
전 부총장)·丁邦新(홍콩과기대 현 인문사회대 학장)·丁學良(홍
콩과기대 현임 교수) 등 대륙 이외의 일부 중국인 학자들로부터
전폭적인 지지를 받았으나, 반대로 비판과 비난을 더욱 많이 받
았다. 북경대 교원인사개혁의 주장인 민유방·허지굉·장유영은
심지어 인신공격까지도 당한 바 있다.

　개혁의 반대자들은 주로 북경대의 현임 또는 퇴임 교원들과
대륙 이외, 특히 미국과 홍콩의 중국인 학자들로 나누어져 있다.
　전자의 경우, 武際可(물리대학 퇴임 정교수)·陳平原(중문학과
현임 정교수)·蔣非非(역사학과 현임 부교수)·章啓群(철학학과
현임 부교수) 그리고 북경대 당국으로부터 보복을 피하기 위해
"猫一鳴"이란 익명을 사용하는 모 부교수 등은 가장 대표적인
인물이다. "국내파" 또는 "북경대의 재야파"로 불려온 이들은 주
로 북경대의 현실을 직시할 경우 "방안"이 불합리하고 장유영의
논리는 착오적이라고 지적했다.

　후자의 경우, 가장 대표적인 인물로 甘陽과 李猛을 들 수 있다.
감양은 북경대를 졸업하고(MA) Chicago대에서 유학하고 현재 홍
콩대 아주연구센터에서 연구원으로서 재직하고 있다. 그는 이번에
북경대 개혁방안 "제1고"가 나오자마자 "대학개혁의 합법성과 합
리성에 관하여", "華人(중국인)의 대학이념과 북경대의 개혁", "북
경대와 중산대의 개혁에 대한 초보적 비교" 등 긴 글을 연속적으
로 발표해서 북경대의 개혁방안과 논리에 대해 격렬하게 비판했
다. 1971년에 태어난 이맹은 중국인민대 사회학과(학부)와 북경대
사회학과(석사)를 졸업하고 1996년−2001년에 북경대 사회학과에

서 교원으로서 재직했다가 2001년 9월부터 Chicago대에서 박사과
정에 재학하고 있는 중인 젊은 학자이다. 그는 이번에 "대학을 어
떻게 개혁해야 되는가?", "대학개혁과 학술전통" 등 매우 긴 글을
발표해서 감양을 이어 북경대의 개혁방안 및 논리에 대한 또 하나
의 격렬한 비평자로 떠올랐다. "국외파"라고 불려온 이들은 주로
국제적 비교의 각도로 북경대의 개혁방안 및 논리를 많이 비판했
다. 그래서 이들의 비판은 매우 넓은 시야를 보여주었다.

이들 반대파들의 주장을 정리해보면 다음과 같다.

(1) 북경대는 개혁의 돌파구를 잘못 선택했다: 개혁의 중
    점과 돌파구는 강사·부교수가 아니라 당·행·後勤
    임원이다.

A. 무제가 교수의 불만
무제가 교수는 이번의 개혁이 초래할 이익손해에서 벗어날 수
있는 한 퇴임교수로서 북경대 총장에게 공개적 편지를 써서 발
표했다.

무교수는 북경대 최근 몇 년 동안에 일부 불합격한 조교·강
사·부교수를 채용한 것에 대해 인정했으나 이보다 전 당서기인
任彦申을 비롯한 교수·연구에 아예 종사하지 않는 수많은 당·
정·後勤 임원들을 직접적으로 정교수로 승진시킨 것과 진짜 교
원들이라도 정교수가 되기만 하면 교수·연구를 더 이상 하지
않고 관력과 돈벌이에 몰두하는 것 그리고 문외한이 전문가들을
지도하는 체제 등이 개혁의 중심 대상이라는 것이다. 요컨대, 북
경대가 가장 시급하게 개혁할 문제는 당·정·後勤의 체제와 리

더십의 문제이다. 그는 이 편지에서 "북경대 현임의 총장·부총장들 중에서 교육에 대해서 모두 문외한이다. 일례로, 당신(허지 굉)과 같이 중국과학원 院士까지도 됐으나 오랫동안에 출강하지 않았으니 어떻게 대학교를 잘 운영하는지에 대해 아는 것이 별로 없겠지?"라고 공개적으로 지적했다.

무교수는 교원이 북경대에서 가장 낮은 지위에 처해 있는 것에 대해 많은 의견을 제시하고 있다. 그는 "북경대에서 누구도 교원들을 호령하고 지시할 수 있다. 심지어, 교실을 관리하는 허드레꾼이라도 5분만 늦게 수업을 종료한 원로교수를 야만스럽게 욕할 수 있다. 그러나 교수·연구와 전혀 관련이 없는 일들은 오히려 잘 진행된다. 북경대에 교수·연구에 종사하지 않는 사람들은 교원들보다 훨씬 많은데 총장 등 관료들은 바로 이들을 이끌어 수량이 비교적으로 적은 교원들을 통치를 하고 있다고 할 수 있다"고 했다.479)

B. "묘일명" 부교수의 격렬한 반박

"묘일명" 부교수는 우선적으로 투입과 산출의 관계의 각도로 북경대 부교수들의 비참한 삶을 구체적으로 묘사했다. 그에 의하면, 북경대는 "98-5공정"의 특별자금으로 받은 2.17억 불을 주로 교직원 수당과 판공조건의 개선에 썼다. 수당의 기준은 정교수·부교수·강사 평균 각각 해마다 약 4,831불·2,416불·966불이다. "묘일명" 부교수의 추계에 의하면, 북경대는 이 2.17불의 약 1/12만을 교원의 수당에 썼다. 나머지는 교수·연구에 종사하지 않는 당·정·後勤 임원들의 수당과 이들의 판공비로 사용되었고 교수·연구에는 별로 투자되지 않았다.

---

479) 武際可(2003), "就人事改革給北大校長的一封公開信", 博雅(2003), 앞의 책, 72-79쪽.

　그러나 해마다 평균 약 2,416불만의 수당을 받는 이들 부교수들의 산출 또는 부담은 어떤가? 이들은 북경대 약 2/3의 과목의 강의를 담당해야 된다. 박사 대학원생을 지도할 수 없어서 박사 대학원생들로부터 협력과 도움을 거의 받을 수 없는 이들 부교수들은 해마다 평균 약 2편의 SCI 논문을 혼자 써서 발표해야 된다. 이들은 대학교 내외의 이런저런 사회적 활동과 정치적 학습에 참가해야 된다. 이들은 친히 사회에 나가 기업 등을 설득하여 북경대를 위해 연구비를 쟁취해야 된다. 이들은 직접 실험실의 집세·전기요금·수돗물 요금 등을 내야 되고 개인 돈을 들여 책상·의자·컴퓨터·연구용 자료들을 사야 된다. 이들은 본부·대학·학과의 이런저런 부문 및 관료들의 지시에 따라 자주 각종의 도표·서류를 친히 써서 제출해야 되고 각종의 행정업무 친히 처리를 해야 된다. 때문에 부교수가 위주로 되어있는 중국의 중년 지식인들 중에서 급사 또는 과로사가 많이 발생되고 있다.480) "묘일명" 부교수는 "설사 Harvard대의 부교수들이라도 북경대에서 북경대의 부교수들처럼 이렇게 일하게 된다면 해마다 1편의 SCI논문을 산출하더라도 힘들을 수밖에 없다"고 했다.

　"묘일명" 부교수는 "장유영 교수가 도끼를 휘두르며 북경대 교직원 전체에서 큰 비중을 차지하고 있지 않으나 대부분의 교수·연구의 업무를 맡고 있는 북경대의 근골 또는 根基로서의 부교수들을 향해 개혁의 칼날을 들이대는 것은 개혁의 명의로 '솥 밑에 타고 있는 장작을 치우는' 패가의 짓을 하고 있을 뿐이다"고 비난했다.

---

480) 중국 정부 측의 조사결과를 따르면, 중국 지식인들의 평균 수명은 전국 인구의 평균 수명보다 약 10세나 낮은 58세에 불과하다(중국 〈新京報〉, 2004년 4월 2일). 또한, 북경의 경우, 지식인들의 평균 수명은 53-54세에 불과하다[홍순도(2004), "장수하려면 무식하게 살라?", 한국 〈문화일보〉, 2004년 3월 10일].

또한 "묘일명" 부교수는 장유영이 "설명"에서 드러난 논리적인 모순을 격렬하게 반박했다. 그는 우선적으로 장유영이 밝힌 북경대 이번의 "대수술"이 당·정·後勤 개통의 임원이 아닌 교원들부터 착수해야 된다는 주장의 근거들을 조목조목 반박했다. 그의 비판문을 인용하면 다음과 같다.

"장유영은 '처장급 간부들은 1999년에 모두 '엎드려서' 다시 초빙되어 채용된 것은 한 중요한 개혁이라고 할 수 있다. 後勤계통의 개혁도 진전이 많이 있었다. 後勤계통의 상당수는 이미 종신직이 아니게 됐다'고 주장했는데 그는 여기서 두 가지의 중요한 메시지를 드러냈다. 첫째, 처장들이 모두 '엎드렸으나' 모두 다시 처장으로 임명됐는지 모르겠지만 누구도 해고당하지 않았다. 즉, 이들은 한정된 시일 내에 북경대를 떠날 필요가 없다. 그들은 종신직을 그대로 유지되고 있다. 둘째, 국가에서 '後勤사회화 개혁'을 통해 後勤임원들의 종신제를 깨라고 호소를 했음에도 불구하고 상당부분은 여전히 종신직을 그대로 유지되고 있다. 장유영은 '행정체제개혁과 교원인사체제개혁을 동시에 같이 추진하면 학교의 안정화에 유리하지 않다. …… (중략) …… 교원인사개혁이 잘 이루어진 다음에 행정체제와 인사개혁을 추진하면 행정임원들은 수용하기 비교적 쉽겠다'고 했는데 이것은 교원들을 대상으로 하여 개혁하면 혼란을 초래할 수 없고 행정임원들을 대상으로 하여 개혁하면 혼란을 초래할 수 있는 논리이다. 이런 도리가 어디 있는가? 장유영은 '현재 북경대의 교원들은 행정임원들에 불만이 많지만 반면에 행정임원들은 교원들에 대한 불만도 많다. …… (중략) …… 행정임원들의 입장에서 볼 때, 북경대 현재의 교원들은 엄격한 기준과 선발에 의해 뽑힌 것인가? 구중국과 외국의 교원들과 비할 수 있는가? …… (중략) …… 행정임원들의 자질·효율도 중요하지만 북경대에 가장 중요한 것은 교원들의 자질과 수준이다. 더욱 중요한 것은 행정임원들의 자질·효율의 제고는 주로 이들의 태도를 개선시키는 것으로서 비교적으로 쉬운 반면, 교원들의 자질과 수준의 제고는 주로 天資와 취임 전의 장기간의 누적에 의하는 것인 만큼 쉽지 않은 점이다. 그래서 행정의 개혁은 이삼 년 후에

318

추진하더라도 늦을 수 없다'고 했는데 장유영은 여기서 교원과 행정
임원 간의 관계를 '종과 주인'의 관계로 顚倒시켰다. 왜냐하면, 장유
영의 위 논리는 다음과 같이 번역될 수 있다. 즉, 교원은 중요하기
때문에 잘 못하면 떠나야 되고 생계 문제에 직면해야 되는 반면, 행
정임원은 중요하지 않기 때문에 그들의 문제는 서비스의 태도의 문
제에 지나지 않아 생계의 문제를 직면할 필요가 없다. 여기서 누가
주인인지 누가 종인지 뚜렷하게 분명하다. 여기서 장유영은 부주의
로 북경대 이번 개혁의 '비장의 카드'를 드러냈다. 즉, 행정임원은 개
혁을 당하더라도 생계 또는 해고의 문제가 아니라 태도개선의 문제
만을 개혁할 것이다. 생계 또는 해고의 문제와 주인과 종의 관계야
말로 문제의 본질이다. 장유영 교수는 '밥'만 먹고 기생 생활하고 국
가의 대부분의 투자를 헛되이 소모하고 있는 방대한 행정·後勤 등
임원들의 문제들을 회피하고 '그럭저럭해서 밥이나 먹는' 극소수의
교수가 있는 것으로 북경대의 교원 전체를 否定함으로써 문제의 진
상을 모르는 학부학생들의 환호를 얻었을 뿐이다. 그러나 근무시간
에 '모내기 노래의 춤'을 추거나 세상이야기를 하거나 바구니를 들고
사장에 가는 수천 명의 관료들을 수용할 수 있는 북경대는 왜 약 천
명도 안 되는 부교수만을 수용할 수 없는가? …… (중략) …… 문제
의 진정한 所在에 대해 장유영 교수는 마음속에서 잘 알고 있으면서
도 이야기하고 싶지 않고 감히 이야기할 수 없을 뿐이다."481)

(2) 북경대 교원인사 개혁방안은 합리적이지도 않고 합
법적이지도 않다.

A. 무제가 교수와 "묘일명" 부교수의 입장
무제가 교수가 봤을 때, 북경대 이번의 개혁은 곧 일부러 북경
대의 소외계층인 교원들 중에서의 약자인 강사와 부교수를 골라
괴롭히는 행위이다. "방안"에서 계약기에 관한 규정에 따르면,
한 강사가 2번의 계약기회를 거쳐 부교수로 승진되더라도 부교

481) 猫一鳴(2003), "猫眼看改革: 質疑장유영", 博雅(2003), 앞의 책, 93-103쪽.

수의 계약기 안에 정교수로 더 승진될 수 없으면 북경대를 떠날 수밖에 없다. 그렇다면, 조교를 역임한 기간을 제외하더라도 북경대에서 일한 지 15년(이·공·의 계열) 또는 18년(인문사회계)이 되었더라도 해고를 당할 수 있다. 때문에 그는 "이러한 규정은 세계 어느 나라보다도 잔혹하다"고 했다.482)

장유영이 "방안"의 법률적 근거를 설명했을 때 "隱性합동"에 대해 발언을 했는데 이에 대해 "묘일명" 부교수는 "내가 알기로는 사회주의 계획경제하에서 나와 북경대의 관계는 고용관계 이외에도 다른 여러 관계가 있다. 예를 들면, 나는 장유영 교수와 평등의 관계를 갖고 있다고 감히 할 수 없으나 북경대 식당들의 요리사들과 평등하다고 할 수 있다고 확신한다. 나도 이들 요리사들도 모두 북경대의 식구들이다. 더구나 바로 이 때문에 수많은 과거의 요리사들은 배치전환을 통해 당당하게 북경대 행정기관의 관리가 됐다. 대부분은 중졸의 학력만을 갖고 있는 과거의 요리사들은 현재 바로 북경대의 호화한 사무실에서 앉아 우리 교원들을 리더십하고 있다. 과거의 소위 隱性합동은 해제될 수 있더라도 개혁의 최종결과로는 과거의 요리사들로 하여금 종신직을 갖고 있는 북경대의 주인으로 되도록 하고 애당초 식당 요리사들과 평등하다고 생각했던 부교수들로 하여금 임시직만을 갖고 있고 이들 과거의 요리사, 현재의 행정관리들의 지시를 들을 수밖에 없도록 할 정도는 아니겠지? 萬 걸음을 양보해서 말해도 부교수들은 수준이 아무리 낮더라도 발신·수신 등 사무실 일을 하는데 북경대의 주인으로서의 과거의 요리사들보다 더 잘하겠지? 북경대를 체면 있게 해줄 수 있겠지?"라고 풍자하면서 부교수도 일반 행정임원·노동자와 같이 종신직을 얻어야 된다

---

482) 武際可(2003), "就人事改革給北大校長的一封公開信", 博雅(2003), 위의 책, 72-79쪽.

고 주장했다. "묘일명" 부교수는 "누가 북경대를 대표할 수 있는 가? 누가 북경대의 주인인가? 누가 장유영 교수에게 그렇게 개 혁할 수 있는 권력을 수여했는가"라고 제기하기도 했다.483)

B. 감양 연구원의 제기

감양은 "대학개혁의 합법성과 합리성에 관하여"에서 우선적으 로 영국국회에서 1988년에 통과한 "교육 개혁 법안"(Education Reform Act 1988)을 예로 들어 대학개혁이 국가적 입법을 전제로 할 필요성을 강조했다. 그에 의하면, 영국의 이 법안의 취지는 입 법의 형식으로 오래 실행해온 "대학교원 종신 임기제"(academic tenure)란 제도에 제약되어 있었던 영국의 대학 당국들로 하여금 "임원이 너무 많다는 이유로 어떠한 대학교원이라도 해고할 수 있 도록" 한 것이었다. 그러나 이 법안은 동시에 1987년 11월 20일 전 채용된 대학교원들의 경우 이 법안을 적용하지 않도록 했다. 따라 서 이 법안은 영국 대학 당국들로 하여금 1987년 11월 21일 이후 부터 불합격 교원들을 해고할 수 있도록 하기 위해 법률적 근거를 제공했음으로써 영국 대학교육에 활력을 부여했을 뿐만 아니라 1987년 11월 20일 전에 이미 채용된 대학교원들로 하여금 해고를 당할 수 없도록 하기 위해 법률적 보호조치를 마련하였다.

감양은 중국 현재의 대학교육 개혁의 배경은 영국 1988년의 개혁의 배경과 상당한 유사성이 있다고 주장했다. 때문에 중국의 대학교육 개혁이 실시되기 전에 중국의 입법기구인 "전국인민대 표대회"는 우선적으로 "대학개혁 법안"을 제정해야 된다. 또한, 중국 현재의 대학교는 극소수를 제외하면 대부분 국립대이기 때 문에 대학교원들은 과거 수십 년 동안에 형성된 관행에 따라 사

---

483) 猫一鳴(2003), "猫眼看改革: 質疑張維迎", 博雅(2003), 위의 책, 93-103쪽.

실상 모두 국가에서 장기 또는 종신의 고용약속을 받은 "국가 공직자"들이다. 따라서 중국 미래의 "대학개혁 법안"은 영국의 "교육 개혁 법안"보다 더욱더 채용된 교원들로 하여금 중국의 "대학개혁 번안"에 의해 불이익을 당하지 않도록 규정할 필요가 있다.

여기서 감양은 장유영 등 개혁 주도자들이 "장기고용"과 "직무승진"을 동일한 것으로 혼동한 것을 특히 비판했다. 즉, 대학당국은 마음대로 자신의 "직무승진法"을 만들을 수 있으나 장기 또는 종신고용의 약속을 받은 "국가 공직자"로서의 대학교원을 대상으로 "정교수로 승진되지 못하면 해고를 당하게" 하는 것은 법률적 근거가 없는 행위이다. 승진조건과 승진여부의 문제는 대학당국의 사안이지만, 해고여부는 국가의 수준의 제도와 법률에 따라 결정될 일이기 때문이다. 그는 "이것은 국가 기관에서의 공무원들로 하여금 부과장에서 과장으로 승진되지 못하면 실업을 당할 수밖에 없도록 규정할 수 없는 것과 똑같다"고 했다.484)

(3) 북경대 교원인사 개혁방안의 논리와 근거의 문제점

이맹은 "대학을 어떻게 개혁해야 되는가?"란 글에서 이번에 북경대가 "제1고"와 "제2고"를 통해 부분적 민주의 방식으로 광범위의 의견을 모은 것은 군중의 의견을 전혀 고려하지 않고 개인적 의지·생각에 따라 일을 본 이전의 방식보다 "북경대의 한 진보"라고 인정하면서 장유영의 개혁 논리를 혹독히 비판했다. 이맹은 장유영의 개혁논리와 근거를 두 가지로 요약했다. 하나는 기업에만 적합한 시장경쟁의 논리이고 하나는 Harvard의 모형을 북경대에 접속·"접목"시키려는 시도이다.

---

484) 甘陽(2003a), "大學改革的合法性與合理性", 중국 <21세기경제보도>, 2003년 6월 5일.

A. 시장경쟁과 경제학적 논리 및 문제

이맹이 봤을 때 신체제의 핵심적 교육학적 기초 또는 논리인 "tenure- track"("종신교직 서열" 또는 "종신교직")의 본래 정신에 따르면 북경대는 정교수들뿐만 아니라 부교수 물론 대부분의 교원들에게도 종신교직을 부여해야 된다. 그러나 북경대 신체제에 따라 조교·강사·부교수들이 상품처럼 학술시장에 가서 가격을 표시하고 자신을 팔 수밖에 없다. 요컨대, 신체제의 본질은 기존의 정교수들에게는 "tenure-track"란 제도를 실시하고 나머지 교원들에게는 경제 부문에서 적합한 시장경쟁의 제도를 실시하는 데 있다는 것이다.

뿐만 아니라, 그는 신체제에 따르면, "빙임제·分級유동제"란 제도뿐만 아니라 "말미도태제"란 제도도 도입해야 된다고 한 것에 대해 비판했다.

> "'말미도태제'는 곧 장유영이 선호하는 'up-or-out'란 제도이다. 그렇다면 미국의 대학에서 이 제도가 보편적으로 채택됐는가? Harvard대의 공과는 장기적으로 미국 대학교에서 10위권에도 위치하지 않고 있음에도 불구하고 Harvard대는 공대를 철폐할 계획이 없는 것 같다. Harvard대처럼 유명한 대학교라도 모든 학과들로 하여금 모두 미국에서 10위권 이내의 랭킹을 유지할 수 있도록 할 수 없다. …… (중략) …… 장유영의 '말미도태제' 대로라면 그의 (엄격한 기준인 '전국에서 전 5위'가 아닌)비교적으로 엄격하지 않은 기준인 '전국에서 전 10위'의 기준에 의해도 UCLA·Michigan·Duke·Columbia 등 명문대라도 절반 이상의 대학·학과를 철폐할 수밖에 없다. …… '말미도태제'는 미국 대학교의 중요한 특징이 아닐 뿐만 아니라 사실상 이러한 정책은 집행하기가 어렵다. Harvard대는 영어학과 물론 랭킹에서 비교적으로 뒤의 자리에 위치하고 있는 스페인어학과를 철폐하더라도 미국에서 높은 파도를 일으킬 수가 있다."[485]

---

485) 李猛(2003), "如何改革大學?", 博雅(2003), 앞의 책, 143쪽.

더 나아가서 이맹은 어떤 학과를 철폐하더라도 학문적 논리에 따라야 한다는 것을 역설했다. 그는 Chicago대가 교육학과를 철폐한 것을 예로 들어 이를 설명했다. 다 아는 것처럼 Chicago대의 교육학과는 미국 대학 대학원 교육학과에 관한 서열 10위를 차지해왔다. 이 학과가 철폐하게 된 이유는 그때 당시 학교 당국이 교육문제에 대해서 전문적으로 한 학과를 두고 연구할 필요가 없다고 봤기 때문이다. 바꾸어 말해, Chicago대 당국의 논리는 맞는지 맞지 않은지 막론하고, 중요한 것은 Chicago대가 교육학과를 철폐하게 된 것은 경쟁의 논리에 따른 랭킹에 의해서 결정된 것이 아니라 학문적 논리에 의해서 결정되었다는 점이다.

결론적으로 이맹은 "장유영 교수가 내놓은 북경대의 신체제는 미국의 고등교육체제보다 경쟁을 더 중요시하다"고 비판했다. 그는 "장유영 교수가 내놓은 방안은 경제적이고 정치적인 논리로 학문·교육의 내재적 논리를 대체한 결과에 지나지 않다. …… (중략) …… 이 방안에는 경제적 논리가 가득 차있고 개혁에서 파급된 각방의 이익에 대한 정치적 고려도 많은데 유독하게 부족한 것은 진정한 학술적 규칙에 대한 존중과 중국의 학술적 발전을 진짜 추진시킬 수 있는 학문·교육의 내재적 논리에 대한 사고뿐이다"고 했다.[486]

따라서 중국 대학교육의 가장 시급한 과제는 학문과 교육의 내재적인 논리에 의해 교원인사체제를 구축하는 것이다. "tenure-track"란 제도의 본질은 도대체 무엇인가? 이것은 중국의 실정에 적합한가? 왜 적합한가? 또는 적합하지 않은가? 적합하다면 그 근거는 무엇인가? 중국에서 이 제도를 어떻게 실행해야 되는가? 중국 학술계의 근본적 문제와 이를 완전히 극복할 수 있는 방법은

---

486) 李猛(2003), "如何改革大學?", 博雅(2003), 위의 책, 162쪽.

도대체 무엇인가? 이맹에 따르면, 이들 문제들에 대해 충분한 사전 검토절차를 거친 뒤에야 북경대에 대한 대대적인 "수술"은 가능할 수 있다.

B. Harvard의 모형을 북경대에 접속·"접목" 시키는 시도와 문제

이맹은 장유영은 "설명"에서 10번이나 Harvard대를 언급했다고 지적했다. 또한, "설명"의 기본적 정신은 바로 Harvard를 모델로 하여 미국의 학술적 체제 또는 미국 일류대학의 교육체제를 북경대의 "토양"에 "접목" 시키려는 것이다. 이맹은 Harvard대를 비롯한 서양 선진적 대학을 모방의 모범으로 삼는 것은 "그다지 문제될 소지는 없는 일"이라고 인정했다. 그러나 Harvard대 또는 미국의 학술적 체제와 교원인사체제의 정신과 본질은 도대체 무엇인가? 또한, 북경대는 Harvard대로 될 수 있는가? Harvard대 또는 미국 기타 명문대들의 체제는 북경대에 적합한가?

a. 이맹의 비판

이맹이 봤을 때 미국의 학술적 체제를 북경대에 "접목" 시키려는 장유영의 논리에는 다음과 같은 문제가 있다.

첫째, 북경대 개혁방안의 핵심적 교육학적 기초를 "tenure-track" 또는 "up-or-out"라고 한 것은 잘못된 이해에서 비롯된 것이다. 이맹이 봤을 때 주로 "빙임제·分級유동제"란 제도와 "말미도태제"란 제도로 구성되어 있는 장유영의 소위 "tenure-track"란 제도에는 사실상 정교수들을 대상으로 하는 "tenure" 제도도 있고 강사·부교수들을 대상으로 하는 "contacts" 제도도 있고 학과와 해당 교원들을 위한 "말미도태제", 즉 "up-or-out"란 제도도 있다.

바꾸어 말해, 장유영이 내놓은 방안에 미국 대학에서 지배적인 교원인사제도인 "tenure-track"도 있고 비주류의 교원인사제도인 "term-contact"도 있고 주로 경제적 조직에서 실시되고 있는 "up-or-out"란 제도도 있다. 장유영의 방안은 사실상 이들 3개의 제도를 뒤섞은 방안이다. 따라서 장유영이 말한 "tenure-track"란 제도는 사실상 미국의 "tenure-track"란 제도가 아니다. 그러나 장유영은 그의 방안을 "tenure-track" 또는 "up-or-out" 제도라고 했다. 이맹은 "이것은 남의 이목을 현혹시킨 것"이라고 지적했다.

둘째, 장유영의 방안은 미국 대학교원 인사제도들의 단점들을 모두 총망라한 최악의 선택이다. 미국의 주요 교원인사제도로서의 "tenure-track"와 "term-contact" 중에서 어느 하나를 채택하든지 간에 중요한 것은 그 제도의 장점을 극대화시키고 단점을 최소화시키는 것이다. 미국 대학에서 보편화된 "term-contact"란 제도의 근본적 목적과 장점은 비교적으로 많은 교원들에게 "종신교직"을 부여함[487]으로써 이들로 하여금 자유로운 여건에서 학문연구에 집중할 수 있도록 배려하는 데 있다. 이맹에 따르면, 이러한 제도야말로 미국으로 하여금 "단기적 효과"의 제약에서 벗어나 장기간의 연구 설계를 통해 성과를 창출시킬 수 있는 조건이다.

그러나 장유영의 방안에 따라 한 박사가 종신교직을 얻으려면 가장 빨라도 3개의 계약기[488], 1사례의 계약기 심의, 2사례의 승진

---

487) 이맹이 인용한 AAUP(미국 대학교수 연합회)가 2003년에 발표한 통계에 따르면, 미국 대학교의 정교수들 중에서 "tenure-track"에 들어가게 된 사람은 전체의 98%에 달했고 종신교직을 얻은 사람은 전체의 96.6%에 달했다. 부교수들 중에서 "tenure-track"에 들어가게 된 사람은 전체의 95.9%에 달했고 종신교직을 얻은 사람은 전체의 84.7%에 달했다. 심지어 중국의 강사에 해당되는 조교수들 중에서도 13.6%가 종신교직을 얻었다. 때문에 미국 대부분의 대학교원은 종신교직을 얻을 수 있다고 할 수 있다[참조: 李猛(2003), "如何改革大學?", 博雅(2003), <北大激進改革>, 136쪽].

심의를 거쳐야 되고 길으면 6개의 계약기, 4사례의 계약기 심의, 2 사례의 승진 심의를 거쳐야 된다. 따라서 북경대의 신체제는 교원들이 "종신교직"의 庇護를 받을 수 있는 시간과 범위를 최대한으로 감소시키고 교원들이 試用기에 재직하는 기간을 최대한으로 연장시킴으로써(가장 길으면 18년에 달함) 애초 "tenure-track" 제도의 취지와 장점을 많이 약화시켰다. 신체제대로라면, 북경대는 추후 "세계 일류대학"으로 부상하겠다는 포부를 현실화시킬 수 없다.

다른 한편, 북경대의 신체제는 "term contact"란 제도의 원래 융통성이 없고 복잡하고 까다로운 심의 절차를 요구하는 형식적인 측면만을 최대한으로 수용하였다. 이 측면을 염두하여 이맹은 "장유영이 내놓은 방안은 'tenure-track'란 제도와 'term contact'란 제도의 주요 약점을 다 총망라해냈다"고 꼬집은 것이다. 그러나 장유영 개혁조치의 본래적 목적은 무엇인가? 이맹에 따르면, 장유영이 "종신교직제"의 애초 취지를 어느 정도 알고 있었으나, 본심으로는 시장경쟁의 논리를 도입하여 교원들을 통제하기 위한 것이었다. 장유영은 "tenure-track"에다가 미국의 "term-contact"제의 더 복잡하고 엄격한 "단기계약" 제도를 부가시켰다. 요컨대, 북경대 신 대학인사체제는 미국 대학교원 인사제도의 내용을 사장하고 형식만 도입한 이른바 "환골탈태"의 문제점을 갖고 있다.

셋째, 미국의 인재경쟁체제를 기계적으로 중국에 "접목" 시키려는 것은 북경대 개혁방안의 가장 중대 사안이다. 종신교직을 얻은 후에 열심히 일하지 않는 경향 등을 나타내게 한 "tenure-track" 제도의 일부 약점을 극복하여 경쟁을 강화하기 위해 미국은

---

488) 강사기간에 하나의 계약기가 있고, 또한, 부교수가 된 다음에 적어도 5년의 경력이 있어야만 정교수로 승진신청을 낼 수 있기 때문에 부교수 기간에도 2개의 계약이 있다. 따라서 한 신규 박사가 가장 빠르게 종신교직, 즉 정교수를 얻을 수 있더라도 3개의 계약기를 거쳐야 된다고 산출할 수 있다.

"term-contact"란 제도도 도입했다. 따라서 미국은 한편으로는 대학교원들이 장기적이고 안정적으로 학술적 연구를 할 수 있는 여유를 보장해주는 동시에 다른 한편으로는 경쟁을 강조하기도 했다. 위에서 언급된 듯이 장유영이 내놓은 북경대의 방안은 미국의 인재경쟁체제를 매우 중요시했다. 그러나 이맹이 봤을 때 미국의 인재경쟁체제에 대해 북경대는 기계적 모방의 태도를 취해 중국에 그대로 "접목" 시키려는 의도가 분명하다.

이맹은 미국의 토양에서 나타난 인재경쟁체제는 중국의 國情에 다음과 같은 여러 면에서 잘 맞지 않은 만큼 중국의 토양에 기계적으로 "접목" 시키면 안 된다고 강력히 주장했다. 그는 미국 대학교육에서의 인재·자금 등에 관한 경쟁체제는 미국의 "非집중화 대학체제"(decentralized universities system)에서 비롯된 것이라고 주장했다. 이에 따르면 정부 지원정책은 북경대·청화대처럼 언제나 정부에서 특혜를 받는 소수의 명문대가 아닌 자금이 부족하고 수준이 낮은 다른 대학으로 분배되어야 한다. 북경대·청화대는 더욱더 특혜를 받기 위해 "98-5공정" 제2기 (단계)의 건설의 필요성을 역설하며 정부의 재정 지원을 호소한 바 있다. 이맹이 봤을 때 중국의 고등교육체제는 미국의 대중교육체제보다는 유럽의 엘리트 교육체제를 닮아있다. 따라서 장유영의 교육철학은 사실상 "유럽의 교육자원 배분체제를 바라면서 미국의 인재경쟁체제를 북경대에 '접목' 시키려고 하는 것에 지나지 않다."

또한, 미국의 인재경쟁체제는 세계 학계에서 인정을 받고 있는 학술평가체제가 뒷받침하고 있다. 미국은 비교적으로 완벽한 학술평가체제가 있기 때문에 승진과정에서 대학·학과·전공의 권위교수들이 발언권을 많이 갖고 있다. 그러나 중국은 이러한 체제가 없다. 장유영은 인맥관계·資歷·명성·신청회수 등 非학문·교육의 내재적 논리에 의존하는 중국의 학술평가체제의 약점들을 극복하기 위해 중국대륙 이외에서 외부인사를 영입해 평가의 질과 교원들의 질을 높이려고 구상했다. 이러한 구상은 중국대륙 이외의 일부 학자들로부터 환호를 받았으나 평가체제가 공정하고 객관적이어야 할 뿐만 아니라, 행정적 절차가 간소해야 하는 원칙들을 사실상 등한히 했다. 뿐만 아니라 중국대륙에서 영입될 평가위원들도 주로 중국대륙의 학자들과 복잡하게 뒤얽힌 관계가 있는 중국인학자들로 구성될 수밖에 없기 때문에 결국은 "신체제하에서 초빙·채용·승진을 둘러싼 각종의 학술적 유세활동은 북경대 내부에서 외부로, 심지어 중국에서 세계로 확산될 수밖에 없다." 이맹은 학술평가체제는 누구에게 종신교직 또는 정교수를 수여하는지를 결정하는 데 가장 중요한 지점인 만큼 북경대가 신체제를 도입하기 전에 선행적으로 해결될 과제로 미국처럼 과학적이고 공정한 학술평가체제를 구축하는 것이라고 강조했다. 그렇지 않으면, "새로운 채용·승진 체제를 도입했더라도 엄격한 학술평가제도가 부재하여 각 대학(학과)은 이전과 동일한 관행대로 승진제도를 집행할 수밖에 없다. 심지어 북경대 자신의 새로운 졸업생들 중에서 신규교원으로 임용하지 말라는 규정도 다른 대학교에서 1-2년의 박사 후 연구를 함으로써 피할 수 있게 될 수 있다. 각 대학·학과는 계속 연고자만을 임용할 것이다. 북경대에서 10여 년의 경력이 있으면 일반적으로 모두 새로운 인적 관계를 만들어낼 수 있다. 이것은 과거 상태에서의 '연고자'에서 새로운 상태에서의 '연고자'로 변할 뿐이다."

그리고 미국의 인재경쟁체제는 미국의 성숙한 인재시장이 뒷받침하고 있다. 그러나 중국에는 그럴만한 시장이 아직 잘 형성되어 있지 않다. 성숙되지 않은 인재시장에서는 각 대학교 또는 연구기관에서 환영을 가장 많이 받은 사람은 신체제에서 종신교직을 얻을 수 있는 정교수, 특히 유명한 정교수이다. 그 결과 정교수들만을 남기고 일부의 강사·부교수들을 다른 대학으로 이동시키려는 신체제 원래의 목적은 잘 달성될 수 없을 뿐만 아니라 오히려 극소수의 유명한 정교수들의 몸값을 보통 정교수·부교수들보다 엄청나게 오르게 하는 결과만을 초래했다. "98-5공정"이 시작된 이래 중국 각 대학교 간에서 벌어지고 있는 "院士"·박사 대학원생 지도교수 등 유명한 정교수들에 대한 쟁탈전은 이를 충분히 증명할 수 있다. 이것은 중국 대학교원들의 전체적 수준의 제고에 전혀 도움이 될 수 없을 뿐만 아니라 오히려 단기적 효과만을 추구하는 학술적 행위를 많이 초래했다. 더 중요한 것은 잘 성숙되지 않은 인재시장에서 대학교원들의 몸값은 항상 진정한 학술적 실력이 아닌 소위 사회적 지명도에 달려 있다. 이는 인문사회계에서 더욱 심하다. 이런 상황에서 북경대의 신체제대로 강사·부교수들을 성숙하지 않은 시장에 직면하게 한다면 이들로 하여금 도서관·실험실에서 나오라고 하는 것과 큰 차이가 없다.

결론적으로 이맹은 "장유영 교수가 내놓은 방안은 표면적으로 교육적으로 선진국들의 체제와 유사해보이지만 진정한 효과 있는 학술적 메커니즘이 없어서 신체제는 부득이 이전의 논리와 메커니즘에 의존해서 움직일 수밖에 없다. 이러한 결함을 극복하기 위해 장유영은 부득이 서로 다른 논리에 의하는 미국의 교육과 학술적 제도들을 긁어모았다. …… (중략) …… 그러나 이전과 동일한 논리와 메커니즘에 의해서 작동되는 '신체제'는 서로 다른 성격의 제도들이 혼재되어 제반의 문제점을 발생시키고 있다. 그 결과 이들 문제들을 해결하기 위해 더 복잡한 제도를 만들을 수밖에 없다. 그러나 이들 더 복잡한 제도들도 그대로 이전의 논리와 메커니즘에 의해서 움직일 수밖에 없기 때문에 더 많은 흥정·막후활동·암거래 등 非학술적 경쟁을 초래할 수밖에 없다. 이러한 혼탁한 경쟁상황은 결국 학문·교육의 내재적 논리에 따라 학술연구에 몰두하는 진정한 학자들을 더 빠르게 도태할 것이다"고 했다.

한 마디로, 이맹이 봤을 때 북경대가 이번 개혁의 결과는 구체제가 갖고 있는 각종의 문제점들로 회귀한 것에 지나지 않는다. 더구나 구체제의 이러한 再版에서 경쟁의 환경이 더욱 악화되어 구체제의 장점, 이를테면, 상대적으로 자율적인 학술풍토도 사라졌다. 이의 원인에 대해 이맹은 장유영 교수가 내놓은 신체제는 구체제보다 경쟁의 위험을 많이 높였으나 학문·교육의 내재적 논리에 따른 학술평가제도 등 새로운 메커니즘을 창출하지 못했기 때문이라고 주장했다.[489]

b. 감양의 비판

감양은 "대학개혁의 합법성과 합리성에 관하여"에서 이맹과 똑같이 장유영의 방안에는 충분한 합리적 논증이 부족하다고 지적했고 특히 대학교원들의 학술적 자유에 대한 보장에 대한 충분한 고려가 부족하다고 비판했다. 또한, 이맹과 똑같이 감양은 장유영의 방안이 "tenure-track"란 제도의 시장경쟁이 아닌 학술적 자유를 최대한으로 보장하려는 취지와 목적을 잘못 이해했다고 비판했다. 감양은 북경대의 "종신교직"은 정교수가 아니라 부

---

489) 李猛(2003), "如何改革大學?", 博雅 主編 <北大激進改革>, 125-163쪽.

교수를 起點으로 삼아야 된다고 주장했다.

감양은 북경대의 신체제와 미국·영국·홍콩의 학술체제에 대한 비교를 토대로 "북경대의 이 '개혁방안'은 간명하고 합리적인 미국의 체제도 진지하게 참고하지 않았고 사리에 통달한 영국의 체제도 잘 참고하지 않았고 주로 요새 홍콩에서의 일부의 시험을 참조했다. 게다가 홍콩의 대학인사체제들 중에서도 북경대의 '개혁방안'은 홍콩대·홍콩중문대 등 오래 된 대학교들이 아닌 신예한 홍콩과기대를 많이 참고한 것 같다"고 주장했다.

그러나 감양이 봤을 때, 북경대는 꼭 홍콩의 학술체제와 인사체제를 참조하더라도 가장 적합지 않은 모델은 홍콩과기대이다. 왜냐하면, 홍콩대와 홍콩중문대 등 북경대와 다소의 유사점이 있는 대학교들보다 홍콩과기대의 각종의 조건은 대부분 북경대가 비할 수 없는 것이기 때문이다. 1991년 10월에 신입생 모집을 시작한 홍콩과기대는 역사적 전통이 짧은 대학교로서 북경대처럼 역사적 전통이 제약하는 중압감이 거의 없어서 채용된 교원들에 대한 처리문제에 부담이 거의 없다. 홍콩과기대의 재정적 보장도 북경대가 비할 수 없다. 인문사회계 학부학생이 없는 홍콩과기대는 북경대와 달리 기본적으로 한 과학기술대 또는 이공대이다. 결론적으로 감양은 "북경대의 '개혁방안'은 기본적으로 성숙되지 않은 방안이다"고 비판했다.[490]

---

490) 甘陽(2003a), 앞의 글.

(4) "화인(중국인)"의 대학이념과 학술적 자주성에 관하여

북경대 교원인사개혁을 둘러싸고 "중국의 학술은 외국의 학술과의 관계를 어떻게 처리해야 되는가"란 화제 또는 중국 학술의 자주성의 화제도 끌어내게 됐다.

A. 감양의 "화인 대학이념"

감양은 "화인의 대학이념과 북경대의 개혁"에서 처음으로 "화인의 대학이념"이란 구호를 제기했다. 감양이 봤을 때 북경대의 최근 개혁 목표는 사실상 하나이다. 말하자면, 북경대의 현임 교원들을 가장 빠르게 미국박사로 교체하려는 것이다. 이렇게 하면 북경대 미래의 교원들로 하여금 영어로 논문을 써서 영미의 학술지에 발표할 수 있도록 함으로써 북경대의 SCI 논문 건수를 신속히 늘려 북경대의 서열 순위를 높일 수 있기 때문이다. 감양은 심지어 "북경대 지도층은 최근에 'up-or-out'란 영어 표현을 배웠는데, 영어를 쓰면 'up', 영어를 쓰지 않으면 'out'이다"라고 풍자하기도 했다.

그러나 감양은 그런 식으로 북경대를 "세계 일류대학"으로 만들을 수 없을 뿐만 아니라 오히려 북경대를 삼류 대학으로 만들을 수밖에 없다고 했다. 왜냐하면, 중국의 젊은 학생들을 외국 대학의 박사만으로 충원시킬 경우 국내 대학(북경대)의 학자·학문의 재생산 기반이 약화되기 때문이다. 이럴 경우 애초 의도와 달리, 북경대 출신의 박사의 가치는 평가 절하될 수밖에 없다.

감양은 북경대의 이번의 개혁은 "세계 일류대학이 도대체 무엇인가"란 문제에 대한 잘못된 오해로 시작단계부터 방향착오에 빠졌다고 주장했다. 감양이 봤을 때 "세계 일류대학"을 건설하는 목표 또는 "중국의 대학교들을 국제적 레일에 접속하자"는 구호는 매력적이지만 이에 대한 북경대가 대표하는 중국 지식계의 인식대로는 중국 대학 전체는 모두 세계 삼류 대학으로 될 수밖에 없다. 왜냐하면, "대학의 근본적 사명은 인재를 육성하는 것이다. '세계 일류대학'이란 바로 세계 일류의 인재들을 육성할 수 있는 것을 의미한다. 설사 모 대학은 다른 대학들이 배출한 인재들만을 초빙하여 채용하고 자신은 다른 대학 출신의 임재들보다 수준이 똑같거나 더 높은 인재들을 영원히 배출할 수 없다면 이 대학은 영원히 삼류 대학일 수밖에 없다. 이 대학에 대한 모든 투자는 모두 실패적이다"고 감양은 주장했다.

그렇다면, 중국의 대학교육은 어떻게 해야 되는가? 감양에 다르면, 중국 대학개혁의 총체적 목표는 중국의 대학교원들을 모두 외국의 박사로 교체하는 것이 아니라 될 수 있는 대로 빨리 중국의 "留學운동"을 끝내고 자체의 학문·학자 재생산 메커니즘을 갖추는 것이다.

> "중국 대학의 근본적 사명은 화인(중국인) 대학들로 하여금 서양 대학들의 종속물로 될 수 있도록 하는 것이 아니라 사상·학술·문화·교육 등의 차원에서 중국인들의 독립성과 자주성을 강화시키는 것이다."

그는 丁邦新 등 홍콩 고등교육계의 인사들이 요새 홍콩 대학교육의 폐단들에 대한 반성을 소개하면서 중국대륙은 홍콩 대학교육, 특히 홍콩 대학교육의 폐단들을 모방의 대상으로 삼지 말라고 특별히 경고했다. 감양이 봤을 때 "화인 대학"은 학술적 독립성과 자주성을 강화하여 확립하는 데 세 가지 제도적 건설이 가장 중요하다. 첫째, 중국어 학술지가 위주로 된 학술평가의 기준을 만들어야 된다. 둘째, 중국어로 인문사회과학의 논문을 쓰

는 것을 자연스러운 일로 간주하여 제도적으로 명확히 보장해야
된다. 셋째, 학술적 성과에 대해 평가·감정하는데 너무 지나치
게 외국 전문가들에 의존하지 않도록 제도적으로 보장해야 된다.
　이와 더해 감양은 북경대 교원인사개혁에 관해 북경대는 앞으
로 외국의 박사에 대한 의존을 줄이고 자신의 박사의 질을 높이
는데 주력해야 된다고 주장했다. 이와 관련되어 그는 북경대 추
후 교원 신규채용에 관해 세 가지 원칙을 제시했다. 첫째, 주로
국내의 박사들을 대상으로 신규 채용해야 된다. 둘째, 미국출신의
박사들을 채용할 때 주로 "西學"에 대해 전문적으로 연구하는 사
람들을 많이 채용해야 된다. 셋째, 북경대의 인문사회과학 연구를
서양의 중국학 연구의 한 부분 또는 종속물로 되지 않게 하기 위
해 서양의 중국학 연구 분야에서 이미 저명 있는 소수의 석학들
을 제외하면, 미국에서 중국학 연구에 종사하는 박사들을 일반적
으로 채용하지 말아야 된다.491)

　B. 이맹이 본 "중국 학술의 길"
　이점에서 이맹은 감양과 비슷한 주장을 갖고 있었다. 그는 우
선적으로 Harvard대를 비롯한 미국의 인재양성 체제를 설명하고
각국의 학문적 자립성이 갖는 의의를 역설했다. 이맹에 의하면,
Harvard대가 일류학자들을 초빙할 수 있게 된 이유는 우선적으
로 미국에 일류학자들이 있기 때문이다. 더구나 Harvard가 초빙
한 이들 일류학자들은 주로 Harvard 이외의 기타 대학들이 배출
한 것이다. 미국 고등교육의 수준을 결정하는 진정한 주체는 우
수한 학자들을 많이 배출하는 기타 일류대학, 심지어 주립 대학
이다. Harvard 등 거대 대학들에 비하면, 수많은 이들 미국 대학

---

491) 甘陽(2003b), "華人大學理念與北大改革", 博雅(2003), 앞의 책, 107-117쪽.

들이 다른 대학들에서 이미 유명해진 교수들을 초빙하는 것보다는 자체가 교원들을 육성하는 방향으로 인사관리제도를 운용한다. 이것은 바로 미국 고등교육이 재생산될 수 있는 토대이다. 따라서 이맹이 봤을 때 "중국 고등교육을 이끌어가는 역할을 담당하고 있는 북경대는 중국 학술계 자신의 인재를 자체적으로 양성하는데 보다 많은 고민을 집중해야 한다."[492]

3. 북경대 교원인사 개혁의 문제점

이맹·감양은 역시 중국 대학교육체제의 개혁이 매우 시급하다는 점을 주장하는 개혁파이다. 다만, 그들은 장유영의 북경대 개혁 방안이 갖고 있는 오류를 지적할 따름이다. 장유영 등 "방안"의 지지파와 이맹·감양 등 반대파 사이에서의 사상적 차이는 개혁 대상과 방법을 둘러싼 견해의 충돌로 볼 수 있다.

그렇다면, 서로 대립하는 양쪽 진영의 입장과 논리를 도대체 어떻게 볼 수 있는가? 북경대 교원인사 개혁 및 방안에 대해 도대체 어떻게 봐야 되는가? 더 나아가서 중국 대학교육은 도대체 어떻게 개혁해야 되는가?

1) "방안"에 대한 양파의 논쟁의 본질·근원

(1) 논쟁의 본질과 근원

장유영의 방안에서 개혁의 궁극의 목적은 북경대를 하루빨리

---

492) 李猛(2003), "如何改革大學?", 博雅(2003), 위의 책, 125-163쪽.

세계 일류대학으로 속성시키는 것이다. 장유영이 찾은 주요 수단은 시장경쟁이다. 즉, 외부적 경쟁을 도입하여 하루빨리 북경대의 불합격 교원들을 외부의 우수한 학자들에 의해 교체함으로써 진정한 세계 일류대학과의 격차를 하루빨리 없애려고 한 것이다. 이러한 목적과 수단 그리고 장유영의 경제학 배경 때문에 장유영은 성악론을 출발점으로 하여 북경대 현임 또는 신규 교원들에 대한 엄격한 제한조치를 제시하였다. 그래서 장유영의 방안은 공리주의적 색깔이 뚜렷하고 현실감이 매우 강하다.

반면, 이맹·감양 등 장유영 "방안"의 반대자들은 개혁의 방향과 목적에 대해 학문·교육의 내재적 논리를 벗어나서 북경대를 단시간 내에 세계 일류대학으로 속성시키는 것이 아니라 이미 붕괴된 학문·교육의 내재적 논리·제도·환경을 회복시킴으로써 중국의 대학교육과 학문 발전을 장기적으로 전망하는 데 두었다. 이를 위해 시장경쟁논리가 아니라 국제적으로 통용될 수 있는 학문의 내재적인 논리를 정착시키는 것이 필요하다. 이러한 목적과 수단 그리고 외국에서 양호한 교육을 받았거나 받고 있는 엘리트로서의 신분 때문에 이들은 인성에서의 악보다 理性·자각·학문에 대한 사랑 등의 측면을 더 중요시했다. 때문에 이들은 교원인사제도를 개혁할 때 교원들의 자존감을 중시해야 된다고 주장했다.

한 마디로, 장유영의 출발점은 "어떤 개혁방안은 현재 단계의 중국의 대학에서 실행될 수 있는가?"란 문제이고 반대자들의 출발점은 "대학개혁은 응당히 어떻게 해야 되는가?"란 문제이다. 현실과 이상의 충돌은 양쪽 진영이 같은 문제를 다르게 보게 된 결정적인 요인이라고 본다. 양쪽 진영이 현실적인 생각과 이상적인 생각을 그렇게 뚜렷하게 다르게 갖게 된 이유를 살펴보면 다음과 같다.

"방안"의 지지파와 반대파 각각의 사회적 신분상의 차이이다. 장유영은 북경대 지도층의 한 사람으로서 북경대 당국의 의지에 의해 단기적으로 효과가 나타날 수 있는 방안을 제시해야 했다. 반면 반대자들은 방관자들로서 학문적으로 자신의 논점·논거들에 대해 책임을 져야 되지만 북경대의 구체적 개혁과정과 효과에 대해 책임을 지지 않아도 된다. 즉, 존재가 의식을 규정한 것이다. 또한, 북경대 또는 중국의 대학에 처해 있는 사람들과 국외에 근거지를 두고 있는지의 여부도 관련 있다. 엘리트 지식인들의 자존감이 존중될 수 있는 국외 대학에서는 인성의 악보다 선을 신뢰할 수 있다. 그러나 역사적으로 수치심을 경험하게 된 국내 지식인들의 경우 성선설보다는 성악설을 전제로 삼게 된다.

(2) 장유영을 어떻게 봐야 되는가?

여기서 장유영에 대해 좀 더 강조해야 될 것 같다. 장유영이 이번에 "급진적이다"란 비판과 "충격요법"으로 북경대의 교원들을 추방하여 북경대의 근간을 흔들었다"는 비난, 심지어 "장유영 방안의 자구 사이사이에서 '군중과 군중 사이의 투쟁을 불러일으켰던 문화대혁명 때에서의 유령의 그림'이 번쩍하고 있다"493)라는 힐난까지 얻었다. 그러나 본 연구자가 봤을 때 이는 장유영의 애초 취지를 왜곡하는 것이다. 왜냐하면, 장유영이 방안을 내놓았을 때 여러 가지의 "금기"를 우회해야 하므로, 실지로 개인적으로 선택 가능한 대안은 별로 없었다. 당·정·後勤 기관 및 임원들에 대한 개혁의 필요성에 대해서 장유영도 잘 알고 있으나 이것은 나라의 근본적 사회제도와 사회적 상황과 긴밀히 연결된

---

493) 葬非非(2003), "改革的成本與風險", 博雅(2003), 위의 책, 91-92쪽.

문제인 만큼 장유영뿐만 아니라 민유방·허지굉도 근본적으로 해결할 수 없는 일이다.

북경대 또는 중국의 대학교들의 수많은 심각한 문제들에 대한 가장 이상적인 방법은 바로 학문·교육의 내재적 논리에 의한 철저한 혁명 또는 "쇼크 치료법"이다. 그러나 이것은 동시에 가장 현실성이 없는 방법이다. 장유영의 개혁방안은 정치·행정·인사 체제가 근본적으로 변하지 않는 조건을 가정하여 가장 효율적인 효과를 거두기 위한 묘책을 제시하고자 한 것이었다. 그래서 그는 "금기 영역"을 피하고 선진국들의 교육제도에서 중국에 도입해도 괜찮은 부분적 내용들만 참고하여 북경대의 문제점을 해결하고자 한 것이었다.

따라서 근본적으로 볼 때 이것은 장유영의 문제가 아니다. 이번에 중국 언론에서 민유방·허지굉·장유영은 "재2의 채원배"로 될 수 없냐고 자주 질문을 받았는데 이것은 사실상 논의할 필요조차도 없는 문제라고 본다. 왜냐하면, 채원배가 애초 북경대에 대해 "혁명"할 수 있었던 "토양"과 "종자"는 오늘날에 이르러 이미 더 이상 존재하지 않기 때문이다. 오늘날 중국 대학교육 개혁에 있어서는 인물보다 제도가 더 중요하기 때문이다. 바꾸어 말해, 설사 오늘날 북경대 개혁의 주도자는 민유방·허지굉·장유영이 아닌 채원배라도 장유영의 "방안"보다 크게 다른 방안을 내놓을 수 없다. 또한, 이렇게 만들어진 "방안"은 "급진적"이거나 "쇼크 치료법"이라고 할 수 없을 뿐만 아니라 사실은 매우 온건한 수준이다. 그 방안이 급진적인 것으로 해석된 것은 방안의 객관적 성격이 아니라, 그간 타성에 젖어있는 대학사회의 관행에 따른 결과일 따름이다.

2) 개혁의 순서문제와 북경대 개혁의 근본적 문제

(1) 중국 대학교육 개혁의 순서문제

"방안"에 대한 양쪽 진영의 논쟁의 본질과 근원에 대한 연구자의 위의 분석은 사실상 또 다른 쟁점과 관련되어 있다. 즉, 중국 대학교육의 개혁의 원칙과 방향성, 목적과 수단, 대상의 순차적 순서 등을 어떻게 설정해야 하는가?

사회주의적 계획경제체제하에서 운영돼온 중국의 교육체제는 다른 제도들과 연계되어 있으며 상호 영향력하에 있다. 제도와 제도 사이 또는 문제와 문제 사이에서는 서로를 연결시키고 있는 "고리"가 있는 것이다. A제도 또는 A문제를 움직이면 B·C·D제도 또는 문제도 미치게 된다. 따라서 A제도 또는 문제를 해결하려면 A제도 또는 문제에만 착안해서는 A제도의 문제를 철저히 해결할 수 없을 뿐만 아니라 B·C·D제도 또는 문제들에도 악영향을 줄 수 있다. 1990년대 이래 대입 모집규모의 급증 등 수많은 개혁은 수많은 심각한 문제들을 초래하게 된 원인은 바로 여기에 있다고 본다.

모든 문제들을 한꺼번에 다 같이 철저히 해결할 수 없는 이상 이들 문제들에 대해 각자가 "고리"에 처해 있는 위치 또는 문제의 중요성에 따라 우선적으로 해결할 순위를 배정하고 우선순위가 가장 앞에 배정된 문제부터 착수하여 이들 문제들을 순차적으로 해결하면 가장 좋은 효과를 거둘 수 있다. 이 방법은 맹목적인 방법들보다 훨씬 낫다고 본다. 그러면, 중국 대학교육 개혁의 과제들 중에서 어느 것이 급선무의 것일까? 이들 과제들의 순위에 대해 어떻게 배정해야 되는가? 이 논문 서론에서 언급된 "대학은 어떤 것인지"에 대한 인류의 보편적 인식과 주요국 대학교육의 일반적 관행을 바탕으로 하여 중국 대학교육 개혁의 우선순위를 다음과 같이 정리해보겠다.

제1순위는 학술활동의 자유·자주·중립의 원칙의 수립과 확립이다. "대학"의 본래의 뜻에 따라 이들 원칙들은 대학 또는 대학교육에 있어서 가장 기본적이고 중요하기 때문이다. 제2순위는 학술적 자유·자주·중립의 원칙을 지키기 위한 "민주운영"·"민주決策"·"교수주도"·"교수治校" 등 일련의 제도의 수립이다. 제3순위로는 위의 원칙과 제도에 따른 대학의 일상적 업무사항에 관한 상규적인 규칙 또는 규정이 꼽힐 수 있겠다. 이번에 북경대 개혁을 둘러싸고 거론된 학술평가 규칙 및 방법은 바로 이런 예라고 본다. 제4순위는 위의 원칙·제도·규칙에 따른 대학 모 특정의 구체적 사항에 관한 조치이다. 북경대의 이번의 교원인사개혁이 이에 해당된다.

중국 대학교육 개혁과제의 우선순위 설정에 따라 중국 대학교육 개혁에 필요한 조치를 정리하면 다음과 같다.

첫째, 이상적 차원에서 생각할 때, 우선적으로 학술적 자유·자주·중립의 원칙을 확립시키고 그 다음으로는 "관료중심"의 분위기와 제도를 제거하여 "민주운영"·"민주決策"·"교수주도"·"교수治校" 등 제도를 확립시키고 그 다음으로는 과학적이고 공정한 학술평가규칙 또는 방법을 만들고 마지막으로는 교원인사 개혁을 추진해야 된다. 이것은 현재로서 다 실현될 수 없으나 대학당국은 이것들을 장기적 개혁목표를 삼아 시기가 되면 노력해 실천해야 된다.

둘째, 현실적 차원에서 생각할 때, 우선적으로 교원·학과·대학들을 과학적으로 공정하게 평가할 수 있는 기준과 평가방법을 만들어야 된다. 이러한 기준을 제정하기 전, 거시적인 차원의 "원대한 계획"보다는 실효성 있는 구체적 조치를 마련하여야 한다.

셋째, 이상과 현실을 종합적으로 감안할 때, 현 단계 중국 대학교육의 개혁에서 필요한 것은 북경대의 "방안"과 같은 연역적으로 출발하는 것이 아니라, 구체적인 문제를 해결하는 가운데 전체적인 개혁안을 마련하는 귀납적인 태도를 취하는 것이다. 북경대가 2004년 4월 6일부터 시작한 정교수 공개초빙은 비록 여러 부족한 점도 있으나 이것은 북경대의 의미 있는 진보라고 할 수 있다. 그러나 이런 조치는 사실상 꼭 북경대의 "방안"과 같은 "거작"에 의해야만 할 수 있는 것이 아니라 북경대는 사실상 원래 더 일찍 취해야 된 조치이고 앞으로도 수시로 개혁할 사안이었다. 교원 채용·승진 과정에서 무기명 투표제도 마찬가지다. 이 제도가 다른 나라에서 효과가 있을지라도, 중국에서는 대학교·대학 지도자들이 배후에서 투표상황을 조종하면서도 자신의 책임에서 합법적으로 벗어나는 좋은 방법으로 변질되고 있다. 현재의 투표제를 계속 실시한다면 차라리 대학교·대학 지도자들의 기명투표 등 다른 방식을 채택하는 것이 더 나을 듯 하다. 유감스럽게도 북경대가 2004년 4월 6일부터 시작한 정교수 공개초빙은 또다시 "교수위원회"의 무기명 투표에 의해서 진행되었다. 새로 구성될 "교수위원회"는 이전의 교수회의 또는 교직원회의대로 운행된다면 이번의 공개초빙은 제대로 효과를 거둘 수 있을지 의심할 수 있다.

(2) 북경대 개혁의 근본적 문제

북경대의 현실을 감안하면 위의 제1순위의 과제는 심지어 개혁의 과제조차도 삼을 수 없다. 이것은 바로 북경대 이번 개혁의 근본적 또는 가장 큰 문제이다. 가장 중요한 제1순위의 과제가 잘 해결되면 기타 순위의 과제들은 모두 자연히 쉽게 해결될 수 있는 반면에 제1순위의 과제가 잘 해결되지 않으면 기타 순위의 과제들은 아무리 노력하더라도 잘 해결될 수 없기 때문이다. 그러나 오늘날의 북경대에서 이 문제는 불가피한 문제이다.

오늘날의 북경대 개혁의 제2수위의 과제는 아마 북경대 당국 차원에서 해결될 수 있지만, 많은 난관에 부딪히고 있다. 예를 들면, 이 과제와 관련된 "관료중심"·"관료주도"·"관료의 무제한적 확장" 등에 대해서 이번 논쟁과정에서 의견이 가장 많았다. 개혁은 이런 문제들부터 착수하여 철저히 해결하지 않으면 나머지 순위의 과제들은 사실상 근본적으로 잘 해결될 수 없다. 또한, 북경대 외 일부 대학교들도 이들 문제들을 해결하려고 시도를 했다. 그러나 이것은 중국 전체의 사회적 분위기와 전체의 간부·인사제도와 크게 연결되어 있는 만큼 한 대학교 당국 차원에서는 해결하기 어려운 문제이다.

그러나 제3순위와 제4순위의 과제들은 대학당국이 잘 노력하면 해결될 수 있는 문제들이다. 북경대 이번 개혁의 큰 문제는 바로 제3순위와 제4순위의 관계를 顚倒하여 학술평가규칙 및 방법의 과제를 그냥 놔두고 교원인사 개혁방안부터 착수한 것이다. 왜냐하면, 진정한 학문·교육의 내재적 논리에 의한 과학적이고 공정한 학술평가규칙 또는 방법조차도 없는 상태에서 교원 초빙·채용·승진에 관한 개혁방안은 사상누각에 지나지 않다. 과학적이고 공정한 평가·판정 기준조차도 없으니 어떻게 모 학과가 전국에서의 학술적 지위를 5위 또는 10위 이내 또는 이외로 판정할 수 있는가? 이로 인하여 각종의 비리·암거래·흥정·싸움 등의 발생은 피할 수 없는 것일 것이다. "방안"의 반대자들이

"말미도태제"를 반대할 도리가 없는 것이 아니다.

제1·제2순위 과제들에서의 문제들과 달리 제3순위와 제4순위의 해결순서를 顚倒시켜 초래한 문제들은 원래 피할 수 있는 것인 만큼 북경대 이번 개혁에 대해 합리적으로 비판할 수 있는 근본적 문제라고 할 수 있겠다.

3) 북경대 교원인사 개혁의 구체적 문제

이하, 북경대 개혁 추진과정에서 나타난 일부의 구체적 문제, 특히 책략 상의 문제에 대해 검토하겠다.

(1) 개혁의 비용·효과에 대한 전망 부족

개혁의 좋은 설계자라면 개혁방안을 만들 때 개혁에 필요한 각종의 코스트·위험뿐만 아니라 개혁이 초래할 각종의 반응을 정확하게 예측해낼 수 있어야 한다. 이점에서 북경대의 개혁조치는 설계단계가 매우 부실했다.

"제1고"에 따르면, "정교수로의 신규채용과 승진 시에는 각 대학(학과)이 동업자 교수들에게 위탁하여 평의를 실시한다. 회수한 동업자 평의서는 적어도 5부가 있어야 된다. 이 중에서 중국대륙 이외의 명문대들의 교수들이 작성한 평의서는 1-3부가 있어야 된다."494) "제2고"는 이를 "…… 중국대륙 이외의 명문대들을 포함한 북경대 이외의 명문대 또는 연구기관들의 교수들이 작성한 평의서는 3부가 있어야 된다"고 수정했다(제48조).

이 규정의 취지는 나쁘다고 할 수 없다. 그러나 이 규정이 초래할 문제들도 많다. 어떤 대학교가 명문대라고 할 수 있는가?

---

494) 葬非非(2003), "改革的成本與風險", 博雅(2003), 위의 책, 86쪽에서 재인용.

명문대들의 교수들이라면 꼭 모두 실력이 있는 교수들인가? 이들은 모두 북경대의 발전을 위해 책임을 지고 평의서를 써주는가? 특별히 유명하지 않은 대학교들의 교수들이라면 모두 실력이 없는 교수인가?

중요한 것은 "방안"을 구체적으로 실시할 때 직면될 경제적 코스트의 문제이다. 북경대의 청탁을 받은 이들 외부 교수들에게 사례금을 얼마나 지불해야 되는가? 장비비 부교수에 따르면, 싱가포르국립대의 "평의서" 1부에 1,000불이 지급된다. 이 기준을 적용할 때 신체제가 도입하게 된다면 북경대는 중국대륙 이외의 평의자들에게만 해마다 약 20만 불(1명의 신청자를 위해 1명의 중국대륙 이외의 평의자를 위탁할 경우) 내지 약 60만 불(1명의 신청자를 위해 3명의 중국대륙 이외의 평의자를 위탁할 경우)을 지불해야 된다. 여기에 중국대륙 이내의 평의자들은 아직 포함되지 않는다. 또한, 국제우편·국제연락 등 기타 각종의 비용도 여기에 포함되지 않는다.[495] 북경대 2003년 현재 부교수와 강사 해마다의 전부 수입은 각각 평균 약 6,039불과 3,623불에 불과한데 60만 불이라면 약 100명의 부교수 또는 165명의 강사의 1년의 전부의 수입에 해당되는 돈이다.

또한, "제1고"에서의 "대학(학과) 학술위원회 1/3 이상의 성원은 중국대륙 이외의 유명한 대학에서의 종신교수가 이어야 된다"는 규정도 있는데 북경대 각 대학(학과)의 학술위원으로 초빙될 교수들은 친히 북경대에 와야만 학술위원회의 화의를 참석할 수 있는 만큼 그 비용은 더 많을 수밖에 없다. 이 규정은 현실성이 매우 낮아서 "제2고"에서 이미 완화되었으나 장유영이 경제학자이면서도 "방안"을 만들었을 때 각종의 경제적 코스트에 대

---

495) 葬非非(2003), "改革的成本與風險", 博雅(2003), 위의 책, 87쪽.

해 충분히 고려하지 않은 것은 여기서 분명하다.

(2) "눈만 높고 실제로는 실용적지 않다"는 사고방식의 제한

위 점과 관련하여, 민유방·허지굉·장유영은 입을 열기만 하면 미국·영국·Harvard대·"세계 일류대학" 등 매력적인 표현을 많이 썼으나 사실상 이들이 제시한 "방안"은 현실화시키기에 어려운 부분이 많다. 사실상 그렇게 허장성세하지 않아도, 내실 있게 북경대의 구체적 사소한 문제부터 해결해 나가는 것도 개혁과정에 중요하다. 예를 들면, 현재 중국 대학교원 채용·승진에서의 불공정은 사실상 투명성의 부족과 큰 관련이 있다. 설사 신청자들의 연구업적과 평의위원들의 평의의견을 전면적으로 교원·학생들에게 공개시킨다면 불공정은 어느 정도 해소될 수 있으리라 믿고 있다. 이것은 이번 개혁이 없더라도 북경대는 할 수 있는 일이다. 그러나 북경대를 포함하여 중국의 모든 대학교는 이 문제의 해결에 소극적이다. 관료들은 그것을 원하지 않기 때문이다.

유감스럽게도 "방안"은 외부인사의 영입·교수회·학술위원회·투표제 등에 많이 착안을 했으나 평가자료 공개문제를 일부러 간과시킨 것 같다. 내용과 절차의 투명성이 부족하다면 외부인사의 영입·교수회·학술위원회·투표제 등은 모두 제대로 효과를 거둘 수 없다. "눈만 높고 실력이 따르지 않다"는 표현은 중국인들이 북경대의 졸업생들에 대한 일반적 평가와 인식이다. 북경대 이번의 개혁도 이 문제를 적극적으로 착목하지 않았다.

346

(3) 개혁 추진과정에서의 책략 상의 문제

첫째, 북경대 개혁과정의 가장 큰 문제로는 구체적인 실천보다 찬반을 둘러싼 쟁론만 무성했다.

둘째, 부정적 반응에 대한 개혁 주도자들의 대응도 미흡했다. 이번에 "방안"에 대한 각종의 부정적 반응도 많이 나왔는데 민유방·허지굉·장유영은 이에 대한 사전 대처가 부족했다. 이들이 2003년 6월－7월 사이에 득의양양하게 북경대의 신체제를 선전했을 때 "방안"에 대한 그만큼 부정적 반응이 있을 수 있음을 뚜렷하게 예상하지 못했다. 그러나 이들은 2003년 가을학기의 개학부터 아마 "成事하려면 조용히 해야 된다"는 중국 전통적 훈계를 다시 깨달아 아예 침묵을 일관하는 책략을 취하게 됐다. 이것은 개혁 자체와 공중에 대해 책임을 지지 않는 자세가 오히려 외부에 남겼다.

셋째, 개혁의 주도자들은 획일적으로 정교수들로 구성된 것은 책략 상의 큰 문제이다. 민유방이든 허지굉이든 장유영이든 모두 정교수이다. 신체제에 따르면 이들은 자동적으로 북경대에서 종신교직을 얻을 수 있다. 이렇게 한 결과는 반대자들과 싸우기 전에 이미 "도검의 자루 쪽을 상대에게 주었다." 바꾸어 말해, 북경대 이번의 개혁은 첫 출발부터 이미 좌절 또는 실패의 뿌리를 박았다고 할 수 있겠다.

Ⅴ. 결 론

1. 연구결과 요약

본 연구는 대학이념의 변천・학사제도의 변천・인사제도의 변천 모두 세 가지에 대해 고찰하였다. 그리고 근・현대 중국 대학교육의 변천사를 수립→붕괴→회복→정돈・개편→심층적 개혁 모두 다섯 시기로 구분하였다. 전자를 중국 대학교육 형성의 횡단면이라면, 후자를 종단면이라고 할 수 있다. 이 책의 내용은 바로 縱과 橫의 교차 중에서 구성되어 있다. 그 이외에도 본 연구는 중국 현 대학교육의 개혁문제를 고찰하기 위해 현재 대학교의 모순을 발생시키고 있는 대학 내외의 사회적 상황과, 대학교육의 문제점이 발생하게 된 역사적인 진행과정을 살펴보았다. 위의 세 가지의 주제들을 위의 다섯 단계의 시기별로 다음과 같이 요약해보겠다.

Ⅱ장에서는 중국 대학교육의 수립과 첫 차례 붕괴의 과정, 즉 중국 대학교육의 탄생부터 1976년 "문화대혁명"의 종료까지 중국 대학교육의 형성과정을 고찰하였다.

중국의 국립 대학교육은 1890년대 중반에 태생하게 됐다. 교회대학을 중심으로 된 사립 대학교육이 더 일찍이 시작했다. 따라서 중국의 대학교육 역사는 약 110년－120년을 넘었다. 이 장에서는 특히 경사대학당에 대해 집중적으로 고찰하였다. 경사대학당은 초기에는 관학의 특징을 많이 갖고 있었다. 경사대학당은

1912년에 국립 북경대학으로 개명된 이후, 특히 채원배가 1917년 초에 총장으로 취임한 이후 비약적인 발전하였다. 채원배가 북경대를 개편시킨 원칙은 "사상자유·兼容幷包·網羅衆家"이다. 북경대는 이들 원칙에 따른 개편이 이루어진 이후 중국사회의 급변기인 1920년대에 마르크스주의를 포함한 사회개조를 주장한 각종의 "주의"와 학설이 전파될 수 있었던 언론 중심지였으며, John Dewey·Bertrand Russell·R. Tagore 등 석학들이 학술적 활동을 펼친 학술적 중심지이기도 했다. 따라서 북경대는 중국에서의 공산당 탄생에도, 중국 초기의 학술적 진흥에도 많은 기여를 한 대학이었다. 비록 1920년대 말기부터 북경대는 일시적으로 중국 최고의 학술전당의 지위를 잃어버리기도 했으나 중국 현대대학의 이념과 제도를 확립시키고 1919년 "5·4운동" 이후에 중국학술의 첫 황금기를 도래시킨데 북경대의 역할은 가장 중요하다.

남경정부가 1927년에 수립되었음에 따라 중국 학술의 중심은 1920년대 말부터 북경에서 남경으로 이행되었다. 남경에서 중앙연구원의 설립과 남경高師(→동남대→중앙대)의 신속한 궐기는 이를 상징한다. 이와 비슷한 시기에 남경 이외 지역에서도 학문발달은 정상적으로 지속되었다. 청화대도 이 시기에 명문대로 떠올랐다. 1920년대 말기부터 1937년 항일전쟁 전까지 중국 학술은 두 번째 황금기를 유지했다. 이와 더불어 "5·4운동" 전후에 수립된 현대대학의 이념과 제도도 이 시기에 더욱더 확립됐다.

항일전쟁이 시작되자 중국 대학들은 피난의 길에 올랐지만, 중국 지식인들은 어려운 여건 속에서 기적을 창출해냈다. 이 시기 북경대·청화대·남개대로 구성된 서남연합대학은 1957년 노벨상 물리학 공동 수상자인 楊振寧과 李政道 등 수많은 인재를 양성한 바 있다. 이 밖에 절강대도 "동방의 Cambridge"란 미명을 얻었다. 서남연합대와 절강대가 이 시기 세계 일류대열에 올랐던 것은 중국 고등교육사에서 가장 찬란한 역사로 기록된다.

전쟁이 종료되자 국민당·공산당 양당의 내전이 시작됐다. 양당은 격렬한 엘리트 쟁탈전을 벌인 끝에 각각 중국대륙과 대만에서 자신의 대학교육 체제를 다시 정리하여 새로운 장을 펼치게 됐다. 중국대륙에서는 사회주의적 대학이 등장됐다. 다른 한편으로 교회대학이 중심으로 된 중국의 사립 대학교육은 비록 여러 가지의 어려움이 있었으나 1949년까지는 괄목할만하게 성장했다. 특히, 성약한대·금릉대·연경대 등 교회대학은 국립 명문대에도 전혀 뒤지지 않았다. 그러나 사립 대학교육은 1949년 이후부터 중국대륙에서는 멸망의 길을 걷게 됐다.

1949년까지, 즉 구중국 시대 중국 대학교의 조직과 인사제도는 미국 등 선진국들의 대학교의 인사제도와 거의 똑같은 특징을 갖고 있었다. 첫째, 총장·부총장 등 행정임원은 한두 명 밖에 없었다. 둘째, 대학교의 처장급 행정기구는 2-3개 밖에 없었다. 셋째, 대학교는 민주적 체제에 의해 운영되었다. 넷째, 교수·연구 조직은 비교적으로 완벽했다. 다섯째, 교직원 1인당 학생 인원수는 상당히 많았다.

구중국 시대 중국 대학교의 인사제도는 다음과 같은 특징을 보여주었다. 첫째, 모든 대학교원은 공모에 의한 공개 채용되었고, 각 대학교 간에서 유동했다. 둘째, 총장의 임기가 없었으나 지도력과 위신 등의 자질을 평가받았을 때 재임할 수 있었고, 권한도 엄격히 제한되어 있었다. 셋째, 대부분의 대학 총장과 전원의 행정임원은 자주 교체하거나 유동할 수 있었다. 넷째, 대학교육의 지도자들은 주로 인문사회계 출신이고 이 중에서 교육학·심리학 출신자는 가장 많았다. 다섯째, 대학교원 물론, 총장 등 행정임원들이라도 행정상의 직급이 없었다. 여섯째, 대학교원의 정치적·사회적·경제적 지위는 매우 높았다.

1949년 이후 이른바 신중국이 수립된 이후부터 1976년까지 중국 대학교육은 첫 차례의 위기를 당하게 됐다. 1951년부터 1953년까지 이루어진 "목욕운동"과 "원계조정"은 중국 대학교육의 수난기라고 할 수 있다. "목욕운동"은 구시대에서 주로 서양식 교육을 받은 중국 지식인들의 사상을 철저히 배격함으로써 중국 지식인들의 자존감을 굴복시킨 계기가 되었으며, 향후 중국 지식 사회와 대학교육의 질적 변화에 지대한 영향을 미쳤다. "원계조정"은 대학의 분포·구조·조직에 대한 일종의 철저한 혁명이다. "원계조정"이 이루어진 다음에 1949년까지 이미 비교적으로 완벽해졌던 중국 대학교의 학과 체계가 철저히 붕괴됨에 따라 중국의 종합대들은 대부분 국가의 정치·경제·국방 등 건설의 소요를 만족시키는 전문대로 전락했다. 뿐만 아니라 "원계조정" 과정에서 대학교 운영·결책에 대한 당의 주도적 지위가 확립되었음에 따라 현대대학의 기본적 원칙들은 대부분 부서졌다.

북경대는 이 시기 "목욕운동"에 대한 적극적으로 추진을 통해 당국으로부터 호감을 얻어 "원계조정"에서 다른 명문대들로부터 교수·연구의 자원을 많이 얻었다. 때문에 북경대는 신중국의 최고 학술적 전당으로 복귀됐다. "원계조정"이 1953년에 끝난 이후 1976년까지 중국의 대학교육은 "반우파운동"·"대약진"·"문화대혁명" 등을 거쳤다. "목욕운동"과 "원계조정"은 중국 대학교육의 수난이라고 한다면 "반우파운동"·"문화대혁명"은 중국 대학교육의 종결이라고 할 수 있다.

"반우파운동"은 중국 지식인들을 철저하게 굴복시켰다. "우파분자"로 판정된 지식인들은 정신적으로 큰 타격을 입어 열등 국민으로 되었을 뿐만 아니라 실제 생활에서도 수감·감시노동·좌천·해직 등 처분을 당하게 됐다. "우파분자"로 판정된 55만명 이상의 지식인들은 대부분 중국 학술의 엘리트인 만큼 "반우파운동"이 중국의 사회발전에 준 악영향은 매우 크다.

"문화대혁명"은 곧 대학교육 이념의 "흑백전도"이고 곧 대학교육 제도의 종결이고 곧 "교육부정론" 또는 "교육폐지론"이고 곧 지식인들의 수난소이다. 1949년부터 1976년까지 이른바 모택동 시대 중국 대학교의 조직도 총장·부총장 등 임원들의 양적규모도 점차 증가했다. 특히, "문화대혁명" 기간 중국 대학교에서 교수·연구 조직의 기능은 점차 마비된 반면에 정치적 조직과 임원의 양적규모 그리고 권한은 확장되었다.

모택동 시대 중국 대학교원 인사제도는 다음과 같은 특징을 보여주었다. 첫째, 초빙제는 폐지되었고 자유유동은 불가능하게 됐다. 둘째, 누구도 벗어날 수 없는 "단위"란 개념과 조직이 형성됐다. 셋째, 총장·당서기 등 지도자들뿐만 아니라 전체 교직원들의 임기는 다 없었고 당·정 임원들은 직업적 관료의 길을 걷기 시작했다. 넷째, 신중국 수립 초기에 임명된 전문가 출신의 대학교육 지도자들은 1950년대 후반부터 잇따라 당 간부에 교체되었다가 "문화대혁명"을 계기로 "노동자·농민·군인"에 의해 교체되었다. 다섯째, 대학 지도자들은 행정상의 직급을 갖게 되었으나, 대학교는 조직기구상의 급을 갖지 못했다. 여섯째, 제대군인들이 대량으로 대학교에 유입하여 채용되었다. 일곱째, 각 대학교는 1954년부터 자신의 졸업생들을 모교에 남겨 간부·교원으로 채용하기 시작했다. 여덟째, 대학교원의 정치적·사회적·경제적 지위는 점차 낮아졌다. 아홉째, 1949년 이후 끊임없는 정치운동으로 인하여 대학교원의 승진은 1978년까지 정상적으로 이루어지지 않았다. "문화대혁명"을 계기로 (정)교수·부교수·강사·조교란 대학교원 직명제도까지도 폐지됐다.

Ⅲ장에서는 중국 대학교육의 회복과 대개편의 과정, 즉 1970년 대 말 개혁개방의 시작부터 1990년대 대학교육의 대개편까지 중 국 대학교육의 변화를 고찰하였다. 중국 대학교육은 1977년부터 회복하기 시작됐다. 이 과정에서 등소평·호요방 등 지도자들은 우선적으로 지식을 존중하고 인재를 존중하는 기풍을 다시 수립 시켰다. 또한, 학술자유와 민주화는 한때 어느 정도 회복됐다.

회복기의 가장 중요한 사건은 1985년에 열린 개혁개방 이후 제1차 "전국교육工作회의"의 계기로 중공중앙의 명의로 "교육체 제개혁에 관한 결정"이 내려진 것이었다. 이 결정은 중국 교육계 가 직면한 문제들을 진단하여 중국 교육의 향후 전망을 수립했 다. 특히, 등소평이 이 회의에서 경제적 건설처럼 교육의 발전을 중요시해야 된다고 호소했음에 따라 중국은 1949년 이래 처음으 로 "교육열"을 맞게 됐다.

회복기 교육당국은 보통대학교 당·정 기구의 조직·구성·임 면·정원 등을 체계적으로 규정했다. 이 과정에서 대학교 당·정 기구의 조직과 임원의 수량은 점차 늘어나는 추세가 보여주었다. 다만, 이때까지 대학교 각급 간부의 행정상의 급에 대한 규정은 있기도 있었으나 철저한 인사관리제도의 정비는 아직 완성되지 않았다. 회복기 중국의 대학교원 직명과 승진은 잇따라 회복되어 정상화됐다.

이 시기 중국 대학교 인사제도는 다음과 같은 특징을 보여주 었다. 첫째, (정)교수·부교수·강사·조교란 직명제도는 회복됐 다. 둘째, 전임교원의 승진은 비교적으로 엄격했다. 다만, 전임교 원 직무승진의 정치적 기준은 강화됐다. 또한, 대학교에서 거의 누구도 학술적 직명을 얻을 수 있게 됐다. 셋째, 자유취직은 여전히 어려웠으나 초빙제와 임기제의 개념이 도입됐다. 넷째, 민주선거가 도입됨에 따라 "교수治校"도 한때 회복됐다. 일부 대학교에서는 심지어 선거를 통해 총장을 뽑게도 됐다. 다섯째, 이공계 출신과 인문사회계 출신을 막론하고 모두 대학교육을 지도할 수 있게 됐고 교육학 학자도 가능하게 됐다. 여섯째, 대학교육의 지도자들은 젊어졌다. 일곱째, 대학교의 관료화는 아직 잘 형성되지 않았다.

1989년에 일어난 "천안문사태"는 중국 대학교육에 큰 방향을 미쳤다. 1989년－1992년 사이 이른바 "정돈기" 또는 "정체기"에 각 대학교는 일반적 수업 등을 유지한 것을 제외하면 연구수준의 제고와 교육제도의 개혁 등을 정체하게 됐다.

"정체기"에 접어들면서 각 대학교는 1989년 전에 거론됐던 당·정 기구의 감축 문제를 더 이상 추진하지 않았으며, 정치적 기구만이 확대되었다. 이와 더불어, 대학교의 행정조직에 대한 규제도 많이 완화되었다. 각 대학교는 이런 기회를 타서 정치사상교육을 강화하는 이름으로 마음대로 각종의 기구를 신설하거나 승격시켰다. 중국 대학교 조직과 임원의 확장과 혼란은 바로 이때부터 시작됐다.

정체기 중국 대학교 인사제도의 특징을 다음과 같이 정리할 수 있다. 첫째, "정치안정 제일주의"에 따라 대학교원·간부·노동자에 대한 해고는 사실상 불가능하게 됐다. 이와 더불어, 교원 빙임제나 임기제는 공식적으로 폐지되지 않았으나 사실상 무용지물이 돼버렸다. 둘째, 1978년에 회복된 대학교원의 정상적 승진은 1989년 가을부터 4년 동안 동결됐다. 셋째, "교수治校"의 제도는 퇴장하게 되었고 당·정 간부들은 잇따라 각 대학교에 파견되어 대학교육을 지도하게 되었다.

등소평은 1992년 1월에 "남방담화"를 발표한 이후 대학교육 개혁에 가속도를 붙였다. 이때부터 중국의 시장경제는 본격적으로 시작됐다. "제3세대" 지도자들은 1990년대 중국 교육의 발전과 개혁을 계획하기 위해 1993년에 "중국 교육 개혁과 발전의 강요"를 내놓았다. 이 강요는 중국 교육의 원경에 대해 여러 가지의 아름다운 그림을 그려주었다. 특히, 국가 재정적 교육경비를 차츰차츰 높여 GNP에서 차지하는 비중을 20세기 말까지 4%에 달할 수 있도록 하겠다고 선언했다. 그러나 이 약속은 아직 실현되지 않고 있다.

다만, "중국 교육 개혁과 발전의 강요"의 정신에 따라 중국은 1998년부터 대담한 대학교육 개혁을 실시하게 됐다. 특히, 이번 교육 개혁을 계통적으로 지도하고, 또한 2010년까지 중국 교육의 발전과 개혁을 장기적으로 계획·지도하기 위해 중국교육부는 1998년 연말 "21세기를 향하는 교육진흥 행동계획"을 내놓았다. "행동계획"에 따라 중국교육부는 고등교육 대개편을 실시했다. 대개편의 주요 내용은 크게 세 가지로 대별된다. 첫째, "共建·조정·합작·합병"을 통해 대학 관리체제와 구조를 개편시켰다. 둘째, 학부와 대학원 신입생 모집정원을 해마다 약 30%씩 확대시킨다. 셋째, 1994년부터 기존의 무상교육이란 정책을 바꾸어 수익자 부담원칙을 도입한다.

이러한 대담한 개편은 중국 대학교육과 사회발전에 긍정적으로 작용한 측면도 있지만, 부정적 결과도 양산되었다. 특히, 대학교육의 질을 무시한 신입생 규모의 대폭적 확대는 중국 대학교육의 질을 현저하게 떨어뜨리게 되었다. 이러한 정책적 오류와 더불어 시장경제체제 이래 누적돼온 교육계의 각종 비리가 합쳐

져서 중국 대학교육, 특히 박사학위 관리제도는 거의 마비된 상태이다.

1990년대 대학교육 대개편 이래 중국 각 대학교는 "대학교 합병운동"의 기회를 틈타서 기구·간부·교직원을 대폭적으로 무리하게 확장했다. 첫째, 이러한 풍조에서 각 대학교 안의 학과들은 대부분 대학으로 승격됐다. 둘째, 대부분 대학교의 처장급 기구는 약 40개로 확장됐다. 셋째, 각 대학교의 당서기·총장은 한 복도만큼, 처장은 한 강당만큼, 과장은 한 운동장만큼 늘어났다. 넷째, 대부분 대학교 전임교원의 실제적 수량은 모두 정원을 초과했다. 다섯째, 각 대학교는 당·정 관직자들에게 석·박사 대학원생 지도교수란 직명까지 부여하였다. 여섯째, 교수·연구에 종사하지 않는 임원의 수량은 심지어 교직원 전체의 절반가량을 차지하기에 이르렀다.

1990년대 대학교육 대개편 이래 중국 대학의 "빙임제"와 "계약제"는 오랜 진통 끝에 드디어 실시됐고 교수의 공개적 채용과 부총장의 공개적 선발까지도 최근 실시되었다. 중국 대학교의 인사제도개혁은 2003년부터 드디어 본격적으로 시작됐다.

1990년대 대학교육 대개편 이래 중국 대학의 인사제도는 다음과 같은 특징을 갖고 있다. 첫째, 21세기 초부터 대학교원들을 대상으로 하는 빙임제·계약제·임기제 등은 잇따라 도입되었음에 따라 대학교원의 자유취직은 가능하게 됐다. 둘째, 대학 지도체제에서는 당의 지도지위는 더욱더 강화되고 있으며, 대학 지도자들을 대상으로 하는 개혁도 교원들에 비해서는 훨씬 소극적이다. 셋째, "관료중심"의 분위기가 전면적으로 형성됨으로써 관함이 없는 평교수만으로는 살기도 학문연구도 힘들어졌다. 넷째, 대학 관료화체제도 전면적으로 형성됐다. 다섯째, 대학교육의 지도층은 주로 이공계 출신자들로 구성되어 있었다. 여섯째, (정)교수·부교수 직명의 수여권한은 점차 일부 대학교에 분산·이관하게 됐다. 일곱째, 대학교에서 전임교원의 정치적·사회적 지위는 당·정 고급간부보다 낮아졌다.

Ⅳ장에서는 21세기 초부터 오늘날까지 막 나타난 중국 대학교육의 심층적 개혁을 고찰하였다. 21세기 말부터 시작된 "21-1공정"과 "98-5공정"이 대표하는 "세계 일류대학" 건설의 계획은 대학교육의 심층적 개혁을 수면 위로 불거지게 했다. 대학교육의 심층적 개혁과정에서 가장 주목할만한 실험은 북경대에서 이루어졌다. 북경대는 교원인사제도를 개혁의 돌파구로 선정하게 된 요인은 외부적 경쟁이 없고 내부적 채용·승진에 의하는 현행의 교원인사체제로는 목표시점 2015년도까지 "세계 일류대학"으로 되는 계획을 구현할 수 없다고 보았기 때문이다.

북경대 교원인사개혁은 2003년 초부터 거론됐는데 개혁의 주역들 중의 하나이자 북경대 총장助理인 장유영 교수에 의해 2003년 5월에 "제1고"가 만들어져 북경대 내부 전원에 공개됐다. "제1고"는 공개되자마자 북경대 내부에서 지진과 같은 커다란 파문을 일으켰다. 그는 기존의 부교수들 중에서 적어도 1/4를, 기존의 강사들 중에서 적어도 1/3을 해고하고, 신규 채용될 정교수는 한 가지의 외국어로 강의할 수 있어야 된다고 주장했다. 그리고 그는 학술위원회 1/3 이상의 성원은 중국대륙 이외의 유명한 대학에서의 종신교수로 구성되어야 한다고 주장하였다. 그가 제시한 "제1고"는 급진주의적이라는 비판과 비난을 받게 되었다. "제1고"에 대한 의견을 청취한 뒤 장유영은 "제2고"를 작성했다. 북경대는 2003년 6월 16일에 "제2고"를 전 사회에 공개했다. 강도 높은 "제1고"에 비해서는 융통성이 훨씬 많아진 "제2고"는 많이 온화해졌다. 북경대는 2003년 10월에 "제3고"에 대해 논의를 했으나 오늘날까지 그 내용을 비밀에 붙이고 있다.

북경대 교원인사개혁은 1년 동안의 난산 끝에 겨우 첫 걸음을 내딛었다. 이것은 바로 북경대가 2004년 4월 6일 "95명의 (정)교수를 국내외에서 공개적으로 초빙하겠다"고 한 조치이다. 북경대 교원인사개혁 방안의 가장 중요한 특징은 "tenure-track" 또는 "up-or-out"란 제도이다. 장유영은 이 제도의 정신에 따라 "빙임제・分級유동제"와 "말미도태제"라는 두 가지 대안을 제시하였다. "빙임제・分級유동제"에 따르면, 종신교직을 얻을 수 있는 정교수들을 제외하면 임명된 강사와 부교수는 각각의 직위에서 일한 지 2년과 5년이 되었을 때부터 각각 소정의 2개의 계약기(강사, 모두 6년)와 3개의 계약기(이・공・의 계열의 부교수, 모두 9년) 또는 4개의 계약기(인문사회계 부교수, 모두 12년) 내에 두 번의 승진 신청기회만이 있다. 각자의 계약기 내에 두 번의 신청을 거쳐도 각각 부교수・정교수로 승진될 수 없다면 북경대는 원칙적으로 이들과 더 이상 계약을 맺지 않겠다.

"말미도태제"에 따르면, 교수・연구의 업적은 장기적으로 전국에서 전 10위권, 심지어 전 5위권에서 탈락하게 된 학과 또는 연구소에 대해서 기한 내에 장리・개선・重組(새로 조합)・해산 등 조치를 취하는 것이다. 이와 더불어, 해산하게 된 학과 또는 연구소의 교원들은 북경대와의 계약을 일체 중단해야 된다.

북경대 교원인사 신체제에서 주목할만한 둘째 특징은 교원의 위상과 업무분장에 대한 分類와 이를 토대로 한 인사관리제도이다. 즉, 모든 교원을 강의・연구형과 전임 강의형으로 나누어 각자의 승진기준과 계약기간을 차별 있게 정하여 처리하는 것이다.

전임 강의형 교원의 총수는 원칙적으로 교원 정원 총수의 15%를 초과하면 안 된다.

북경대 교원인사 신체제의 셋째 중요한 특징은 교수회·관직자·학술위원회의 상호적 견제의 체제를 구축하려는 시도이다.

북경대 교원인사개혁 방안의 대한 가장 격렬한 비난은 개혁의 돌파구를 잘못 선택했다는 점이다. 즉, 개혁의 중점과 돌파구는 강사·부교수가 아니라 당·정·後勤이라는 주장이다. 북경대 교원인사개혁 방안이 당한 또 하나의 비판은 개혁방안이 합리적이지도 않고 합법적이지도 않다는 지적이다. 북경대의 졸업생이자 홍콩대의 현임 연구원인 감양은 중국은 우선적으로 "대학개혁 법안"을 제정해야 된다고 주장했고 이 "대학개혁 법안"은 모 시기 이전에 이미 채용된 대학교원들로 하여금 "대학개혁 번안"에 제약되지 않게 해고를 당할 수 없도록 규정할 필요가 있다고 주장했다.

북경대 교원인사개혁 방안에 대한 가장 극심한 비판은 개혁방안의 논리와 근거에 집중되었다. 북경대의 전 교원이자 현재 Chicago대에서 박사과정에 재학하고 있는 중인 이맹이 봤을 때 북경대의 개혁논리와 근거는 크게 두 가지이다. 하나는 경제부문에 적합할 수 있는 시장경쟁논리이고 하나는 미국 대학의 교원인사제도를 북경대에 접속·"접목" 시키려는 논리이다. 전자에 대해서, 이맹은 중국 대학교육의 가장 시급한 과제는 경제논리 혹은 시장경쟁의 논리와 체제를 도입하는 것이 아니라 진정한 학문·교육의 내재적 논리에 의한 교원인사체제를 창출하는 것이라고 주장했다. 후자에 대해서, 이맹은 북경대의 방안은 미국 교원인사 제도들의 주요 단점들만 총망라한 가장 최악의 선택이었다고 혹평했다.

감양은 북경대 방안이 미국의 "tenure-track"란 제도의 시장경쟁이 아닌 학문 활동의 자유를 최대한으로 보장하려는 취지를 잘못 이해했다고 비판했다. 그는 북경대의 방안은 사실상 미국의 체제도 진지하게 도입하지 않았고 영국의 체제도 제대로 도입하지 않았고, 주로 최근 홍콩에서의 일부의 경험을 참조했다고 지적했다. 게다가 홍콩의 대학인사체제들 중에서도 주로 북경대의 상황과 가장 다른 홍콩과기대의 경험을 부적절하게 참고했다고 주장했다. 결론적으로 감양은 북경대의 방안은 기본적으로 성숙되지 않은 방안이라고 주장했다.

본 연구자는 북경대 "방안"의 지지파와 반대파 각자의 논점과 논거에 대한 정리와 분석을 바탕으로 "방안"을 둘러싼 논쟁의 본질과 근원을 분석했다. 구체적으로 말해, 양파의 차이는 주로 입론의 출발점과 목적의 차이이다. 장유영의 궁극적 목적은 북경대를 하루빨리 "세계 일류대학"으로 속성시키는 것이다. 그가 찾은 주요 수단은 시장경쟁체제이다. 그래서 장유영의 방안은 공리주의적 색깔이 뚜렷하고 현실감이 매우 강하다. 반면에 반대자들의 목표는 북경대를 "세계 일류대학"으로 속성시키는 것이 아니라 이미 붕괴된 학문·교육의 내재적 논리·제도·환경을 제대로 회복시킴으로써 중국의 학술적 발전이 장기적으로 잘 이루어질 수 있도록 뒷받침하는 체제를 구축하려는 것이다. 이들이 찾은 주요 수단은 단순한 시장경쟁논리가 아니라 학문의 본래적 논리이다. 그래서 이들의 주장에서 이상주의적 색깔이 뚜렷하고 현실감이 좀 부족하다. 현실과 이상의 충돌은 이들 양쪽 진영이 같은 문제를 다르게 보게 된 결정적인 요인이다. 결론적으로 "방안" 또는 양쪽 진영의 갈등을 어떻게 평가해야 되는가의 문제는 평가자가 어떤 입장에 서있는가의 문제에 달려있다.

이어서 본 연구자는 북경대 인사제도개혁의 근본적 문제를 분석했다. 중국 대학교육 개혁의 올바른 절차를 수립하지 못한 것이 최근 개혁과정에서 나타난 오류의 원인이다. 구체적으로 말해, 모든 문제들을 한꺼번에 다 같이 철저히 해결할 수 없는 이상 이들 문제들에 대해 각자의 중요성에 따라 우선순위를 먼저 정리하여 배정하고 우선순위대로 순차적으로 해결해야만 가장 좋은 효과를 거둘 수 있다. 이에 따라 본 연구는 중국 대학교육 개혁의 모든 문제들을 모두 네 개의 순위로 배정했다. 또 본 연구는 북경대 교원인사개혁 추진과정에서 나타난 구체적 문제들과 쟁점들에 대해서도 지적했다. 북경대의 최근 개혁조치는 첫째, 개혁의 코스트·효과에 대한 전망이 부족했다. 둘째, "눈만 높고 실제는 실용적지 않다"는 사고방식의 제한이 있었다. 셋째, 책략 상의 문제도 많았다.

추후 중국 고등교육 개혁을 전망할 때, 이상과 현실을 종합적으로 고려하되 북경대와 같이 "방안"과 같은 "거작"을 선험적으로 제시하지 말고, 구체적이고 경험적인 수준에서 개혁의 대상과 쟁점을 면밀하게 검토할 필요가 있다. 교원·학과·대학들을 과학적으로 공정하게 평가할 수 있는 기준, 즉 학술평가규칙과 방법 등 구체적인 사항의 실제적 해결에 착수할 때, 대학 교원인사 관리제도의 개혁이 내실을 가질 수 있을 것이다.

2. 논의: 중국 대학교육의 특징

서론에서 밝혀진 듯이 본 연구의 궁극적 목적은 백년을 넘는 중국 대학교육이 언제, 왜, 어떻게, 어떤 과정이 나타나는가에 관한 질문들의 답들을 찾아내서 중국 대학교육이 지난 백년 이상의 역사에서 나타난 주요 특징들을 파악함으로써 중국 대학교육 발전의 경험과 교훈 그리고 시사점을 찾는 데 있다. 아래에서 백년을 넘는 중국 대학교육의 형성과정에서 나타난 주요 특징과 시사점들에 대한 종합적 논의를 통해 서론에서 제기된 연구문제들의 답을 찾아보겠다.

1) "좌우 동요"와 "대기대락"496): 가변성과 유동성:

본론에서 밝혀진 중국 대학교육의 형성과정에서 보여준 듯이 중국의 대학교육은 항상 "좌우 동요" 또는 "대기대락(大起大落)", 즉 늘 가변적이고 유동적인 상태에서 동요한다는 점이다.

대학교육의 총체적인 흐름 또는 세계 주요 교육모델에 대한 태도의 면에서 중국 대학교육은 19세기 후반에 탄생하게 되었을 때부터 현재까지 서양 또는 구미 대학교육 모델(19세기 중후반부터 1949년까지), 일본의 대학교육 모델(19세기 말부터 20세기 30년대까지), 전 소련의 대학교육 모델(1949년부터 1960년대 초까지), 미국의 대학교육 모델(1978년 개혁개방 이후부터)을 도입해왔다. 한 마디로, 중국 대학교육은 항상 "일진의 광풍"이 불어왔던 특징이 보여주었다. 이는 신중국 수립 이후부터 "운동"의 형식으로 잘 나타났다. 새로 불러왔던 "광풍"은 이전에 형성되었던 대학교육에 대한 일종의 "청산작업"이었기 때문에 중국 대학교육은 백년을 넘었으나 일정한 전통 또는 모델을 잘 창출하지 못했다. 오늘날의 중국 대학교육은 Harvard가 대표하는 미국의 대학교육 체제를 배우고 있다. 본론에서 밝혀진 듯이 중국 대학

---

496) 크게 오르락내리락하여 일정하지 않은 것을 뜻하는 중국어 표현이다.

교육이 오늘날 모방하고 있는 것은 사실상 꼭 미국 대학교육의 원래의 이념과 제도가 아니지만 북경대를 비롯한 중국 명문대들은 미국의 대학교육 체제를 대학교육의 전형으로 삼고자 한다. 그러나 중국의 대학교육은 이전처럼 언젠가 미국의 대학교육 체제를 다시 포기하고 다른 하나의 새 대학교육 모델을 모방할 가능성이 높다.

미국의 대학교육이 세계 일류로 된 이유는 언제나 자신의 교육적 이상과 실제적 상황에 맞는 자신의 교육체제를 구축하는 데 주력했기 때문이다. 이 점이 바로 개발도상국이 배워야할 미덕이다. 자신의 독자적인 고등교육의 모델·전통을 주체적으로 창출시킬 때, 세계적 수준의 대학교육과 학문의 수월성을 보장할 수 있다.

일관된 정체성을 갖지 못한 중국 대학교육의 문제점은 모든 측면에서 나타났다.

예를 들면, 1949년 이래 오늘날까지 중국 대학교육의 거시적 관리체제는 언제나 중앙집권과 지방분권제 간에서 주저·동요해왔다. 교육당국은 1990년대의 대개편을 거쳐 중국 대학교육의 거시적 관리체제는 이제 정비되었다고 자신했으며, 추후 정치적 지각변동에 따라 다시 바뀔 가능성이 높다. 중국 사회에서 정치와 교육의 고리가 근원적으로 해결되지 않았기 때문이다.

대학교육의 구조와 분포도 마찬가지이다. 교육당국은 1950년대 초기에 "원계조정"을 통해 구중국 시대 잘 형성된 대학교육의 구조와 분포를 "대수술"을 했을 때도 그렇게 해야 된다고 주장하게 된 충분한 근거를 갖고 있었다. 그러나 1990년대에 들어 대학교육의 새 지도자들은 충분한 이유로 1950년대 초의 대학교육 지도자들과는 정반대의 주장을 하게 됐다. 본론에서 밝혀진 듯이

1990년대 중후반부터의 중국 대학교육 개혁을 주도한 지도자들은 자신의 "걸작"에 대해 매우 자랑하는 태도가 보여주고 있다. 그러나 "分久必合·合久必分"이란 중국역사의 일반적 법칙성[497]과 "5년이면 한번 '소수술'을 실시하고 10년 마다 한번씩 '대수술'을 실시한다"고 한 중국 대학교육 개혁의 일반적 법칙성은 조만간 중국 대학교육의 구조와 분포, 각 대학교의 구조 심지어 명칭 변경 등에 이르기까지 적용될 가능성은 충분히 있다.

대학교육의 규모 또는 신입생 모집의 규모의 면에서 "대기대락"의 특징도 뚜렷하다. 본론에서 언급된 바, "대약진" 기간에 중국의 보통대학교는 1957년의 229개교에서 1958년의 791개교로, 1959년의 841개교로, 1960년의 1,289개교로 늘어났다. 이러한 무리한 확장의 결과, 1961년부터 부득이한 조정과 감축 조치가 있었다. "문화대혁명"을 계기로 중국의 대학교는 중·고학생 수준의 소수의 "노동자·농민·군인" 학생들을 육성한 것 이외에는 거의 10년 동안에 사실상 기능이 정지되었다. 그러나 20세기 말에 들어 당국은 교육의 논리가 아닌 정치적·경제적·사회적 논리에서 출발하여 하마다 30% 가까이의 증가율로 대학 신입생 모집정원을 늘렸다. 이로 인하여 중국 대학교육의 질도 악영향을 많이 받아 "대기대락"의 특징을 지니게 되고 있다. 황금으로 여겨진 1980년대의 졸업장과 쓰레기로 여겨지고 있는 오늘날의 졸업장이 혼합하게 존재하고 있는 것은 일부 피교육자들에게 있어서 매우 불평등할 뿐만 아니라 중국 학력의 가치가 국제적으로 평가절하 되는 결과를 초래하였다.

대학교 조직면에서도 신중국 이래 특히 개혁개방 이래 지도자

---

497) 分(분리·분단·분열)이 오래 된 다음에는 合(통일·통합)이 꼭 이루어질 것이고 合이 오래 된 다음에는 分이 꼭 이루어질 것이란 중국 역사의 일반적 법칙을 묘사하는 중국어 표현이다.

의 수량이나 처장급 당·정 기구의 수량이나 당·정 간부의 수량
이나 교원의 정원이나 점차 늘어난 추세가 보여 일정하지 않은
특징이 잘 보여주었다.

대학교 인사제도의 면에서 가변성·유동성의 특징도 매우 뚜
렷했다. 특히, 교원의 정치적·경제적·사회적 지위는 구중국 시
대보다 신중국 이래 낮아진 일반적 특징이 있었으나 신중국 이
래 시기별로 정치적·사회적·사회적 변동에 따라 고저를 변동
해왔다는 특징을 보여주었다.

결론적으로는 대학교육의 모델·전통의 형성과 유지는 한 나
라 대학교육 전체에 있어서도 한 대학교에 있어서도 그만큼 중
요하니 대학교육 당국이 자신의 소요·판단·흥미에 따라 대학
교육에 대해 수의로 인위적인 "수술"을 할 수 없도록 해야 되지
않는가 싶다. 또한, 발전도상국으로서 선진국들로부터 대학교육
의 경험을 많이 배워야 되지만 자국의 실정과 결합하여 장기적
이고 지속적으로 자국의 대학교육을 잘 지도하는 민족적인 대학
교육 모델을 창출시켜야 될 것으로 사료된다.

2) 정치적·경제적·사회적 등 외재적 논리에 의한 대학 교육 지배

공맹유교 사상을 비롯한 비교적으로 강한 문화적 기초에서 탄
생하여 중화민국 시기를 거쳐 비교적으로 잘 수립·확립된 중국
의 대학교육은 쉽게 붕괴되어 자신의 일정한 모델·전통을 잘
창출시키지 못한 가장 중요한 요인은, 1949년 이래 중국 고등교
육은 정치적·경제적·사회적 영역의 이해관심에 따라 종속되어
왔다는 데 있다. 특히 신중국 이래 중국의 대학교육은 시간 순으

로 "목욕운동"·"충성노실운동"·"원계조정""·반우파운동"·"대
약진운동"·"反우경 기회주의분자 운동"·"사회주의 교육운동"·
"문화대혁명"·"자산계급 자유화 정돈운동" 등 일련의 정치적·
경제적·사회적인 획기적 사건들에 의해 좌지우지 당했다. 대학
교육의 외재적 요인으로서의 이들 사건은 중국 대학교육에 치명
적인 영향을 미쳤으며 긍정적인 영향보다 부정적인 영향이 압도
적이다. 그 결과 1949년까지 이미 비교적으로 잘 확립된 중국 대
학교육은 이들 사건 또는 요인들의 강력한 충격을 견디지 못해
손쉽게 붕괴되었다. 이 중에서 "목욕운동"은 대학교육 및 대학교
육의 주체인 지식인들을 굴복시킨 첫 계기로서 중대한 사건이다.
이 과정에서 중국의 대학교육을 대표할 수 있는 북경대는 대학
의 독립성과 전통을 지키지 못했을 뿐 아니라 오히려 대학교육
과 대학의 특성을 괴멸시킨 공범자가 됐다. 또한, "원계조정"은
구중국 시대 형성된 중국 대학교육의 구조와 분포에 대한 첫
"대수술"인 만큼 중대한 사건이다. 그리고 이어서 일어난 "반우
파운동"과 "문화대혁명"은 중국의 대학교육을 완전히 파괴시켰
다. 이때에 이르러 중국의 대학교육은 완전히 정치적 투쟁의 도
구와 종속물로 수단화되었다.

개혁개방 이래 당은 "반우파운동"과 "문화대혁명"에 대한 否
定으로 중국의 사회적 가치관을 바로잡았음으로써 중국 대학교
육이 정상적으로 반전해 나갈 수 있는 분위기를 조성했다. 그러
나 1980년대 말기에 일어난 정치적 "운동"은 중국 대학교육의
방향을 또 하번 바꾸었다. 또한, 1993년에 시작된 사회주의 시장
경제는 이 시기부터 가속화된 사회적 부정부패 그리고 체제화된
"관료중심"과 함께 중국의 대학교육에 "금전만능론"·"금전 제일
주의"·"관료至上"의 폐단을 남겼다. 이로 인해 중국 대학교육은

점차 행정기관과 회사 또는 시장의 기미에 많이 물들어 빠져들기 시작됐다. 따라서 정치와 경제의 이중적 공동의 작용으로 중국의 대학교육은 독립성뿐만 아니라 전문성까지도 일부 상실하였다.

결론적으로 신중국 이래 중국의 대학교육은 남긴 한 중요한 교훈은 바로 정치적·경제적·사회적 영역 등의 외재적 요인들에 수단화되지 말고, 자체의 학문·교육의 이해관심을 통해 개혁되어야 한다는 점이다. 북경대와 중앙대(남경대)의 성쇠변화는 이를 생생하게 증명해줄 수 있는 가장 좋은 사례로 꼽힐 수 있다. 따라서 나라의 교육·과학을 진짜 진흥시키려면 우선적으로 대학교육의 독립성·전문성을 회복시켜야 된다.

3) 계급투쟁의 논리와 삼엄한 동급제도

앞에서 논의된 듯이 신중국 이래의 대학교육 변천과정은 일련의 정치적·사회적 요인 또는 사건의 전개과정에 영향을 받아 이루어진 것이다. 그렇다면, 다양한 형식으로 전개된 이들 정치적 요인 또는 사건의 본질은 도대체 무엇인가? 이 문제가 잘 풀어져야만 정치적·사회적 요소가 대학교육에 영향을 끼친 구체적 원리가 파악될 수 있다.

서론에서 이미 언급된 듯이 1949년부터의 30여 년간의 중국 대학교육 변천사는 곧 일종의 계급투쟁사이다. 왜냐하면, 일련의 정치적·사회적 "운동"으로 구성된 사회주의 혁명은 이들 정치적·사회적 "운동"의 외표의 다양한 형식들을 벗겨내면 바로 모택동에 의해 정해진 "좌파에 의지하고 중간파를 團結(연대)·이용하고 우파를 타격한다"고 한 투쟁책략으로 전개된 일부의 인민·군중들이 다른 일부의 인민·군중들을 대상으로 한 투쟁으로 구성되었기 때문이다. 이 중에서 우파는 언제나 투쟁과 타격의 대상자이었다. 우파의 구성성분을 분석해 보면, 우파의 절대부분은 학교를 많이 다녀 지식을 많이 갖고 있으며 혁명의 템포에 언제나 다소 따라붙기 힘든 지식인들이고 이 중에서 대학교원이 주가 되는 고급 지식인은 대부분 우파로 분류된다. 따라서 "혁명"은 바로 지식인, 특히 대학교원을 비롯한 고급 지식인들을 표적 집단으로 내세웠다.

모택동 시대의 중국역사를 구체적으로 분석해 보자. "목욕운동"의 대상자는 구중국 시대의 교육을 많이 받아 "불량하고 반동적인 사상"을 많이 갖고 있었던 지식인들이었다. 머리 속에 "깨끗하지 않은 것"이 없었던 사람들을 대상으로 "목욕"을 할 필요가 없고 머리 속에 "깨끗하지 않은 것"이 많이 있었던 사람들만을 대상으로 할 필요가 있기 때문이다. 마찬가지로 "충성노실운동"에서 자신의 "역사적 문제"를 충실히 자백해야 된 사람은 역시 농민·노동자·군인이 아니라 지식인들이었다. 여기서 특별히 유의할 점은 하나가 있다. 즉, 이 "운동"에서 자백한 "역사적 문제"를 "개인당안"에 기록한 사람들은 당 지도자든지 공청단 지도자든지 인사관리기관의 직원이든지 혹은 다른 윗사람이든지 간에 언제나 노동자·농민·군인 혹은 중소지식인이었던 점이다. 여기서 당시 계급투쟁의 의미와 본질을 파악할 수 있다. "충성노실운동" 이후 일어난 "반우파운동"·"反우경 기회주의분자 운동"에 이르러서는 아예 더 이상 비교적으로 온화한 표현으로 "운동"의 본질을 덮어 숨길 필요도 없게 되어서 직접적으로 "우파" 또는 "우경"을 투쟁·타격한다고 선언했다. "문화대혁명"은 더욱더 명백히 농민·노동자·군인이 지식인들을 대상으로 투쟁하고 타격하는 것으로 나타났다.

계급투쟁 이론은 개혁개방 이후부터 이미 당에 의해 否定됐다. 그러나 나라의 지배적 이데올로기로서 몇 십 년 동안에 존재했던 계급투쟁 이론은 사람들 머리 속에서 그리 쉽게 사라질 수 없다. 심지어 현재까지도 계급투쟁의 그림자는 중국사회에서 완전히 사라지지 않는다. 다만, 계급투쟁의 구체적 형식은 이미 많이 달라졌다. 계급투쟁은 오늘날의 중국 대학교육에서 이전의 형식으로 나타나지 않고 있으나 곳곳마다 동급제도의 형식으로 존재하고 있는 것 같다. 다양한 형식으로 나타나는 동급제도의 본질은 계급투쟁 의식의 잔류 또는 그림자라고 볼 수 있다.

이를테면, 고등교육 운영에서 "중점대학교"와 "일반대학교" 간의 구분이든지, 차관급 대학교와 청장급 대학교 그리고 부청장급 대학교 간의 구분이든지, "21-1공정"에 들어간 대학교와 들어가지 못한 대학교의 구분이든지, "98-5공정"에 들어간 대학교와 들어가지 못한 대학교의 구분이든지, "세계 일류대학"으로 향하는 대학교와 "국내일류·국제 知名한 고수준 대학"으로 향하는 대학교 그리고 "국내외 知名한 고수준 대학"으로 향하는 대학교 또 그리고 목표가 "세계 일류대학"도 아니고 "국내일류·국제 知名한 고수준 대학"도 아니고 "국내외 知名한 고수준 대학"도 아닌 일반 대학교의 구분, 部屬대학교와 지방대학교의 구분 등등이 그것이다. 이러한 명칭이 복잡하고 다양한 구분은 중국 1949년 이후부터 현재까지도 대학교들을 위계적으로 차별화시켜야 한다는 의식의 반영이다. 제한된 자원을 소수의 명문대에 집중적으로 투자해서 이들로 하여금 하루빨리 "세계 일류대학"으로 될 수 있도록 하는 발상은 중국의 국가이념에 걸맞은 것이다. 그러나 어느 대학교를 우대하느냐와 어느 대학교를 차별시 하느냐의 문제는 주로 각 대학교의 노력·효율성에 의해 결정된 것이 아니라 주로 대학교육 지도자들의 자의적인 선호도에 따른 것이다. 때문에 중국의 대학교육에서 영원한 강자와 영원한 약자는 항구적으로 분별된다. 공평한 경쟁적 환경이 없는 것은 북경대·청화대를 비롯한 소수의 영원한 강자를 제외한 대부분의 대학교들에 있어서 매우 불공정한 것일 뿐만 아니라 나라 대학교육 전체의 수준의 제고에도 해로운 것이다. 이러한 차별정책은 계급투쟁의 한 형식이라고 할 수 없으나 계급의식의 한 가지의 변형이라고 할 수 없는가?

　대학교육을 구체적으로 실시하는 주체인 대학교원의 면에서는 기본적 직명인 (정)교수·부교수·강사·조교 이외에도 당국은 대학교원들의 신분과 지위를 더 세부적으로 구분하기 위해 "兩院院士"·박사 대학원생 지도교수·석사 대학원생 지도교수 등 직명을 추가로 만들어 대학교원을 "兩院院士"·박사 대학원생 지도교수(정교수)·석사 대학원생 지도교수(정교수와 부교수)·일반 정교수·일반 부교수·강사·조교로 나누어 차별시하는 삼엄한 등급 제도를 만들어냈다. "兩院院士"와 박사 대학원생 지도교수의 지위를 강화시키고 대학교육의 대부분의 업무를 맡는 일반 부교수·강사·조교의 지위를 낮추는 것은 "일부의 군중들에 의지·연대·이용하고 다른 일부의 군중들을 얕본다"는 계급투쟁의 책략 또는 의식과 일치한 것이다.

　또한, 거의 이공계 지식인들만을 대학교육의 지도자를 포함한 각계각층의 지도자로 기용하고 있을 뿐만 아니라 아예 이공계 지식인들에게만 "院士"란 최고 학술적 직함을 수여함으로써 인문사회계 지식인 전체를 공개적으로 차별화시키는 것은 마치 과거 "문화대혁명" 시기 갈등의 양상처럼 이공계 지식인들과 인문사회계 지식인들 사이의 투쟁을 일으키는 것이 아닌가?

경제적인 차별문제는 매우 첨예하다. 1955년 7월에 도입된 "화폐화의 工資制"에 따라 중국 대학 교직원의 월급기준은 모려 33급으로 나누어졌다. 시장경제가 도입된 이후인 1994년에 제정된 "工資(보수) 제도 개혁방안"에 따르면, 중국 대학 전임 교원·연구원의 기본적 직무월급 기준은 수십 급(정교수, 7급; 부교수, 9급; 강사, 10급; 조교, 6급)으로 나누어졌고(<표 Ⅲ-9> 참조) 당·정 간부의 기본적 직무월급 기준도 수십 급으로 나누어졌다 (<표 Ⅲ-10> 참조). 북경대 1999년의 "차별적 수당 분배제도 개혁안"에 따르면, 북경대 교원들의 수당만은 9급으로 나누어졌다. 대학 교직원 보수제도 분야에서 곳곳마마 사람들의 등급과 차별을 강화하고 확대시키는 규정이나 조치가 있다고 할 수 있다. 이것들은 계급의식의 그림자가 아닌가?

4) 교육의식과 교육존재 간의 "상호 작용"

봉건의식이 비교적으로 강한 중국의 토양에서 탄생된 중국 대학교육은 초기부터 개인영웅주의의 흔적을 많이 갖고 있다. 구중국 시대 중국 대학교육 이념·제도의 수립과 확립 과정에서 채원배·매이기·축가정·이등휘, 장백령·호적지·장몽린·곽병문·나가윤 등 대학교육 지도자들의 행적들이 기록되어 있다. 뿐만 아니라 중화민국 남경정부의 독재자 장개석은 정치인으로서 대학교육에 대해 영향을 많이 발휘했을 뿐만 아니라 그는 친히 교육부장관·중앙대 총장·국민당 중앙정치학교 교장 등을 겸하기도 했다. 그는 자신 공향의 대학교인 절강대를 위해 총장 인선을 친히 물색하기도 했고 공산당과 고급 지식인들을 쟁탈하기 위해 북경이 해방되기 전에 남경에서 북경에 특별기까지 보내 주기도 했다.

신중국 수립 이래 정치지도자들의 영향력은 명문화된 법률과 당·정부의 규정보다도 앞섰다. 이는 모택동 통치에서 특히 발견된다. 본론에서 밝혀진 듯이 그는 자신이 일으킨 정치적 "운동"이 일어났을 때마다 대학교육·대학교·대학교원에 대해 특별히 신경을 썼다. 그는 낡은 북경대의 색깔이 사회주의 혁명에 걸맞게 개혁되도록 영향력을 행사하기도 했고 "목욕운동" 기간에 주병림 교수의 사상개조를 위해 구체적 방법까지 지시하기도 했다. 또한 그는 "반우파운동" 기간에 대학 교원·학생들의 우파비율까지 정하기도 했고 "문화대혁명" 기간에 자신들의 두 측근들을 북경대·북경대에 보내 이들 두 개의 최고 학술적 전당의 최고 지도자로서 대학교에서의 "문혁대혁명"을 지도하도록 하기도 했다. 1949년부터 1976년까지의 중국 대학교육사는 곧 모택동이 대학교육에 개인 영향력을 행사한 역사라고 할 수 있다. 이 과정에서 대학교육에 관한 당과 정부의 모든 결정·규정·지시·명령은 모두 모택동 개인의 담화·발언·지시·명령에 복종해야 됐다.

개혁개방 이후부터 1990년대 초기까지 중국의 대학교육은 모택동의 개인적 영향에서 어느 정도 벗어났으나 곧 이어서 등소평의 영향권에 빠져들게 됐다. 1977년부터 이루어진 중국 대학교육의 회복은 어떤 면에서는 등소평의 개인적 공로라고도 할 수 있다. 그러나 문제는 모택동 시대와 거의 똑같이 이 시기 대학교육의 회복은 주로 법률이나 당과 정부의 결정·규정에 의해 이루어진 것이 아니라 주로 등소평 개인의 판단·선호·의지에 의해 이루어졌다는 점에서 중국 고등교육의 특징은 유지되었다.

제3세대 지도자들은 1993년부터 "중국 교육 개혁과 발전의 강요"와 "21세기를 향하는 교육진흥 행동계획"을 세우기도 했다. 이에 따라 대학교육에 대해 대개편을 실시하여 중국의 첫 "고등교육법"이 입법화되었다. 그러나 법률보다 여전히 중국 지도자 개인의 영향력이 대학교육을 장악하는 관행은 여전하다. 이를테면, 1990년대 중반 이래 대학교육 대개편에서의 지도자 개인의 자의적 결정, 대학교육의 질을 무시하는 양적 지표만을 목적으로 한 무리한 팽창, 국민들에게 한 "국가 재정적 교육경비를 GNP에서 차지하는 비중을 20세기 말까지 4%에 달할 수 있도록 하겠다"는 약속을 무시한 행위, 학비징수의 혼란, 정부에 의해 정해진 정원을 무시하는 대학교 기구·간부·교원·직원·임시 노동자 등의 수의적 확장, 지도자 개인적 발언에 의해 이루어진 "세계 일류대학"을 지향하는 교육투자 등이 그것이다. 호금도를 비롯한 제4세대 지도자들은 최근에 법제화란 국가적 목표를 세웠으나 이 목표를 실지로 달성시키려면 해결해야 할 과제들은 너무나 많이 남아있다. 다만, 북경대 교원인사개혁 과정에서 보여준 듯이 북경대는 이번에 여전히 몇 명의 지도자 개인에 의해 개혁을 추진해왔으나 내외부의 의견에도 제도적 건설에도 어느 정도의 주의를 기울이었다.

여기서 특별히 지적할 두 측면 있다. 첫째, 지도자 개인의 영향력이 법률보다 효력을 갖고 있는 것은 중국 대학교육이 항상 "좌우 동요" 또는 "대기대락"의 특징을 지니게 된 한 요인이다. 둘째, "존재와 의식의 상호 작용"을 주장한 마르크스주의 학설과도 다르고 사회 事象(정치적·경제적·사회적·문화적 사실)과 교육사상 간의 "상호 力動관계"를 주장하는 교육역사사회학의 가정으로 보기도 어려운 중국 고등교육의 독특한 측면이 존재한다. 즉, 신중국 이래의 대학교육 변천과정에서 정치 지도자들과

대학교육 지도자들의 생각·의지·판단·선호·지시·명령 그리고 당과 정부의 결정·규정·법령 등의 형식으로 존재하는 "교육의식"은 대학교육 현장에서의 제도·현황·구조·분포·문제·반영 등으로 존재하는 "교육존재"를 절대적으로 결정한 양상을 보여주었으나 "교육의식"에 대한 "교육존재"의 반작용은 그리 강하지 않았다. 예를 들면, 1949년 이래 오늘날까지 "교육존재"에서 수많은 심각한 문제들이 잔존하고 있음에도 "교육의식"은 이에 대해 민감한 반응을 별로 보여주지 않고 "교육존재"에 대한 자신의 강한 영향력을 계속 그대로 행사해왔다.

5) 사립 대학교육의 부재

본론에서 밝혀진 듯이 구중국 시대의 사립 대학교육은 잘 발전됐다. 그러나 신중국이 수립되자마자 정치적 이유로 교회대학을 포함한 사립 대학교육을 전면적으로 폐지되었다. 이 조치는 정치적 목적의 달성에 많이 도움이 되었으나 대학교육의 균형적 발전과 원동력의 유지에는 치명적 악영향을 가져왔다. 1949년 이후부터 중국 대학교육은 한쪽 날개를 잃어버렸다.

1998년부터 "고등교육법"의 입법·"교육진흥 행동계획"의 반포와 더불어 중국의 사립 대학교육은 발전의 계기를 맞게 됐다. 특히, 최근 정부는 사립 대학교육에 대한 민간의 투자열기를 자극하기 위해 여러 가지의 정책을 마련하였다. 그러나 1949년 이후부터 형성된 사립교육을 차별하는 전통이 강한 분위기에서 근본적 변화는 아직 나타나지 않았다. 2003년까지 중국의 사립 고등교육은 고등교육 전체에서 차지하는 비중은 약 4.3%에 불과했다. 더 중요한 것은 여러 가지의 원인으로 중국의 사립 고등교육은 시작과 더불어 "국립 대학교에 합격하지 못한 학생들이 받는 고등교육", "질이 저하의 고등교육", "투자자들이 경제적 이익을 극히 추구하는 고등교육" 등 부정적 이미지를 떨쳐버리지 못하고 있다. 이것은 중국 사립 대학교육의 향후 발전에 엄청난 악영향을 주고 있다. 사립 대학교육의 부재는 중국 대학교육 발전이 저해되는 중요한 요인이다.

요컨대, 중국의 대학교육은 정치적·경제적·사회적 변동과 지도자 개인의 지나치게 강한 영향력 등 외적 요인들이 침식하여 형성돼왔다. 이 과정에서 계급투쟁의 의식과 실천은 정치적·사회적 외부요인의 본질적 특징으로서 신중국 수립 이래의 중국 대학교육의 변천과정을 시종일관 관통해왔다. 이들 외적 동인의 영향과 개입으로 인해 중국 대학교육은 일관된 정체성을 유지하지 못한 채 늘 "좌우 동요" 또는 "대기대락"의 가변성·유동성의 특징을 지니게 되었다. 또한, 신중국 이래 사립 대학교육의 부재현상은 중국 대학교육 발전의 원동력을 대폭 감소시킨 요인으로서 대학교육의 정치적·경제적·사회적·개인적 외부동인들과 함께 중국 대학교육의 발전을 제약해왔다.

3. 연구의 한계 및 향후 과제

본 연구는 여러 방법을 동원해 중국 대학교육의 특징 등을 밝혔으나 방법에서 내용까지 여러 가지의 미진한 점이 남아있다.
첫째, 교육의식과 교육존재의 상호 작용에 관한 교육역사사회학의 이론을 중요한 방법론으로 삼아 중국 대학교육의 형성과정을 고찰·분석하는 것을 시도한 본 연구는 교육역사사회학에 대한 이해와 활용의 부족으로 인하여 교육의식과 교육존재의 상호작용 분석을 깊게 시도하지는 못했다. 뿐만 아니라 본 연구는 중국 대학교육 형성에 대한 해석에도 미진한 점들이 많이 남았다. 예를 들면, 앞에서 언급된 듯이 신중국 이래의 대학교육 변천 과정에서 "교육의식"은 "교육존재"를 절대적으로 결정한 양상을 보여주었으나 "교육의식"에 대한 "교육존재"의 반작용은 그리 뚜렷하지 않았고 미약했다. 그 원인에 대해 보다 이론적으로 더 깊이 탐구하여 더 전면적으로 밝힐 필요가 있다. 또한 중국 고등교육을 둘러싼 각 이해집단 간의 대립과 각축관계를 보다 심도 있게 분석하지 못했다.

둘째, 본 연구는 국제적인 수준의 비교연구를 시도하지 못했다. 인사개혁을 포함한 중국 대학교육의 개혁을 제대로 판단하려면 국제적 비교가 필요하다. 특히, 북경대 교원인사 개혁방안은 미국의 교원인사체제를 참조하여 내놓은 것인 만큼 미국 대학교육의 실태, 특히 교원인사의 진실한 상황을 잘 알아야 북경대의 이 방안을 제대로 평가할 수 있다. 이를 극복하기 위해 본 연구자는 북경대 인사개혁에 대한 논쟁 부분에서 감양·이맹 등 미국 유학경력이 있는 학자들의 관점을 많이 인용했다. 추후, 중국 고등교육이 처해있는 특정한 역사적·사회적 상황의 특수성, 이에 따른 고등교육의 위상, 교육내용과 형식상의 특질, 사회적 기능 등을 분석하기 위해서는 무엇보다 외국 사례와의 비교분석을 통해 그 특징을 포착하는 것이 선행되어야 할 것이다.

셋째, 본 연구는 "대학의 이념"에 관한 인류가 오늘날까지 획득한 일반적 인식과 세계 주요국들의 대학에서의 일반적 관행에 따라 중국의 대학교육, 특히 인사제도에 대해 다섯 가지의 평가의 준거를 내놓았다. 그러나 대학교육에 대한 평가의 준거를 마련하는 것은 매우 복잡하고 방대한 과제인 만큼 본 연구는 대학교육 전체 물론 대학 인사제도의 이상형을 제시하지 못한 채 대학교육 및 인사제도에 대해 대략의 평가 준거만을 내놓았다. 다른 한편, 중국 관리과학연구원에서 1987년 9월에 작성한 중국의 첫 대학평가 결과가 나온 이래 오늘날까지 중국에서 모두 14개의 민간기구의 30여 개의 종류의 대학평가 랭킹이 있고 교육부도 "21-1공정"과 "98-5공정" 등을 통해 각 주요 대학들에 대한 평가를 자주 실시해왔으나 전문성이 높은 교육학자들에 의한 엄격하고 공신력 있는 대학 평가준거·학술 평가규범은 아직 마련돼 있지 않다. 세계 선진국들의 과학적이고 공정한 대학·교수 평가기준과 체제를 참고하여 향후 중국 고등교육의 역사적·사회적 특수성에 걸맞은 대학교육 평가준거 및 학술 평가규범을 마련하는 것이 현재 중국 대학교육을 발전시키는 데 급선무일 것이다.

참고문헌

1. 한국어 문헌

김기석(1999). **교육역사사회학**. 서울: 교육과학사.

이종재 외(2001). **중국의 교육제도와 교육 개혁에 관한 연구**. BK21 iAPED 연구보고서 IV-00-02.

윤정일 외(1999). **한·중·일 교육의식 구조 비교연구**. 서울대학교 사범대학 교육연구소.

오성철(1996). **1930년대 한국 초등교육 연구**. 서울대학교 대학원 교육학과 박사학위논문.

R. F. 프라이스 지음·李鍾泰 옮김(1987). **현대 중국의 교육**. 서울: 평민사.

구자억(1997). **중국의 교육**. 서울: 원미사.

_____ 외(1997). **동서양 주요 국가들의 교육**. 서울: 문음사.

_____(1998). **현대 중국 교육의 심층적 이해**. 서울: 문음사.

_____(1999). **중국교육사**. 서울: 책사랑.

_____(2001). **중국의 대학 입시제도, 일본, 중국, 대만 대학 입시제도 연구**. 한국교육과정평가원 연구보고 RRE 2001-12.

안수영(1997). **중국의 정치·경제와 교육정책과의 관계에 관한 연구**. 서울대학교 대학원 교육학과 석사학위논문.

신보충(1999). **중국 사립대학 체제 발전방안 연구**. 서울대학교 대학원 교육학과 박사학위논문.

_____(2000). **한국과 중국의 고등교육제도 연구**. 서울: 지영사.

378

유경희(2001). 중국의 고등교육 개혁정책에 관한 연구. 서울대
학교 대학원 교육학과 석사학위논문.

임후남(2002). 대한제국기 초등교원의 양성. 서울대학교 대학원
교육학과 박사학위논문.

조정아(2003). 산업화 시기 북한의 노동교육. 서울대학교 대학
원 교육학과 박사학위논문.

김혜진(2002). 세계는 왜 베이징대로 몰리는가. 경기도: 물푸레.

서울대학교(2002). 서울대학교통계연보(2002년 판). 서울: 서울대학
교 출판부.

_____(2003). 서울대학교통계연보(2003년 판). 서울: 서울대
학교 출판부.

2. 중국어 문헌

何東昌 主編(1998). 中華人民共和國重要教育文獻(1949-1997).
海口: 海南出版社.

楊東平 主編(2003). 大學精神. 上海: 文匯出版社.

_____(2003). 大學之道. 上海: 文匯出版社.

博雅 主編(2003). 北大激進變革. 北京: 華夏出版社.

毛澤東著作編委會(1977). 毛澤東選集, 第五卷. 北京: 人民出版社.

_____(1991). 毛澤東選集, 第三卷. 北京: 人民出版社.

中央教育科學研究所(1983). 中華人民共和國教育大事記 1949-1982.
北京: 教育科學出版社.

_____(1984). 周恩來教育文選. 北京: 教育科學出版社.

張其昀 等(1955). 중화민국大學誌(現代國民基本知識叢書第三輯). 臺北: 中華文化出版事業委員會.

郭爲藩(1981). 중화민국개국칠십년之교육. 臺北: 廣文書局.

復旦大學校史編寫組(1985). 復旦大學誌, 第一卷(1905-1949). 上海: 復旦大學出版社.

王學珍等主編(1998). 北京大學紀事 1898-1997. 北京: 北京大學出版社.

國立浙江大學校友會(1985). 國立浙江大學. 臺北: 國立浙江大學校友會.

張冠生(2000). 費孝通傳. 北京: 群言出版社.

毛澤東(1983). 毛澤東書信選集. 北京: 人民出版社.

_____(1996). 毛澤東自述. 北京: 人民出版社,

<大學學術講演錄>叢書編委會(2003). 中國大學學術講演錄2003卷. 桂林: 廣西師範大學出版社.

燕大文史資料編委會(1989). 燕大文史資料(第四輯). 北京: 北京大學出版社.

郝維謙·龍正中(2000). 高等敎育史. 海口市: 海南出版社.

中共中央宣傳部宣傳局(1989). 中華人民共和國40年大事記. 北京: 光明日報出版社.

金春明 외(1989). "文革"時期怪事怪語. 北京: 求實出版社.

中國敎育部(1999). 中華人民共和國敎育法律集. 北京: 外文出版社.

馬征(1995). 敎育之夢－蔡元培傳. 成都: 四川人民出版社.

孫成城(1999). 中國敎育行政槪論. 合肥: 安徽敎育出版社.

中國敎育部國際合作與交流司(2000). 1998年－1999年中國敎育改革動態. 北京: 敎育部 國際合作與交流司.

380

_____(2000). 面向21世紀教育振興行動計劃. 北京: 教育部 國際合作與交流司.

_____(2000). 中共中央國務院關于深化教育改革全面推進素質教育的決定. 北京: 教育部 國際合作與交流司.

_____(2000). "211工程"簡介. 北京: 教育部 國際合作與交流司.

國家教育發展研究中心(2001). 2001年中國教育綠皮書. 北京: 教育科學出版社.

吳志宏(2000). 教育行政學. 北京: 人民教育出版社.

陳孝彬(1999). 教育管理學. 北京: 北京師範大學出版社.

國家高級教育行政學院(1999). 新中國教育行政管理五十年. 北京: 人民教育出版社.

楊振寧(2002). 楊振寧文錄: 一位科學大師看人和這個世界. 海口: 海南出版社.

楊玉聖·張保生(2004). 學術規範讀本. 開封: 河南大學出版社.

3. 영어 문헌

Ruth Hayhoe(1984, ed.), Contemporary Chinese Education. London: Croom Helm.

_____(1989), *China's Universities and the Open Door*. New York: M. E. Sharpe, and Toronto: OISE Press.

_____(1993), China's Universities since Tiananmen: A Critical Assessment. *China Quarterly*, no.134, June 1993.

_____(1996), *China's Universities 1895-1995*. New York and London: Garland Publishing.

Ruth Hayhoe& Bastid, Marianne(1987, eds.), *China's Education and the Industrialized World: Studies in Cultural Transfer*. New York: M. E. Sharpe, and Toronto: OISE Press.

Suzanne Pepper(1984), *China's Universities: Post-Mao Enrollment Policies and Their Impact on the Structure of Secondary Education: A Research Report*. Monographs in Chinese Studies, no.46. Ann Arbor: University of Michigan.

_____(1990), *China's Education Reform in the 1980s: Policies, Issues, and Historical Perspectives*. China Research Monograph, no.36 Berkeley: University of California.

_____(1996), *Radicalism and Education Reform in 20th-Century China*. Cambridge: Cambridge University Press.

R. F. Price(1970), *Education in Communist China*, New York and Washington: Praeger Publishers.

_____(1977), *Marx and Education in Russia and China*. London: Croom Helm.

_____(1979), *Education in Modern China*, London, Boston and Henley: Routledge & Kegan Paul.

John Israel(1998), *Lianda: A Chinese University in War and Revolution*, Stanford, California: Stanford University Press.

Theodore Hsi-en Chen(1981), *Chinese Education Since 1949*, New York: Pergamon Press.

Ruiqing Du(1992), *Chinese Higher Education(1978-1988)*. Macmillan Press.

Xiuwu R. Liu(1996). *Western Perspectives on Chinese Higher Education*. Associated University Presses.

David Kan(1971), *The Impact of the Cultural Revolution on Chinese Higher Education*. Hong Kong: Union research Institute.

Robert D. Barendsen(1981), *Education in the People's Republic of China: A Selective Annotated Bibliography of Materials Published in the English Language, 1971-1976*. Washington, D. C. : U. S. Department of Education.

Robert Taylor(1973), *Education and University Enrolment Policies in China, 1949-1971*. Canberra: Austrian National University Press.

Shirin Rai(1991), *Resistance and Reaction: University Politics in Post-Mao China*. Hemel Hempstead: Harvester Wheatsheaf and St. Martin's Press.

Wang, Yingjie(2001), Building the World-class Universities in a Developing Country: Universals, Uniqueness, and Cooperation. *Asia Pacific Education Review*, Vol.2, no.2, Dec. 2001, pp.3-9.

Li Li-xu(2001), The Influences of the Soviet Educational Model on the Education of P.R. China, *Asia Pacific Education Review*, Vol.2, No.2, Dec. 2001, pp.106-113.

Li Lixu(2004), China's Higher Education Reform 1998-2003: A Summary, *Asia Pacific Education Review*, Vol.5, No.1, July. 2004, pp.14-22.

● 중국 대학교육의 형성·변화·개혁

• 초판 인쇄	2005년 11월 1일
• 초판 발행	2005년 11월 1일
• 지 은 이	리이리쉬(e-mail: snu98701818@yahoo.com.cn)
• 펴 낸 이	한국학술정보㈜
• 펴 낸 곳	경기도 파주시 교하읍 문발리 526-2
	파주출판문화정보산업단지
	전화 031) 908-3181(대표) · 팩스 031) 908-3189
	홈페이지 http://www.kstudy.com
	e-mail(e-Book사업부) ebook@kstudy.com
• 등 록	제일산-115호(2000. 6. 19)
• 가 격	35,000원

ISBN   89-534-3949-3 93370 (Paper Book)
        89-534-3950-7 98370 (e-Book)